CW01334011

UNE BRÈVE HISTOIRE CULTURELLE DE L'EUROPE

Du même auteur

Histoire culturelle de la France de la Belle Époque à nos jours, avec Pascale Goetschel, Armand Colin, 1994 ; 2018 (5ᵉ édition revue et augmentée).
Le Théâtre citoyen de Jean Vilar. Une utopie d'après-guerre, PUF, 1997.
Paris à New-York : intellectuels et artistes français en exil (1940-1947), Grasset, 2005 ; Hachette, « Pluriel », 2007.
Mai 68 dans le texte, Complexe, 2008 ; réed. sous le titre *L'Événement 68*, « Champs », 2018.
Histoire du Festival d'Avignon, avec Antoine de Baecque, Gallimard, 2007 ; réed. 2016.
Claude Lévi-Strauss, Flammarion, 2015 – Prix Femina essai.

Emmanuelle Loyer

UNE BRÈVE HISTOIRE CULTURELLE DE L'EUROPE

Champs histoire

© Flammarion, 2017.
ISBN : 978-2-0814-0947-7

À mes étudiants

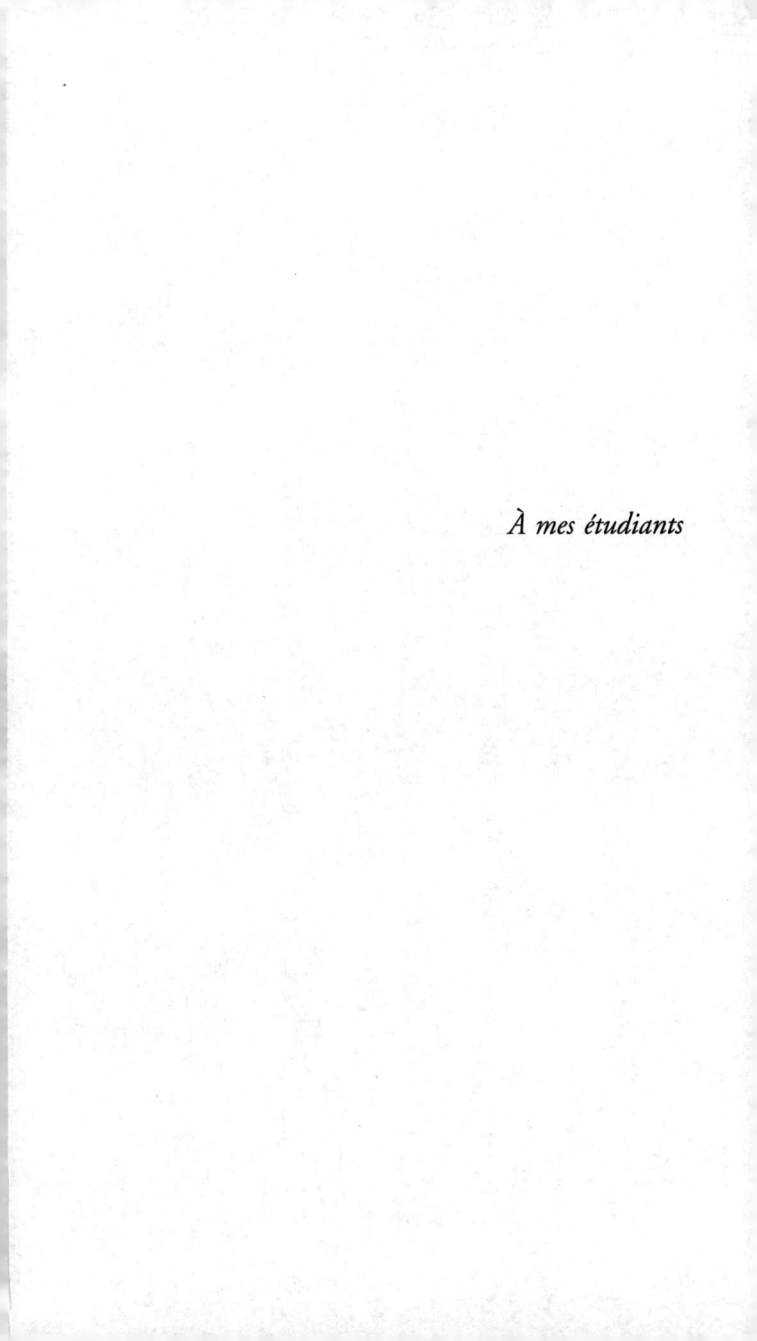

Préface

DE LAMPEDUSA À LAMPEDUSA

Écrire une histoire culturelle européenne, même « brève », n'est-ce pas pécher par orgueil et, de plus, révéler une grave insensibilité à l'air du temps ? L'euroscepticisme massif et les effets du post colonialisme ont fait de l'Europe un continent qui n'est plus très aimé et dont on se demande s'il pourrait un jour redevenir aimable.

Sur le plan historiographique, c'est désormais le monde qui est l'échelle idoine – celle à laquelle on pense pouvoir percevoir la vérité des circulations et des ébranlements qui, presque partout depuis deux siècles au moins, ont constitué les horizons des individus et des groupes entrés dans la modernité, même malgré eux, surtout malgré eux. De fait, ce petit ouvrage n'hésitera pas à inscrire l'Europe au-delà de l'Europe, elle qui se crut, pour le meilleur et pour le pire, le méridien (de Greenwich) du Beau et du Bien, des Lumières, du Progrès, des Droits [1]. Cet impérialisme

---

1. J'emprunte l'expression de « méridien de Greenwich » à Pascale Casanova, *La République mondiale des lettres*, Paris, Seuil, 1999.

de l'universel qu'elle partage avec ses enfants prodigues et prodiges – les États-Unis d'Amérique – parcourt bien des pages de notre réflexion.

L'Europe des empires et des nations du XIXe siècle est devenue, tardivement et à grand-peine, l'Europe communautaire du XXIe siècle. Le nom est resté, ainsi que le territoire que les géographes qualifient volontiers de promontoire occidental du continent asiatique. Mais tout le reste a changé. Face aux difficultés de l'aujourd'hui, aux tensions et aux déchirements des vingt-huit, il est tentant de puiser dans l'histoire un hypothétique fonds culturel commun qui viendrait opportunément donner une origine, une civilisation, un destin communs là où la volonté des hommes peine à construire l'Europe. Car une tradition se construit [1] ! Les hommes du XIXe siècle le savaient qui eurent recours à leurs bardes surgis des brumes du nord, leurs érudits acharnés, leurs lettrés inspirés et leurs musiciens échevelés pour incarner les formes et les valeurs des nations qu'ils étaient en train d'inventer. Une telle mobilisation des élites culturelles serait-elle envisageable aujourd'hui pour édifier l'Europe comme on a édifié les nations ? Mais l'Europe est-elle un gigantesque État-nation ? se demande l'historien Gilles Pécout qui nous met en garde contre un usage « ancillaire » des savoirs européens, brandis pour justifier,

---

1. Sur ce sujet, cf. Maurizio Bettini, *Contre les racines*, Paris, Flammarion, 2017.

toujours après coup, telle ou telle exclusion ou inclusion dans l'Europe communautaire, au nom d'une « européanité » sculptée dans le marbre des siècles et de la culture [1]. L'historien du culturel et l'ethnologue sont doublement en danger de devenir ceux que Daniel Fabre appelait les « experts du deuxième jour [2] » : spécialistes du patrimoine, ils sont convoqués, une fois la construction politique décidée, pour la légitimer.

Notre rôle n'est pas ici – ni ailleurs ! – de repérer dans le passé les prolégomènes d'une possible identité culturelle européenne. Pour l'instant, celle-ci n'a jamais existé autrement que par la somme de ses oppositions historiques, de ses conflits, de quelques grandes communautés (le christianisme pour certains, les Lumières pour d'autres) ou quelques grandes mobilisations historiques communes (la guerre totale, l'impérialisme, le communisme à l'Est).

Bien d'autres obstacles parsèment la route de l'historien des cultures européennes à l'ère contemporaine. Et pourtant l'ambition est d'actualité depuis déjà plus d'une décennie. La contribution britannique à cette histoire nous a été livrée en 2010 avec la publication

---

1. Gilles Pécout, « Europe, que doit-on faire de ton histoire et de ta géographie ? », in *Penser les frontières de l'Europe du XIXe au XXIe siècle*, Paris, éditions de l'ENS, 2004, p. 30.

2. Daniel Fabre (dir.), *L'Europe entre cultures et nations*, Mission du patrimoine ethnologique, édition de la Maison des sciences de l'homme, 1996.

de l'épais et robuste ouvrage de Donald Sassoon, *The Culture of the Europeans. From 1800 to the Present*, une tentative exceptionnelle par son ampleur et par la diversité des espaces et des langues mobilisées [1]. En digne entreprise de style britannique, l'approche privilégiée était celle des marchés de production culturelle, saisissant les différents avatars de la culture de masse, née dès le milieu du XIXᵉ siècle, et sous-estimant franchement tous les secteurs subventionnés par l'État ainsi que les avant-gardes ou les cultures militantes, pôles plus marginaux sur le plan quantitatif mais non pas sur le plan symbolique.

De ce film en Technicolor sur grand écran, l'historien français Christophe Charle, après en avoir salué la performance, a pointé certaines déficiences ; celles-ci constituent autant de défis que devrait affronter, selon lui, une histoire culturelle de l'Europe qu'il jugeait encore, en 2010, à écrire [2] : tenir la balance entre le point de vue internaliste (en documentant les codes imaginaires des contemporains et en leur donnant la parole) et le point de vue externaliste (en dessinant quelques axes structurels) ; ne pas sous-estimer les conflits religieux (par exemple dans la mise en place des systèmes éducatifs) bien que la sécularisation des

---

[1]. Donald Sassoon, *The Culture of the Europeans. From 1800 to the Present*, Londres, Harper Collins, 2006.
[2]. Christophe Charle, « Peut-on écrire une histoire de la culture européenne à l'époque contemporaine ? », in *Annales*, HSS, 2010/5, p. 1207-1221.

sociétés européennes soit un phénomène bien engagé au XIXe siècle ; réconcilier une définition restreinte de la culture (culture lettrée, savante, artiste) et une définition plus anthropologique (celle des pratiques collectives et des représentations) ; concevoir une Europe à géométrie variable dont les limites seraient mouvantes en fonction du secteur et de la problématique considérés ; enfin, comprendre que la notion même d'Europe a varié, en largeur comme en profondeur, dans les débats politiques et culturels européens des deux derniers siècles. « Programme inaccessible », conclut Christophe Charle – avant de publier cinq années plus tard, en 2015, sa propre tentative de réponse à un tel Graal historiographique, avec *La Dérégulation culturelle. Essai d'histoire des cultures en Europe au XIXe siècle*[1].

Son livre, la première synthèse disponible en français à ce jour, met en scène les tensions, les contradictions, les décalages, les discordances pour décrire l'histoire socialement et géographiquement différenciée des cultures en Europe au XIXe siècle, avec ses rythmes variés selon les productions artistiques, ses hybridations multiples entre l'ancien et le nouveau, ses polarités inégales entre capitales européennes, son *tempo* particulier qui va amener l'Europe postrévolutionnaire encore largement aristocratique vers une « modernité » politique et culturelle dans la deuxième

---

1. Christophe Charle, *La Dérégulation culturelle. Essai d'histoire des cultures en Europe au XIXe siècle*, Paris, Puf, 2015.

moitié du XIXe siècle. Si l'ancien régime culturel est caractérisé par une forte hiérarchisation sociale, un faible accès aux biens culturels, une censure étatique et religieuse exerçant ses contraintes institutionnelles et politiques dans le cadre d'un mécénat protecteur des arts, le nouveau régime prend des visages contradictoires : la commercialisation, l'industrialisation culturelle (la civilisation du journal, les imprimés, la généralisation de l'image) mais aussi les débuts d'une politique scolaire et culturelle prise en charge par les États ; d'un côté, massification, de l'autre, essai de démocratisation.

Sur un mode plus ramassé, notre propre enquête prend le relais de ce « programme inaccessible », rendu plus difficile encore par l'extension chronologique qu'elle assume : après 1914 et jusqu'à nos jours. Cette enquête, bâtie sur un cours professé à Sciences Po, n'est qu'inégalement une synthèse, car les recherches en cours sur les différents espaces concernés sont foisonnantes et dépassent les capacités d'un historien – et même d'une historienne – modestement polyglotte (seuls les ouvrages en anglais et en allemand me sont accessibles). De même, certains domaines comme l'opéra ou la musique sont très succinctement évoqués, au contraire du théâtre, des arts visuels, de la littérature et du cinéma – alors même que l'opéra constitue au même titre que le roman un grand genre européen, où domine encore l'ancien modèle italien avant que Wagner vienne y retremper la langue (y compris politique) et l'orchestre germaniques.

Disons alors qu'il s'agit ici d'un itinéraire, cartographié en treize chapitres, de vingt-cinq ans de lectures en histoire culturelle, réorganisées puis repensées en chemin. L'échelle européenne est donc encore un horizon. L'essentiel consiste, pour chaque chapitre, à mettre au jour une problématique (celle de la géopolitique littéraire européenne par exemple) et à mettre en pratique un outil historiographique permettant de faire tourner le kaléidoscope européen et d'apercevoir de nouvelles réalités invisibles. Ainsi se trouvent introduits certains truchements conceptuels qui ont fait les belles heures de la discipline : culture urbaine, culture de guerre, histoire des corps, régimes d'historicité, savoirs coloniaux, histoire intellectuelle et des intellectuels, circulations et mobilités, appropriations/réappropriations, sensibilités, genre, histoire de l'intime, etc.

C'est aussi de façon évidente une histoire écrite depuis la France. En 1881, Victor Hugo lègue ses manuscrits à ce qu'il nomme la « Bibliothèque nationale de Paris », ajoutant avec superbe qu'elle sera bientôt celle des États-Unis d'Europe. Ce faisant, il contribue à fonder le département des manuscrits de la Bibliothèque nationale de France. Geste hugolien, où le verbe fait l'histoire et le siècle devient légende ! L'Europe républicaine, pacifiste, « progressiste », qu'il appelait de ses vœux était en fait une France élargie, avec en son centre Paris, « point vélique de la civilisation » selon son image maritime dans son texte introductif au *Paris Guide* de 1867. On pourra dire que, par moments, l'enquête qui suit ressemble un peu trop à cette Europe hugolienne. Beaucoup d'exemples sont pris en France. Plus encore, beaucoup de processus et de logiques à l'œuvre sont montrés depuis l'exemple français. Pour autant, dans la deuxième moitié du XIXe siècle, il y a bien un moment français de la culture européenne[1] : le théâtre parisien alimente toute l'Europe de ses textes, la littérature romanesque parisienne concurrence la centrale éditoriale londonienne ; Paris devient alors le paradigme de la ville moderne, celle des « passages », du Boulevard et des avant-gardes, comme voulait le démontrer dans son livre inachevé Walter Benjamin[2]. Le gallocentrisme apparent de certains chapitres n'est donc pas seulement, je l'espère, le résultat douteux de l'inscription géographique de l'auteur – même s'il l'est sans doute de temps en temps.

Le choix de la forme vagabonde que propose ce livre correspond aussi à l'impossibilité d'unifier complètement les facteurs de compréhension de l'évolution chaotique d'une partie du XXe siècle. Cette unification se ferait au risque de la philosophie de l'histoire et reviendrait à prétendre avoir la clé des processus quand on a soi-même dessiné la serrure.

Les deux guerres mondiales, le développement de différents types d'États autoritaires, la guerre froide, interrompirent la dynamique internationale et libérale du

---

1. Christophe Charle, *La Dérégulation*, op. cit., p. 545 et suivantes.
2. *Paris capitale du XIXe siècle : le livre des passages*, Paris, Cerf, traduit de l'allemand par J. Lacoste, 1989.

modernisme culturel du XIXᵉ jusqu'aux révolutions de 1989. Ce court XXᵉ siècle, « l'âge des extrêmes » selon Eric Hobsbawm, tiraillé entre guerres, révolutions et contre-révolutions, traversé d'idéologies messianiques et de *mass media* asservis à leurs embrigadements jusqu'au délire, laissa aux contemporains une impression, de 1919 à 1945 en particulier, de flottement, d'emballement et d'impasse.

Le grand philologue allemand Erich Auerbach fut l'une des nombreuses victimes de cette séquence que Walter Benjamin a identifiée sous la figure de l'ange de l'Histoire : l'avancée, horrifiée et à reculons, vers l'Apocalypse [1]. En exil à Istanbul pendant la Seconde Guerre mondiale, Auerbach écrit, sans notes et sans bibliothèque, son maître livre : *Mimesis. La représentation de la réalité dans la littérature occidentale* [2]. Pour lui, il est devenu impossible d'édifier un projet systématique d'histoire européenne fait de lignes de force, logiques de développement, lois de l'histoire : autrement dit, il est impossible d'imposer un ordre que la vie historique elle-même ne possède pas. Et, selon lui, la forme même de cette histoire contemporaine est le roman moderne, de Marcel Proust à James Joyce, de Thomas Mann à Robert Musil. Par son écriture corrodant de l'intérieur la réalité objective au profit d'une

---

1. Walter Benjamin, « Sur le concept d'histoire », in *Œuvres*, t. III, Paris, Gallimard, p. 434.

2. Erich Auerbach, *Mimesis. La représentation de la réalité dans la littérature occidentale*, traduit de l'allemand par C. Heim, Paris, Gallimard, 1977.

réalité polyphonique, perceptive, par les oscillations de la conscience et le jeu des impressions changeantes, par son traitement du temps, la désintégration de la continuité des événements extérieurs, le roman moderne tente de rendre compte de l'expérience historique des contemporains : une expérience faite d'une accélération des rythmes, de discordances de temps entre les milieux sociaux, d'une fragmentation des communautés de pensée dans des idéologies et des groupes contradictoires, d'un élargissement de l'horizon humain permis par une mobilité plus forte mais aussi par les techniques de reproduction (des sons et des images). Elles rapprochent les hommes sur une planète rétrécie mais aiguisent aussi leur conscience des disparités et l'hétérogénéité de leurs aspirations. Auerbach voit dans les œuvres qu'il chérit « une atmosphère de fin du monde », une « tristesse diffuse et sans espoir »[1] qui, pourtant, contraste avec la richesse de l'instant présent, la valeur de l'instant quelconque, la somptuosité de la vie intérieure – pensons aux romans de Virginia Woolf. Nul n'est obligé de suivre son diagnostic marqué par la désespérance de l'exil sans fin. Pour autant, les facteurs qu'il met en avant se sont révélés des outils essentiels pour la compréhension de ce moment ; ils constituent une partie des développements de ce livre qui entreprend « d'accrocher » un arc de la modernité européenne jusqu'à nos jours.

---

1. *Ibid.*, p. 546-547.

La modernité tient en partie dans cette accélération (technique, sociale, politique) des rythmes de vie et de pensée. Comme nous le montre le sociologue Hartmut Rosa, un même effroi se fait entendre en Europe devant le présent [1]. Après en avoir eu peur, on s'habitue à tout : au chemin de fer, au téléphone, à l'usine, à l'atome et même à Internet. Pourtant, sans compter les quelques zélateurs du progrès, l'immense majorité des peuples est réticente à entrer dans le nouveau régime des temps accélérés ; tant qu'à choisir, elle préférerait s'en passer. L'impitoyable aujourd'hui est au programme de la modernité depuis le XIXe siècle. Mais cette tonalité pessimiste semble s'être précisée dans la dernière séquence. Curieusement, la bipartition européenne du second XXe siècle – même si communisme et capitalisme étaient au fond des productivismes adeptes, l'un comme l'autre, d'une forme de modernité – a montré en disparaissant quelle fonction historique elle avait eue : pendant des décennies, l'existence du « communisme réel » a représenté dans l'imaginaire mondial, et en dépit de tous les désenchantements, l'option d'une alternative au capitalisme [2]. Après 1989, passée la grande vague de l'euphorie libératrice, les peuples sont rentrés dans le rang des pays

---

1. Hartmut Rosa, *Accélération. Une critique sociale des temps*, Paris, La Découverte, traduit de l'allemand par D. Renault, 2010, p. 55.

2. Christophe Charle, *Discordance des temps. Une brève histoire de la modernité*, Paris, Armand Colin, 2011, p. 390.

européens capitalistes, offrant leurs rues marchandes et leurs centres-villes rénovés et coquets aux touristes du XXIe siècle. À l'échelle européenne, le tomber du rideau de fer a rendu plus probable encore la venue d'une humanité à plat unique, cette uniformisation qui serait l'envers diabolique de la dynamique communautaire.

Dans *Corinne ou l'Italie*, Mme de Staël, grande Européenne, faisait l'éloge de la diversité comme un des seuls plaisirs de l'existence voyageuse qu'elle mena, contrainte et forcée, à travers l'Europe du début du XIXe siècle : « L'esprit et l'imagination se plaisent à des différences qui caractérisent les nations : les hommes ne se ressemblent entre eux que par l'affectation ou le calcul ; mais tout ce qui est naturel est varié. C'est donc un petit plaisir, au moins pour les yeux, que la diversité des costumes ; elle semble promettre une manière nouvelle de sentir et de juger [1]. » Si ce plaisir nous est mesuré dans l'Europe d'aujourd'hui, il suffit d'atterrir en Amérique du Nord, qui pourtant nous ressemble par bien des aspects, pour nous sentir immédiatement européens... L'identité est à géométrie et à échelle variables.

Un des symboles de ce que Camille de Toledo a appelé la « tristesse européenne » tient dans ce qu'on

---

1. Germaine de Staël, *Corinne ou l'Italie*, Gallimard, 1985, p. 39.

pourrait définir comme le syndrome de Lampedusa[1]. Le roman de Giuseppe Tomasi Di Lampedusa, *Le Guépard*, paru en 1958, raconte l'entrée dans la modernité nationale de la Sicile, lorsqu'en 1860 Garibaldi et ses « Mille » gagnent l'île à leur combat patriotique. *Le Guépard* est devenu immédiatement un bestseller, et finalement un classique du cinéma grâce à Luchino Visconti qui en a immortalisé les personnages mais aussi la poétique profonde : l'exhumation lyrique du monde du prince Salina au moment où il est condamné par l'entrée dans les temps modernes. « Accepter le changement pour que rien ne change. » Telle est la stratégie du prince. Mais elle se révélera vaine. Comme le remarque Maylis de Kerangal dans sa récente exploration rêveuse autour du *Guépard*[2], la célèbre scène finale du bal dans le somptueux palais palermitain est filmée comme un naufrage, ce qui, par association, l'amène au naufrage contemporain dont Lampedusa, îlot perdu au sud de la Sicile, est l'ultime étape : naufrage réel des émigrants d'un Sud encore plus méridional, naufrage symbolique des politiques européennes dans l'affrontement de cette crise migratoire à significations et effets multiples.

Nous en sommes là, dans une modernité dite tardive, et qui semble parfois inhabitable. En nous ramenant aux origines de la modernité européenne, à ses

---

1. Camille de Toledo, *Le Hêtre et le Bouleau. Essai sur la tristesse européenne*, Paris, Seuil, 2009.
2. Maylis de Kérangal, *À ce stade de la nuit*, Paris, éditions Verticales, 2015.

débuts euphoriques, ce petit livre facilitera, je l'espère, une connaissance informée de son histoire faite d'États-nations, d'industrialisations, d'urbanisations, de naissance d'une société et d'une culture de masse, d'assemblées délibérantes, de journalistes insolents et d'artistes rebelles, de systèmes éducatifs et de quête des droits de la personne et du sujet. En Europe, on oppose sommairement ce processus de modernisation à la tradition : couple infernal qui n'explique rien puisque, comme nous le verrons dès le premier chapitre, les traditions sont le plus souvent des constructions culturelles récentes, donc les produits mêmes de ladite modernité ! L'itinéraire retracé librement dans ce livre est, dans ses aléas, celui d'une modernité européenne dont nous savons aujourd'hui qu'elle n'est pas la seule possible ou pensable – songeons par exemple à la modernité japonaise, récemment étudiée par Pierre-François Souyri[1]. C'est à cette échelle régionale que ce livre entend se situer pour contribuer, par le détour de la longue durée, à la compréhension de la complexe et contradictoire sédimentation culturelle de l'Europe contemporaine. Afin d'imaginer pour l'avenir un rapport peut-être plus heureux à notre présent.

---

1. Pierre-François Souyri, *Moderne sans être occidental. Aux origines du Japon d'aujourd'hui*, Paris, Gallimard, 2016.

Chapitre 1

COMMENT NAISSENT LES NATIONS

L'invention des identités nationales au XIXe siècle

L'histoire culturelle européenne du XIXe siècle se caractérise par la création volontariste, méditée, progressive d'identités nationales se substituant peu à peu à d'anciennes loyautés, dynastiques ou locales. Et pourtant, comme l'écrit Anne-Marie Thiesse dans un livre essentiel pour notre propos : « Rien de plus international que la formation des identités nationales[1]. » C'est le premier paradoxe de cette histoire : les nations modernes se sont construites entre la fin du XVIIIe et le début du XIXe siècle selon un processus commun, en se copiant en partie les unes les autres, dans ce vaste atelier de fabrication nationale qu'est l'Europe à cette époque.

Deuxième paradoxe : si la nation relève de la modernité libérale, politique et économique (elle rend possible l'existence d'un marché national), sa légitimité est d'autant plus forte qu'elle se perd dans la nuit des temps, qu'elle est fondée sur des ancêtres glorieux, d'antiques manuscrits, de vieilles pierres, des récits héroïques, des coutumes ancestrales. Cette dialectique est un des objets d'investigation privilégié de l'historien britannique Eric Hobsbawm qui, en introduisant la notion d'« invention de la tradition », a suscité de nombreux travaux d'histoire culturelle [2].

En effet, comment produire ce matériel national, qui en général n'existe pas ? Il faut littéralement *inventer* les origines lointaines de la nation finnoise, anglaise, allemande ou écossaise, prouver une continuité, montrer la gloire des Celtes ou des Slaves. Cet atelier est animé par une élite de savants, d'artistes, d'érudits, d'écrivains, d'archéologues qui, un peu partout en Europe, utilisent les mêmes recettes culturelles ; parfois, l'histoire militaire donne *a posteriori* un État aux peuples que ces savants et artistes ont doté d'une histoire, comme le montrent l'exemple du Risorgimento italien ou celui de l'unification allemande.

Même lorsque les États-nations existent, il convient de renforcer le lien national qui reste parfois bien ténu au regard de l'ancrage local. Les appareils d'État, et notamment les systèmes éducatifs, prennent le relais des bardes et des musiciens, en éduquant massivement les petits citoyens à l'idée que la nation est présente de tout temps, qu'elle n'a cessé d'exister et de transmettre les mêmes valeurs. Rétrospectivement, on peut dire que cette acculturation nationale des masses, active à partir des années 1870, a réussi, dans la mesure où la guerre de 1914-1918 (dont je ne dis pas qu'elle fut l'issue fatale de ce processus) manifeste à quel point les sociétés européennes ont profondément intégré la nouvelle fidélité nationale, jusqu'au risque de la mort.

Ce roman national est porté par l'histoire mais aussi par la littérature : de Walter Scott à Flaubert, de Pouchkine à Manzoni, le roman moderne s'est construit comme une forme particulièrement appropriée de l'État-nation moderne, tout en universalisant sa formule à l'échelle européenne.

LA FABRIQUE DES NATIONS

Anne-Marie Thiesse décrit de façon provocatrice la fabrication des identités nationales comme des meubles IKEA. Dotées de kits « *do it yourself* », elles se construiraient en fonction d'éléments symboliques et matériels plus ou moins semblables, permettant à chaque peuple de se bricoler une identité. Ainsi, les ancêtres, la langue, le « roman national », le théâtre, l'opéra, les monuments, le folklore, les identifications pittoresques sont des réalités culturelles absolument nécessaires à la cristallisation du « *storytelling* » national.

Comment se donner des ancêtres

L'Europe du début du XIXe siècle connaît un grand mouvement de retour aux origines, dans le cadre d'un changement radical de sensibilité esthétique. Les normes et les valeurs du classicisme sont abandonnées en faveur de celles du romantisme ; la transparence gréco-latine délaissée pour les frimas nordiques, d'où l'on va exhumer les sources barbares d'une culture conservée dans le Peuple. Ce décentrement de tropisme géographique (l'Europe du Nord contre la Méditerranée) correspond à un décentrement de la légitimité culturelle (les sources barbares et populaires sont valorisées contre la tradition savante et lettrée du classicisme antique) qui, lui-même, renvoie au décentrement majeur de la légitimité politique dans l'Europe postrévolutionnaire (la légitimité dynastique est troquée contre une légitimité populaire et nationale).

Ce mouvement débute avec le succès de l'épopée lyrique d'Ossian, écrite par Macpherson et traduite du gaélique en 1761 : *Fingal, An Ancient Epic poem, in six books, together with several others Poems, composed by Ossian, the son of Fingal*. Sorte d'*Iliade* écossaise, cette épopée (censée dater du IIIe siècle après J.-C.) inspirera de nombreuses œuvres identiques un peu partout en Europe dans les années et les décennies suivantes. James Macpherson prétend avoir retrouvé un manuscrit, qu'il publie agrémenté de légendes populaires qu'il aurait recueillies. Il a, en fait, largement rédigé ce texte. En 1800, Pouchkine reprend la fiction d'un manuscrit retrouvé dans le *Chant de la troupe d'Igor*, épopée qui relate la lutte des Russes contre le peuple nomade des Polovtses au XIIe siècle. Ce texte devient un monument de la culture russe. Alexandre Borodine en fera un opéra en 1890 : les Slaves aussi, désormais, ont leur Ossian. Même chose ailleurs : une « Société gothique » suédoise voit le jour en 1800 afin de promouvoir les ancêtres goths, tandis qu'en France une académie celtique (1805) répond aux mêmes objectifs concernant les origines celtes de la France.

Partout en Europe, on suit les exhortations de Fichte qui, dans ses *Discours à la nation allemande* (1808), lie nation, patrie, liberté et indépendance. Les élites libérales et éclairées de l'Europe postrévolutionnaire puis post-impériale cherchent la vérité et la liberté dans le peuple même, à travers des enquêtes et des écrits susceptibles de fournir à la nation, désormais consciente d'elle-même, des éléments pour s'identifier et se différencier des autres. Ainsi le projet patriotique des frères Grimm qui vise à collecter les contes et légendes de l'espace germanique donne-t-il à la nation allemande la connaissance de son passé [3]. Pour ce faire, les Grimm, engagés dans un processus d'unification libérale (l'un des deux frères est député de l'Assemblée de Mayence), construisent un vaste réseau de correspondants érudits dans toute l'Europe, avec l'idée qu'il existe un fonds culturel européen, permettant les déclinaisons nationales des cultures. Le nationalisme patriotique repose donc sur un cosmopolitisme intellectuel.

Construire une langue

L'idée que chaque pays possède une langue nationale peut sembler naturelle. Elle est en fait extrêmement récente. Dans l'Europe du XVIIIe siècle, un même espace social comporte souvent des langues superposées qui varient avec les usages sociaux qui en sont faits : langue de cour (généralement le français), langue administrative, langue liturgique (latin chez les catholiques et langue vernaculaire chez les réformés), langue d'enseignement... La construction ou le renforcement de langues nationales au XIXe siècle, relayé par l'impact énorme de l'imprimé, notamment de la presse, vise tout à la fois à incarner la nation et à l'unifier linguistiquement par l'uniformisation des traditionnels dialectes bigarrés.

En Allemagne, la langue allemande existe, mais elle n'est pas considérée par les élites comme une véritable langue de culture, fonction impartie au français ou au latin. Il revient aux écrivains du Sturm und Drang et à tout le mouvement romantique allemand de prouver le contraire en donnant à la langue allemande ses lettres de noblesse littéraires. Au milieu du XIXe siècle, c'est chose faite. De même, en Italie, Alessandro Manzoni, défenseur du romantisme littéraire au service de la religion catholique (contre les valeurs païennes de l'Italie romaine) et patriote ardent, donne à la littérature italienne un de ses chefs-d'œuvre, *I Promessi Sposi* (*Les Fiancés*, dont il publie trois versions entre 1822 et 1842) et contribue ainsi à refonder la langue italienne en la revitalisant par l'usage du toscan, décrété dialecte le plus pur. La question de la langue sera d'ailleurs centrale au moment de l'unification de l'Italie : elle opposera ceux qui prônent une unification linguistique par généralisation du toscan (les Manzoniens) et ceux qui s'opposent, non pas à la nécessaire uniformisation linguistique, mais à la suprématie du toscan [4].

Pour d'autres nations, en revanche, tout reste à faire. Mais philologues et grammairiens sont capables de forger une langue comme un objet, et cela peut même être assez rapide : quelques décennies suffisent, où l'on produit des grammaires, des dictionnaires et quelques œuvres littéraires et théâtrales susceptibles de faire rayonner le nouvel idiome. C'est ainsi que les Norvégiens, dont les élites (formées à Copenhague) parlaient le danois, ont créé une langue nationale correspondant à la nouvelle situation politique d'indépendance à l'égard de la Suède en 1905. En un siècle, le norvégien, fondé sur les dialectes des régions les plus reculées – les fjords de l'Ouest – est né.

Mais l'exemple le plus emblématique est sans doute celui de la langue parlée par les juifs. À la fin du XIXe siècle, le sionisme, mouvement national juif qui n'est pas très différent, dans son inspiration, du mouvement des peuples de la première partie du siècle, vise à l'édification d'un État juif. Prenant acte d'une forte poussée d'antisémitisme à la fin du XIXe siècle – pensons à l'affaire Dreyfus en France, aux pogroms de l'Empire tsariste – les dirigeants sionistes prônent un regroupement national des juifs. Quant au choix linguistique pour ce nouveau pays, encore à bâtir en Palestine, deux options existent : soit l'utilisation du yiddish, parlé principalement par les communautés juives d'Europe centrale et orientale, à condition de le doter d'attributs linguistiques (codification orthographique et grammaticale) qui en feront une langue lettrée écrite de statut international ; soit l'utilisation de l'hébreu, langue de la Bible, langue morte mais sacrée qu'il s'agirait de ressusciter en la modernisant. Cette alternative se superpose à une opposition politique entre les sionistes et les bundistes, partisans d'un socialisme juif, révolutionnaire et diasporique, sans la recouper exactement : les deux options coexistent de part et d'autre. Le yiddish connaît une formidable efflorescence culturelle à travers l'activité intellectuelle des communautés juives des Etats-Unis émigrées à New York depuis la fin du XIXe siècle et tout au long du premier XXe siècle. Manhattan devient un haut-lieu de la culture yiddish. (Isaac Bashevis Singer, écrivain yiddish d'origine polonaise et naturalisé américain, obtiendra le prix Nobel de littérature en 1978.) Par ailleurs, en Palestine, sous l'Empire ottoman, puis sous mandat britannique, l'hébreu fait l'objet d'un gigantesque travail de fabrication linguistique qui vise à transformer une langue liturgique en une langue moderne. L'homme de cette résurrection/réinvention se nomme Eliezer Ben Yehuda. Dans l'entre-deux-guerres, l'hébreu devient obligatoire dans les écoles et à l'Université hébraïque de Jérusalem puis reconnu par les autorités britanniques. C'est finalement cette langue qui s'impose : l'extermination des juifs d'Europe a tranché l'alternative en supprimant partiellement l'un de ses pôles ; de plus, les juifs séfarades ne parlaient pas le yiddish. C'est pourquoi, lorsque le nouvel État d'Israël est proclamé en 1948, l'hébreu est naturellement choisi comme langue officielle [5].

Écrire le roman national

En Bohême au XIXe siècle, des hommes de lettres marqués par la philosophie des Lumières et la pensée de Herder s'engagent dans la construction d'une langue et d'une culture à vocation identitaire. L'un d'eux, le jeune poète Vaclav Hanka, prétend avoir retrouvé un manuscrit du XIIIe siècle, *Kralodvorsky rukopis* (1817), puis un an plus tard, un autre intitulé *Zelena Hora*. Tous deux racontent la légende de la princesse Libuse, fondatrice de la première dynastie tchèque. Salués comme des preuves de l'ancienneté de la nation tchèque, ils obtiennent un succès immédiat. En 1818 est fondé le Musée patriotique de Prague ; quelques années plus tard, Frantisek Palacky écrit une *Histoire de la nation tchèque en Bohême et en Moravie* (1836-1857). Et voilà les Tchèques pourvus d'un récit national appuyé sur des institutions.

Selon un processus équivalent, en Finlande, un jeune lettré patriote nommé Elias Lönrott (ne dérogeant pas à la règle qui veut que les auteurs de ces épopées nationales soient pauvres, précepteurs ou détenteurs d'un petit emploi) donne en 1835 quatre recueils de poèmes, puis quelques années plus tard, une épopée intitulée *Kalevala* (qui signifie : Terre du héros Kaleva), 12 000 vers en 32 poèmes qui deviennent au fil des années le monument littéraire de la nation finnoise. À l'époque, la Finlande est un grand-duché rattaché à la Russie mais qui jouit d'une certaine autonomie ; elle conquiert son indépendance par les armes en 1920 à la faveur de l'effondrement de la Russie tsariste.

Mais tous ces textes ne rencontrent pas le même succès. La France où le français est l'instrument d'unification nationale depuis le XVIe siècle, n'éprouve pas le même engouement pour cette quête des antiquités nationales, car cela ravive les diversités culturelles du passé. Là encore, un jeune lettré, breton cette fois, La Villemarqué, très informé des innovations et recherches menées en Europe dans ce domaine, s'en inspire et publie *Barzaz Breiz* qui promeut la région bretonne comme le conservatoire des plus antiques traditions celtes. Or ce texte, chéri des bretonnants et des militants de la cause bretonne, n'a pas pris dans l'imaginaire national français qui ne concerne qu'une fraction du territoire. Qui le connaît encore aujourd'hui ? Pour expliquer cette faible intégration au patrimoine national, qui contraste avec les autres cas évoqués précédemment, quelques éléments de réponse : tout d'abord, l'épopée nationale est incarnée en France par d'autres textes littéraires, comme *La Chanson de Roland* ; plus profondément, la fonction épique est remplie, en France, par la nouvelle historiographie romantique qui commence à produire des histoires nationales, à commencer par les volumes de l'*Histoire de France* de Jules Michelet ou les histoires de la Révolution ou de l'Empire qui se multiplient dans la première moitié du XIXe siècle : là se trouve la véritable épopée française !

« La défense du Sanpo », illustration pour le poème épique finnois *Kalevala*, fin du XIXe siècle.

Mise en scène par l'historien républicain comme un combat séculaire de la liberté contre l'autocratie qui s'achève, avec la Révolution puis la République, par la victoire de la première, la quête de liberté caractérise le destin français : « Ce qu'il y a de moins simple, de moins naturel, de plus artificiel, c'est-à-dire de moins fatal, de plus humain et de plus libre dans le monde, c'est l'Europe ; de plus européen, c'est ma patrie, c'est la France[6]. »

Sur la scène : théâtre, opéra et musique

L'adoption de l'idiome national nécessite de nouvelles formes artistiques et de nouvelles manières de représenter la réalité émergente qu'est la nation. Au théâtre, la substitution du drame historique à la tragédie classique répond à cet impératif puisé dans l'exemple de Shakespeare qui connaît une grande vogue en Europe à l'époque. Schiller – *Don Carlos, Guillaume Tell* – ou Victor Hugo – *Cromwell, Marie Tudor, Ruy Blas, Les Burgraves* – investissent ce nouveau genre, en privilégiant plutôt d'autres contextes nationaux que les leurs (en partie pour détourner les effets de la censure). La publication des différentes histoires nationales fournit aux dramaturges personnages, événements et anecdotes susceptibles d'être mis en scène.

Au XIXe siècle, le théâtre est un extraordinaire amplificateur médiatique. De fait, c'est aussi un espace politique essentiel dans une Europe non démocratique. Le public y est toujours très réactif, très bruyant, il s'y exprime avec vigueur selon des normes de comportement qui se sont ensuite largement policées[7]. La création de théâtres nationaux est donc un geste politique à inscrire dans les outils de la fabrication des identités nationales. Ainsi, Joao Batista Almeida Garrett, dramaturge libéral portugais, fonde en 1836 le Théâtre national où il fera jouer nombre de ses pièces ; en 1837 ouvre le Théâtre national hongrois ; en 1852, le Théâtre national norvégien ; en 1872, le Théâtre national finnois ; en 1881, le Théâtre national de Prague.

À côté du théâtre, l'opéra est un medium identitaire également très puissant. La musique alliée à un livret décuple l'effet émotionnel du sentiment national. L'exemple est célèbre : l'œuvre et le nom de Verdi ont joué un grand rôle dans le Risorgimento. Le chœur « *Va, pensiero...* » qui clôt le troisième acte de l'opéra *Nabucco*, créé à la Scala de Milan en 1842, fut interprété par les spectateurs comme une incitation à la révolte contre l'oppression de l'Autriche qui occupait alors la Lombardie-Vénétie. En Allemagne, dans les années 1870, la fantasmagorie wagnérienne alliant une germanité mythologique à la richesse inédite de la musique fut également un puissant vecteur de nationalisation des esprits et des âmes. Les opéras russe et tchèque aiment à mettre en scène des héros ou anti-héros de l'histoire nationale : le prince Igor, Boris Godounov, Mazeppa.

La musique, pourtant l'art le moins figuratif, est également un medium identitaire possible. Ainsi le *Kalevala*, poème épique finnois, est traduit musicalement par Sibelius et joué à Helsinki en 1892, sous le nom de *Kullervo*. Dans ce morceau et ceux qu'il composera les années suivantes, le grand musicien finlandais, d'origine bourgeoise et suédophone, cale sa musique sur la prosodie spécifique de la langue finnoise. Au début du XXe siècle, sa *Deuxième Symphonie* (1902) devient l'emblème du combat national contre la tutelle russe de Nicolas II [8].

On pourrait légitimement poursuivre en passant en revue les autres grands instruments de la fabrique des nations : la peinture historique ; la création de musées nationaux regroupant le trésor de la nation qui devient bien commun et accessible à tous, en rupture avec les musées princiers [9] ; la préservation du patrimoine national, avec la création en France de la fonction d'inspecteur des monuments historiques inaugurée par Prosper Mérimée ; la création des Archives nationales, à l'origine tenues au service de l'administration mais qui en France, à partir des années 1830 et sous l'impulsion de Michelet, deviennent une institution pleinement nationale, condition de production d'une histoire nationale en même temps qu'incarnation de la légitimité nationale [10] ; enfin, les enquêtes ethnographiques et folkloriques. Toutes ces pratiques et institutions nouvelles contribuent à incarner la nation, qui n'est pas seulement le « plébiscite de tous les jours », comme l'écrira Ernest Renan après la défaite de 1871, mais également, comme il l'ajoute, un héritage, un patrimoine, un passé communs qui donnent corps à ces nouvelles entités politiques et idéologiques que sont les nations au XIXe siècle.

LA FABRIQUE DES PEUPLES

Comme ne l'a vraisemblablement pas dit – bien qu'on lui ait fréquemment attribué cette formule – Massimo D'Azeglio, ministre libéral piémontais : « L'Italie est faite. Il reste à faire les Italiens ! » Les nouveaux États-nations qui naissent dans le dernier tiers du XIXe siècle, mais également les plus anciens, ressentent tous la nécessité d'une unification politique de leur société civile, c'est-à-dire d'une intégration nationale plus complète. Ce deuxième temps croise l'histoire culturelle car l'effort de nationalisation des masses passe par des processus spécifiquement culturels. L'un des plus puissants est la généralisation des systèmes éducatifs qui, tout en alphabétisant inégalement les populations, systématisent l'apprentissage de la nation chez les plus jeunes. Mais d'autres institutions, dont les associations de gymnastique, les sociétés de tir, d'autres pratiques, notamment le tourisme, d'autres représentations, telles que le paysage national et ses « vues » diffusées par les magazines illustrés puis les cartes postales, contribuent à une intériorisation profonde de l'attribut national dans les sociétés européennes de la fin du XIXe siècle.

Sur les bancs de l'école : Nils, Franti et les autres

L'école a une réelle puissance intégratrice. La carte du pays, pendue au mur ou présente dans le manuel, représente le corps glorieux (ou souffrant) de la nation accomplie (ou amputée : l'Alsace-Lorraine est colorée en gris ou en violet, couleur du deuil sur les cartes des écoles françaises) ; l'hymne national y est chanté régulièrement ; la pédagogie renforce le sentiment d'appartenance (on parle de « notre pays », « notre patrie »…). Les mots et les images des manuels scolaires sont des références gravées dans le système mental de plusieurs générations.

Presque chaque pays produit un livre de chevet destiné aux enfants afin de favoriser la découverte à la fois historique, géographique et sentimentale de leur patrie. En Suède, c'est le best-seller de Selma Lagerlöf, *Le Merveilleux Voyage de Nils Holgersson à travers la Suède* (1906), un voyage sur les ailes d'un jars qui permet au petit Nils de découvrir son pays mais aussi de s'amender moralement. Garnement cruel et mauvais au début de son voyage, il devient un bon petit garçon : l'apprentissage national est aussi un assagissement pour devenir un adulte responsable.

Ce mélange de patriotisme et de moralisme est présent dans un autre best-seller national qui adopte une forme identique. C'est le *Tour de la France par deux enfants. Devoir et patrie* de G. Bruno (pseudonyme d'Augustine Fouillée) publié en 1877 et maintes fois réédité [11]. Il devient le bréviaire de nombreuses générations de petits écoliers français qui découvrent la France et ses provinces à travers les pérégrinations d'André et Julien Volden, partis d'Alsace-Lorraine à la recherche de leur oncle paternel après l'annexion de leur région et la mort de leur père.

L'équivalent italien est d'égale importance : *Le Livre Cœur* (*Cuore*). Publié le 15 octobre 1886, le livre atteint en 1908 sa 300e édition et plus de 300 000 ventes – elles dépasseront un million dans les années 1920 –, ce qui en fait un des best-sellers de l'Italie libérale. Écrit par Edmondo De Amicis, ancien combattant du Risorgimento et futur socialiste, ce livre met au premier plan

COMMENT NAISSENT LES NATIONS

Affiche annonçant la parution d'une édition de luxe du *Livre Cœur* (*Cuore*) d'Edmondo De Amicis, en 1886.

l'école et l'armée, sans omettre le récit des batailles perdues (notamment celle de Custoza en 1866) qui tiennent une place importante dans l'épopée risorgimentale [12].

Ici, pas de pérégrination ; ni oie sauvage, ni tourisme provincial, mais une structure narrative feuilletée : *Cuore* est le journal d'un écolier de Turin, notant quotidiennement ce qu'il fait à l'école, ce qu'il entend dans la rue, ses activités, ses amis, ses pensées (première strate), journal retrouvé par lui quelques années plus tard, alors qu'il est un collégien (deuxième strate) et commenté par son père et d'autres membres de sa famille (troisième strate) assorti de quelques vignettes héroïsant des enfants valeureux (quatrième strate). Le temps de la narration se situe pendant l'année scolaire 1881-1882, soit vingt ans après la mort de Cavour, dix ans après celle de Mazzini ; le livre se termine par l'évocation de la disparition de Garibaldi, le 2 juin 1882. C'est donc une histoire pleinement implantée dans l'Italie nouvelle ; tous les enfants sont nés après 1871, mais ils sont liés par le souvenir et les récits aux combats de leurs pères. Le livre se passe exclusivement à Turin, capitale de l'Italie risorgimentale (avant que Rome devienne après 1871 la nouvelle capitale), mais le sud du pays est présent à travers les personnages de petits Calabrais, fils d'immigrés du Piémont industriel. Le livre vise aussi à combattre le racisme anti-méridional et à fortifier l'unité du pays par un patriotisme omniprésent mais toujours d'essence universaliste.

Cuore met en scène de façon emblématique une vulgate historique et politique fondée sur la linéarité de l'histoire nationale, sur l'omniprésence du Risorgimento (l'histoire plus ancienne et notamment la Rome impériale sont très peu évoquées) mais aussi sur l'édulcoration des conflits idéologiques entre les pères fondateurs : la construction de l'Italie libérale dans les années 1880 nécessite préalablement la réconciliation du régime monarchique avec la tendance démocratique et républicaine des patriotes, c'est-à-dire entre deux tropismes également actifs dans les luttes du Risorgimento – en somme, entre Cavour et la dynastie des Savoie d'une part Garibaldi et Mazzini de l'autre.

Dans de nombreux États-nations, on observe un semblable processus d'homogénéisation irénique visant à présenter un récit national qui puisse rallier, sur une base généralement modérée, l'ensemble du prisme idéologico-politique du pays : en Italie, le Risorgimento dynastique et conservateur (Cavour, Victor-Emmanuel II) et le Risorgimento démocratique (Mazzini, Garibaldi) ; en France, la tendance radicale, révolutionnaire, qui s'est illustrée pendant la Commune, les républicains modérés et socialement conservateurs et une droite libérale encore monarchiste mais ralliée au nouveau régime.

En Italie, la loi Casati (1859) affirme très tôt la nécessité d'une instruction obligatoire, mais à cette date, il s'agit surtout d'unifier administrativement le système scolaire en « piémontisant » la structure [13]. L'obligation scolaire ne s'applique alors qu'aux deux premières années de l'école primaire, de six à huit ans. La loi Coppino (1877) prolonge d'un an cette obligation, mais affirme surtout le monopole de l'État sur les questions scolaires. Ce n'est qu'avec la loi Orlando (1906) que les petits Italiens sont tenus d'aller à l'école jusqu'à douze ans. L'école primaire compte alors six classes mais, comme en France, le système est dual et inégalitaire : l'instruction primaire sert à la fois à préparer les enfants des milieux aisés à l'accession au lycée et à former un cycle de primaire supérieur qui clôt l'instruction des enfants de pauvres. C'est donc un système à deux niveaux. L'affirmation précoce du principe selon lequel l'école primaire est obligatoire pour tous est contrebalancée par une application partielle et tardive de ce principe. Contrairement à la France, l'imparfaite cotutelle entre les municipalités et l'État est un obstacle sérieux à la généralisation des écoles. Bien souvent, notamment dans le Sud, les municipalités n'ont pas les moyens d'ouvrir une école.

En conséquence, l'alphabétisation est retardée par rapport à la France et au reste de l'Europe d'autant que le travail des enfants à la campagne et la misère urbaine accentuent l'absentéisme chronique. Dans les années 1860, l'Italie compte quelque 17 millions d'habitants, deux fois moins alphabétisés qu'en France, cette dernière étant elle-même moins alphabétisée que la Grande-Bretagne et surtout la Prusse. En France, en 1877, 75 % des hommes et 65 % des femmes sont capables de signer leur contrat de mariage. Des inégalités traditionnelles jouent toujours : de part et d'autre d'une ligne Saint-Malo-Genève, le Nord et l'Est sont plus instruits et le Sud et l'Ouest le sont moins ; la citadinité est généralement favorable à l'alphabétisation et on estime que le peuple parisien est plus ou moins alphabétisé depuis le XVIIIe siècle. En France, les grandes lois scolaires de 1880-1881 rendant l'école obligatoire, gratuite et laïque n'ont ainsi fait qu'achever et homogénéiser un processus d'alphabétisation déjà bien entamé mais inégal entre les sexes et les régions. En 1914, l'analphabétisme a presque complètement disparu, au moins dans les nouvelles générations.

En Italie, au contraire, les lois scolaires du nouvel État, bien qu'inégalement et tardivement appliquées, enclenchent le processus d'alphabétisation sans pour autant remédier à l'inégalité spatiale qui reste un facteur majeur de différenciation : en 1900, le taux d'analphabétisme est tombé à 30 % des recrues militaires ; mais parmi celles-ci, la grande majorité vient du Sud. La laïcisation de l'école italienne, dans un pays traditionnellement très catholique, est elle aussi inégale et incomplète, même si on supprime l'enseignement religieux dans les écoles publiques et si, théoriquement, toute référence religieuse disparaît des manuels scolaires.

Sports, tourisme et « pittoresque national »

Le sport est intimement lié à la construction de l'idée nationale, à plusieurs égards. Le sport moderne est le produit de deux traditions qui, toutes deux, se rattachent à l'émergence nationale : la première, le mouvement gymnaste né dans les pays scandinaves et allemands au début du XIXe siècle, a accouché de mouvements associatifs importants pour la socialisation de l'idée patriotique. Dans l'espace germanique, les *Turnvereine*, nés de la réaction allemande aux guerres contre Napoléon, se sont développés dans les années 1840 et ont joué un rôle important en exaltant l'idée de puissance physique et spirituelle de la nation, par l'organisation de grandes démonstrations gymniques. De même, et dans un esprit semblable alliant patriotisme et libéralisme, les *Sokols* (« faucons » en tchèque) fondés en 1862 sont des associations de gymnastique qui se veulent l'incarnation de l'âme nationale, laïque, fraternelle, valeurs symbolisées par le port d'une chemise rouge. Ce modèle d'éducation physico-patriotique est également présent en France où il arrive par l'Alsace : en 1873 est fondée l'Union des sociétés de gymnastique de France.

La deuxième branche à l'origine du sport moderne est le sport d'équipe tel qu'il est inventé et pratiqué dans les collèges britanniques, à la Public School de Rugby (dans le comté de Warwick) par exemple. Là aussi, le sport est le vecteur de valeurs – la concurrence loyale, le *fair-play*, le respect des règles communes et l'esprit d'équipe – censées incarner l'esprit national britannique. Ces deux tendances se diffuseront un peu partout dans l'Europe du XXe siècle pour donner naissance aux pratiques du sport moderne que l'on connaît aujourd'hui.

Le sport est évidemment un vecteur crucial d'identités nationales, voire de nationalismes sectaires à partir du moment où l'on organise des championnats entre équipes de différents pays. Les Jeux olympiques, dont les premiers de l'ère moderne ont lieu à Athènes en 1896, deviennent rapidement, comme toutes les autres manifestations internationales, une vitrine de démonstrations identitaires.

Le sport s'allie souvent à une pratique du territoire, qu'elle soit concrète dans les nombreuses associations de marcheurs qui éclosent dans l'Europe de cette époque – *Wandervogel* (« oiseau migrateur ») allemands, excursionnistes catalans, alpinistes bourgeois des Clubs alpins, scouts du général anglais Baden-Powell, etc. – ou médiatisée par le récit journalistique puis par le son radiophonique et l'image télévisuelle. Ainsi le Tour de France cycliste devient-il dès sa fondation en 1903 une véritable épopée nationale : parcours collectif au cœur de l'intimité du territoire, il contribue à faire connaître ce dernier, avec ses principaux cols, ses plaines, ses hauts lieux, la diversité de ses provinces ; l'arrivée dans la capitale semble un hymne à l'unité nationale. Ce Tour de France, toujours vivant même si les affaires de dopage à répétition lui ont ôté son prestige, est dès le début une grosse machine médiatique soutenue par le journal *l'Auto* à vocation pédagogico-patriotique visant à dessiner les contours de la nation incarnée [14].

L'arrivée à Milan du premier Giro d'Italia. La course est fondée en 1909, quelques années après son équivalent français.

Ainsi, de la carte scolaire à l'excursion, du *Tour de la France par deux enfants* au Tour de France cycliste, le territoire national est approprié, cartographié, équipé. Des sentiers sont balisés, des refuges sont bâtis, des belvédères sont aménagés. À partir de l'entre-deux-guerres, le dégagement progressif d'un temps pour les loisirs permet de plus l'appropriation massive d'un tourisme national qui devient un devoir patriotique.

Car il n'y a nulle contradiction entre la diversité des terroirs (partout sensible en Europe) et l'unité ; entre la logique nationale et celle des « petites patries ». Même dans un pays aussi centralisateur que la France, l'école ou d'autres vecteurs n'éradiquèrent pas les parlers locaux et les sentiments d'appartenance locale. Au contraire, comme le montrent Mona Ozouf ou Jean-François Chanet, la République pratiquait une « intégration hiérarchisante » où peuvent s'emboîter des fidélités vécues comme complémentaires : on peut être à la fois Breton et Français [15].

La littérature, entre nation et internationalisation

Y a-t-il une forme littéraire de l'État-nation ?

Les historiens ont développé l'idée selon laquelle les formes littéraires correspondent à l'horizon d'attente des lecteurs en fonction de conjonctures historiques particulières. Ainsi, le genre du roman épistolaire, si prolifique au XVIIIe siècle, n'était pas équipé pour saisir les traumas de l'époque révolutionnaire, qui vit au contraire l'épanouissement du roman gothique puis historique. Il y aurait bien des formes littéraires de l'histoire. L'hypothèse que l'on posera ici, en suivant Franco Moretti, est la suivante [16] : la forme littéraire de l'État-nation est le roman historique (au sens large, incluant le roman d'apprentissage, le *Bildungsroman*), dont le parangon est l'œuvre initiatrice de Walter Scott.

Son coup d'essai est un coup de maître : publié en 1814, *Waverley* trouve tout de suite la recette qui fera fortune, entre intrigue romanesque, exposé historique et matériel descriptif. En 1819, *Ivanhoé* connaît une gloire européenne. Le roman s'achève par l'acte de création de la nation anglaise : Richard Cœur de Lion annonce la réconciliation entre Normands et

Saxons. L'œuvre de Scott fait des émules partout en Europe. Tous les littérateurs l'ont lu et beaucoup l'imitent en travaillant leur propre matière romanesque nationale : Balzac, Alexandre Dumas, Eugène Sue, Manzoni, Pouchkine, Tolstoï, etc. Tous écrivent leur *roman de formation* national à travers la résurrection du passé, non plus sur le mode épique ou héroïque comme les bardes dont nous avons parlé plus haut, mais sur le mode romanesque et documentaire.

Pourquoi le roman est-il la forme symbolique la plus appropriée à l'État-nation moderne ? D'abord parce qu'il donne sens à la nouvelle loyauté nationale, en conflit ou en coexistence conflictuelle avec d'autres types de loyautés. Par exemple, certains romans de Jane Austen (dont on ne peut dire qu'ils sont des romans historiques au sens propre du terme) mettent en scène le thème du déracinement de l'emprise locale (une jeune fille qui va se marier et quitte son domaine natal) et l'avènement d'un ordre national (puisqu'elle va rejoindre son mari dans une autre partie de l'Angleterre). Ensuite, au contraire de l'hymne ou du drapeau, le roman est une forme symbolique capable de montrer les conflits intestins, les discordes, et de les intégrer dans son récit, d'en faire la matière même du récit. Pour poursuivre avec Jane Austen, son Angleterre est plurielle ; elle fait coexister l'Angleterre rurale, conservatrice, des grands domaines du Sud et du centre avec l'Angleterre de l'élite urbaine et mobile de Londres ou celle des villes d'eau, principalement Bath (où l'on a des chances de trouver un mari !), enfin l'Angleterre industrielle du Nord et celle des franges celtiques. Cet espace national est à la fois un et pluriel ; il est, de plus, prolongé par les dépendances coloniales qui interviennent dans la matière romanesque et étirent encore l'espace du roman vers la Caraïbe ou l'Inde par exemple. La nation est une réalité à géométrie variable que la souplesse du roman permet de saisir au mieux.

Le roman historique, quant à lui, donne à voir et à comprendre la construction historique, chronologique, de la nation dans le temps. *Les Chouans* de Balzac introduit le lecteur dans une France révolutionnaire qui doit mater sa frontière intérieure, les Blancs de l'Ouest. Dans *Les Fiancés* de Manzoni, la séparation des amants fait advenir une double intrigue : le personnage masculin, Renzo, se dirige vers Milan et la révolte urbaine d'un monde proto-industriel tandis que le personnage féminin, Lucia, régresse vers le passé en se réfugiant dans les couvents, forteresses d'un autre temps.

Le roman, un genre européen

D'après l'enquête quantitative menée par Franco Moretti [17], on peut dire que naît entre 1750 et 1850 une sorte de « marché littéraire commun » en Europe. En effet, au XIXe siècle, tous les pays européens importent plus de la moitié de leurs romans de l'étranger, sauf deux d'entre eux qui sont les véritables puissances littéraires européennes : la France et la Grande-Bretagne, cette dernière, vivant elle quasiment en autarcie à l'ère victorienne, un peu comme le marché cinématographique américain aujourd'hui : « Une culture qui n'attend rien de l'étranger, sans curiosité, sans intérêt [18] », conclut Franco Moretti.

Par ailleurs, à la fin du XVIIIe siècle, le roman a détrôné l'édition d'œuvres pieuses : il a gagné nombre de lecteurs et surtout de lectrices progressivement alphabétisées. Le succès du roman repose sur l'industrialisation de l'édition et la nationalisation du marché du livre. En effet, sa géographie est déterminée par une centralisation accrue de la publication, qui se fait désormais à Paris et non à Bordeaux ou à Dijon, comme c'est le cas pour les éditions de poésie. L'unification du marché du livre romanesque fait qu'on lira la même chose qu'à Londres, mais plus tard, à Stanford, ou à Newcastle. Le centre produit pour la périphérie provinciale dont les bibliothèques et les cabinets de lecture sont désormais alimentés quasi exclusivement en romans, comme le montre excellemment *Madame Bovary*, le roman de Flaubert dont l'héroïne provinciale se nourrit de productions romanesques. Le « provincialisme », dans le sens négatif qu'il a acquis, est d'ailleurs un effet collatéral de la nationalisation des cultures puisque la province devient en fait, en termes de consommation culturelle, la même chose que la capitale (il n'y a plus de production autonome) mais avec un retard qui la décale négativement. L'idée que la « vraie vie » se déroule à Paris ou à Londres est d'ailleurs un grand thème romanesque forgé depuis le centre.

D'après l'enquête de Franco Moretti, le cœur de l'espace littéraire européen est composé des deux superpuissances que sont la France et la Grande-Bretagne, avec un avantage final pour la France. Chacune de ces puissances a ses zones d'influence : le roman français triomphe dans l'Europe du Sud et de l'Est, tandis que la littérature britannique a de multiples adeptes en Allemagne, aux Pays-Bas et dans les pays scandinaves. Au milieu du XIXe siècle, le roman apparaît comme un genre profondément européen, au sens où il n'existe encore qu'en Europe et où circule un fonds commun lu par tous les lecteurs européens : essentiellement produit par les deux centres parisien et londonien, il inonde les marchés espagnol, tchèque, hongrois, portugais, italien. Ces derniers se familiarisent progressivement avec la nouvelle forme, avant de les imiter et, dans la deuxième moitié du siècle, d'infléchir cette configuration spatiale par la percée victorieuse du roman russe (années 1860-1890) avec des figures emblématiques comme Tourgueniev, Tolstoï ou Dostoïevski. Un siècle plus tard, la géographie romanesque et l'européocentrisme seront bouleversés par le succès du réalisme magique du roman latino-américain dont Gabriel García Márquez est le porte-drapeau.

Le roman, qui sait si bien incarner et comprendre la forme politique nationale, est donc, dans un mouvement paradoxal, un genre éminemment international, au sens où il est adopté partout en Europe : on discute du dernier roman de Balzac, de George Sand ou de Dickens à Paris, à Milan, à Vienne comme à Saint-Pétersbourg.

Et chacune de ces œuvres tient lieu de roman familial de la nation en construction. Au sens où Freud a créé ce concept à l'origine, le roman familial désigne une projection fantasmatique et inconsciente de l'enfant qui se construit des parents selon son désir. De même, les nations – celles qui « naissent » et celles qui se renforcent – édifient, puis inculquent à leurs citoyens, cette fois très consciemment, une généalogie faite de manuscrits, de vieilles pierres, de grands textes, de musiques et d'images, de sports et d'espaces, susceptible de soutenir leur identité et finalement leur être.

Chapitre 2

FLÂNER EN VILLE

La culture urbaine de la Belle Époque

De façon concomitante avec cette édification nationale, l'Europe de la seconde moitié du XIXe siècle voit émerger une « culture urbaine ». Les historiens entendent caractériser par là un ensemble de pratiques et de représentations liées au processus d'urbanisation et d'industrialisation à l'œuvre – inégalement selon les espaces considérés. C'est déjà ce que visait Georg Simmel au début du XXe siècle dans les prodromes d'une sociologie urbaine : l'idée que la grande ville est un laboratoire où se réalise l'expérience des modernes, l'être psychique des citadins étant conditionné par une « intensification de la vie nerveuse », au contraire de celui des habitants des villages et des petites villes, davantage structuré par l'habitude.

On parlera tout aussi bien de la nouvelle présence massive de l'imprimé, notamment de la presse, que des cafés où on lit son journal, du spectacle de la ville qui sollicite l'œil du citadin, de l'attention aux affiches, aux réclames, aux nouvelles manières d'être dans la rue, à l'attroupement des badauds, à la démarche nonchalante du flâneur que permettent les nouvelles infrastructures urbaines des grandes métropoles européennes. Paris, Londres, Berlin, Vienne, Madrid, Barcelone ou Rome, toutes rivalisent pour afficher leur prospérité et investissent dans le décorum urbain. Ces nouvelles pratiques dessinent un imaginaire puissant qui forme une identité urbaine spécifique, se combinant aux formes de cultures nationales en formation, ainsi qu'aux subcultures sociales (bourgeoise, ouvrière) ou régionales. Les expositions universelles sont un des lieux où s'exprime le mieux le rêve du XIXe siècle, comme l'a perçu Walter Benjamin dans son livre inachevé, *Paris capitale du XIXe siècle. Le livre des passages* : ce sera l'un des fils rouges de ce chapitre.

La logique qui prédomine ici n'est pas tant nationale que métropolitaine. Il est en effet possible de circonscrire un système de perceptions et d'expériences propres à la vie dans les grandes capitales, dont Paris pourrait être le paradigme. Du point de vue de l'expérience du citadin, Paris est plus proche de Londres que de Moulins ou même de Marseille !

Un flot de papier

Historiens et littéraires ont récemment identifié l'apparition d'un nouveau régime culturel dans l'Europe de la deuxième moitié du XIXe siècle, symbolisé par le journal (et notamment le quotidien) ; pour cette raison, on a pu nommer ce nouvel écosystème urbain européen une « civilisation du journal [1] ».

Avant l'arrivée de la radio, du cinéma et de la télévision, les mots déferlent dans les grandes villes européennes en un flot de papier : éditions à bas prix, petits livres populaires, affiches, feuilles volantes, mais surtout magazines et quotidiens en grand nombre. Le journal quotidien devient désormais la matrice des esprits et le formateur principal des opinions. Comme Hegel l'avait anticipé, sa lecture est un rite quotidien : « La lecture des journaux est la prière du matin de l'homme moderne. »

D'une presse de revues à une presse quotidienne

En France, tout commence avec la création de *La Presse* en 1836 par Émile Girardin. C'est un nouveau quotidien dont le prix de l'abonnement a été divisé par deux et qui innove en intégrant ce qu'on appelle désormais le « roman-feuilleton », un récit qui se poursuit de jour en jour, placé en bas de page du journal, au « rez-de-chaussée », et qui tient en haleine les lecteurs friands de fiction. Toute la génération romantique écrit dans *La Presse*[2].

Mais la véritable invention de la grande presse quotidienne populaire date de 1863 avec le lancement tapageur du *Petit Journal* de Moïse Polydore Millaud qui opère une révolution en rompant avec la logique de l'abonnement. Pour la première fois, on peut acheter le journal au numéro, à un prix extrêmement bas : 5 centimes (équivalent de 10 à 20 centimes d'aujourd'hui) – ce qui élargit considérablement le cercle des lecteurs. Millaud renonce à tout positionnement politique affirmé pour adopter un régime d'information « neutre », farci de « petits faits », avec des romans-feuilletons et de la vulgarisation scientifique. *Le Petit Journal* atteint tout de suite des tirages inédits : 260 000 exemplaires en 1865, 467 000 exemplaires en 1869, au moment de l'affaire Troppmann[3]. Ce sont les débuts de la presse de masse, qui s'écoule à des centaines de milliers d'exemplaires par jour.

En France, à la Belle Époque, la presse quotidienne est dominée par la « bande des 4 » : *Le Petit Journal*, *Le Petit Parisien* (créé en 1876, tiré à 1,5 million d'exemplaires en 1914), *Le Matin* (1883) et *Le Journal* (1892, tiré à 1 million d'exemplaires en 1914). Dans les années 1910, partout en Europe, on atteint, avec plus ou moins les mêmes recettes, les plus forts tirages du monde, restés quasiment (à part les tabloïds anglais) sans équivalent depuis. La presse opère alors comme le principal régulateur des passions collectives.

En Grande-Bretagne, la fin de l'ère de la presse d'élite, vendue cher par abonnement à un public restreint, construite autour d'oppositions politiques (Whig vs Tory) et animée par des potins mondains, est intervenue quelques décennies auparavant. Car en Grande-Bretagne (comme aux États-Unis) se sont trouvées plus tôt réunies les conditions techniques et politiques qui ont rendu possible l'avènement de la presse de masse : la Grande-Bretagne connaît une liberté de la presse presque totale ; la censure politique y est minimale. Jusque dans les années 1870, c'est une exception sur le continent. Cette évolution est donc dépendante d'une chronologie politique qui établit progressivement et inégalement un certain libéralisme dans les différents États européens.

En France, le Second Empire exerce une censure tatillonne avant de desserrer son étreinte avec les lois de 1868. Mais c'est la Troisième République qui garantit la liberté de la presse, à partir de la loi de 1881 ; celle-ci assure, jusqu'en 1940, un régime de grande tolérance voire, parfois, de totale impunité. Sur le plan technique, l'emploi de presses rotatives à partir des années 1850 constitue une révolution qui permet l'impression rapide d'un nombre considérable d'exemplaires. Mais c'est surtout grâce à un réseau de chemins de fer suffisamment dense que les quotidiens sont acheminés dans un délai d'un jour ou deux maximum vers les plus lointaines provinces. Cette unification des marchés nationaux par la voie ferroviaire est la principale condition de réussite de la grande presse populaire. Et elle précipite, à la fin du siècle, la disparition presque complète du colportage qui avait assuré la diffusion d'une bonne partie des imprimés et de la culture populaire dans l'Europe d'Ancien Régime.

Sur ces deux plans, la Grande-Bretagne est en avance. C'est pourquoi elle exerce un vrai leadership sur la « *penny press* » jusqu'en 1914, et reste jusqu'à

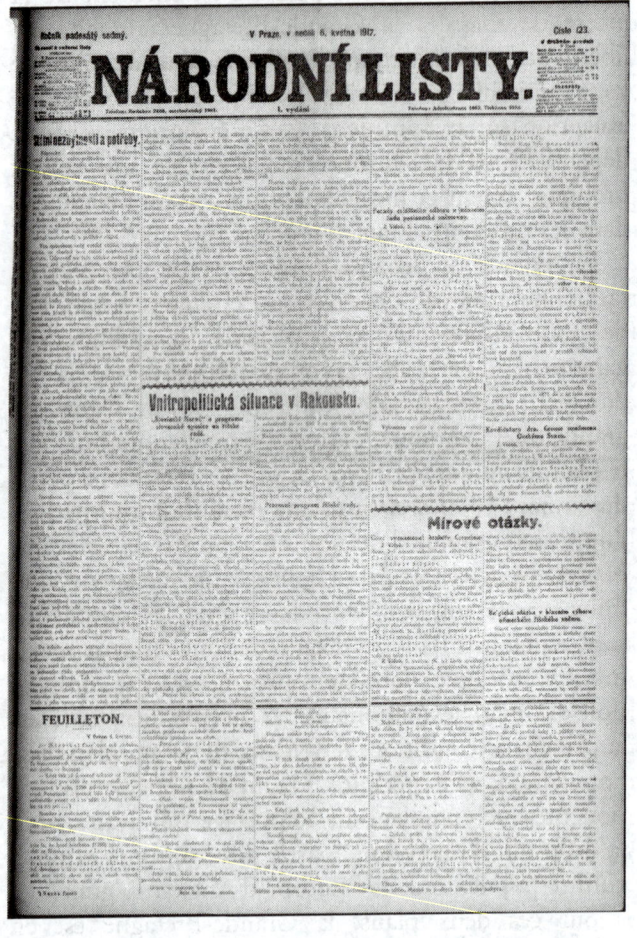

La une datée du 6 mai 1917 de *Národní Listy*
(*Le National*, en tchèque), l'un des principaux quotidiens
de Bohême, créé en 1863.

aujourd'hui une nation particulièrement lectrice de quotidiens. Dès les années 1830, les Britanniques sont habitués à la lecture du journal. Durant tout le XIXe siècle, la bourgeoisie victorienne (petite, moyenne et grande) est avide d'informations sur les développements de la science, les arts, les doctrines politiques diverses (socialisme, darwinisme, etc.) mais aussi désireuse d'évasion, de féerie et de frissons.

Après la Grande-Bretagne et la France, les autres espaces européens connaissent des processus similaires : l'Allemagne dispose d'un vaste éventail de quotidiens régionaux (résultat de son unification tardive) et d'hebdomadaires. Ainsi à Berlin en 1862, il existe 32 quotidiens et 58 hebdomadaires. En Bohême, sous tutelle austro-hongroise, plusieurs quotidiens sont publiés en langue tchèque dans les années 1860 : *Cas* (*Le Temps*), *Národní Listy* (*Le National*), *Pokrok* (*Le Progrès*) ; en 1890, on y compte 418 périodiques dont 253 en langue tchèque pour des élites également germanophones. Ces chiffres permettent de mesurer à la fois le dynamisme de la presse tchèque et la liberté relative dont bénéficient à Vienne les diverses nationalités. Cette autonomie culturelle permet l'épanouissement d'une presse autochtone, aux accents parfois nationalistes. En Italie, *La Nazione* (Florence, 1858) préexiste à l'unification italienne qui active de nouveaux organes de presse quotidienne avec des implantations régionales importantes (jusqu'à aujourd'hui) : *La Stampa* (Turin, 1867) et *Il Corriere della Sera* (Milan, 1876). Les quotidiens italiens dépendent davantage du mécénat politique ou industriel qu'en France ou en Grande-Bretagne, où leur puissance est assise sur la demande du marché des lecteurs, plus nombreux qu'en Italie. De plus, le leadership franco-britannique est consolidé par la création des premières agences de presse : Havas (français) en 1830 ; Wolff (Prusse) en 1844 et Reuters en 1851, l'œuvre d'un juif allemand installé à Londres. Dans les années 1860, l'installation de câbles sous-marins ainsi que le télégraphe permettent d'acheminer du monde entier des nouvelles en quelques heures ou en quelques jours. On entre alors vraiment dans le régime contemporain de l'information internationale instantanée, du rétrécissement du monde, comme le montre à sa manière Jules Verne dans *Le Tour du monde en 80 jours*, roman publié en feuilleton dans *Le Temps* en 1872.

La presse, régulatrice des opinions et des imaginaires

Presse et littérature : le roman du quotidien

Au XIXe siècle, tous les hommes de lettres en France (mais cela est généralisable, dans une moindre mesure, à l'Europe tout entière) ont écrit pour les journaux – sauf Flaubert qui s'y est toujours refusé. Balzac, Nerval, Stendhal, Gautier, Dumas, Lamartine et plus tard Maupassant : tous s'y sont essayés. Certains ont même fondé leur propre journal, comme George Sand en 1848[4]. Nombre de livres, et pas des moindres – *Les Petits Poèmes en prose* de Baudelaire ou les *Lettres d'un voyageur* de Sand – sont des recueils d'articles ou de chroniques préalablement publiés dans la presse. Avec la prépublication de fictions en feuilletons périodiques, ce sont les deux grandes modalités de participation littéraire à la presse. Par ailleurs, jusqu'à la fin du siècle, il n'y a pas de journalistes professionnels. Le statut et la professionnalisation n'arriveront que dans les années 1920. Jusque-là, les grands journalistes sont connus par leur style et les « plumes littéraires » participent totalement du monde de la presse. Comme le montre Marie-Ève Thérenty, au XIXe siècle littérature et presse sont intimement mêlées [5].

Que peut-on en conclure ? D'un côté, la littérature s'approprie la démarche et la poétique du journalisme : le rapport au temps, à l'information, l'écriture du fait divers, le genre de la chronique, du reportage... De l'autre, la fiction occupe une place importante dans le journal, renforçant l'imaginaire très littéraire des lecteurs de l'époque qui cherchent, dans le roman, des explications ou des clés de compréhension d'un monde social rendu opaque par les bouleversements engendrés par la Révolution française [6].

À partir de 1880, la censure se relâche et une ligne de fracture oppose les journaux qui optent pour une écriture informative moderne, qui sera la langue journalistique du XXe siècle, et ceux qui restent très « littéraires », des journaux mondains et souvent conservateurs tels le *Gil Blas* ou *Le Figaro* dans lesquels la rédaction compte de nombreux hommes de lettres

– comme Maupassant qui publie dans ces deux journaux des contes et des chroniques durant les années 1880. Mais le paradigme central de la presse a fondamentalement changé : de l'écrivain-publiciste, on passe à un journaliste, grand reporter, interviewer ou échotier qui définit une éthique propre au métier et se présente comme « conscience observante du monde » privilégiant l'objectivité, la neutralité, la précision. Ce qui prime désormais, c'est la « chose vue » : il s'agit moins de raconter que de témoigner. Est-ce l'esthétique naturaliste, le rêve d'une écriture scientifique qui est passée de la littérature (Zola) au journal ou l'inverse ? Quoi qu'il en soit, pendant tout le siècle, le journal a constitué un véritable laboratoire de formes (le fait divers, le grand reportage, l'écriture policière) et de thèmes (la rue, le crime) qui se trouvent importés dans la modernité littéraire.

Faits divers et culture du crime : l'encre et le sang

À côté du roman-feuilleton et des nouvelles du jour, que trouve-t-on dans un journal de la seconde moitié du XIXe siècle en Europe ? Une foule de rubriques en partie reprises de l'ancienne littérature de colportage : des conseils de vie (« comment garder son mari ? »), des blagues et des jeux de mots ; des anecdotes, des chroniques fantaisistes et des récits de bandits, des récits de crime enfin, qui cristallisent un imaginaire particulièrement florissant à l'ère des foules dangereuses et d'une citadinité en voie de transformation.

L'espace important dévolu aux faits divers (jusqu'à un tiers du journal) est parfois interprété comme une tactique d'évitement du politique en régime de censure, mais plus profondément (ce qui ne l'exclut pas), il fait écho à la sensibilité du temps où fleurissent le roman policier, le *detective novel* britannique, le personnage du monstre homicide, etc. – un nouveau regard sur le monde fondé sur la spectacularisation des émotions [7].

Dominique Kalifa [8] a montré comment se forge alors une culture du crime, dotée de héros fictifs ou réels : la figure du grand bandit social se voyant revalorisée, de Cartouche à Landru, des « apaches » qui font trembler Belleville à Casque d'or, de la bande à Bonnot à Fantômas ou Arsène Lupin ; d'espaces propres : les franges faubourgeoises des grandes villes ; de valeurs : une forme d'égalité qui consiste à voler le riche pour le pauvre, la bravade, le courage physique assortis d'un certain fatalisme. Le succès de ces récits dans la presse, mais aussi dans la chanson et plus tard dans le cinéma, repose sur les usages sociaux qui en sont faits : l'héroïsation de grandes figures criminelles est d'abord un instrument d'affirmation par lequel le peuple peut, de nouveau, rentrer dans l'Histoire : il fait la une des journaux ! Par ailleurs, au sein de sociétés européennes inégalement touchées par l'exode rural, bouleversées par les nouveaux cadres et rythmes de travail industriels, les milieux populaires vivent une forte crise d'identité et, à mesure qu'éclosent les banlieues, un sentiment d'isolement social et spatial. Le crime fait parler, la lecture du journal entraîne des commentaires, élogieux ou ironiques, réactive les sociabilités de voisinage et bien souvent suscite l'identification aux victimes. En dépit de cette obsession du crime dans les sociétés européennes de la Belle Époque, rien ne dit d'ailleurs que celles-ci sont effectivement devenues plus violentes. Le regard sur le crime est souvent nonchalant, il s'apprécie comme d'autres spectacles de la grande ville, avec une forte dose de dérision ; il est fréquemment perçu sur le mode du vaudeville. En fait, la presse met en scène une surreprésentation du crime tout en assurant la promotion de la figure de l'enquêteur : Rouletabille ou Father Brown sont des héros connus de tous [9].

La construction des opinions publiques

L'omniprésence du journal et la lecture partagée qui en est faite, élargissant sa sphère d'influence en la multipliant par deux ou trois (lecteurs pour un journal), transforment ce nouveau média en un régulateur d'opinions. En effet, devant ce flot de papier, ces revues, ces journaux, l'individu moderne choisit et est appelé à se définir en s'identifiant aux valeurs et aux références colportées par ses lectures quotidiennes. Sur le plan politique, à la fin du siècle, le journal acquiert un pouvoir dont les puissants sont conscients. Il devient un acteur fondamental dans le jeu démocratique qui éclot un peu partout selon un tempo inégal. En France, l'affaire Dreyfus, si elle orchestre la naissance des « intellectuels » (dont on reparlera) est également une bataille de papier. Côté dreyfusard, on trouve un certain nombre de revues et de journaux dont *L'Aurore* qui relance le combat sur l'Affaire avec la publication spectaculaire en une de l'article d'un grand écrivain, Émile Zola, retitré « J'accuse » par Clemenceau afin d'en maximiser l'effet de provocation. En face, la presse antidreyfusarde conduite par Édouard Drumont, le très dynamique fondateur de *La Libre Parole*, produit des arguments, des rumeurs, raconte les procès et lance des accusations ordurières [10]. La violence du ton étonnerait aujourd'hui. Cette saga, qui s'inscrit dans l'histoire du nationalisme, de la genèse du racisme antisémite et d'une histoire idéologique plus générale, est également le moment cristallisateur de « la civilisation du journal ». L'affaire Dreyfus n'aurait pas existé, dans sa dimension presque anthropologique, clivant les familles et les couples, sans l'écho extraordinaire que lui a donné la grande presse populaire de l'époque.

De cette civilisation du journal sont solidaires un espace et une pratique typiques de la modernité européenne : la lecture du journal au café. Les cafés font partie de l'identité du continent. Depuis le XVIIIe siècle, ils sont liés à la mythologie de la littérature, de l'avant-garde artistique et de la révolution politique. Peut-être le café, nouvelle boisson importée des Antilles dès le XVIIe siècle, stimule-t-il les ardeurs de changement d'Européens en quête d'ailleurs, à la recherche d'utopie et d'accomplissement artistique...

Le spectacle de la ville : le regard du flâneur

L'Europe des cafés

> Les cafés caractérisent l'Europe. Ils vont de l'établissement préféré de Pessoa à Lisbonne aux cafés d'Odessa, hantés par les gangsters d'Isaac Babel. Ils s'étirent des cafés de Copenhague, devant lesquels passait Kierkegaard pendant ses promenades méditatives, aux comptoirs de Palerme. Pas de cafés anciens ou caractéristiques à Moscou, qui est déjà un faubourg de l'Asie. Très peu en Angleterre, après une mode éphémère au XVIIIe siècle. Aucun en Amérique du Nord sauf dans cette antenne française qu'est la Nouvelle-Orléans. Dessinez la carte des cafés, vous obtiendrez l'un des jalons essentiels de la « notion d'Europe »[11].
>
> George Steiner

Pourquoi évoquer ici les cafés ? Tout d'abord, parce que nous sommes dans une logique des lieux, de la promenade ou plus exactement de la flânerie urbaine. Le café en devient un des éléments centraux. En effet, dans les cafés européens – c'est toujours plus ou moins le cas aujourd'hui –, on peut lire les journaux laissés à disposition et suspendus à une barre. Le café est le lieu des rendez-vous licites et illicites, des commérages, de la sociabilité mais aussi de la lecture, de la solitude, de la rêverie, du jeu d'échecs, de cartes et du billard. Discussions et lectures font du café un cristallisateur des différentes opinions politiques. Chaque café peut ainsi devenir une sorte de société secrète où l'on se reconnaît. Dans le Milan de Stendhal ou le Paris de Baudelaire, mais aussi, au XXe siècle, dans la Madrid franquiste et son *Gijón*, les cafés sont des lieux d'opposition politique larvée. Chacun sait où il met les pieds : gare à qui confondrait les cafés risorgimentistes, carbonaristes, républicains, libéraux, royalistes ou nationalistes ! Et ils sont parfois le lieu de l'événement historique lui-même : Jaurès est assassiné au café du Croissant à Paris le 31 juillet 1914.

Fabrique d'opinions politiques, le café est aussi un lieu de fermentation intellectuelle et artistique où des groupes se retrouvent – les acteurs de la Sécession viennoise, artistes, architectes, polémistes comme Karl Kraus, écrivains comme Musil, psychanalystes autour de Freud –, où certains travaillent, écrivent même des œuvres philosophiques – songeons à Sartre et Beauvoir aux Deux Magots. Le café stimule l'esprit. Il vivifie la conversation et entretient les passions. Ne serait-il pas, depuis plusieurs siècles, l'indispensable carburant (avec le tabac !) de la création politique et artistique de la modernité européenne ? Cette agitation intellectuelle est, en tout cas, très différente de celle que provoque l'ivresse due à l'alcool servi dans les bars américains où l'on dérive au rythme du jazz, où l'on se livre à une séduction vénéneuse et sensuelle, mais où nul philosophe n'a jamais accouché d'une métaphysique.

Comme d'autres lieux de la modernité urbaine, le café est l'espace de chacun et de tout le monde. Il est la poste restante des sans-adresse et il accueille aussi des couches supérieures venues s'encanailler. On retrouve cette capacité de mélange social sur le boulevard parisien à son apogée, dans la deuxième moitié du XIXe siècle.

La devanture du café Sperl, à Vienne, vers 1900.

Le Boulevard et ses badauds

Une nouvelle culture visuelle

« Pour le flâneur, écrit Walter Benjamin, la ville – fût-elle celle où il est né, comme Baudelaire – n'est plus le pays natal. Elle représente pour lui une scène de spectacle [12]. » La rue accueille et symbolise de nouvelles pratiques culturelles : les panoramas (immenses toiles peintes qui, en se déroulant, donnent l'impression du mouvement), les grands magasins et leurs étalages de luxe, les passages parisiens, londoniens ou viennois (lieux couverts où le promeneur peut s'abriter de la pluie en se repaissant des vitrines des magasins), le musée Grévin ou chez Madame Tussaud où la société s'autoreprésente sur un mode réaliste par ses nouvelles et anciennes « célébrités ». Cette « envie de regarder », cette surstimulation du regard dans la ville moderne est le fruit d'un nouvel éventail de technologies liées à la représentation, aux spectacles, aux distractions, à la consommation. L'une des plus étonnantes est la visite à la morgue, un des grands passe-temps dominicaux des familles parisiennes à la Belle Époque, flattant un goût pour l'exhibitionnisme funèbre. De cette nouvelle culture visuelle est née la figure du flâneur, spectateur par excellence du théâtre citadin [13].

D'après Julie Margueritte, chroniqueuse américaine, la flânerie est « une balade paisible, sans but précis, au cours de laquelle on profite de tout. C'est une plaisante recherche de bien-être et de distraction, sans dessein préalable ni préparation : on écume la crème de la vie alors qu'elle passe, sans jamais aller trop bas pour ne pas atteindre la lie » (*Paris by Day and Night*, 1855). Le succès des Grands Boulevards parisiens tout au long du XIXe siècle, alors que d'autres lieux sont façonnés ou embellis par les travaux de Haussmann, repose sur le brassage social unique qu'ils proposent et qui en fait également un haut lieu du tourisme parisien.

À côté des femmes qui s'extasient sur le luxe croissant des vitrines des magasins, les flâneurs se livrent à un jeu très prisé : celui de l'identification sociale en fonction des vêtements, de l'allure, de la marche [14]. Dans la foule démocratisée du XIXe siècle, les différences de milieu sont visibles mais il faut savoir les détecter, les interpréter. Cette enquête devient un genre littéraire très présent dans les journaux, sous le nom de « physiologies sociales ». Il s'agit de décrire des « types sociaux » parisiens, ceux-là mêmes qu'introduit Balzac dans ses romans : les lorettes, les hommes d'affaires, les officiers en demi-solde, les blanchisseuses, les dames, les notaires... Cette perception différenciée du monde que permet le spectacle social du Boulevard est une sorte d'ancêtre de la sociologie contemporaine. Elle institue les types sociaux autant qu'elle les reflète.

Ainsi, par l'accès qu'ils ménagent à une foule mélangée, par leur offre de distractions et d'objets de consommation, de mode et de publicité, les Grands Boulevards deviennent un paradigme de la modernité urbaine européenne. Maint étranger les décrit comme le centre du monde, riche en sensations visuelles de toutes sortes, comme un spectacle changeant, mouvant à chaque seconde. Les enseignes lumineuses, les lampes, les lanternes magiques illuminent le Boulevard, avant même l'arrivée de la fée électricité dans les dernières années du siècle. Cette revanche de la lumière sur l'ombre est un des attraits de la grande ville.

La rue, un espace public et politique

La rue, le Boulevard ne sont pas que des lieux de distraction visuelle. On s'y rassemble. Dans les cafés, on discute, on s'apostrophe. Le trottoir est un lieu de colportage de l'information, d'affichage et de vente de la presse au numéro [15]. Le camelot haranguant les passants pour vendre son journal est une figure commune de toutes les grandes villes européennes ; elle marque l'entrée dans l'âge d'une politisation grandissante des masses urbaines, appelées à donner leur avis et leur vote. L'acculturation progressive des citadins les rend familiers de l'humour des camelots : usage du canular – faux avis de décès, fausses affaires, fausses nouvelles, etc. –, de l'exagération, de la caricature. La chanson de rue politise les promeneurs du Boulevard : les chansonniers sont les commentateurs mordants de la vie politique.

Cet imaginaire urbain sera récupéré, trente ans plus tard, par l'avant-garde surréaliste qui fera de la ville, et notamment de Paris, le terrain de chasse de ses expériences : Aragon dans les déambulations du *Paysan de Paris* ; André Breton dans la promenade hallucinée de *Nadja*.

Les gares

Dans la seconde moitié du XIXe siècle, les gares qui apparaissent dans l'espace des grandes villes européennes ainsi que leurs bien-nommées « salles des pas perdus » sont également des lieux de grand brassage social, qui, à ce titre, excitent la curiosité ou inquiètent profondément [16]. On y croise aussi bien des touristes, des mendiants, des réfugiés, des prostituées que des petits-bourgeois, dans un brouhaha sonore inédit, celui de la foule et des machines. La gare fait le lien entre la révolution des techniques et l'avant-garde artistique : elle est une des grandes inspirations des peintres et des poètes européens, ces prophètes de la « vie moderne ».

Les gares participent également de la modernité en inculquant un nouveau sentiment de l'espace-temps : les chemins de fer provoquent un rétrécissement du monde qui ne fait que commencer et impliquent parfois une centralisation accrue de l'espace national (en France ou en Grande-Bretagne notamment). Mais la gare, parce qu'elle impose la maîtrise des horaires de train et l'apprentissage de la ponctualité, est le seuil d'une nouvelle appropriation du temps mesuré, séquencé. Le temps connaît alors une unification nationale, désormais rythmée par les horloges.

Enfin, les gares favorisent le développement de la civilisation du journal : pour accompagner le voyageur le temps de son périple, leurs kiosques et leurs librairies proposent journaux, revues, magazines et littérature commerciale. Le succès des romans de la comtesse de Ségur est lié à la création des relais Hachette en gare qui pourvoient le voyageur en lectures. C'est ainsi que les aventures de Sophie, Camille et Madeleine comme du général Dourakine ont accompagné les voyages ferroviaires cahotants de nombreuses enfances à la fin du XIXe siècle. À partir de 1851, la gare est également le lieu où débarquent les touristes étrangers ou provinciaux pour découvrir les merveilles de l'Exposition universelle, autre lieu d'acculturation de la modernité.

LES EXPOSITIONS UNIVERSELLES, VITRINES DE LA MODERNITÉ EUROPÉENNE

Il fallait l'indépendance d'esprit goguenard de Flaubert pour affubler l'Exposition universelle de la célèbre définition suivante, dans son non moins célèbre *Dictionnaire des idées reçues* :

Exposition universelle : sujet de délire du XIXe siècle.

Car l'Exposition universelle, de sa création jusqu'à nos jours, est un des fétiches de la modernité européenne. Elle participe pleinement de la culture urbaine en symbolisant à la fois la civilisation de la technique, la massification des connaissances, le besoin de distraction des foules et la concurrence effrénée des États dissimulée sous l'hymne au progrès [17].

Les expositions universelles, 1851-1939

1851 Londres, Royaume-Uni
1855 Paris, France
1862 Londres, Royaume-Uni
1867 Paris, France
1873 Vienne, Autriche
1876 Philadelphie, États-Unis
1878 Paris, France
1880 Melbourne, Australie
1888 Barcelone, Espagne
1889 Paris, France
1893 Chicago, États-Unis
1894 Anvers, Belgique
1897 Bruxelles, Belgique
1900 Paris, France
1904 Saint-Louis, États-Unis
1905 Liège, Belgique
1906 Milan, Italie
1910 Bruxelles, Belgique
1913 Gand, Belgique
1915 San Francisco, États-Unis
1929 Barcelone, Espagne
1930 Liège, Belgique
1933 Chicago, États-Unis
1935 Bruxelles, Belgique
1936 Stockholm, Suède
1937 Paris, France
1938 Helsinki, Finlande
1939 Liège, Belgique
1939 New York, États-Unis

Nous allons essentiellement examiner les Expositions qui se sont tenues à Paris, entre 1855, la première, et 1937, la dernière ; néanmoins, les Expositions sont un phénomène européen (exception faite des États-Unis). Différentes villes les accueillirent : Londres deux fois (1851, 1862), Barcelone (1878), Milan (1906) et cinq fois en Belgique (Anvers 1894, Bruxelles 1897, 1910, Liège 1905, Gand 1913) jusqu'en 1914. Ainsi, les remarques qui suivent, faites à l'égard des Expositions parisiennes, sont valables pour toutes les autres.

Une cristallisation de l'esprit du temps

Examinons les conditions nécessaires à son existence : tout d'abord l'épanouissement, après 1850, d'un capitalisme libéral féru de machinisme ainsi qu'une bonne dose de libre-échange. Nous l'avons vu, c'est l'heure des chemins de fer et plus généralement l'âge du fer qui apportera un des éléments de l'architecture dite d'Exposition universelle, caractérisée par son utilisation prédominante du verre et du fer. Si on ajoute la nécessité d'un capitalisme bancaire (afin de financer, souvent à fonds perdus, l'entreprise de l'Exposition) et l'exploration du monde sous le signe de la culture occidentale (qui fournira l'idée des pavillons exotiques et coloniaux), rien d'étonnant à ce que ce soit la Grande-Bretagne qui en ait eu l'initiative. Plus précocement et plus fermement entrée dans l'économie du libre-échange qu'aucune autre puissance, la Grande-Bretagne invente en 1851 la première Exposition internationale qui se tient à Londres et dont on se souvient essentiellement pour le bâtiment qui l'abrita : le Crystal Palace, une gigantesque serre de verre et de métal construite par l'architecte-paysagiste Joseph Paxton, dont le montage était en soi une illustration de la mécanisation en cours.

Le Crystal Palace (Londres), bâti au cœur de Hyde Park pour l'Exposition universelle de 1851.

C'est ainsi que l'Exposition universelle moderne telle qu'elle va se déployer jusqu'en 1939 apparaît à sa naissance comme un mélange d'exposition industrielle britannique et de Salon français, dans la tradition d'exposition des tableaux et des œuvres d'art (appliqué et décoratif) entamée au XVIIIᵉ siècle. Car l'innovation principale de l'Exposition française de 1855 est de mêler les produits industriels et même agricoles à ceux des beaux-arts, de les réunir pour administrer la preuve du progrès en cours. L'âge d'or de cette croyance s'étend jusqu'en 1914. Après cette date, le désastre de la Première Guerre mondiale rend problématique l'idéologie qui sous-tendait la manifestation et contribue à miner ses aspirations profondes.

Dans les premiers temps, les expositions universelles sont le terrain d'expériences de nombreux ingénieurs idéalistes comme Frédéric Le Play, conseiller d'État et ingénieur des mines, ou Michel Chevalier, professeur d'économie politique au Collège de France, tous deux organisateurs de l'Exposition de 1867 [18]. Le bâtiment imaginé par Le Play est une archive frappante de leur détermination à faire le bilan exhaustif des connaissances et des techniques : un rayonnement par pays ou une spécialisation par produit. À l'intelligence rationalisatrice et systématique du concepteur s'oppose la flânerie déambulatrice des visiteurs. Lors des Expositions suivantes, les produits seront plus simplement classés par pays et abrités dans des pavillons nationaux.

L'optimisme progressiste est le fondement idéologique de cette vaste tentative de réunion, de classification et d'exposition des œuvres de l'humanité. Un exemple parmi d'autres de cette forme d'optimisme eschatologique typique du XIXᵉ réside dans le décret de 1892 instituant l'Exposition de 1900 : « Ce sera la fin d'un siècle de prodigieux efforts scientifiques et économiques ; ce sera aussi le seuil d'une ère dont les savants et les philosophes prophétisent la grandeur et dont les réalités dépasseront sans doute les rêves de nos imaginations. L'Exposition de 1900 constituera la synthèse, déterminera la philosophie du XXe siècle [19]. »

Une légitimation des pouvoirs en place

L'Exposition britannique de 1851, bien qu'organisée par des acteurs privés (au contraire des Expositions françaises où c'est l'État qui financera les déficits annoncés), fut honorée par la visite du couple royal qui en tira un profit politique certain, s'assurant auprès du public nombreux le bénéfice de l'étalage de tant de richesses.

Ce rôle de légitimation politique joue à plein pour les deux Expositions « impériales » françaises de 1855 et de 1867. En 1867, de nombreux souverains étrangers – le tsar de Russie, le sultan ottoman, le frère de l'empereur du Japon, pour les contrées exotiques – font le déplacement pour venir visiter l'Exposition et la ville de Paris. Ils font ainsi allégeance au pouvoir impérial qui sait les recevoir avec faste. L'empereur et plus encore la famille impériale sont omniprésents dans l'iconographie abondante produite par l'Exposition.

En 1889, au contraire, l'Exposition se veut doublement républicaine. Organisée sous la houlette d'une Troisième République désormais stabilisée, elle coïncide avec le centenaire de la Révolution et sera le prétexte d'une forte mise en scène idéologique : série de panthéonisations, érection de la statue de la République place de la Nation, invitation de délégations d'étudiants venus des territoires sous domination austro-hongroise (polonais, tchèques, croates) et chantant *La Marseillaise*, etc. D'où la défection, du reste logique, de nombreux souverains européens qui refusent de cautionner par leur présence l'éloge de la Révolution française. En 1900, de même, la République, secouée mais sortie indemne de l'affaire Dreyfus et revigorée à gauche par la mobilisation dreyfusarde, organise un mémorable banquet des maires de France afin de sceller les discordes nationales dans des agapes républicaines (et arrosées) : 606 tables, 20 277 maires et 2 bouteilles par personne sont réunis au jardin des Tuileries... Partout où elle se déroule, l'Exposition universelle assume ce rôle de pacificateur social et politique ainsi que d'unificateur national.

Une lecture européenne et une vitrine nationale

La puissance respective des États se lit dans la surface allouée aux pavillons nationaux. Certains symboles sont restés dans l'histoire des Expositions, notamment le célèbre face-à-face, en 1937, entre le pavillon nazi et le pavillon soviétique à l'Exposition patronnée par le Front populaire. L'architecture monumentale, agressivement néoclassique, la concurrence via la hauteur des bâtiments et leur caractère colossal résument la bipolarisation idéologique de l'entre-deux-guerres et la compétition entre les deux puissances totalitaires. La même année, le pavillon d'Israël en Palestine entérine, au cœur de Paris, l'*Alyah* – le retour des juifs en Terre sainte, entamé depuis le début du XXe siècle et encouragé par le sionisme formulé à la même époque par Theodor Herzl. C'est une des évolutions majeures en cours au Proche-Orient qui s'invite dans la cartographie de l'Exposition parisienne.

L'Exposition de 1900 avait également mis en scène, bien que de façon moins flagrante, la dialectique conflictuelle entre pouvoirs impériaux et nationalités qui allait bientôt dégénérer. La Finlande, alors sous tutelle russe, avait son propre pavillon (de bois), affirmant son désir d'autonomie, tandis que le pouvoir tsariste jouait la carte du tuteur bienveillant. De même, l'Empire austro-hongrois avait construit à grands frais le pavillon bosniaque afin de crédibiliser son image d'empire pluraliste.

Quand le règne de l'éphémère provoque des transformations urbaines pérennes

Son caractère transitoire fait de l'Exposition un champ d'expérimentation grandeur nature, permettant toutes les hardiesses architecturales. C'est une « toile sur laquelle se projettent les prophéties techniques et les rêveries métropolitaines[20] », le temps d'une saison. Même si l'essentiel de ses constructions disparaît une fois la fête terminée, certaines se pérennisent et des aménagements survivent. Ainsi, l'Exposition universelle, sorte de ville dans la ville, participe pleinement au processus de métamorphose des grandes villes européennes (et états-uniennes).

Parfois, elle est l'occasion de la création ou de l'achèvement d'un nouveau mode de transport, comme à Paris en 1900 où s'ouvre la première ligne du « métropolitain » ; l'Exposition peut susciter le dessin et la réalisation de grands parcs qui demeureront intégrés au tissu urbain. C'est le cas avec le jardin de la Citadelle à Barcelone, créé en 1878, ou l'aménagement des berges du lac Michigan en 1893 pour la manifestation de Chicago. Enfin, il arrive fréquemment que le dispositif monumental conçu pour l'Exposition reste finalement sur place, reconfigurant profondément certains espaces de la ville. À Paris, tout l'Ouest est marqué par les différentes Expositions qui y ont élu domicile, entre les Champs-Élysées, le Champ-de-Mars réinséré dans la structure de la ville en 1889 et la colline de Chaillot, par deux fois transformée : en 1878 avec le palais du Trocadéro et son style néo-mauresque orientalisant, et en 1937 avec le palais de Chaillot, dessiné par Jean Carlu ; enfin, le Grand et le Petit Palais (en bas des Champs-Élysées) et le pont Alexandre-III sont les « moraines » témoignant des grandes festivités de l'Exposition de 1900. La pérennisation ne s'effectue que si l'espace considéré trouve ses usages, ses usagers, et si le monument réussit à devenir un stéréotype voire une icône de la ville [21]. L'archétype de cette pérennisation est évidemment la tour Eiffel qui, à partir des années 1890, devient le symbole visuel universel de la capitale parisienne, parvenant à véhiculer via son architecture de fer un imaginaire parisien exportable partout : la Ville lumière, la capitale des arts et des lettres mais aussi des distractions et des femmes, de la vie douce et civilisée...

Une pédagogie du progrès

L'enthousiasme de la bourgeoisie industrielle pour la machine, véritable démiurge mécanique, est réel mais nécessite un travail d'exposition pédagogique. Il s'agit d'acclimater ces techniques nouvelles dans une société qui, au XIXe siècle, est toujours très structurée par ses origines paysannes et artisanales. La formation permanente qu'assure l'Exposition est d'autant plus importante, aux yeux des élites, que le public populaire n'est pas nécessairement conquis d'avance. Les ouvriers voient dans la machine une cause diabolique de chômage et en Grande-Bretagne, le luddisme [22] prône au début du XIXe siècle la destruction des machines. On est loin de l'attitude des ouvriers du Front populaire qui, pendant les grèves, veillent sur leurs outils de travail, s'identifiant sentimentalement à la machine dont ils sont responsables. La nécessité pédagogique relève aussi de l'évolution politique des régimes européens : en 1914, Grande-Bretagne et France comptent désormais des foules détentrices d'un suffrage quasi universel (un tiers des hommes britanniques ne vote pas). Il est indispensable de les instruire. De ce point de vue, l'Exposition, abritant en marge de ses manifestations nombre de congrès scientifiques et éducatifs, est bien ancrée dans l'âge de l'instruction pour tous.

Ce souci pédagogique s'exprime par l'exposition d'objets nouveaux, preuves du progrès technique : c'est la machine à coudre Singer en 1855 ; le fameux marteau-pilon du Creusot reconstitué grandeur nature en 1867 ; le téléphone de Bell créé à Philadelphie en 1876 ; la machine à écrire en 1878 ; le phonographe d'Edison en 1889 ; le concours d'automobiles montrant une application du moteur à explosion à Bruxelles en 1892 ; le trottoir roulant, grande attraction de l'Exposition de 1900.

Ces « machines » petites ou grandes, résultat du génie d'inventeurs qui apparaissent comme les figures typiques de cet âge du machinisme éclairé[23], sont généralement exposées dans une « Galerie des machines », sorte d'Encyclopédie au sens où Diderot l'entendait : un « tableau général des efforts de l'esprit humain ».

Progressivement, pourtant, le succès public et le goût des foules citadines pour le divertissement atténuent considérablement l'effort pédagogique pour laisser une place plus importante à la dimension ludique, féerique, récréative de l'Exposition.

Une fête pour les foules démocratiques

Si les grandes révolutions techniques fondées sur l'utilisation de diverses sources d'énergie accompagnent les expositions universelles, elles y sont de plus en plus sur le mode du jeu, du ravissement, de la féerie : la « Fée électricité » est l'indiscutable reine de l'Exposition de 1900 qui transforme Paris en une scène éclairée et retient les badauds dans une nuit désormais domestiquée et festive [24].

Devenue le maître mot de la nouvelle culture visuelle des grandes métropoles européennes, l'attraction règne dans toutes les Expositions. On trouve de nombreux feux d'artifice, des spectacles reconstitués – des corridas, un show venu du Far West en 1889 –, des panoramas et des dioramas qui proposent des illusions de voyages – avec le Transsibérien en 1900 –, la reproduction d'un village javanais ou d'une rue du Caire, la grande roue de Ferris à Chicago en 1873, le palais du rire et la maison à l'envers en 1900, les projections du jeune cinéma, encore dans sa gloire magique. Tout cela s'accompagne de nombre de parades et de concerts, alors que les cabarets et les théâtres environnants prolongent la fête de la ville éphémère.

Le public est considérable : l'édition de 1889 attire 32 millions de visiteurs ; celle de 1900, 50 millions. L'Exposition draine des foules inédites, composites, flâneuses, gourmandes de distraction plus que d'instruction, des foules qui inquiètent la bourgeoisie européenne de la fin du siècle et sont le miroir d'obsédantes peurs sociales.

À travers cette flânerie dans les rues de la ville, sur le Boulevard, dans les panoramas et les cafés, se dessine une culture urbaine émergeant à l'âge démocratique européen, comme un système de représentations et de pratiques unificatrices dont l'Exposition universelle représente une forme paradigmatique. Pourtant, la dynamique de la grande ville est telle qu'elle fait interagir des strates socio-culturelles diverses, entre classes sociales, entre hommes et femmes, entre cultures nobles et illégitimes. Il n'y a pas *une* culture urbaine, *une* façon d'être et de vivre dans la grande ville mais de nombreuses façons de se définir comme citadin. De même, si l'on examine Paris, Berlin, Londres ou Vienne, il est difficile de distinguer dans la politique éditilaire ce qui relève de la logique transnationale qui a guidé notre réflexion – le modèle urbain de la modernité – et ce qui relève de l'emblème du national, l'effet-capitale du pays, lieu de formation de l'identité nationale.

Cette dialectique du national et du transnational se retrouve dans le monde des spectacles et des arts : emblèmes de cultures nationales en construction, ils sont aussi le lieu où se manifeste un répertoire commun européen, dans le théâtre de boulevard notamment, ou dans la naissance d'avant-gardes mobiles et cosmopolites.

Chapitre 3

Société du spectacle et avant-gardes

Les capitales culturelles dans l'Europe du XIXe siècle

Croisons donc à nouveau histoire urbaine et histoire culturelle, mais en quittant le motif du spectacle de la ville, pour examiner la diffusion d'un universel de représentations et de pratiques occidentales à partir des grands centres urbains, des grandes capitales culturelles européennes, lieux d'attraction et de structuration de tel ou tel secteur artistique[1].

Dans le domaine du théâtre, par son équipement, par son public, par sa production, c'est Paris qui domine la scène européenne ; et, nous le verrons, la capitale française rayonne en exportant sa production vers d'autres centres européens.

Nous examinerons ensuite les différents facteurs de hiérarchies culturelles qui se mettent en place, sans être toutefois jamais stables. De ce point de vue, rien de plus faux que la maxime rebattue « Paris sera toujours Paris ! » : en effet ces hiérarchies se trouvent constamment réajustées par le biais des circulations d'hommes, d'idées et d'œuvres. Celles-ci aboutissent à la création d'un fonds commun européen ; ce sont pourtant également des vecteurs de recristallisations nationales, comme le montre l'exemple des différentes avant-gardes picturales ou musicales à la fin du siècle.

Enfin, frappés par l'intense créativité de Vienne, qui n'est cependant pas une capitale dominante à la fin du siècle, nous nous interrogerons sur les enseignements de cette apparente énigme. Elle sera prétexte à revisiter ce qui, depuis, est devenu un véritable mythe européen : l'« apocalypse joyeuse » viennoise, selon le titre du catalogue de la célèbre exposition qui lui a été consacrée au centre Georges Pompidou en 1986 [2].

UNE SOCIÉTÉ DU SPECTACLE ?

L'important ouvrage de Christophe Charle, *Théâtres en capitales*, nous servira de fil d'Ariane pour montrer la centralité du théâtre dans toute l'Europe de la deuxième moitié du XIXe siècle. Le rapport affectif et quasi fétichiste qu'entretiennent alors avec les arts du spectacle les sociétés urbaines nous est révélé par une page des mémoires de Stefan Zweig. L'écrivain y relate le sentiment de déréliction des Viennois face à la disparition de leur ancien théâtre :

> Juste avant la démolition du vieux *Burgtheater*, où l'on avait entendu pour la première fois *Les Noces de Figaro* de

Mozart, toute la société viennoise, solennelle et affligée comme pour des funérailles, se rassembla une dernière fois dans la salle. À peine le rideau tombé, chacun se précipita sur la scène pour emporter au moins comme relique un éclat de ses planches où s'étaient produits ses chers artistes ; et dans des douzaines de maisons bourgeoises on pouvait voir encore après des décennies ces morceaux de bois de peu d'apparence conservés dans de précieuses cassettes comme dans les églises les fragments de la Sainte Croix [3].

Alors au sommet de son effet symbolique et social, le théâtre est une caisse de résonance des aspérités, des troubles, des espoirs, des peurs et des contradictions des sociétés urbaines. Par bien des aspects, il jouit du statut qui sera celui du cinéma au XXe siècle. Un transfert de pratiques, de savoir-faire et de personnels s'effectuera d'ailleurs entre les deux arts. Voilà qui justifie l'emploi de l'expression « société du spectacle », popularisée par l'essai critique de Guy Debord [4] et qui, par vertu anachronique si l'on veut, entend nous replonger dans le monde foisonnant et omniprésent du théâtre du XIXe : essayons d'imaginer ses « stars », ses spectacles qui tournent, ses bâtiments fastueux, son public mêlé et peu à peu embourgeoisé…

Et plaçons-nous pour cela dans la seconde moitié du XIXe siècle, puisque c'est dans les années 1860 que se libéralise presque partout le régime des théâtres (libéralisation de la censure mais aussi libéralisation du marché théâtral, jusqu'alors étroitement contrôlé par l'État monarchique), ce qui provoque une puissante poussée de l'offre, ainsi qu'une diversification des genres et des publics. On entre alors dans un monde où le divertissement théâtral devient industriel, abondant et ultra-concurrentiel, comme le cinéma aujourd'hui.

Les capitales théâtrales : Berlin, Vienne, Paris, Londres

Les équipements théâtraux [5]

Théâtres	1850	1874	1880	1891	1900	1910	1913
Paris	21	40	26	33	36	47	47
Berlin	5	10	13	20	22	30	38
Londres	22	27 (1865)	?	[40]	61	46+11 = 57	43+9 = 52
Vienne		6	10	10	10	16	17

Source : Christophe Charle, *Théâtre en capitales, op. cit.*, p. 25.

Ce tableau montre la forte augmentation de l'équipement théâtral dans les quatre capitales étudiées entre 1850 et 1913. Le parc théâtral croît plus fortement en proportion que la population. Ainsi le nombre de théâtres triple-t-il à Londres entre 1850 et 1900 (passant de 22 à 61) tandis que sa population double pour la même période, passant de 2,2 millions à 4,5 millions d'habitants. De même à Berlin, la population quadruple entre 1860 et 1910 (de 500 000 à 2 millions d'habitants) tandis que les théâtres sont six fois plus nombreux (de 5 à 30). Bien sûr, l'appétit des populations urbaines pour les distractions prend d'autres formes que le théâtre *stricto sensu* : parmi ces salles, on trouve des cafés-concerts, des music-halls, des panoramas, des cirques permanents, des cabarets, des spectacles de curiosités.

Pendant toute cette période, Paris se caractérise par un surdimensionnement du nombre de théâtres par rapport à sa population, qui témoigne du rôle de leader que la capitale française occupe dans ce domaine en Europe. Pour une population de 2,8 millions d'habitants avant 1914, elle possède 47 théâtres ; en nombre de places offertes par habitant, Paris est la première capitale, suivie de peu par Londres. Ces deux villes disposent d'un parc important car le théâtre y a été libéralisé plus précocement qu'ailleurs : à Londres dès 1843, et à Paris en 1864 par décret impérial ; tout entrepreneur peut désormais fonder son théâtre et y donner le répertoire de son choix, alors que l'activité dramatique était jusqu'à présent une prérogative d'État soumise à l'accord préalable des autorités.

Une « haussmannisation théâtrale »

L'évolution urbaine, qui s'accélère au milieu du siècle, explique la progressive transformation de la géographie théâtrale. Elle explique aussi ses déséquilibres. Deux modèles cohabitent. Le modèle londonien repose sur un choix résidentiel où les couches aisées de la population privilégient un habitat individuel périphérique, ce qui aboutit à une progressive désertification du centre laissé à des fonctions économiques (La City) ou politiques (Westminster). Ce processus de « suburbanisation » n'est possible qu'à la condition de bénéficier de structures de transports efficaces – le premier métro est construit à Londres en 1863 – permettant des migrations pendulaires. Dans ce contexte, les théâtres s'installent librement dans les quartiers riches de la ville, c'est-à-dire à l'ouest, où ils essaient de capter un public de plus en plus aisé. Le West End, quartier du théâtre, voit s'édifier de nouveaux bâtiments qui rivalisent d'équipements modernes (électricité, machineries sophistiquées) aptes à séduire une clientèle embourgeoisée. De nombreux théâtres de l'East End ne résistent pas à cette évolution.

Le modèle parisien voit, quant à lui, advenir un processus de densification du centre qui s'accompagne du choix, pour les familles bourgeoises, d'un habitat collectif (un appartement dans un immeuble) dans des quartiers plutôt à l'ouest mais proches du centre, qui demeure accessible à pied ou en omnibus. Notons qu'à Paris, à la différence de Londres, le pouvoir national et sa politique de prestige jouent un grand rôle dans le remodelage de la capitale : c'est sous son impulsion, par exemple, que l'opéra Garnier est construit (de 1861 à 1875) à l'extrémité d'une avenue qui le relie à la Comédie-Française, formant un axe prestigieux. L'implantation de l'Opéra-Comique et la proximité du Boulevard donnent une identité forte à ce quartier (le 2ᵉ arrondissement), traditionnellement espace de théâtres et de distractions. La géographie théâtrale de Paris est donc plutôt stable : la rive droite conserve sa prédominance absolue (ce sera le cas

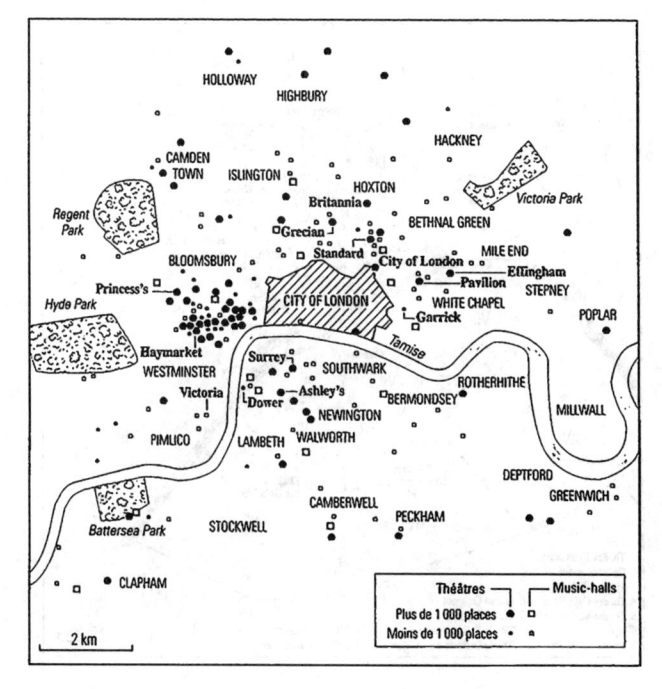

Localisation des théâtres et music-halls à Londres et dans sa banlieue (1875-1901).

jusque dans les années 1950), le seul grand théâtre de la rive gauche étant l'Odéon.

La politique monumentale du baron Haussmann, qui scande la trame urbaine de monuments théâtraux comme l'Opéra, poursuit avec la construction des deux théâtres de la place du Châtelet, autre signe de l'« haussmanisation théâtrale » en cours. Comme à Londres, cette évolution opère des démarcations

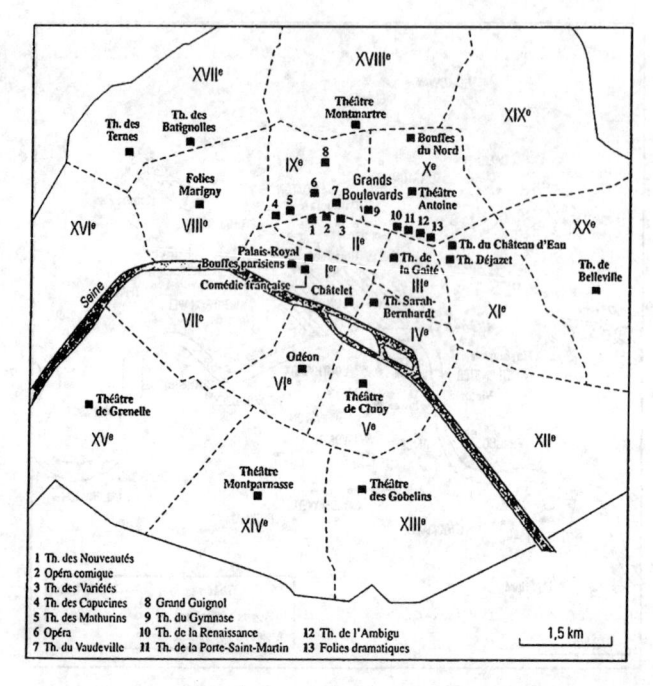

[Localisation des théâtres à Paris vers 1900.]

sociales fortes, en éloignant progressivement les publics populaires des salles de théâtre, désormais trop impressionnantes et trop chères pour eux. Ils s'orientent alors vers d'autres genres, comme le café-concert qui connaît un essor important et s'implante surtout dans les quartiers périphériques – Belleville à Paris, Whitechapel à Londres [6].

Berlin suit plutôt le modèle londonien polycentrique ; Vienne, le modèle français centralisé. À Vienne également, une politique urbaine et monumentale redessine la ville dans les années 1860, à une échelle encore plus importante qu'à Paris.

Dans les quatre villes, le libéralisme produit des effets similaires : une hiérarchisation accrue de publics qui ne se mélangent plus ; une offre en augmentation pour des publics aisés et la migration des plus modestes vers l'opérette ou le café-concert ; bref, un processus d'embourgeoisement du théâtre dont les rénovateurs dès la fin du XIXe siècle voudront s'émanciper.

L'entreprise théâtrale[7]

Directeur de théâtre : un métier à haut risque

Christophe Charle remarque à juste titre que le directeur de théâtre est un personnage rarement évoqué, ou seulement sur le mode du dénigrement. La littérature le présente volontiers comme un personnage douteux, méprisé pour ses goûts commerciaux et anti-artistiques, alors qu'il représente la cheville essentielle du spectacle théâtral : aventurier ou plus classiquement gestionnaire tranquille d'un théâtre subventionné, il connaît de nombreux aléas dans sa carrière, qui sont autant de preuves que l'entreprise théâtrale s'inscrit dans un capitalisme concentré et risqué. À Paris, en 1877, un théâtre emploie en moyenne 208 personnes (soit 17 administratifs, 112 artistes et musiciens, 50 ouvriers et 29 personnes de service) à un moment où la moyenne des entreprises emploie seulement trois personnes. Les nombreuses faillites qui ponctuent les vies, souvent chaotiques, des directeurs montrent que si l'on pouvait devenir riche au théâtre, ce n'était guère qu'une éventualité : les désastres fracassants étaient bien plus fréquents… Le marché, hautement spéculatif, est réalisé avec les institutions financières du temps – sociétés par commandite ou sociétés anonymes ; son caractère aléatoire s'observe dans l'intense *turn-over* des directeurs. Rares sont ceux qui restent plus de quelques années à la tête d'un même établissement. Deux femmes seulement furent directrices à Paris ; l'une d'elles est la fameuse Sarah Bernhardt, directrice du théâtre des Nations, renommé en son honneur théâtre Sarah-Bernhardt en 1899 [8].

Dans les espaces multipolaires que sont l'Allemagne ou l'Autriche (traditionnellement moins centralisées que la France et la Grande-Bretagne), beaucoup de directeurs font leurs armes dans des théâtres de province avant d'accéder à ceux de la capitale. Si dans les quatre capitales coexistent un secteur public subventionné et un secteur commercial privé, ceux-ci n'existent pas partout dans les mêmes proportions : Vienne et Paris se démarquent par le rôle important des pouvoirs publics dans le financement de théâtres. On observe par ailleurs une chronologie décalée : Berlin et Vienne n'entrent pas avant les années 1880 dans le régime du marché concurrentiel que l'on vient de décrire. Jusqu'à cette date, leur marché théâtral est relativement protégé par sa faible taille (Vienne ne compte que quelques théâtres) et par le contrôle de l'État.

Acteurs et actrices : naissance du *star-system*

Les acteurs et les actrices voient eux aussi leur métier, sa pratique, ses opportunités, profondément modifiés dans la seconde moitié du XIXe.

Malgré une abondante littérature larmoyante autour des risques et des mésaventures du métier de comédien(ne), la fascination pour les planches ne cesse de croître, atteignant une grande partie des milieux comme un rêve de possible ascension sociale. L'origine sociale des comédiens n'est ni vraiment populaire (même s'il existe quelques figures d'ascension miraculeuse, comme Rachel) ni vraiment bourgeoise, encore que l'on observe une légitimation du métier d'acteur/actrice, qui devient à la fin du siècle une vocation possible pour certains *outsiders* de la bourgeoisie. Néanmoins, un vrai tri social existe : les moins doués d'entre les comédiens sont cantonnés dans des emplois modestes que la multiplication des spectacles leur offre. Croissance globale du nombre de comédien(ne)s, diversification des emplois, professionnalisation, féminisation : les mêmes traits se retrouvent à Paris comme à Londres, Berlin et Vienne ; mais seule cette dernière capitale offre aux acteurs et actrices célèbres une véritable intégration sociale dans les cercles bourgeois les plus huppés.

À Paris, et encore plus à Londres, la grille des salaires joue une évidente surenchère : certains grands acteurs britanniques gagnent beaucoup d'argent, ce qui attire des comédiens français alléchés par la manne du marché anglo-saxon. La tournée aux États-Unis devient une façon de se renflouer lorsque les caisses sont vides, mais le succès n'est pas toujours au rendez-vous, comme le montre l'échec de la tournée de Rachel qui se termine d'ailleurs par sa mort[9].

À la fin du siècle, on voit ainsi naître une forme de *star-system* qui fait émerger des « étoiles » rivalisant sur le marché théâtral. Luxe tapageur et caprices publicisés font désormais partie du code génétique de la vedette ; à côté, et en révolte contre cette figure d'un théâtre dévoyé, une bohème artiste, non conformiste, proche des avant-gardes, se développe, ainsi que tout un prolétariat des planches vivant une existence précaire.

Les auteurs, entre l'ombre et la lumière

Face à la précarisation qui touche aussi bien les acteurs que les auteurs, la profession s'organise : dans les différents espaces européens, on observe le même phénomène de mutualisation et d'organisation professionnelle, mais selon des rythmes différents ; le processus d'autonomisation du champ théâtral est ainsi commun mais différencié dans le temps. La France est particulièrement précoce dans la prise de conscience et la prise de pouvoir des auteurs dramatiques, avec la création dès 1829 de la SACD (Société des acteurs et compositeurs dramatiques) qui, jusqu'à nos jours, gère le statut et les droits d'auteur de la profession. Une telle institution n'existe pas avant la fin du XIXe siècle en Grande-Bretagne et dans les pays germaniques.

Le monde des auteurs est aussi foisonnant que celui des acteurs, et bien plus riche que les seuls noms ayant échappé à l'épreuve du temps. Dans la catégorie générique de « théâtre de boulevard » qui couvre une grosse partie de la production théâtrale européenne des années 1860-1914, Christophe Charle distingue trois sous-catégories [10] : les grands genres du boulevard littéraire (comédies, drames bourgeois, pièces historiques) où quelques noms nous sont encore familiers (parfois grâce aux rues de Paris qui en transmettent la mémoire) – Alexandre Dumas fils, Émile Augier, Victorien Sardou, Jules Claretie, Ludovic Halévy et Henri Meilhac (librettistes de *Carmen* et de *La Belle Hélène*), François Coppée, Edmond Rostand, parmi d'autres ; les genres du boulevard moyen (vaudeville, opérette, théâtre de boulevard – Eugène Labiche, Henri Meilhac, Georges Courteline, Georges Feydeau, Gaston Arman de Caillavet, Robert de Flers) ; enfin, les divertissements faciles du boulevard populaire (farce, féerie, drame populaire, opéra-bouffe, revue). Les noms d'auteurs très aimés du public nous sont devenus tout à fait inconnus : Adolphe Dennery, Ernest Blum, Henri Chivot, Jules Mary, Alexandre Bisson... Si plusieurs milliers d'auteurs sont enregistrés à la SACD, une cinquantaine d'entre eux seulement obtiennent durablement du succès à Paris jusqu'en 1914.

Le fort taux de renouvellement des pièces qu'impose la machine théâtrale européenne exige de la part des auteurs une productivité phénoménale : à Londres, une douzaine d'auteurs écrivit cinquante pièces chacun tandis qu'une petite dizaine produisit entre 100 et 200 pièces... D'où une division du travail qui s'accommode tout à fait d'une collaboration collective, même si elle n'est pas toujours reconnue : de nombreuses pièces de Labiche furent écrites à plusieurs ; des « couples » de dramaturges rencontrent le succès : Émile Augier et Jules Sandeau par exemple. Un peu comme à Hollywood où le scénario est le fruit d'un passage entre différentes mains, Alexandre Dumas fils ou Victorien Sardou paient des collaborateurs.

Le renouvellement rapide du répertoire, indispensable dans le nouveau régime théâtral en place à partir des années 1860, conduit aussi à multiplier les adaptations, les emprunts voire les pillages purs et simples de la production étrangère, rendus possibles grâce au goût homogène des Européens pour certains genres : les genres comiques (vaudeville, comédie, farce), les genres musicaux légers (opéra-comique, opérette, opéra-bouffe) ont le vent en poupe, alors que le drame historique décline, attestant de la mutation du goût moyen du public européen.

Le théâtre parisien alimente tout le théâtre européen de sa production pléthorique. Zola parle même de « pièces d'exportation [11] ». Les publics étrangers sont sensibles au mythe mondain et cosmopolite que représente « la vie parisienne », pour emprunter le titre d'une opérette d'Offenbach (1861) dont le livret fut écrit par Henri Meilhac et Ludovic Halévy et qui devint un succès international, joué sur toutes les scènes d'Europe et d'Amérique du Nord. Dans un autre registre et un peu plus tard, les pièces d'Edmond Rostand constituent un exemple d'exportation internationale du théâtre français. L'exacerbation du sentiment national (notamment allemand) après 1870 conduit parfois le public à s'insurger contre ce qui est ressenti comme une « invasion » française, mais la tendance reste lourde, au moins jusqu'en 1900. À cette époque, le goût du public européen moyen est fortement internationalisé – c'est-à-dire, en l'occurrence, parisianisé.

Des sociétés en représentation [12]

Tentons de saisir ici l'être-ensemble du spectacle vivant, la confrontation entre le monde de la salle et le monde représenté sur la scène, cet aller-retour subtil de représentations, d'identifications, de normes et de transgressions où l'activité théâtrale est à la fois motrice (par la création de stéréotypes, de personnages, de valeurs), cristallisatrice (lorsque adviennent scandales ou succès) et reflet de l'évolution de sociétés urbaines en pleine mutation. Le théâtre de l'Europe fin de siècle est, comme l'écrit Stefan Zweig, « le microcosme qui servait de miroir au macrocosme, le reflet multicolore dans lequel la société s'examinait elle-même [13] ».

Du fait de la coexistence physique des spectateurs et du monde imaginé de la scène, il est aussi un lieu politique. Pour étudier les représentations véhiculées dans la matière du texte théâtral, il faudrait pouvoir mener une enquête sur un large échantillon prenant en compte les milliers de pièces que le théâtre a produites durant ces cinquante ans. Que verrait-on ?

D'abord, une représentation de la spéculation et de ses vices, du monde froid des *Affaires sont les affaires*, comme dans la pièce d'Octave Mirbeau qui porte ce titre (1903), dans laquelle le procès d'un affairiste est mené tambour battant. C'est une des grandes thématiques de ce répertoire de l'âge bourgeois, et elle sera de plus en plus présente au cours du demi-siècle. La pièce de Mirbeau se détache du lot par la noirceur de son propos et la subversion politique de la vision du monde de l'auteur, sympathisant de l'anarchisme, qui dénonce avec talent une corruption généralisée.

Autre thème récurrent, les affrontements entre ancienne bourgeoisie et classe de parvenus, et la représentation d'une noblesse dépeinte comme étrangère par les nationalités que trahit leur nom : chez Meilhac et Halévy, on rencontre le baron Van der Pouf, le baron et la baronne de Gondremarck, le prince Wolinzoff[14] ; chez Feydeau, les nobles ont des noms extravagants et leurs fautes de français produisent un effet comique flattant l'antiaristocratisme lié à la xénophobie.

La transgression sociale, les variations sur l'adultère, le brouillage des hiérarchies, la description du demi-monde fondent les ressorts de nombreuses intrigues. Victorien Sardou obtient les faveurs du public en ridiculisant les travers d'une nouvelle bourgeoisie enrichie par la spéculation immobilière à l'époque d'Hausmann.

Enfin, on observe une modeste percée sur les planches de la question sociale, notamment à travers l'émergence d'actrices devenant célèbres grâce aux rôles transgressifs et forts qui leur sont confiés, annonciateurs de la « femme nouvelle » d'Ibsen, dans *La Dame aux camélias* de Dumas fils, *Frou-Frou* de Meilhac et Halévy, *Divorçons !* de Sardou, ou encore *La Dame de chez Maxim* de Feydeau. Si les femmes libres ne sont pourtant pas légion sur une scène encombrée de mauvais mariages et d'intrigues matrimoniales, les ouvriers sont encore moins présents. La progressive disparition du mélodrame au cours du siècle explique en partie cette exclusion. La mise en scène de *L'Assomoir*, le roman de Zola (1877), est jouée à partir de 1879 sur le mode du grand spectacle. Sinon, ce sont plutôt de petits théâtres militants ou d'avant-garde qui réintègrent le peuple sur scène, dans les pièces de Louise Michel notamment, mais cela reste très minoritaire.

Le pouvoir de rayonnement culturel

Les facteurs du rayonnement

L'idée de rayonnement culturel permet de montrer que la domination d'une ville n'est pas seulement économique ou politique, mais qu'elle est toujours accompagnée, réfractée et en partie fondée sur la dimension culturelle. Pour saisir ce rayonnement, il faut mettre au jour les interactions à l'œuvre, c'est-à-dire les circulations (à l'inverse d'une histoire statique) et également les effets de domination, de concurrence et de démarcation (contre une histoire irénique).

On peut dégager quatre grands facteurs de rayonnement [15].

Tout d'abord, la force des sociabilités intellectuelles, savantes, artistiques et mondaines, souvent héritées du XVIIIe siècle et qui, seules, peuvent permettre la promotion de capitales culturelles comme le sont déjà Rome, bien sûr, mais aussi Paris et Londres. Dans ces villes riches de salons, de clubs, de *coffee-houses* s'inventent de nouveaux espaces de loisirs, des institutions scientifiques fréquentées par des savants liés au reste de l'Europe par des relations épistolaires, etc.

Deuxièmement, l'existence d'une politique culturelle animée par l'État, caractérisée par une inégale institutionnalisation de la vie culturelle. À Paris, l'État impérial contribue sensiblement à l'accroissement des ressources théâtrales et à la multiplication des lieux de spectacle. En France toujours, c'est l'État (impérial et républicain) qui finance largement les expositions universelles fréquemment déficitaires.

Troisièmement, la dynamique du marché, souvent inversement proportionnelle à l'investissement d'État. La Grande-Bretagne est sans conteste le pays qui instaure le plus rapidement un marché culturel concurrentiel, et en récolte certains bénéfices. De ce point de vue, Londres est un centre plus dynamique

que Paris, lui-même plus actif que Berlin et Vienne, encore largement dominées par une sociabilité aristocratique et un mécénat de cour.

Enfin, la capacité d'échanges et la mobilité des acteurs culturels, dernier facteur exprimant le rayonnement par la diffraction du modèle à l'étranger. Mais encore faut-il qu'il existe des médiateurs – traducteurs, impresarios, journalistes, directeurs de revues, intermédiaires divers bons connaisseurs de l'espace de départ mais aussi de l'espace d'arrivée, des goûts du public, de la presse locale, etc. – qui puissent concrètement en effectuer l'exportation.

Pourtant, comme nous l'avons dit, les hiérarchies sont relativement mouvantes : l'histoire ne manque pas d'exemples où l'hégémonie d'une ville cède à celle d'une autre dans tel ou tel domaine. Ainsi, comment Rome, la ville des muses et des poètes que, dans *Corinne ou l'Italie,* Mme de Staël décrit en 1807 comme indétrônable, fut-elle remplacée, à la fin du XIXe siècle, par Paris dans le rôle de capitale des arts picturaux ? Et comment la diffraction du modèle parisien avant-gardiste remit-elle en question l'exclusivité de sa domination ?

Rome, capitale des arts au XIXe siècle ?

Rome fut la capitale culturelle de l'Europe moderne, mais au milieu du XIXe siècle nul ne nie sa décadence. Néanmoins, sa force et la spécificité de son attraction déclinante après 1850 reposent sur un choix idéologique : celui de l'antimoderne. Alors que Paris s'impose progressivement comme la capitale de l'art moderne avec l'éclosion triomphante du réalisme et de l'impressionnisme, Rome devient la capitale du néo-classicisme.

Au XVIIIe siècle, elle a bénéficié de l'« antiquomanie » alors fort répandue, produisant des objets (sculptures, peintures) diffusés dans toute l'Europe et y propageant l'idéal classique. Durant le premier XIXe siècle, profitant d'un réseau dense d'institutions artistiques et d'un patrimoine inégalé, elle est encore l'université de tout peintre digne de ce nom ; la villa Médicis est le passage obligé, institué par la France, pour tout apprenti artiste français ambitieux. Ce « système des arts » est par ailleurs protégé et encouragé par le mécénat pontifical jusqu'en 1871, et le tourisme romain dynamisé par une politique de resacralisation de la ville menée par les papes [16]. Beaucoup de jeunes peintres, notamment français mais surtout allemands, viennent se former à Rome au début du XIXe siècle, quitte à se faire ensuite les chantres d'un art spécifiquement national. C'est le cas par exemple des Allemands Johann Friedrich Overbeck et Peter Cornelius.

Si Rome reste durant tout le siècle la capitale indiscutée de la sculpture grâce à la longue présence d'Antonio Canova (qui alimente l'Europe et l'Amérique du Nord de sculptures romaines), elle se provincialise sur le plan de l'histoire de la peinture. Elle joue alors le rôle d'anticapitale européenne, s'opposant à

Paris. À la modernité urbaine, à la vitesse, aux brumes des gares et à la fugacité de l'instant présent s'opposent les atouts contraires de la Ville éternelle, les privilèges de l'atemporalité et un héritage inégalable, la mélancolie rêveuse devant les ruines (pour les romantiques) et le charme d'un peuple méridional.

Art moderne et mobilité : Paris et les circulations avant-gardistes

À l'occasion de l'Exposition universelle de 1855, Baudelaire constate ce qu'il appelle un « déplacement de vitalité artistique », qui voit Paris prendre la place de Rome en tant que capitale des artistes. Un siècle plus tard, après 1945, ce sera à New York de conquérir cette hégémonie artistique. Rien n'est éternel, et surtout pas la domination culturelle [17].

Mais revenons à Paris. Ses équipements de formation, de commercialisation (les salons, les galeries, les marchands), de conservation (musées du Luxembourg et du Louvre), servis par une structure éditoriale dynamique et le rayonnement de la langue française, sont les fondements de sa réussite [18]. Comme l'École des beaux-arts et le Salon annuel, le Salon des refusés, créé en 1863 et immédiatement célèbre en raison du scandale provoqué par certains tableaux comme *Le Déjeuner sur l'herbe* de Manet, attire les étudiants et les artistes étrangers. Ce Salon des refusés avait été autorisé par l'empereur et installé dans le palais de l'Industrie de l'Exposition universelle de 1855 : tout un symbole, et preuve par l'espace (celui de l'innovation technique) de la signification moderne de la nouvelle peinture. Plus tard, les impressionnistes et les réalistes, dans le sillage de Courbet et de Millet, bénéficieront du soutien d'une partie des élites républicaines dont ils sont proches et qui, à partir des années 1880, tiennent solidement les rênes du pouvoir [19].

En 1890 est créée la Société nationale des beaux-arts (SNBA), institutionnalisation d'un Salon concurrent, devenu un modèle sécessionniste pour toute l'Europe et qui propagera la culture moderne de l'artiste « fin de siècle ». Bruxelles crée le Salon des XX ; dans les mêmes années apparaissent la Sécession à Munich (autre capitale artistique importante, lieu de résidence de Kandinsky, mais concurrencée par l'ascension berlinoise) ; le Salon d'automne en Norvège (1892) ; les Grafton Galleries à Londres (1893) ; la Biennale de Venise (1897) ; la Sécession de Vienne (1898) ; la Sécession de Berlin (1899) ; le Salon du monde de l'art à Saint-Pétersbourg (1899).

Désormais, tout artiste se voulant moderne fait le choix de Paris et y séjourne plus ou moins longtemps, condition de sa légitimation comme artiste d'avant-garde, quitte – et c'est le cas le plus fréquent – à regagner sa capitale nationale pour y récolter les fruits de son séjour parisien et créer des « modernités nationales » qui déclinent à l'échelle locale l'idiome universel de la peinture moderne. Ainsi le peintre belge James Ensor, après un séjour à Paris, est-il considéré comme un avant-gardiste de la modernité picturale et comme la cheville ouvrière de la renaissance artistique belge. Edvard Munch, maître de l'expressionnisme norvégien, séjourne lui aussi à Paris au début des années 1890. Il s'y inspire du symbolisme de Gauguin et fréquente la bohème parisienne avant de regagner Christiana (ancien nom de la capitale Oslo jusqu'en 1925). Citons aussi les peintres de la Sécession berlinoise : Max Liebermann, qui en fut le président, séjourna à Paris au début des années 1870 où il fut proche de l'école de Barbizon, dont Millet était le chef de file. De retour en Allemagne, ces peintres (Lovis Corinth, Gotthard Kuehl, Franz Skarbina) créent un nouvel art pictural germanique inspiré de l'impressionnisme ; à la génération suivante, les expressionnistes allemands poursuivront cette tâche entre universel cosmopolite, circulations et nationalisations culturelles.

À partir de 1905, le mouvement se complexifie encore puisque cette fois, certaines avant-gardes parisiennes – postimpressionnisme, fauvisme, cubisme, mouvement nabi – trouvent à leur tour soutien et reconnaissance dans des galeries étrangères, notamment belges.

C'est dire que l'art moderne, toutes générations confondues, doit beaucoup à la mobilité des artistes, aux allers et retours fréquents entre un centre symbolique de légitimité et des centres secondaires, aux réseaux de connaissance et aux dynamiques marchandes qui sillonnent et zèbrent l'Europe de la Belle

Époque. Les États-Unis sont toujours un marché marginal qui émergera après la Première Guerre mondiale, et plus encore après la Seconde, bénéficiant d'atouts considérables en termes financiers, mais aussi de l'apport intellectuel et culturel de plusieurs générations d'artistes émigrés. Là encore, une histoire de mobilité, contrainte le plus souvent par la guerre et l'exil.

Vienne fin de siècle

L'énigme viennoise

La « Vienne fin de siècle » est devenue un motif original de notre modernité : Freud et la psychanalyse, Wittgenstein et la logique, le socialisme austromarxiste, Mahler et Schönberg en musique, Adolf Loos en architecture, Gustav Klimt et l'expressionnisme de Kokoschka ou Egon Schiele en peinture. Dans presque tous les domaines, Vienne apparaît comme un laboratoire des expérimentations artistiques et savantes qui vont révolutionner le paysage culturel du XXe siècle.

Une telle concentration étonne. En effet, Vienne n'est pas plus équipée matériellement, institutionnellement que socialement pour abriter une telle réserve de novations. Au regard de Paris, de Londres et même de Berlin, la nouvelle capitale allemande rattrapant son retard à grandes enjambées, la métropole autrichienne semble au contraire en voie de provincialisation. L'Empire autrichien, né en 1804, est durant tout le XIXe siècle le dépositaire d'une germanité conservatrice concurrencée progressivement par la jeune et dynamique Prusse qui, à Sadowa en 1866, renverse par les armes la hiérarchie traditionnelle pour la domination de l'espace germanophone. Désormais, Berlin voit l'Allemagne comme sienne. Ce sera définitivement réalisé par le processus de « prussification » de l'Allemagne menant à un État indépendant et uni en 1871, après la victoire sur la France. De plus, l'Empire autrichien a dû accepter les revendications magyares en reconnaissant une double monarchie par le Compromis austro-hongrois de 1867. Enfin, le libéralisme viennois, défait en 1848, conquiert le pouvoir dans les années 1860 lorsque la mairie de Vienne tombe aux mains de la grande bourgeoisie libérale aspirant à occuper une fonction politique qui corresponde à la prospérité économique qu'elle a acquise. La Constitution accordée en 1860 confère à l'Empire un régime plus ou moins parlementaire assis sur un suffrage restreint, mais notons que ce libéralisme autrichien ne parvient à ses fins que grâce aux défaites militaires (Sadowa) et non grâce à ses forces propres. Sa base sociale reste étroite, formée de classes moyennes germanophones et de juifs citadins dans un Empire multinational gangrené par des revendications identitaires certes contrebalancées par la fidélité à l'empereur. Comme le montre le célèbre roman *La Marche de Radetsky* (1932), ouvrage de Joseph Roth, racontant l'ascension d'une famille des marges de l'Empire (Slovénie) vers le centre, seul le lien dynastique et la mémoire impériale soudent des peuples hétérogènes.

La Ringstrasse ou le système culturel libéral à ciel ouvert

Les travaux urbanistiques de Vienne lancés à partir du décret impérial de 1857 – qui permet l'arasement de l'ancien glacis de fortifications – entendent graver dans la pierre l'entrée sur la scène historique de la bourgeoisie libérale viennoise. Avec son tropisme monumental, sa promenade ombragée, la césure sociologique qu'elle opère entre les faubourgs et l'ancien centre aristocratique de la ville, ses demeures privées fastueuses, le fameux boulevard de la Ringstrasse est une projection urbaine de la bourgeoisie viennoise et des milieux d'affaires. Un peu comme le victorianisme est devenu un lieu de mémoire de la conscience britannique ou comme le Second Empire pour les Français, drainant tous deux un imaginaire puissant et encore actif aujourd'hui, la Ringstrasse est bien plus qu'une partie de l'espace urbain viennois. Elle est un paradigme de cette Autriche libérale, bourgeoise, frivole, musicienne (les valses viennoises) communiant dans les valeurs que ses grands monuments affichent : l'autonomie municipale pour le Rathaus (l'Hôtel de ville viennois), le constitutionnalisme contre l'arbitraire monarchique pour le Reichsrat et, enfin, les

La Ringstrasse de Vienne, vers 1890.

valeurs du savoir et de l'art, de l'université au Burgtheater, tous deux se rejoignant dans la croyance en la vertu émancipatrice de la culture (*Bildung*). À côté de ce catalogue à ciel ouvert des valeurs professées par la bourgeoisie viennoise ascendante, les immeubles luxueux mimant un savoir-vivre aristocratique symbolisent l'aspiration à la noblesse des bourgeois de Vienne et leur rivalité avec les palais baroques et les églises de l'âge aristocratique [20].

Le culte de l'art du Jung-Wien

Dans cette élite numériquement faible où subsiste néanmoins un privilège aristocratique, faite de cosmopolitisme et de provincialisme, l'art est un vecteur de rapprochement entre bourgeois et nobles car il représente une valeur commune aux deux mondes. Le fossé profond entre les valeurs de la bourgeoisie sous le Second Empire et celles des artistes parisiens, qui s'identifient largement à la haine du bourgeois, n'existe pas dans la Vienne de François Joseph où l'art a un statut incomparable dans le processus de formation des jeunes esprits de la bourgeoisie. Là règne, selon Stefan Zweig, un véritable « fanatisme de l'art [21] ». Cas unique, les vocations artistiques des fils sont encouragées par des pères banquiers ou industriels. Ainsi s'invente un monde social unique en Europe où la densité, la cohérence, le petit nombre caractérisent une haute bourgeoisie folle des arts, raffinée et cultivant une sensibilité psychologique inconnue ailleurs. Le culte de l'art y est pratiqué sans limites, incarnant une valeur suprême qui s'impose face aux exigences morales.

Cette situation très spécifique, où l'art est à la fois un facteur de reconnaissance aristocratique et un palliatif à l'absence de pouvoir politique d'une bourgeoisie prospère et consciente d'elle-même, explique en partie l'investissement des fils de la génération 1900 dans « l'art pour l'art » viennois qui fondera la Sécession de 1898. Le peintre Gustav Klimt ou le poète Hugo von Hofmansthal sont les fils de cette tradition culturelle du libéralisme de la Ringstrasse, tout en étant, en bons fils, révoltés contre elle, en quête de modernité, fuyant le commun et faisant prospérer cette éducation au beau qu'ils ont reçue en héritage. La Sécession de 1898 exprime cet esthétisme militant, cette sensualité éthérée, qui visent à un embellissement de la vie. Le style « moderne » sécessionniste tentera d'inventer un langage nouveau, refusant la matrice historiciste de la Ringstrasse où cohabitaient de façon éclectique le néoantique, le néogothique, le néorenaissant et le néobaroque.

Esquissons une autre réponse à cet étonnant bouillonnement viennois : l'esthétisme du Jung-Wien serait une façon pour beaucoup d'intellectuels et d'artistes de se donner une identité qui leur échappe dans le cadre du discours historique du XIXe siècle finissant. En effet, pour eux la réponse ne peut être nationale : les intellectuels germanophones participent d'une identité germanique qui ne recoupe pas l'Empire austro-hongrois (elle le déborde vers l'Allemagne) ; les Viennois germanophones sont dominés par l'espace artistique et intellectuel allemand (les principales maisons d'édition, les théâtres et plus tard les studios de cinéma se trouvent à Berlin ou à Munich, sans parler du marché universitaire) et sont une minorité dans l'Empire (qui compte des nationalités plus représentées, à commencer par les Hongrois). Il faut également considérer la cristallisation des questions identitaires pour les nombreux acteurs culturels juifs, victimes d'une intégration incomplète et d'un antisémitisme virulent chez les chrétiens-sociaux qui conquièrent la mairie de Vienne en 1898, en la personne de Karl Lüger. Selon Michaël Pollak, cette effervescence artistique et intellectuelle viennoise, incompréhensible au regard des rapports de force culturels présents dans l'Europe de cette époque, ne s'explique que par le choix inouï de l'excellence artistique comme critère du patriotisme autrichien : l'art pour l'art est considéré comme une conquête identitaire pour des artistes tiraillés par des appartenances hétérogènes (allemande, juive, autrichienne) [22].

Ces spécificités locales puissantes n'excluent pas les influences, les circulations (notamment en ce qui concerne les expressionnistes viennois) et les effets de rayonnement puisque tous les artistes viennois sont attirés par l'Allemagne proche et montante, ainsi que par le prestige de Paris. Ils n'excluent pas non plus le soutien des pouvoirs publics : le renouveau culturel du Jung-Wien, considéré comme une manifestation du patriotisme autrichien, est encouragé par la bureaucratie impériale de l'Empire. Cette politique moderne tente de renforcer la cohésion culturelle de l'Empire grâce à un rayonnement artistique tous azimuts. Celle-ci sera mise à rude épreuve quelques années plus tard avec le déclenchement de la Première Guerre mondiale.

Chapitre 4

Au front comme à l'arrière

Naissance des cultures de guerre, 1914-1920

La mobilisation des peuples européens durant la Première Guerre mondiale demeure encore une énigme. Cet honnête citoyen européen, cet Européen rural désormais en partie alphabétisé, ce citadin des grandes villes à l'horizon largement ouvert sur l'étranger, le voilà qui s'engage comme un seul homme dans la plus féroce des guerres, après avoir profité d'un siècle de progrès techniques, de libéralisation assortie d'une démocratisation encore relative. Pour tenter de percer cette énigme, une nouvelle génération d'historiens forge dans les années 1980-1990 le concept de « culture de guerre » qui nous permet d'interroger autrement l'unanimité apparente du sacrifice inouï consenti par des millions d'Européens durant quatre ans de combats. Quant aux centaines de milliers de colonisés également mobilisés dans cette guerre totale, personne ne leur demanda leur avis. La contrainte impériale conduisit dans les tranchées françaises et britanniques nombre d'Africains, d'Antillais et d'Indiens qui n'eurent pas le choix de s'y opposer.

Vingt ans après la fin de la guerre, en 1939, alors qu'il est en exil en Grande-Bretagne, Norbert Elias publie son maître-livre, *Sur le processus de civilisation*, qui, de façon significative, comporte très peu de références au conflit passé. Reprenant la thèse de Max Weber sur la monopolisation progressive de la violence légitime par l'État, Elias voit l'évolution des sociétés occidentales caractérisée par la disparition progressive des conduites transgressives, l'intériorisation croissante des interdits, la subordination des instincts, entraînant une forme de pacification sociale garantie par l'État dépositaire exclusif de la violence légitime. Elias en saisit un moment décisif dans le modèle mis en place dans les cours monarchiques de l'Europe des XVIIe-XVIIIe siècles, en particulier à Versailles, élevé au rang de paradigme de cette nouvelle gestion des corps et des affects : domestication des courtisans, étiquette, absolutisme de l'autorité royale et imposition de l'État moderne. Mais comment comprendre, dans ce processus séculaire et comme irréversible, le déchaînement de violence réelle et symbolique que met au centre de son analyse une histoire anthropologique de l'expérience combattante ?

Cette guerre, parce qu'elle fut totale, n'épargnant ni le front ni l'arrière, ni les soldats ni les civils, ni les enfants, ni les femmes, ni les colonisés, a profondément transformé et ébranlé les sociétés européennes et leurs imaginaires (mais aussi leurs hiérarchies sociales, leurs économies comme leurs espoirs). C'est pourquoi on date souvent de ce palier sanglant l'entrée dans le XXe siècle. Mais la guerre totale ne s'arrête pas le 11 novembre 1918. Par bien des aspects, elle a hanté tout le siècle, jusqu'aux génocides africains. Sortir de cette guerre ne fut nulle part une chose aisée. Quels furent ses effets politiques ? Comment les sociétés endeuillées sont-elles revenues à la vie après le carnage ? Comment ont-elles célébré leurs morts, à travers les commémorations officielles, et comment le cinéma – art du siècle – a-t-il constamment réinventé cette mémoire enténébrée ? Autant de questions que nous aborderons ici.

Mobilisations totales

« Cultures de guerre »

Dans les années 1980-1990, le concept de « culture de guerre » avancé par des historiens autour de Stéphane Audoin-Rouzeau et Annette Becker a permis de reconfigurer les études sur la Première Guerre mondiale, cantonnées jusqu'alors à des aspects d'histoire militaire, mais aussi d'histoire socio-économique : on étudiait la stratégie des états-majors, les manœuvres et les champs de bataille, la mobilisation économique (les emprunts de guerre, la planification de la production), humaine (les « munitionnettes », le travail des femmes « remplaçant » les hommes) et le rôle nouveau de l'État interventionniste étendant ses prérogatives et son pouvoir de décision (usage inédit des décrets-lois, puissance de l'exécutif inconnue jusqu'alors en France et en Grande-Bretagne notamment). Le concept de « culture de guerre » visait à surmonter la dichotomie entre civils et combattants en montrant que tous avaient consenti des efforts et que « l'arrière », même s'il ne souffrait pas de la même façon que le front, était imbriqué dans une même dynamique mobilisatrice. Les deux étaient d'ailleurs fortement liés par des réseaux de correspondance qui relayaient de vastes transferts de représentations et de compréhensions du conflit. En optant pour un point de vue fortement anthropologique, en inventant de nouvelles archives de l'ordinaire – les correspondances de guerre, les carnets intimes, l'iconographie, les cartes postales, le matériel scolaire ou les sermons ecclésiaux –, les historiens de la culture de guerre entendent dessiner « un ensemble de formes discursives au travers desquelles les contemporains ont compris le monde en guerre et lui ont donné sens[1] ». C'est donc une histoire qui s'appuie largement sur l'analyse des représentations et de ses différents vecteurs pour montrer à quel point cette culture de guerre a pénétré au plus profond de la vie domestique civile. « Culture de guerre » ne signifie pas « propagande ». L'objet de la culture de guerre est beaucoup plus vaste, comme on va le voir, et beaucoup plus subtil dans sa capacité de pénétration et de diffusion large dans les esprits qui se l'approprient d'autant plus facilement qu'elle s'insère dans la texture des jours et des comportements ordinaires. C'est ainsi que la notion de culture de guerre, c'est-à-dire tout un système de représentations qui donne sens à l'expérience vécue – la guerre, les restrictions, l'absence, la douleur, les blessures, la mort – permet en partie de rendre compte du consentement des populations au massacre.

En réalité, tous les Européens ne combattent pas pour des motifs et avec des justifications conscientes ou inconscientes identiques. Il ne saurait s'agir que de « cultures de guerre » au pluriel, qui, tamisées par d'autres critères – le genre, les critères religieux, sociaux, politiques –, subdivisent la culture de guerre en autant de rameaux convenant à chaque groupe. Ainsi un socialiste français pourra-t-il toujours penser qu'il combat non contre les « boches » – son internationalisme ne s'y soumettrait pas – mais contre l'autocratie prussienne et pour le modèle démocratique français. De même, une féministe britannique peut justifier son engagement dans la défense d'une nation qui a promis le droit de vote aux femmes à l'issue de la guerre et le lui accordera effectivement. Et ainsi de suite. Chacun se construit une vision du monde qui puisse convenir à ses aspirations. La « plasticité » de cette culture de guerre est donc une garantie de son efficacité, car elle se glisse dans les interstices de la vie sociale et ne laisse personne à l'écart de ce grand ébranlement des esprits. Pas même les enfants, dont on pourrait pourtant songer à préserver l'univers mental des nécessités de la guerre.

La guerre des enfants

Le livre que Stéphane Audoin-Rouzeau consacre au sujet montre à quel point l'enfant est central dans le système de représentations élaboré par les cultures de guerre dans tous les pays [2]. La volonté d'intégrer les enfants dans un conflit vu comme total et radical (qui n'entend pas accepter de compromis dans la défaite de l'adversaire) vient de la centralité même qui lui est reconnue : puisque c'est une guerre pour la civilisation (quelle qu'elle soit), à quoi bon vivre si la France (ou la Grande-Bretagne ou l'Allemagne, selon le point de vue où l'on se place) était vaincue ? Les enfants sont les garanties et les cibles ultimes d'un combat qui se fait en leur nom et qui les attend, s'il devait se pérenniser.

Le « bourrage de crâne » va donc s'adresser aux enfants de façon privilégiée, en utilisant une gamme complète de relais institutionnels et de vecteurs matériels.

L'Église et la République au service de la guerre

L'école est un des vecteurs essentiels de la mobilisation intellectuelle et morale. De nouvelles orientations pédagogiques sont imposées : il faut inculquer aux élèves le sens de la guerre. La France (comme la Grande-Bretagne) est la championne de la civilisation qui se bat contre la barbarie allemande et pour l'humanité entière. Côté allemand, on insiste plutôt sur le sentiment d'encerclement, de guerre défensive et sur la menace de la barbarie russe. Cette strate de nationalisme radicalisé se comprend sur un fonds commun élaboré depuis des décennies d'apprentissage patriotique qui, toutefois, n'avait ni l'agressivité de langage, ni l'exclusivisme qu'il revêt en temps de guerre. Le thème de la « première classe [3] », dans des écoles alsaciennes récemment reprises aux Allemands (en 1914) est abondamment illustré. On y encourage l'identification des enfants par la langue française, de nouveau écrite sur les tableaux noirs. En surimpression, on pense à la « dernière classe » de 1871 illustrée par une célèbre nouvelle d'Alphonse Daudet.

La guerre devient progressivement une nouvelle matière, le véritable substrat d'un enseignement dont elle transforme les contenus et la pédagogie. Les élèves sont encouragés à exprimer dans leurs dissertations leur amour de la patrie en danger. Exemple : « Vous raconterez cette scène de vandalisme. Vous essaierez de nous montrer tout ce que la rage de détruire révèle chez les Allemands de bassesse et de lâcheté. » Un recueil de compositions françaises s'achève sur l'évocation d'un soldat à la mâchoire fracassée qui, « à travers la bouillie sanglante de ses gencives et de ses dents brisées, murmure avec toute son âme : "Vive la France" ». Mais plus subrepticement, la guerre s'infiltre dans les dictées ou même dans les exercices de mathématiques : « Un cuirassé poursuit un paquebot. À 10 heures du matin, il en est séparé par une distance de 14 km. Le cuirassé file 15 nœuds et le paquebot 346 mètres 1/3 par minute. Après une heure, le cuirassé augmente sa vitesse de 4 km/heure. Trouver à quelle heure le cuirassé lance son premier obus sur le paquebot, en supposant qu'il ouvre le feu à une distance de 1 800 mètres [4]. » La guerre devient une sorte d'idiome dominant qui règne sur toutes les matières enseignées. Par ailleurs, tout l'arsenal de récompenses de l'école méritocratique use en abondance de thèmes propagandistes. Ainsi, sur un diplôme de prix, on peut voir un soldat français entouré de deux enfants qui sont peut-être les siens ; la bonté du soldat semble rayonner sur un paysage pacifié par un arbre. C'est l'emblème du monde défendu par les poilus français.

Côté catholique, une fois n'est pas coutume, on emboîte le pas à l'école laïque. République et Église convergent pour encadrer les esprits enfantins. Le mouvement noëliste né au début du siècle vante l'efficacité patriotique de la prière des enfants. Son magazine, *L'Étoile noëliste*, rend compte des prières collectives et des pèlerinages de guerre. C'est dans ce contexte de mysticisme patriotique que naît l'idée d'une « croisade des enfants », petite armée d'enfants combattants qui, à force d'offrandes et d'ardentes prières, viendrait à bout de l'ennemi.

Loisirs de guerre et guerre des loisirs

Les jouets, les jeux et les périodiques enfantins sont également employés comme des vecteurs de la culture de guerre, ce qu'ils étaient déjà partiellement avant 1914, avec une tradition de jouets patriotiques et militaires. Avec le déclenchement du conflit, on voit déferler les jouets patriotiques français, alors que le marché allemand dominait avant-guerre : l'enjeu patriotique se double d'un enjeu économique. Les puzzles « Nos grands chefs militaires », le jeu de l'oie « Jusqu'au bout » familiarisent les enfants avec les thématiques de la culture de guerre – le patriotisme jusqu'au-boutiste, l'héroïsation de figures militaires, la diabolisation de l'ennemi – et racontent leur propre récit du déclenchement du conflit. Au moins la moitié des jeux présentés sur le catalogue du Bon Marché sont des jeux guerriers de ce genre. Certains ont une véritable fonction belliciste, tel ce jeu de fléchettes centré sur le visage de Guillaume II.

De nouveaux journaux pour enfants apparaissent mais, surtout, les anciens s'adaptent aux conditions nouvelles. Le dynamisme de la presse périodique pour enfants au début du siècle – avec *L'Épatant, Le Petit Illustré, Fillette, L'Intrépide* mais aussi les *Belles images, Cri-Cri,* etc. – se poursuit en offrant désormais avec ses héros traditionnels des notes informatives sur le conflit, des caricatures ridiculisant l'ennemi, des récits de combats héroïques, des portraits de héros militaires. L'espiègle Lili de *Fillette* se retrouve dès lors sur les champs de bataille. Certaines aventures de Bécassine, l'antihéroïne bretonne de *La Semaine de Suzette*, s'inscrivent dans le cours de la guerre : « Bécassine pendant la guerre », « Bécassine chez les Alliés ».

Après une très forte mobilisation en 1914, on voit fléchir l'ardeur guerrière à partir de 1917. Est-ce le fruit de la répétition et de la lassitude des lecteurs ? La question d'une périodisation de la culture de guerre et de ses différents rythmes se pose. En effet, elle se dessine nettement dans les deux premières années du conflit que tous pensent encore court. Mais dans tous les pays, les troubles de l'arrière, la destructuration des familles, les souffrances diverses et les mutineries rendent ses fondations plus fragiles dans la deuxième partie du conflit. De plus, comme l'a montré le sociologue Nicolas Mariot, si les élites politiques et intellectuelles en sont les vecteurs convaincus, le peuple en serait un acteur plus nonchalant, s'abandonnant à une fatalité du conflit que renforce l'assujettissement à la hiérarchie militaire (sous peine de passage par les armes). Dans les tranchées, ce sont les officiers plus que les soldats qui font preuve de lyrisme et de consentement au sacrifice – au prix parfois d'une incompréhension des hommes de troupe qui veulent bien monter au combat mais sans les fleurs de la rhétorique guerrière ou sacrificielle [5]...

Les hérauts de la guerre : écrivains et intellectuels

Presque tous les écrivains allemands, Hauptmann et Dehmel en tête, se croyaient obligés, comme au temps des anciens Germains, de jouer les bardes et d'enflammer de leurs chants et de leurs runes les combattants qui allaient au front pour les encourager à bien mourir. Des poésies pleuvaient par centaines, qui faisaient rimer gloire et victoire ; effort et mort. Les écrivains se rassemblaient pour jurer solennellement de ne plus jamais entretenir de relations culturelles avec un Français, avec un Anglais [...]. Les savants étaient pires. Les philosophes ne connaissaient soudain plus d'autre sagesse que de déclarer la guerre un « bain d'acier » bienfaisant qui préservait du relâchement les forces des peuples. À leurs côtés se rangeaient les médecins, qui vantaient leurs prothèses avec une telle emphase qu'on avait presque envie de se faire amputer une jambe afin de remplacer le membre sain par un appareil artificiel. Les prêtres de toutes les confessions ne voulaient pas rester en retrait et mêlaient leurs voix au chœur. Il semblait parfois qu'on entendait vociférer une horde de possédés, et cependant, tous ces hommes étaient les mêmes dont nous admirions encore une semaine, un mois auparavant, la raison, la force créatrice, la dignité humaine[6].

Partout en Europe, les intellectuels servent à cet « aiguillonnement artificiel de la haine », à ce « doping de l'excitation »[7] et à ce « travail de stimulation[8] » que Stefan Zweig tente de discréditer par l'absurde : les femmes du monde autrichiennes ne veulent plus lire Shakespeare, on prouve que Dante était germain, on ne joue plus Wagner ni Mozart à Paris, etc. Toute une relecture nationaliste et exclusive de la tradition culturelle européenne est orchestrée, plus ou moins sincèrement, par les intellectuels, écrivains comme savants. En France, à côté d'une littérature pacifiste qui se développe à partir de 1916 – notons tout de même le cas isolé de Romain Rolland qui, dès 1914, publie à Genève *Au-dessus de la mêlée* (huit articles édités entre juillet et décembre 1914) –, une génération de savants s'engage dans le conflit. Trop âgés pour être sur les champs de bataille, peut-être surmontent-ils leur frustration par une surenchère rhétorique. C'est le cas des grands maîtres de la Sorbonne, comme Lavisse, Durkheim, Seignobos, Gustave Lanson, mais aussi Henri Bergson du Collège de France ou Émile Boutroux. Bien d'autres encore participent à cette croisade contre la science allemande. *Les Lettres à tous les Français* écrites par Lavisse et Durkheim sont un exemple parmi d'autres de cette prose belliciste, qui s'appuie sur des argumentaires pseudo-savants (tableaux de statistiques, etc.). L'Internationale scientifique, qui organisait colloques et sociabilités internationales avant 1914, se désintègre comme les autres Internationales, pacifiste, libérale ou ouvrière.

Bergson ouvre une séance de l'Académie des sciences morales et politiques en ces termes : « [Notre Académie] accomplit un simple devoir scientifique en signalant, dans la brutalité et le cynisme de l'Allemagne, son mépris de toute justice et de toute vérité, une régression à l'état sauvage » ; tandis qu'Émile Durkheim, dans *L'Allemagne au-dessus de tout*, médite sur la « mentalité allemande ». Faut-il y voir un retour du refoulé dans une pensée française qui longtemps fut convaincue de la supériorité de la science allemande ?

Cette prose héroïque apparaît au fil des ans d'autant plus insupportable aux combattants qu'elle est en contraste violent avec l'expérience intime d'une guerre inédite à tous égards. Quelques années après la fin du conflit, surréalistes, dadaïstes et expressionnistes de tous les pays réagiront avec férocité à cette contamination de la langue par le lexique guerrier en subvertissant à leur tour le langage jusqu'à l'anomie (dadaïsme). Ils conspueront leurs aînés qui se sont prêtés trop volontiers à l'ivresse rhétorique (et inoffensive) lorsque leurs cadets se faisaient décimer par centaines de milliers. Ils ne parlaient pas de la même guerre. Ceux qui ne l'ont pas vécue portent encore en eux l'imaginaire ancien du champ de bataille où l'on gagnait les galons et la gloire. Les autres y voient une boucherie.

Violence, souffrance et brutalisation

Insistons sur les nouvelles modalités d'affrontement qui ont atteint des seuils de violence alors inédits[9] : violence entre combattants, contre les prisonniers, contre les civils aussi ; destruction de masse : 9 à 10 millions de morts sur environ 70 millions d'Occidentaux mobilisés (en comptant les Américains), presque exclusivement des soldats, tombés sur le champ de bataille. En France, 16 % des hommes mobilisés ne reviennent pas. Durant les conflits révolutionnaires et impériaux qui ont suscité des mobilisations de masse, on mourait bien plus souvent de maladies qu'au combat, et l'hécatombe n'est nullement comparable : la bataille d'Eylau, célèbre pour être une des plus meurtrières des guerres napoléoniennes, laisse environ 10 000 morts côté français et 12 000 côté russe.

Revenir sur l'expérience combattante, au ras des corps, c'est aussi redécouvrir les traumatismes indélébiles qu'ont subis les sociétés européennes dans leur chair et comprendre ce qu'un historien américain d'origine allemande, George L. Mosse, a appelé le processus de « brutalisation [10] », sorte d'envers du processus de « civilisation » de Norbert Elias.

L'expérience de la guerre

La Première Guerre mondiale s'accompagne d'innovations techniques qui redéfinissent le sens même de ce que « combattre » veut dire [11] : le fusil à répétition (plus de 10 balles par minute) remplace l'ancien fusil à poudre qu'on ne rechargeait que plus lentement (1 à 2 balles par minute) ; la mitrailleuse devient l'arme typique de la guerre industrielle (40 à 60 projectiles par minute). Ces inventions de l'artillerie testées pendant les guerres du début du siècle – la guerre des Boers (1899-1902), laboratoire de la guerre moderne, y compris dans son aspect concentrationnaire ; la guerre russo-japonaise de 1904-1905 ; les guerres des Balkans en 1912-1913 – transforment le champ de bataille désormais balayé sur plusieurs kilomètres par un tir massif qui ne laisse rien ni personne à l'abri. Les gaz sont employés à partir de 1915. Enfin, le cheval et les charges disparaissent du champ de bataille au profit des chars et des avions dont les officiers captent l'*ethos* aristocratique autrefois attaché à la cavalerie. Par ailleurs, les référents anciens de la guerre héroïque ont bel et bien disparu. Le corps du soldat est désormais allongé pour tirer, il se recroqueville pour échapper aux balles, il s'enfonce dans la terre, au cœur des tranchées, pour survivre. La virilité militaire du corps debout n'est plus. Tous ces changements reflètent une révolution dans l'anthropologie de la guerre. Le riche héritage coloré des uniformes chamarrés qui sculptaient les corps des soldats fait place à une exigence d'invisibilité, meilleur gage de leur survie. Ce bleu gris couleur terre qui devient l'uniforme universel des damnés des tranchées symbolise l'impuissance d'un soldat terrorisé et humilié devant l'intensité du feu qui l'accable, d'autant que les balles désormais coniques et pivotantes ravagent les corps plus profondément qu'avant. La portée des armes, plus longue, réduit le combattant à une cible, un animal à abattre. Cette déshumanisation profonde dans le type de violence subie est une autre caractéristique de la guerre moderne bien décrite par Erich Maria Remarque dans *À l'Ouest, rien de nouveau* :

> Été de mil neuf cent-dix-huit... Jamais la vie dans sa misérable incarnation ne nous a semblé aussi désirable que maintenant : rouges coquelicots des prairies sur les brins d'herbe, chaudes soirées dans les chambres fraîches

et à demi-obscures ; arbres noirs et mystérieux du crépuscule, étoiles et eaux courantes, rêves et long sommeil, ô vie, vie, vie !...

Été de mil neuf cent dix-huit... Jamais on n'a supporté en silence plus de douleurs qu'au moment où l'on part pour les premières lignes. Les faux bruits, si excitants, d'armistice et de paix ont fait leur apparition ; ils troublent les cœurs et rendent les départs plus pénibles que jamais.

Été de mil neuf cent dix-huit... Jamais la vie au front n'a été plus amère et plus atroce que dans les heures passées sous le feu, lorsque les blêmes visages sont couchés dans la boue et que les mains se convulsent en une seule protestation : « Non, non, pas maintenant ! Pas maintenant, puisque ça va être la fin ! »

Été de mil neuf cent dix-huit... Vent d'espérance qui caresse les champs dévastés par le feu, ardente fièvre de l'impatience et de la déception, frisson douloureux de la mort, question incompréhensible : « Pourquoi ? Pourquoi n'en finit-on pas ? Et pourquoi s'élèvent ces bruits annonçant la fin ? »

Il y a tant d'aviateurs ici et ils sont si sûrs d'eux-mêmes qu'ils font la chasse aux soldats isolés, comme si c'étaient des lièvres [12].

Cet extrait traduit également une expérience nouvelle de la durée qui contrevient au modèle occidental classique de la guerre comme une suite d'affrontements, certes extrêmement brutaux, mais brefs. Lorsque la guerre de mouvement se stabilise avec l'établissement de tranchées, à partir de 1915, le combat devient une sorte de siège en rase campagne où les jours succèdent aux jours, dans la boue et le morne désespoir. Par ailleurs, si la naissance de la Croix-Rouge (après la découverte par Henri Dunant du champ de bataille de Solferino, en 1859) et les progrès des soins accordés aux blessés ainsi que de la chirurgie militaire soulagent les souffrances du champ de bataille, au contraire, certaines procédures de limitation de la violence ne sont plus appliquées : on tire sur les brancardiers et les sauveteurs ; l'ancienne tradition de captivité sur parole pour les officiers disparaît progressivement ; de mauvais traitements sont réservés aux prisonniers que l'on enferme selon des modalités proprement concentrationnaires. C'est ainsi que la mortalité des prisonniers russes ou roumains aux mains des Allemands est exceptionnellement élevée. La pulsion de massacre existe chez les soldats qui se livrent à des cruautés envers les populations civiles théoriquement protégées par le droit de la guerre, la violence sexuelle étant rituellement – ce sera vrai tout au long du XXe siècle – un des éléments accompagnant l'arrivée des soldats qui en même temps qu'ils prennent une ville « prennent » le corps des femmes de leurs ennemis [13]. C'est le cas lors de l'invasion allemande dans le nord-est de la France en 1914 ; ce sera également le cas des armées russes entrant dans Berlin en 1945 [14].

Cette guerre totale et presque intégralement inédite dans ses pratiques et ses représentations voit aussi advenir la massification des blessures psychiques liées à ce nouveau cadre traumatisant d'une guerre anonyme, ultraviolente, mécanisée, proprement terrifiante et en même temps non gratifiante pour l'ego du soldat. Pensez au bruit (nouveau) des explosions, des tanks, des avions ; l'univers sonore de la guerre nouvelle accable de son volume inouï l'oreille et le psychisme d'un soldat qui n'est plus qu'une marionnette affolée – marionnette néanmoins en proie à la culpabilité de ne pas correspondre aux schémas héroïques élaborés par la culture de guerre. On estime que c'est ce gouffre entre les nouvelles pratiques de la guerre – traumatisante en soi et créant ses propres « commotions », *shellshocks* – et l'image du héros de guerre à laquelle il faut correspondre qui engendre de véritables névroses et des troubles mentaux divers (*Kriegsneurosen*). Le nombre croissant des services psychiatriques à la fin de la guerre ne fait qu'annoncer la généralisation de la prise en charge psychiatrique des soldats commotionnés tout au long du XXe siècle et jusqu'à nos jours. La guerre est la toile de fond de la clinique psychiatrique au XXe siècle.

Déréaliser la guerre : sacralisation et banalisation

De cette expérience combattante, que ressort-il ? La culture de guerre esquisse deux stratégies pour masquer ce désastre.

L'une vise à la sacralisation de la guerre. C'est le mythe d'une guerre ayant un sens sacré, d'où la naissance de ce que certains historiens analysent comme une forme de religion nationale pendant et après la

Carte postale allemande, vers 1914.

guerre, via les grandes commémorations funèbres. Mais déjà pendant la guerre, s'impose l'image du soldat dans les bras du Christ [15].

L'autre tend à « banaliser » la guerre. George L. Mosse, qui a conceptualisé cette notion, découvre en effet tout un « bric-à-brac » de la guerre : un presse-papier en forme d'obus, un coussin avec la tête de Hindenburg en broderie, etc. À l'arrière, les civils vivent en compagnie de nombreux objets familiers qui contribuent à rabaisser l'échelle de la terreur à un niveau acceptable. C'est la définition même de l'opération de banalisation. La carte postale est un vecteur décisif de cette guerre adoucie. Elle constitue en effet un intermédiaire massif et pratique entre l'arrière et le front. L'Allemagne en guerre en imprime neuf millions par mois. Entre le soldat et sa famille, c'est un lien fragile mais essentiel. Les images que proposent ces cartes postales donnent rarement à voir l'expérience de la guerre que l'on vient d'évoquer ; elle y est plutôt vue comme une tâche quotidienne avec ses menus travaux, ses rares loisirs (joyeuses soirées dans les tranchées) et ses accomplissements. Lorsque la mort est évoquée, c'est toujours sous le signe apaisant du devoir accompli et d'un départ humanisé, auprès de ses camarades, allongé à l'ombre d'un arbre, dans une nature intacte. Lorsqu'on connaît les ravages imposés à la nature, aux arbres, aux champs par la guerre industrielle, on a peine à reconnaître dans cette rêverie bucolique le champ de bataille moderne.

Sortir de la guerre

Les formes du souvenir : monuments aux morts et Soldat inconnu

À côté des rituels de la victoire glorifiant l'entrée des soldats alliés dans les villes alsaciennes reconquises à l'automne 1918, d'autres formes symboliques tentent de donner *a posteriori* un sens à une guerre qui semble de plus en plus insensée à ceux-là mêmes qui l'ont menée.

Après la guerre, la perte humaine est telle que les sociétés européennes sont caractérisées par des « cercles de deuil [16] » : chaque famille est touchée dans son cercle primaire ou secondaire (famille éloignée), son cercle professionnel, son cercle de voisinage, etc. Toutes ces sociabilités endeuillées, ainsi que la présence visible de la mort – les nombreux éclopés, les femmes vêtues de noir, etc. –, rendent nécessaire une politique de la mémoire, seule à même de faire sortir soldats et civils de ce climat funèbre.

En 1920, on innove en France et en Grande-Bretagne en inhumant le corps d'un soldat inconnu (l'opération sera imitée ensuite par presque tous les belligérants). Cette tombe est l'expression de la dette nationale à l'égard des combattants. Elle devient un lieu de recueillement pour les familles dont les proches sont morts sans qu'elles aient pu recueillir le corps et l'inhumer correctement. C'est la tombe des sans-tombes de la guerre moderne qui déchiquette les corps et les rend impropres à l'inhumation, qui les désindividualise et les déshumanise…

Le fil du souvenir détermine également une des grandes vagues de construction de monuments aux morts. En quelques années, chaque église et chaque place de la mairie des villages français, britanniques ou allemands (mais aussi un peu partout en Europe) en est flanquée. La généralisation du monument aux morts est à l'échelle du traumatisme subi. Rien qu'en France, 38 000 stèles ont été édifiées, ce qui les distingue de la vague nettement moins universelle des monuments de 1871. Cette érection très rapide, entre 1918 et 1922, correspond au temps fort du souvenir : en 1922, enfin, les anciens combattants français réussissent à faire du 11 novembre une fête nationale (à l'égale du 14 juillet). Antoine Prost a proposé une typologie de ces monuments aux morts pour l'espace français. Si tous s'inscrivent dans la veine d'un culte funèbre et non d'un culte de la victoire, certains infléchissements de l'inscription ou de la statuaire permettent d'en faire une lecture distinctive. La forme canonique offre *a minima* une stèle nue dressée dans un espace symbolique, au centre du village, traduisant un devoir civique de souvenir envers tous les soldats morts qui voient leurs noms gravés dans la pierre. L'égalité républicaine s'exprime ici dans l'égalité des noms des morts. C'est sans doute la fonction essentielle de tout monument que cette inscription du nom des combattants décédés. À côté de cette forme générale, certains monuments insistent sur une tonalité patriotique traduite par une rhétorique de l'honneur (« À nos héros… ») ou même parfois nationaliste, avec l'image du coq gaulois. On trouve aussi une statuaire montrant des allégories de la victoire (un poilu brandissant une couronne de laurier). D'autres, au contraire, accentuent la dimension funéraire qui prend alors parfois des connotations chrétiennes : un emplacement près de l'église, la glorification du sacrifice des morts, une *Mater dolorosa* (parfois dotée d'un habit régional) et le monument peut signifier en même temps que la douleur la fermeté de l'ancrage chrétien. Finalement, le monument doit son succès à sa capacité polysémique dont jouent les communautés qui l'ont édifié. En France, l'État n'est pas à l'origine de l'édification de ces monuments du souvenir : ce sont les

Le monument aux morts d'Ancône, en Italie, construit dans les années 1920.

citoyens, et parmi eux les anciens combattants réunis en associations, qui en sont les acteurs essentiels [17].

Le monument n'est pas qu'un élément du décor du village. Il cristallise des cérémonies, la plus importante étant celle du 11 novembre, cérémonie du souvenir et lieu d'une politique de transmission de la mémoire grâce aux instituteurs et aux élèves des écoles qui, dans l'entre-deux-guerres, y assistent chaque année, déposent des gerbes, écoutent les discours et saluent les anciens combattants. Cette célébration unanime est le seul exemple de ce que l'on pourrait appeler une religion civile en France.

Parallèlement, de véritables pèlerinages s'organisent sur les champs de bataille à la Toussaint qui voit coïncider – ironie de l'histoire – la fête des morts et la fin de la guerre. Une forme de sacralisation s'opère dans certains lieux comme Verdun, cimetière à ciel ouvert, ou dans les ossuaires de Douaumont.

Brutalisation et totalitarismes

En Allemagne, les associations d'anciens combattants ne présentent pas le visage pacifiste et antimilitariste, parfois antiparlementariste, que l'on trouve en France. Les corps francs (*Freikorps*), où s'embrigadent quelques soldats et officiers errant dans une Allemagne révolutionnée par la guerre et par la défaite, sont le terrain de jeux de nombreuses futures personnalités nazies, à commencer par Hitler lui-même.

De fait, s'il existe des monuments aux morts en Allemagne, le temps n'est pas forcément au souvenir pour ce pays dont la population n'a pas compris la défaite, persuadée par une propagande trop efficace qu'elle était encore en position dominante en 1918. Ceci d'autant plus que les combats n'ont pas empiété sur le territoire allemand. Les corps francs en Allemagne et les « faisceaux »(*fasci*) en Italie apparaissent rapidement comme des dénis de réalité – comme si la défaite n'avait pas eu lieu – et comme une façon de poursuivre la guerre contre un adversaire désormais cherché à l'intérieur de ses frontières. En Allemagne particulièrement, la non-acceptation des traités de paix facilite l'idée d'une guerre permanente, et prépare la population à considérer une nouvelle guerre comme inévitable et même désirable pour modifier des traités jugés injustes.

C'est la principale hypothèse du livre de George L. Mosse, *De la Grande Guerre au totalitarisme* : l'expérience de la guerre de masse et la puissance de la culture de guerre qui ont encadré le conflit pendant des années n'ont pas pu s'éteindre avec la fin de celui-ci. Dans les espaces où la démocratie était fragile et dans les pays vaincus – en Allemagne et en Italie par exemple, sans compter les nouveaux États nés de l'Europe des traités de paix –, la « brutalisation » s'est poursuivie après la fin de la guerre dans un champ politique devenu champ de bataille. L'indifférence à la vie humaine qu'ont révélée les stratégies des états-majors s'est inscrite dans la politique d'après-guerre, puisqu'on observe une augmentation du nombre d'assassinats politiques par les groupes d'extrême-droite sous la république de Weimar : 323 meurtres entre 1919 et 1923. Le lexique guerrier de diabolisation de l'ennemi et la rhétorique de l'anéantissement se retrouvent dans la politique allemande du début des années 1920, où l'adversaire politique est réduit à la bestialité et devient un ennemi à abattre. Le dialogue politique confisqué par les extrémistes se transforme en un concert d'éructations où se recycle l'agressivité guerrière. Pour Mosse, le mythe guerrier de la virilité agressive régénérée par la violence et l'expérience du front tel que l'exaltent Ernst Jünger, Ernst von Salomon ou Gabriele D'Annunzio explique une bonne part de la rhétorique de l'« homme nouveau », que caractérise l'idéal de camaraderie masculine, au fondement même des totalitarismes.

On note ici, et c'est pourquoi cette histoire s'inscrit dans l'histoire culturelle, l'importance du langage et des images qui véhiculent cette brutalisation : les stéréotypes, les néologismes sont particulièrement significatifs, comme en témoigne l'emploi récurrent du terme « parasite » (*Schädlingmord* en allemand). La discrimination antisémite connaît un regain pendant et après la guerre en Allemagne. On recense les soldats juifs et on les exclut de l'organisation des anciens combattants allemands, le *Stahlhelm*, cas unique en Europe de rupture du mythe de la camaraderie des tranchées. On sait, par ailleurs, grâce à l'inoubliable ouvrage de Viktor Klemperer consacré à la langue du IIIe Reich, *LTI, Lingua Tertii Imperii*, comment l'opération de subversion nazie commença et se fortifia par l'emploi d'un idiome contaminé par les métaphores les plus violentes d'un côté et les mythologies de la régénération de l'autre. Comme nous y engage George Orwell dans *1984*, restons attentifs aux « novlangues » qui s'insinuent, parfois malgré nous, dans nos paroles.

Grande Guerre sur grand écran

La Première Guerre mondiale fut abondamment représentée au cinéma. On peut même dire qu'elle constitue une véritable source de l'imaginaire de la violence au XXe siècle. Pourquoi ? Peut-être parce qu'il existe une homologie et une convergence chronologique entre la modernité du cinéma, art industriel, massif, technique, et la modernité de cette guerre, qui a facilité leur rencontre. Tout au long du siècle, le cinéma reconstruit une mémoire plurielle du premier conflit mondial.

Notons d'abord que la guerre, avant d'être reconstituée sur les plateaux de cinéma, fut filmée sur le terrain par des sections militaires dédiées au cinéma[18]. Beaucoup d'images existent : des films documentaires, non passés à la postérité, furent montrés aux civils de l'arrière, par exemple des films médicaux sur des expériences chirurgicales (amputations, trépanations) exaltant l'excellence scientifique. On montre le front mais la violence des combats, là comme ailleurs, est systématiquement occultée. Jusqu'en 1918, les quelques productions fictionnelles sont des films pétris de patriotisme maniant les codes culturels de l'héroïsme guerrier hérités de la guerre ancienne, qui ne captent jamais ce qu'elle a d'inédit.

Dans l'entre-deux-guerres, c'est Hollywood qui s'empare de ce nouveau matériel de fiction. Avec *La Grande Parade*, Griffith transforme les codes de l'écriture filmique de guerre : spectacularisation, accroissement du nombre de figurants et des effets, puissance dramatique du montage, esthétique du choc visuel. Côté français au contraire – et les deux industries sont alors fortement rivales, l'une (américaine) étant en passe de dominer l'autre (française) sur le marché mondial –, la poétique du cinéma va dans le sens du souvenir et du deuil. Les films hexagonaux portant sur la guerre sont proches de la mentalité pacifiste des anciens combattants et de la société tout entière, dévastée par la violence du conflit. *La Grande Illusion* de Renoir (1937) en exprime le suc : un cinéma qui vire au pacifisme mais où le patriotisme est toujours présent, une logique de classe à laquelle le cinéaste du Front populaire est attentif mais subsumée par l'Union sacrée de 1914. Un autre film moins connu et peu diffusé est tout à fait frappant : il s'agit du second *J'accuse* d'Abel Gance (1937), un appel pathétique à la paix. Quarante mutilés de la face défilent devant la caméra et saisissent d'effroi le public à qui on s'est efforcé de cacher les « gueules cassées ». Cet acmé du pacifisme des années 1930 rejoint ce que l'historiographie nous enseigne : les sociétés européennes de l'entre-deux-guerres sont littéralement hantées par les morts qui reviennent.

L'après-Seconde Guerre mondiale met en scène une nouvelle métamorphose de la mémoire de la Grande Guerre, désignée rétroactivement comme la première. Le film phare de la période est américain : *Les Sentiers de la gloire* de Stanley Kubrick démystifie complètement la guerre et met pour la première fois au centre de son propos un sujet absolument tabou : l'exécution pour l'exemple de soldats français accusés d'indiscipline. Le film sort à Bruxelles en 1957, mais les spectateurs français ne le verront que près de vingt ans plus tard, en 1975. En effet, il ne peut que renvoyer le public français au problème de la torture en Algérie au même moment. Ce rôle métaphorique est si clair que la France mène une action musclée pour en interdire la diffusion, non seulement sur son territoire, mais partout dans le monde, avec un succès inégal. Le même jeu de transparence métaphorique est à l'œuvre entre un film américain de Dalton Trumbo, *Johnny s'en va-t-en guerre* (*Johnny got his gun*, 1971), et la mauvaise conscience américaine concernant les modalités et la légitimité des combats menés au même moment au Vietnam. Le corps du jeune soldat déchiqueté par une bombe renvoie à bien d'autres corps suppliciés dont les images, grâce à de nouvelles techniques, arrivent désormais en abondance.

Dernière étape de cette mémoire longue de la Première Guerre mondiale projetée par le cinéma, le renouveau des années 1990 (*Capitaine Conan* de Bertrand Tavernier, *Marthe ou la promesse du jour* de Jean-Loup Hubert, *La Chambre des officiers* de François Dupeyron, *Un long dimanche de fiançailles* de Jean-Pierre Jeunet, *Joyeux Noël* de Christian Carion…). La décennie débute par la guerre en Yougoslavie et donne une impression de clôture du siècle, de Sarajevo à Sarajevo, propice au réinvestissement d'une mémoire partageable par tous les Européens. Conformément aux nouvelles directions de l'histoire du conflit, les films insistent sur la société endeuillée, le sort des familles, le choc psychique subi, et le rôle des femmes. Grandes oubliées de l'historiographie, elles sont réintégrées depuis peu dans la chronique des sociétés européennes contemporaines.

Chapitre 5

EUROPÉENS, EUROPÉENNES

Deux siècles vus par l'histoire du genre

Dans ce chapitre, nous tenterons de parcourir, par grand vent, deux siècles d'histoire contemporaine en introduisant la question récente – à l'échelle des historiens – du genre ; nous mesurerons à quel point l'histoire culturelle, et l'historiographie tout court, en ont été affectées.

Qu'est-ce que le genre ? Si l'on se réfère à la définition proposée en 1986 par Joan Wallach Scott, l'une de ses principales théoriciennes, dans « Gender : A Useful Category of Historica Analysis[1] », le genre (*gender*) est le discours de la différence des sexes ; discours au sens d'idées, mais aussi d'institutions, de structures, de rituels, de symboles, de pratiques quotidiennes. En ce sens, c'est le discours qui organise, dans la société, la différence sexuelle et lui donne un ou plusieurs sens. Le genre n'est donc pas la différence biologique mais le sens que la société lui attribue selon les époques, les déterminations qu'elle assigne aux catégories de « masculin » et de « féminin », variables au cours des temps. C'est la construction sociale qui distribue des identités féminine et masculine à telle ou telle pratique, tel ou tel sentiment, telle ou telle valeur. En voici quelques exemples : « la rationalité est masculine », « le sentimentalisme est féminin » ; « l'agressivité est masculine », « la douceur féminine » ; « l'activité est masculine », « la passivité féminine » ; « l'espace public est masculin », « l'espace privé féminin », etc.

Dans les années 1970, stimulée par une nouvelle vague du féminisme européen et américain (post-68), la recherche historique s'est penchée sur les femmes, considérées à juste titre comme des invisibles de l'Histoire[2]. S'est ainsi développée une historiographie qui visait à tirer de l'oubli les femmes ordinaires que l'on saisissait dans l'espace privé, dans leurs activités domestiques, la maternité et la famille, etc. De cette histoire des femmes – dont témoignent en France les volumes importants dirigés par Georges Duby et Michelle Perrot[3] –, on est passé à une histoire du genre qui ne considère pas l'histoire des femmes comme un secteur séparé mais qui entend renouveler leur histoire et celle des hommes, dans la mesure où les unes se définissent par rapport aux autres, et vice versa. C'est ainsi que depuis les années 1980, plus tardivement en France, l'historiographie du genre a tenté de relier les femmes à l'histoire avec un grand H, l'histoire dominante, politique, sociale ou culturelle, en étant particulièrement attentive aux questions de la sexuation du langage, c'est-à-dire à la manière dont notre langage fonctionne pour donner sens à la différence sexuelle (en valorisant ou en dévalorisant). L'histoire du genre est désormais sortie de sa phase de marginalité et de militantisme. On ne peut plus imaginer écrire sur l'histoire sans aborder les questions par le biais du genre, ce qui conduit également à réfléchir à la notion de masculinité, et récemment de virilité, puisque c'est un des attributs de l'homme dans la culture occidentale [4].

Dans cet esprit, le genre doit avant tout être considéré comme un outil heuristique qui permet de relire et de renouveler de nombreux secteurs de l'historiographie [5]. C'est à trois exemples de cette productivité nouvelle par le genre que nous nous attacherons ici : tout d'abord, l'histoire politique et notamment celle de l'exclusion des femmes de la politique démocratique française depuis la Révolution jusqu'en 1944 – date tardive à laquelle fut octroyé le droit de vote aux femmes en France. Dans quelle mesure cette anomalie en Europe nous permet-elle de comprendre autrement l'histoire du républicanisme et de la culture politique française contemporaine ? Le deuxième exemple saisit l'ordre socio-politique d'un monde en guerre, deux fois engagé dans un conflit total au XXe siècle, en mettant au jour comment ce dernier dicte des politiques sexuelles et suppose un ordre sexué toujours en équilibre instable. Enfin, dans une autre perspective, la notion de genre s'articule à celle de sexualité à travers l'étude des homosexualités en

Europe ou celle de la virilité, puisque cette dernière notion a donné lieu récemment à une importante publication collective [6]. Ce troisième exemple démontre à quel point une histoire du genre échappe à une histoire des femmes *stricto sensu*. Le genre n'est pas un objet, mais un opérateur de problématique.

LA CITOYENNE PARADOXALE : GENRE ET POLITIQUE DANS LA FRANCE RÉPUBLICAINE [7]

Les femmes révolutionnées

Sous l'Ancien Régime, la théorie politique exclut explicitement les femmes du pouvoir selon la loi salique. La Révolution a été, dès lors, analysée comme une « occasion manquée » : les femmes sont privées du droit de vote, privées du devoir de défendre la nation dans l'armée, et les clubs féminins sont fermés le 30 octobre 1793. Après avoir été exclues au nom de la raison, les femmes le sont au nom de la nature. La citoyenneté démocratique est concédée comme un droit naturel à tout individu, mais c'est paradoxalement la nature biologique de la femme qui fonde le refus qu'on lui oppose d'accéder à la citoyenneté. La notion d'individu abstrait présent dans la Déclaration des droits de l'homme, qui se voulait au fondement d'un système d'inclusion universelle, fonctionne au contraire comme principe d'exclusion.

C'est pourquoi certaines historiennes ont pu conclure que la République n'a pas seulement été construite sans les femmes mais qu'elle a été construite contre elles. Le monde de la politique démocratique naissante sous la Révolution a été relu par l'historienne culturelle américaine Lynn Hunt au regard de la métaphore familiale qui structure de nombreux discours et images de l'époque : l'autorité patriarcale incarnée en un père abusif (le monarque absolu) a été supprimée le 21 janvier 1793, mais elle a laissé place au centre de l'organisation familiale aux frères, après s'être débarrassée de la « mauvaise mère » (Marie-Antoinette) [8]. D'où l'apparition contemporaine du concept de fraternité qui met en scène un monde égalitaire, sans père.

La communauté des frères a exclu les sœurs qui, pourtant, étaient visibles et actives dans les multiples formes de mixité politique sous la Révolution, au sein de la société civile, sur les marchés, dans les assemblées, dans les salons, où elles furent souvent au cœur des grands événements de la politique révolutionnaire. À côté du discours de « fermeture », la dynamique du genre fait advenir un discours d'« ouverture » concernant les femmes sous la Révolution. Il est évident qu'il existe une diversité de l'agir politique féminin plus grande que l'on ne pense : les doléances, les déclarations, les pétitions à l'Assemblée nationale ; mais aussi les figures de militantes (Olympe de Gouges) et de femmes écrivains. Plus profondément encore, la Révolution est un moment de forte politisation de l'espace domestique qui déplace la traditionnelle coupure entre sphère privée féminine et sphère politique masculine.

C'est toujours dans la sphère familiale, dans la *domestic sphere*, en tant qu'unité politique, que l'organisation politique prend sens, qu'elle permet de comprendre comment et pourquoi les femmes ont adhéré à une logique qui ne leur reconnaissait pas la même participation qu'aux citoyens à une souveraineté nationale qui ne les incluait pas en tant qu'électrices. C'est parce qu'elles sont pensées en référence à l'unité d'intérêts qu'elles forment, par nature, avec le chef de famille, qu'il soit père ou époux. Et que ce statut d'épouses ou mères de citoyens, dans un contexte de refondation et de régénération de la Nation, était proprement révolutionnaire [9].

La famille devient donc un vrai terrain de la politique, dans la mesure où elle peut être investie d'un projet de remise en cause de l'ordre marital (par l'octroi d'un droit de divorce) et qu'elle figure un espace de négociations des rôles qui appartient proprement au politique. Quelques années plus tard, la dynamique de genre révolutionnaire est stoppée par un élan de retour à l'ordre sous Napoléon, codifié par le Code civil (1804), et d'obédience patriarcale.

Le genre et la politique républicaine française

L'historienne américaine Joan Scott revient sur le mythe paradoxal d'un républicanisme français théoriquement universel mais qui ne reconnaît aucune différence (hormis la différence sexuelle) [10]. Cette non-correspondance entre l'universel républicain et la différence biologique fait advenir une nouvelle lecture de l'histoire républicaine. Elle met en exergue la contradiction entre ses théories et ses pratiques démocratiques : de nouveau, en 1848, le droit de suffrage « universel » est dénié aux femmes, et de même sous la Troisième République : « Le féminisme révèle un aspect du républicanisme que les ouvrages d'histoire politique négligent habituellement : l'individualisme abstrait professé par les républicains a été dès le début une notion sexuée [...] [11]. »

L'historienne examine le destin de quatre féministes dont la vie est imbriquée dans les configurations historiques de l'ère révolutionnaire (Olympe de Gouges), de la Deuxième République (Jeanne Deroin), de la Troisième République (Hubertine Auclert et Madeleine Pelletier). L'autre paradoxe, celui du féminisme français, est d'avoir dû constamment réclamer l'effacement de la différence sexuelle (qui fondait l'exclusion) au nom de leur identité de femme. Olympe de Gouges se glisse dans les habits du législateur pour rédiger sa Déclaration des droits de la femme et de la citoyenne, tout en rappelant qu'elle est une femme et en mettant en avant sa féminité. Son féminisme est assimilé par ses contemporains à un comportement aberrant et pathologique, et elle finira guillotinée en 1793 pour cause d'« exaltation », et pour avoir voulu devenir un « homme d'État » [12]. Jeanne Deroin est fouriériste : en 1849, elle se présente comme candidate aux élections législatives (sans en avoir le droit) ; elle sera emprisonnée. Son argumentaire repose sur l'idée que la femme, et spécialement la mère, est sujet de devoirs ; elle doit donc être sujet de droits. C'est ainsi au nom de la maternité qu'elle réclame la citoyenneté. Hubertine Auclert, communarde, est militante de la féminisation du langage. Elle a des stratégies d'action violente : perturbation de rituels du mariage au moment où la femme promet l'obéissance à son mari, par exemple. Pour elle aussi, la demande d'égalité se revendique d'une certaine idée de la différence sexuelle : elle voit dans la femme le support privilégié des intérêts de la société. La femme réalise l'harmonie au sein du couple, elle est d'un tempérament plus pacifique, elle s'occupe de l'hygiène des enfants et de leur éducation, etc. Enfin, une génération plus tard, la psychiatre Madeleine Pelletier est une figure déchirante du féminisme français : elle recherche l'individu sous la femme et ne voit dans la féminité qu'un ensemble de règles intériorisées. Elle encourage les mères à couper les cheveux de leurs filles ; elle s'impose une abstinence sexuelle afin de disposer de son corps et combat pour l'avortement ; elle adhère à la SFIO en 1905 puis à la SFIC en 1920, et termine ses jours internée dans un hôpital psychiatrique. Joan Scott montre comment ces quatre femmes, qui ne sont ni des héroïnes ni des femmes ordinaires, ont noué les fils de leur biographie à des moments de crise politique où elles pensaient pouvoir faire advenir une nouvelle donne en jouant un rôle d'actrices politiques.

De ces échecs répétés pendant cent cinquante ans, Joan Scott tire plusieurs conclusions. Chaque fois, le sens des mots « femme » et « féminisme » se décline en autant de périodes et de moments ; il se redéfinit face aux hommes dans les discours du temps et il est donc essentiel d'inscrire ces combats et ces débats dans leur historicité fine. Par ailleurs, le féminisme s'est lui-même bâti à l'intérieur du monde de la politique démocratique dont il épouse quelques-uns des paradoxes, notamment dans sa conception de l'individu, parfois abstrait, parfois concret, en fonction des usages.

Le monde démocratique européen s'est largement construit de manière à exclure les femmes, comme le montre la chronologie de l'octroi du droit des femmes.

Chronologie de l'octroi du vote des femmes en Europe

1906	Finlande
1913	Norvège
1915	Danemark
1917	Pologne
1918	Allemagne, Autriche, Estonie, Géorgie, Hongrie, Kirghizistan, Lettonie, Lituanie et Russie
1919	Biélorussie, Ukraine, Luxembourg, Pays-Bas et Suède
1921	Tchécoslovaquie, Arménie et Azerbaïdjan
1928	Royaume-Uni et Irlande
1931	Espagne
1934	Turquie
1944	France
1945	Italie, Croatie et Slovénie
1946	Albanie

1947 Bulgarie et Yougoslavie
1948 Belgique et Roumanie
1952 Grèce
1960 Chypre
1971 Suisse
1976 Portugal
1993 Moldavie

Pour autant, le pouvoir ou le droit ne se résument pas au vote. C'est pourquoi d'autres historiennes ont mis en valeur la riche sphère des fonctions publiques, qui s'inscrivent entre la sphère privée de la famille et la sphère publique de l'État et de la politique : les associations, les organisations religieuses, les mouvements caritatifs, les mouvements sociaux. Le genre a renouvelé l'image de cette histoire mal connue d'espaces sociaux où se négocient des problèmes hautement politiques tels que la santé, l'hygiène, l'éducation, la reproduction.

En Finlande comme en Suisse, en Norvège, en Suède, en Allemagne et en Autriche, on célèbre la fête des mères dès les années 1920 (couverture du magazine finlandais *Koti*, 1955).

Ces politiques se voient fortement modelées par la dynamique de genre en plaçant les femmes, en tant que mères, au centre de l'histoire des législations sociales et de la généalogie de l'État-providence. C'est largement à travers les femmes que le « social » a émergé comme instance autonome dans la politique moderne, une instance où elles pouvaient peser, même si elles étaient dominées à la maison et exclues sur le plan de la politique démocratique. De même, le genre a également permis de renouveler l'histoire des sociabilités masculines à la même époque, en identifiant des types d'activités fortement sexuées, comme les bagarres, les réunions dans des cercles de lecture, les associations savantes mais aussi le duel, dont l'imaginaire aristocratique irrigue paradoxalement une démocratisation de la pratique dans une société postrévolutionnaire en voie de transition rapide [13]. Les identités de genre ont très largement contribué à forger les agendas des politiques du XIXe siècle. Elles agissent comme des matrices de représentation puissamment intégrées dans les institutions, les pratiques et l'inconscient d'une société.

Ordre sexué, ordre social, ordre politique d'un monde en guerre

Traditionnellement, la Première Guerre mondiale est présentée comme un levier d'émancipation pour les femmes européennes qui, pour la première fois, auraient pu abandonner leurs tâches traditionnelles pour travailler à des postes classiquement masculins (ouvrières dans l'industrie de guerre) et auraient échappé à l'emprise maritale et familiale. Là encore, la notion de genre permet de dépasser l'historiographie des femmes en réfléchissant de façon plus dialectique (entre hommes et femmes). L'interprétation optimiste de la guerre est aujourd'hui minorée : s'il y a bien des brèches pendant et après la guerre, il y a aussi des logiques de renforcement des identités sexuelles. Des évolutions contradictoires existent où les femmes sortent de leur famille pour travailler mais y retournent, après 1918, dans une ambiance de durcissement des assignations de genre [14].

L'Europe en guerre est un bon observatoire car les conflits offrent des conjonctures où l'État (mais aussi la société) impose, de façon plus impérative qu'en situation de paix, un ordre politique des corps. Finalement, la guerre a-t-elle renforcé la division sexuelle dans la société ? A-t-elle assigné à chacun(e) une place ou a-t-elle contribué à déplacer les identifiants ? À les transgresser ? Quelle que soit la réponse, les périodes de guerre ont des conséquences, longtemps passées inaperçues des historiens, sur l'ordre sexué du monde.

Renforcement de l'ordre sexué

Certes, dans une société en guerre au XXe siècle, on a vu que l'opposition entre le front et l'arrière n'est plus aussi pertinente, l'ensemble de la population baignant dans une culture de guerre qui l'investit, au moins symboliquement, dans le conflit. Cependant, bien que les femmes y soient elles aussi plongées, elles ne prennent jamais part au combat. Cette ligne fondamentale de distinction hommes/femmes ne sera jamais franchie et la manipulation des armes reste un monopole masculin. La guerre est d'ailleurs un vaste dispositif de virilisation : le courage militaire, la ferveur patriotique, tout cela participe de la définition de l'homme, « du vrai », qui pose crânement aux côtés d'un canon sur nombre de cartes postales...

Pendant la Première Guerre mondiale, les rôles proposés aux femmes dans la France combattante, ceux d'infirmière, de marraine de guerre, renouent le plus souvent avec des valeurs de protection et de consolation censées être propres aux femmes. Ils ne sont donc pas porteurs de transgression mais au contraire de renforcement des identités sexuées.

Entre 1940 et 1945, Vichy et les régimes autoritaires voire totalitaires promeuvent un idéal féminin devant incarner la « femme nouvelle ». Cette femme nouvelle est avant tout une mère. Le canon de la beauté s'adapte à ces nouvelles fonctions en offrant l'image d'une femme aux seins abondants, aux hanches larges : la féminité exalte les valeurs de fécondité, et toute coquetterie est bannie [15]. La norme vichyssoise veut redonner son naturel aux femmes par opposition aux images de créatures sophistiquées déversées par les studios américains dans les années 1930. Le port du pantalon par une femme devient une déclaration de guerre à l'injonction pétainiste : ce dernier est le signe identitaire du masculin ; porté par une femme, il signifie l'égalisation des sexes et la menace d'une indifférenciation. Dès lors, comment interpréter les tentatives de coquetterie en temps de guerre ? Pour y parvenir, il fallait développer une inventivité et échapper à l'emprise du quotidien, au rationnement de tissus et de matériaux de toute sorte. Celles qui assument une féminité un peu provocante expriment sans doute une forme de refus de Vichy et de provocation à l'égard de l'occupant allemand, quand ce n'est pas une séduction tarifée. Mais là encore, ces interprétations sont délicates à avancer et il faut laisser place à une certaine ambivalence des comportements [16].

Dans les périodes de guerre, la sphère intime se politise, et les vêtements, la sexualité donnent à voir les multiples nuances de l'adhésion ou du refus à l'ordre du monde.

Le brouillage des sexes : une crainte permanente

Dans tous les pays belligérants, la période 1914-1918 est parcourue par cette grande peur du brouillage des sexes et de la virilisation des femmes. La façon de s'habiller est un enjeu important. C'est pourquoi non seulement l'État mais l'Église, les médecins, l'armée ont leur mot à dire dans la codification vestimentaire.

En 1914, une certaine sobriété est de mise. En 1915, la mode proposée dans les revues féminines a tendance à se militariser. Les robes raccourcies aux couleurs inspirées des uniformes, souvent kaki, avec épaulettes, écussons brodés, chaussures montantes sont fréquemment stigmatisées puisqu'elles donnent une allure masculine aux femmes et atteignent la dignité du combattant en lui disputant les prérogatives de l'uniforme. L'écrivain Colette raconte les retrouvailles d'un sergent permissionnaire avec sa femme, gare de Lyon :

> Je tombais dans les bras... d'un petit sous-lieutenant délicieux qui fondit en larmes sur mon épaule en bégayant : « Mon chéri, mon chéri » et m'embrassa de la plus scandaleuse manière. Ce sous-lieutenant, c'était ma femme. Une capote de drap gris bleu à deux rangées de boutons l'équipait à la dernière mode des tranchées, et ses petites oreilles sortaient toutes nues d'un bonnet de police galonné d'or bruni. Un raid col de dolman tenait levé son cou tendre : elle avait en outre épinglé sur sa poitrine un drapeau belge et un autre colifichet qu'elle nomma tout de suite son « amour de 75 »[17].

Ce travestissement se pratique pour permettre à de nombreuses femmes d'aller rejoindre leurs hommes sur le front. La porosité de la zone militaire est attestée dans de multiples récits, comme *La Poilue*, un roman anonyme de 1916[18], qui met en scène une femme sous uniforme se rendant sur le front afin de démasquer un espion incorporé dans le régiment de son mari. Ce roman fut très peu goûté des autorités.

Pourtant, des femmes furent officiellement incorporées sous les drapeaux, malgré de fortes réticences des états-majors. Même en danger, la patrie répugne à un risque de travestissement des genres.

C'est la Grande-Bretagne qui fut pionnière en la matière, avec son Women's Army Auxiliary Corps pour l'armée de terre, le Women's Royal Air Force pour l'armée de l'air, et le Women's Royal Naval Service pour la marine, créés en 1916 par le gouvernement Asquith. Ces corps féminins militarisés, même s'ils étaient cantonnés dans des fonctions administratives, firent scandale et ne furent pas bien acceptés par la société anglaise. En 1940 et pendant toute la Seconde Guerre mondiale, en revanche, ils ne furent pas remis en cause. Peut-être parce que la France libre était à Londres (et sans doute parce qu'elle en avait un besoin vital), elle se permit la transgression suprême de créer un corps de Françaises libres. Il fallait vraiment le désastre de 1940 et la subversion gaulliste pour que l'armée française (ou plutôt les rebelles de celle-ci) accepte des femmes en uniforme. Plus tard, celles-ci seront nombreuses sur les écrans américains : bien des films décriront une armée américaine très administrée et très féminine [19].

Autre facteur de brouillage des sexes pensé et craint par l'administration militaire : l'homosexualité. Le front, la peur, l'isolement, la frustration sexuelle pouvaient être autant d'éléments générateurs d'expériences homosexuelles. D'où une surveillance très étroite des

Uniformes de la Women's Royal Air Force dans les années 1950.

États face à ce phénomène dont la punition généralement sévère exprime bien l'enjeu qu'il représente.

En Grande-Bretagne, pendant la Première Guerre mondiale, l'homosexualité dans l'armée est considérée comme un crime ; le puritanisme britannique avait sans doute été exacerbé par le procès retentissant d'Oscar Wilde, tenu en 1895. Un peu partout se développe un discours stéréotypé autour de l'homosexualité comme cinquième colonne favorable à l'espionnage. L'homosexualité est tout à la fois considérée comme une atteinte à la virilité supposée du guerrier et associée à la subversion communiste, lorsqu'elle n'est pas identifiée comme un « vice allemand » par la propagande française.

La mise à mal des hiérarchies sociales, nationales et culturelles

L'utilisation par les armées françaises et britanniques de troupes coloniales (180 000 hommes d'Afrique subsaharienne) fait planer un autre danger pendant la Première Guerre mondiale, d'une certaine manière le plus transgressif de tous, puisqu'il porte atteinte à la hiérarchie de l'Occident impérial face aux populations colonisées. Les États tentent de contrôler et de limiter au minimum les rapports entre les coloniaux et la population civile, notamment féminine : contrôle postal, interdiction d'héberger des troupes noires chez les particuliers, ségrégation hospitalière. La virilité de l'homme occidental se sent d'autant plus mise en danger en cas de rapports sexuels d'hommes noirs avec des femmes blanches que le mythe de la puissance sexuelle des Africains est fortement enraciné dans l'imaginaire colonial [20].

L'arrivée en 1917 de troupes américaines comprenant de nombreux soldats afro-américains montre une situation très différente et tout à fait significative. Les mariages entre soldats américains et Françaises furent encouragés car ils symbolisaient l'union de leurs pays dans la guerre. Mais ces unions n'allaient pas sans poser quelque difficulté aux états-majors américains, car l'attitude plutôt tolérante de la société française à l'égard des Noirs américains remettait en cause la ségrégation stricte qui régnait dans leur pays. D'où une gestion délicate des relations entre une République française impériale et une République américaine ségrégant sa population noire, à un moment où les forces coloniales d'une part, les soldats (noirs) américains de l'autre, acquièrent un grand capital de sympathie par leur loyauté et leur sacrifice.

Enfin, prenons un dernier type de situation où les affaires privées entre hommes et femmes se retrouvent soumises à une étroite surveillance : c'est le cas des relations entre cobelligérants, entre les Françaises et les occupants allemands pendant la Première ou la Seconde Guerre mondiale. Très tôt, le débat est posé entre deux interdits majeurs : l'enfant du boche justifie-t-il l'avortement ? L'impératif raciste de préserver la pureté du sang contre la souillure germanique s'oppose à l'impératif nataliste. Sous Vichy, c'est l'impératif nataliste qui prime puisque le régime fut plus sévère avec les femmes ayant avorté qu'avec les mères d'enfants illégitimes [21].

Le sexe est bien une affaire d'État. Mais aussi l'affaire des sociétés combattantes. Ainsi, lorsque les soldats de la Grande Guerre rentrent chez eux, tous les États, même ceux qui ont perdu, organisent des cérémonies d'hommages et tentent de donner un cadre héroïque au retour dans les foyers. Or, les soldats humiliés par la guerre industrielle – humiliation renforcée par la défaite mais non annihilée par la victoire –, les prisonniers de guerre, tous ces hommes, détruits physiquement et moralement, savent, en leur for intérieur, qu'ils ne correspondent pas aux modèles héroïques de virilité combattante que leur offre la mythologie d'après-guerre. Ce brouillage identitaire donne naissance à de nombreux conflits, à des rancœurs et enfin à des souffrances qu'on ne peut saisir qu'en réfléchissant en termes de genre.

Genre et sexualités

Écrire l'histoire des homosexualités

Dans le domaine des sexualités, la catégorie de genre a également permis de reconsidérer des phénomènes restés longtemps invisibles dans l'histoire traditionnelle, notamment la description des relations entre personnes de même sexe. À l'échelle européenne, les premiers cours d'*homostudies* furent proposés dans les universités d'Amsterdam et d'Utrecht dès 1978, avant que ne soit créé un centre d'archives et de recherches,

Homodok, qui fait aujourd'hui référence. En Allemagne fut créée en 1983 à Berlin la Magnus-Hirschfeld-Gesellschaft dont le nom rend hommage au militant homosexuel, fameux sexologue créateur de l'Institut pour la connaissance sexuelle fondé en 1919 et pillé par les nazis en 1933. En France, c'est véritablement dans les années 1990 que se développe une recherche largement interdisciplinaire sur l'homosexualité [22].

Beaucoup des premiers travaux s'emparent des figures connues des cercles intellectuels et artistiques – des salons lesbiens de la Belle Époque par exemple – et des intrications entre sexualité, genre et pouvoir dans l'Europe de la première moitié du XXe siècle. Le mythe de la garçonne [23], emblème de l'émancipation, avec ses cheveux courts et son allure androgyne, à la fois modèle lesbien et fantasme masculin hétérosexuel des années 1920, a fait l'objet d'un grand intérêt. L'idée de subculture homosexuelle s'est développée dans les grandes métropoles européennes (et nord-américaines) du début du siècle : des pratiques de rencontres, de drague, des modes de vie, des représentations se territorialisent dans certains quartiers des villes ou, au contraire, se dispersent dans des lieux de la modernité urbaine : les gares, les vespasiennes, les parcs, les cabarets ou autres établissements commerciaux spécialisés. Cette subculture (qui ne signifie pas sous-culture) homosexuelle est donc solidaire de l'urbanisation, de l'industrialisation et de l'épanouissement d'une culture de masse tout en organisant une fluidité entre cultures populaires et cultures d'avant-garde grâce aux capacités de transgression sociale que permet la rencontre homosexuelle. À Paris, Berlin ou Londres, naît ainsi un monde homosexuel à la visibilité intermittente, également présent dans les sphères sociales supérieures et les mondes populaires dont on a récemment réévalué la frange homosexuelle [24].

C'est donc toute l'histoire de la construction de l'identité homosexuelle moderne qui est en jeu. L'intérêt grandissant pour les figures qui subvertissent les logiques de genre – les « tantes », les travestis, les transsexuels, les intersexes, les hermaphrodites, etc. – s'explique en ce qu'on les analyse comme un contrepoint à la construction et à l'inculcation durant un long XIXe siècle des normes de la « virilité » et de la « féminité » [25]. Cette forte identification laisse pourtant la place à des schémas de double vie qui accueillent tous les naufragés du genre, avec une ampleur que l'on n'avait sans doute pas soupçonnée. Il existe de multiples manières de ne pas être et vivre comme un « vrai » homme ou une « vraie » femme, sans pour autant se dire, se penser et se vivre comme homosexuel. Notons que le mot « homosexuel » a sans doute été employé pour la première fois en 1869 par l'écrivain hongrois Károly Mária Kertbeny dans un mémoire adressé au ministre de la Justice de Prusse demandant l'abolition des lois pénales sur les actes « contre nature » avant de se répandre lentement dans les ouvrages médicaux, dans la presse puis dans le langage courant, suivant des temporalités différentes selon les pays. Au XIXe siècle, quand on lit *Le Cousin Pons* de Balzac, on ne voit que deux vieux messieurs qui vivent ensemble depuis longtemps et s'aiment de tendre amitié sans que jamais l'auteur pose la question de leur sexualité ni surtout de leur identité sexuelle. De même, on saisit très bien dans le *Journal* de Virginia Woolf de nombreuses figures de ses amies ou anciennes professeures qui cohabitent dans le Londres de la Belle Époque sans identification nette à l'homosexualité.

Entre 1945 et la fin des années 1960 règne étrangement un climat très homo-hostile en France (mais également ailleurs en Europe) nourri de fantasmes d'affinités délétères entre homosexualité et fascisme/collaboration alors que les homosexuels furent eux aussi victimes du nazisme (ils devaient épingler, dans les camps où ils furent déportés, des triangles roses, comme les juifs une étoile jaune). Climat qui se nourrit aussi de l'idéologie virile de la Libération, de l'obsession nataliste reprise de Vichy, du culte de la famille, du souci de protéger la jeunesse (motivant la loi de 1949 sur les publications pour la jeunesse). Cette configuration historique défavorable explique également que la nouvelle RFA ne juge pas utile de supprimer la législation répressive du nazisme concernant les homosexuels.

C'est dans ce contexte que se met en place un modèle de sociabilité homosexuelle fondé sur la respectabilité et la discrétion. En France, une association symbolise ce moment : Arcadie, récemment étudiée par l'historien britannique Julian Jackson [26]. L'association Arcadie permet une vie homosexuelle « dans le placard » : on se retrouve entre hommes pour danser, prendre le thé, parler, assister à des conférences, dans des lieux discrets et fermés. Dans les années 1950, Arcadie n'est pas seule : Der Kreis à Zürich, le COC néerlandais sont autant de partenaires en lien avec Arcadie. Cette dimension transnationale de l'histoire des homosexualités se retrouve dans la phase suivante de la fin des années 1960-1970, années dites de « libération » homosexuelle où le voyage aux États-Unis, pionnier avec les événements de Stonewall (en 1969), agit comme un accélérateur de circulation des pratiques et des représentations qui vont ringardiser le modèle homophile de l'après-guerre, pour en faire une caricature d'homosexuels bourgeois, catholiques et honteux.

Histoire de la virilité

Prenons un autre exemple d'objet largement redéfini par la problématique du genre : la virilité. Pourquoi ? Parce qu'il ne s'agit pas tant d'une qualité biologique de l'homme que d'une configuration de valeurs morales que l'on peut étudier en tant que telle. Alain Corbin a dirigé une étude collective sur la virilité triomphante au XIXe siècle.

Ce siècle est, d'évidence, le moment fort de l'affirmation de la vertu virile, avec l'injonction « Sois un homme, mon fils » qui se manifeste dans de multiples aspects de la vie sociale et individuelle des jeunes et des moins jeunes garçons. La diffusion de ce code nouveau est facilitée par celle du grand récit des batailles napoléoniennes qui va faire rêver tout le siècle et définir les normes de l'héroïsme militaire, tout en prodiguant un réservoir d'exemples pour les générations suivantes. Au XIXe siècle, le couard, le passif, l'hésitant, celui qui refuse de mettre sa vie en jeu pour une dette d'honneur ou pour sauver un camarade, le déviant, le sodomite sont objets de mépris. Durant toute cette période se multiplient les lieux de l'entre-soi masculin : collèges, pensionnats, cafés, salles de garde, salle d'armes, bordels, chambrées, où s'inculquent les normes d'un comportement viril. La pratique généralisée du duel mais aussi les joutes populaires, l'alcoolisation collective, tout cela relève de manifestations rituelles de virilité. Physiquement, l'homme du XIXe siècle doit arborer un corps poilu et un visage moustachu, avant d'être barbu. La moustache ostentatoire et impertinente fait partie des outils de séduction les plus vantés. À côté de la réussite économique, de la maîtrise de ses émotions, le siècle propose d'autres terrains d'expression et de construction de la virilité : l'exploration de terres sauvages, la maîtrise de la nature. On comprend que l'expansion coloniale soit alors une nouvelle scène d'exposition de la virilité confrontée au danger, à l'aventure exotique.

Les jeunes garçons incorporent très tôt ce système de valeurs à travers les bataillons scolaires, les sociétés de tir, et via la rhétorique patriotique de la fin du siècle qui prépare les corps et les esprits à l'éventualité d'un sacrifice de soi sur les champs de bataille. Le savoir-mourir pour la patrie fait partie évidemment de la grandeur qu'est censé manifester un véritable homme. C'est dire à quel point virilité et mort héroïque sont liées.

Après le carnage de la Première Guerre mondiale, on mesure combien le XXe siècle a pu faire place à une virilité plus vacillante, plus inquiète. Le code se fissure, le système de valeurs perd de sa cohérence. Désormais, l'illustration guerrière est dénuée de tout prestige ainsi que la culture de la victoire ; l'expansion coloniale est jugée illégitime ; la grandeur, l'héroïsme ont pâli, telles de vieilles photographies, ou ne font plus partie du vocabulaire contemporain. C'est pourquoi l'homme européen ne se construit plus selon les mêmes codes qu'un siècle auparavant, même si ceux-ci survivent largement à leur propre mort dans l'imaginaire collectif et se trouvent réinvestis dans les récits cinématographiques. Concluons avec l'image glorieuse du cow-boy, ou du détective privé incarné par le *sex-appeal* d'un Clint Eastwood (dans *Inspecteur Harry* de Don Siegel), héros d'une virilité contemporaine, diagnostiquée en crise voire en berne…

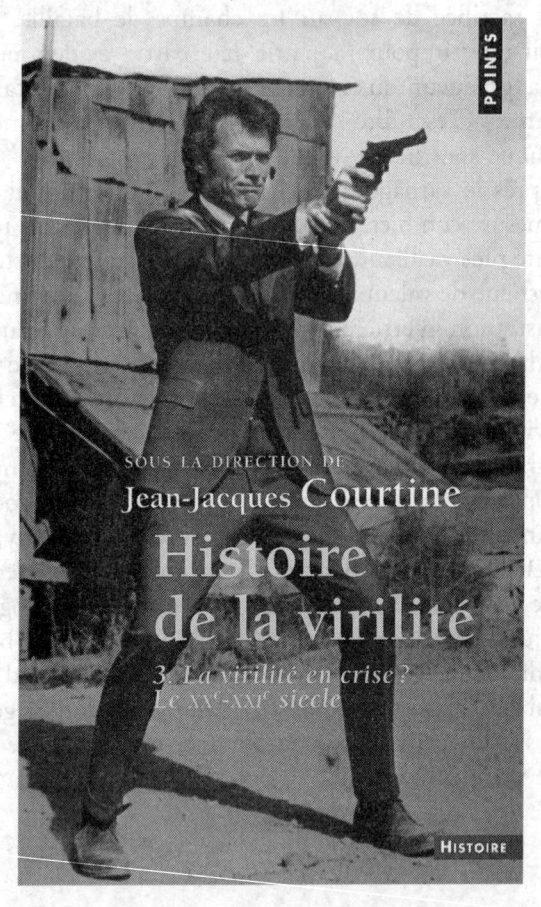

Tome 3 de l'*Histoire de la virilité* publiée sous la direction d'Alain Corbin, Jean-Jacques Courtine et Georges Vigarello (Seuil, 2011).

Chapitre 6

LE TEMPS DES COLONIES

De l'âge des empires à la décolonisation des esprits

Dans les années 1980, un courant critique de l'historiographie d'anciens pays colonisés, les *Postcolonial Studies*, a fait valoir avec force que la domination coloniale n'était pas seulement d'ordre militaire ni même économique ou politique, mais aussi très largement (et, selon lui, avant tout) d'ordre culturel et intellectuel : une domination via les savoirs produits, les catégories utilisées, les stéréotypes colportés qui faisaient écran et violence aux réalités vécues.

Dès 1978, Edward Saïd lançait ce type de problématique avec son ouvrage devenu une référence majeure des études postcoloniales et discuté dans le monde entier, au cours des décennies suivantes, *L'Orientalisme*[1] : il y dénonce la construction, par l'Occident, de la catégorie à usage interne de l'Orient, catégorie qu'il traque dans la littérature, les arts, mais aussi la science. Selon Saïd, lui-même universitaire d'origine palestinienne ayant grandi au Caire, enseignant par la suite à l'université new-yorkaise de Columbia, l'orientalisme est un « savoir/pouvoir » au sens que lui donne Michel Foucault, puisque ces savoirs accumulés, ces images, ces représentations ont servi directement à asseoir et maintenir un système de tutelle occidentale. Plus tard, il lui a été rétorqué qu'il essentialisait l'Occident en identifiant dans une même démarche l'exotisme orientalisant d'un Pierre Loti, les recherches égyptologiques, l'œuvre d'un Louis Massignon (sur l'aire arabo-musulmane) ou de l'indianiste Sylvain Lévi, pour ne citer que quelques-uns des plus célèbres érudits « orientalistes » français [2].

C'est aux espaces européens métropolitains à l'origine de ces systèmes de représentations, essentiellement la France et la Grande-Bretagne, les deux grands empires coloniaux du début du XXe siècle, que nous allons nous intéresser. Car il ne faut pas croire que les peuples (français et britannique) furent d'emblée séduits par l'entreprise coloniale. Si les Britanniques sont sans doute entrés plus vite dans l'ère impériale, le consensus sur le bien-fondé de l'Empire n'est atteint en France que dans l'entre-deux-guerres. Auparavant, il aura fallu familiariser les consciences par une véritable imprégnation coloniale.

Ce système de représentations a-t-il survécu ou pas au sortir de l'ère impériale ? De même que la culture de guerre ne cesse pas d'exister le jour de l'armistice, cette construction intellectuelle, cette vision du monde que l'on appelle « culture coloniale » ne disparaît pas miraculeusement avec les indépendances. C'est tout l'intérêt des études postcoloniales : le « post » est logique plus que chronologique. Décoloniser les esprits est proprement leur projet critique.

Culture coloniale et culture impériale

L'imprégnation coloniale

Un effet de déréalisation

En France et en Grande-Bretagne, on note pareillement l'omniprésence des colonies dans l'environnement matériel et symbolique du monde métropolitain. La « plus grande France » d'un côté, l'Empire britannique de l'autre sont des réalités devenues familières aux Français et aux Anglais des années 1930, acmé du culte impérial.

Cette culture coloniale est un mixte de représentations, de valeurs, de héros qui métisse les mondes d'ici et d'ailleurs. Elle n'est pas l'idéologie coloniale telle que professée par les républicains français ou les Tories britanniques ; elle ne correspond pas non plus à la réalité du colonialisme dont elle efface volontiers les violences. Cette culture coloniale progressivement construite de part et d'autre de la Manche, mais aussi de façon plus restreinte en Allemagne, aux Pays-Bas, en Italie ou en Belgique, produit un puissant effet de déréalisation au regard des turpitudes de la conquête puis de l'exploitation coloniale. Elle possède un contenu bien réel mais souvent inconscient : la hiérarchisation du monde, l'autocentrement et la glorification de l'Europe [3].

Relais et vecteurs

Le succès de l'imprégnation coloniale provient de l'articulation de nombreux vecteurs et de relais puissants emmenés essentiellement par la culture de masse émergente et par l'institution scolaire.

Tous les supports de diffusion sont mis à contribution : la littérature dite « exotique », les chansons (le répertoire colonial est abondant, par exemple *Ma Tonkinoise* de Polin et Esthern, 1906), le cabaret et le music-hall qui mettent en scène les corps des beautés exotiques, telle la célèbre *Revue nègre* de Joséphine Baker dans les années 1920 ; le théâtre, la presse spécialisée, les images, etc. [4]. Les affiches, la publicité, les cartes postales ont en effet une puissance d'écho immense. Des millions de cartes postales sont envoyées chaque année en France et en Grande-Bretagne par leurs coloniaux respectifs. Elles véhiculent les motifs de l'iconographie coloniale : milieu géographique, équipements et grands travaux, transports terrestres et maritimes, « types humains », scènes de la vie quotidienne, etc. Le cinéma devient dès la fin des années 1920 un distributeur idéal d'imaginaire colonial : citons, en France, *Le Grand Jeu* de Jacques

Feyder (1935), ou *Pépé le Moko* de Julien Duvivier, avec Jean Gabin (1937). Pour la Grande-Bretagne, c'est d'abord l'industrie britannique puis, dans l'entre-deux-guerres, Hollywood qui s'empare de la geste impérialiste. Sans oublier la radio à partir des années 1930, notamment en Grande-Bretagne où la BBC (fondée en 1922) exerce déjà un magistère complet et illustre le consensus colonial.

La nouvelle culture scolaire en partie universalisée (en tout cas en France et en Grande-Bretagne) est également un grand pourvoyeur de culture coloniale avec ses cartes de géographie dessinant les frontières de l'Empire et inculquant un regard intimement européocentré, mais aussi avec ses manuels qui font du bon citoyen un colonial convaincu. L'école républicaine française d'un côté et les *public schools* britanniques de l'autre, pour des raisons différentes, sont des relais essentiels. Côté français, la colonisation rentre dans le projet éducatif « progressiste » des élites républicaines ; côté britannique, l'*ethos* anti-intellectuel et athlétique des *public schools* en fait un lieu d'insémination de la mentalité impériale à la britannique, en accord avec la pédagogie du lieu : discipline, formation de caractères bien trempés, etc. L'excellence scolaire et l'importance sociale des *public schools* en font le centre d'identification de tous les jeunes Britanniques (y compris ceux qui n'y sont pas allés).

Cette culture coloniale construit ses mythes, ses stéréotypes, ses héros : l'exotisme comme valeur de l'altérité fondée sur le danger, mais aussi la séduction vénéneuse, la sensualité interdite en Occident, les femmes. De nombreux livres et films brodent sur ce thème. Le mythe de l'aventure, qui naît au XIXe siècle, est évidemment présent dans la projection coloniale qui en est une des incarnations possibles (à côté d'autres telles que l'exploit technique, le vol en avion, la traversée d'un désert, l'exploit sportif, etc.)[5]. Il s'agit de découvrir de nouvelles terres – tels les héros de l'exploration, Savorgnan de Brazza ou Henry Morton Stanley, dont les citoyens français et britanniques suivent dans la presse les aventures africaines[6] – tout en mettant en œuvre les valeurs chevaleresques et militaires inculquées dans l'éducation britannique du sport. Les colonies jouent également le rôle de champs d'expérimentation où pourraient naître des hommes nouveaux. Cette utopie du rechargement symbolique des énergies occidentales est particulièrement active après la Première Guerre mondiale qui laisse place à un sentiment d'essoufflement et de vanité. D'où le mythe du nouvel homme, d'une nouvelle race impériale dont l'écrivain Rudyard Kipling se fait le héraut dans certains poèmes, et qui est aussi largement colporté par la littérature enfantine ou les associations comme celle des *boy-scouts* de Baden-Powell.

Chronologies différenciées

De nombreuses sources attestent du soutien populaire à l'Empire dans les années 1900. La culture impériale britannique fut sans doute plus précoce et plus profondément ancrée que la culture coloniale française. En Grande-Bretagne, différents événements liés au projet colonial provoquent une grande ferveur : la disparition de Livingstone en 1873 lors de sa recherche des sources du Nil, suivie de l'expédition de Stanley pour le retrouver, ajoutent à sa gloire et en font un véritable mythe victorien (« *Dr Livingstone, I presume...* ») ; l'ouverture du canal de Suez (propriété du Suez Canal Authority bien que construit par le Français Ferdinand de Lesseps) en 1869 ; la dernière campagne Ashanti (Ghana) qui voit la victoire britannique en 1900 comme dans la seconde guerre contre les Boers en 1902.

Si, en Grande-Bretagne, le projet colonial a été majoritairement porté par les Tories, en France, c'est la gauche républicaine, avec à sa tête Jules Ferry, qui relance l'expansion coloniale dans les années 1880. À cette date, il existe une forte opposition des milieux économiques à la colonisation, qui n'y voient pas une bonne affaire, dans la mesure où le trafic colonial est alors marginal. Une deuxième opposition vient de la droite nationaliste qui garde les yeux rivés sur « la ligne bleue des Vosges » et n'entend pas dilapider dans des contrées lointaines l'argent et les forces physiques et militaires nécessaires à la revanche contre les Prussiens. La colonisation apparaît à ces deux types d'opposants comme une inutile dilution de la puissance française. Mais la Première Guerre mondiale, qui a considérablement resserré les liens avec les colonies, mobilisées économiquement et humainement au service des métropoles, rebat les cartes. Les derniers anticoloniaux sont convaincus et la droite se convertit à la thématique coloniale. Elle en devient même le principal représentant. On atteint dès lors un certain consensus, à l'exclusion du Parti communiste qui est anticolonialiste. Les socialistes sont réformistes tout en ne rejetant pas l'héritage colonial. En fait, pour presque tous, les colonies, la « plus grande France », sont alors une métaphore de la République.

République et colonialisme : histoire d'un paradoxe

Il est important d'insister ici sur une spécificité française : l'association paradoxale, et souvent mal comprise, entre République et colonialisme [7]. Même si la France a été une puissance coloniale bien avant d'être une République, il n'en reste pas moins qu'elle a été marquée par la période des années 1880, lorsqu'une République émancipatrice, laïque, qui vient de faire passer les grandes lois libérales (liberté de la presse, d'organisation syndicale, de divorce) s'engage dans l'expansion coloniale en Afrique sub-saharienne et au Maghreb, mais aussi en Indochine. On ne peut que s'interroger sur le sens de cette contemporanéité. Cette modalité très particulière qu'a eue la France de se vouloir émancipatrice aux colonies est appelée dans le programme doctrinal républicain : la « mission civilisatrice [8] ». Elle fait aussi bien sûr partie de la culture coloniale française qu'elle distingue par rapport à l'impérialisme britannique.

Ce n'est pas un simple discours de justification cynique. Pour beaucoup de colonisateurs, dont certains ont combattu l'esclavage comme Victor Schœlcher, la France doit œuvrer afin de faire sortir les populations de l'obscurantisme. Les engagements coloniaux et républicains d'un Jules Ferry doivent se comprendre comme deux entreprises convergentes qui placent le projet éducatif au centre du dispositif, en France comme aux colonies. De plus, la colonisation est associée aux valeurs de progrès, d'égalité (à terme) et de grandeur de la nation ; enfin, le colonialisme est le grand projet collectif qui permet aux républicains de rassembler derrière eux les différentes classes et groupes sociaux en métropole. Il n'y a pas de fixisme raciste chez Ferry, mais la croyance en une échelle ouverte et universaliste de valeurs finalisées par le progrès, échelle sur laquelle les peuples sont inégalement avancés. Il s'agit donc de « civiliser » les indigènes et de les amener progressivement vers les Lumières et la liberté. Pour Ferry cependant, les peuples non encore civilisés ne pourront bénéficier qu'à terme des libertés prévues par la République. Le discours racial modifiera ensuite considérablement ce topos républicain, aujourd'hui difficilement compréhensible, en pénétrant profondément la presse populaire et les strates savantes – l'anthropologie physique, l'influence du darwinisme social, le rôle des sociétés de géographie. Chez Ferry, Gambetta, Jaurès, il y a un identique accent utopique pour un projet colonisateur républicain, sans que soit perçue la contradiction avec des pratiques d'extorsion et d'exploitation contraires à la mission invoquée [9]. D'où l'impression de discours-écran. Mais il n'a pas été que cela. D'où également une durable exception coloniale fondée sur un discours universel de droits mais qui en pratique la confiscation. Pensons au statut des « musulmans » en Algérie : « nationaux » français, ils seront mobilisés à ce titre en 1914, mais sans avoir par ailleurs la citoyenneté qui leur permettrait de voter. Pensons également à la citoyenneté mineure des descendants d'esclaves émancipés aux Antilles [10].

La « mission civilisatrice » n'est pas un discours hégémonique dans le champ politique républicain. La réponse de Clemenceau, le 30 juillet 1885, au discours de Ferry, tenu à la Chambre des députés deux jours avant, en atteste : « Races supérieures ! Races inférieures ! Pour ma part, j'en rabats singulièrement depuis que j'ai vu des savants allemands démontrer scientifiquement que la France devait être vaincue dans la guerre franco-allemande parce que le Français est d'une race inférieure à l'Allemand [...]. Je ne veux pas juger au fond la thèse qui a été apportée ici et qui n'est autre que la proclamation de la puissance de la force sur le Droit. L'histoire de la France depuis la Révolution est une vivante protestation contre cette unique prétention. » Clemenceau renvoie la thèse de Ferry – le droit et le devoir des races supérieures de civiliser les races inférieures – qu'il ne veut pas discuter sur le fond, à la réalité de la conquête et de l'exploitation coloniale, faite de violence et d'extorsions, d'illégalités et de crimes. Il refuse donc et dénonce l'effet de déréalisation de la « mission civilisatrice » dont les modalités, quelle qu'en soit la légitimité discutable, anéantissent de toute façon tous les discours. Notons enfin que la « mission civilisatrice » n'est pas un argument exclusif : la « soif de connaissances », l'épopée occidentale du savoir, l'expansion territoriale, la concurrence avec les autres puissances coloniales, les nécessités économiques (écouler les produits industriels des métropoles) et le rétablissement national après la défaite de 1870 sont d'autres justifications.

Cette coloration républicaine du colonialisme à la française a des conséquences sur le système dit « d'assimilation » mis en pratique. Celui-ci vise à faire des indigènes de futurs citoyens (en théorie) en les assimilant et en excluant, violemment si nécessaire, ce qui s'y opposerait. Cette période est caractérisée par l'ardeur messianique et progressiste à transformer les hommes.

L'Exposition coloniale de 1931

« L'Exposition coloniale internationale et des pays d'outre-mer » est inaugurée le 6 mai 1931 en présence du président de la République Gaston Doumergue ainsi que du maréchal Lyautey, maître d'œuvre de l'entreprise après avoir été un des grands coloniaux du Maroc. Lorsque l'Exposition s'achève en novembre, six mois d'exaltation de la « plus grande France » auront fait prendre conscience à la plupart des Français que leur territoire national ne se limite pas à l'Hexagone : ils auront découvert et intégré leur Empire colonial.

L'Exposition ne surgit pas *ex nihilo*. Elle s'inscrit, on l'a vu, dans une histoire presque séculaire d'expositions universelles (notamment à Paris en 1889 et en 1900) où le fait colonial s'est affirmé de plus en plus, jusqu'à l'idée d'une Exposition coloniale autonome : c'est à Marseille, en 1922, qu'elle voit le jour après une guerre ayant tragiquement montré la loyauté des peuples colonisés envers l'Empire – plus de 500 000 indigènes mobilisés pour la France ; et environ 1,3 million d'Indiens pour l'Empire britannique. L'heure est à la glorification des colonies. Le centenaire de la conquête de l'Algérie y contribue en 1930 [11].

Le site de Vincennes est choisi, à l'est de la capitale (contrairement aux polarités des expositions universelles à l'ouest). Lyautey veut à cette occasion prolonger la ligne 8 du métro jusqu'au bois de Vincennes et « haussmaniser » ces franges populaires du Paris de l'entre-deux-guerres. On retrouve ici, comme pour les expositions universelles, l'imbrication entre l'espace éphémère des pavillons et les projets de reconfiguration de la ville. À Vincennes, les différents pavillons s'égrènent le long de la grande avenue des colonies ; le « clou » est la reconstitution du temple khmer d'Angkor Vat, suivi de la mosquée de Djenné (Mali) et du pavillon du Maroc. Les croix de mission soulignent le rôle des religieux missionnaires dans l'entreprise colonisatrice. On mesure comment, lorsqu'il le faut, la République sait faire la paix avec son anticléricalisme constitutif. L'Exposition se conçoit comme une vaste scénographie vivante dans laquelle la présence des indigènes – doudous martiniquaises, troupes de théâtre cochinchinoises – pimente le spectacle et frappe les consciences. Elle se visite comme un tour du monde pour des Français parisiens et provinciaux qui ne voyagent encore que très peu. Songeons à l'impact énorme sur l'imagination des uns et des autres. Il est plus difficile d'imaginer ce qu'ont pensé de cette foire les indigènes qui étaient conviés pour l'animer. Se voyaient-ils comme des pitres pathétiques ou des artistes fiers de leur art ?

Un franc succès populaire couronne l'entreprise, puisque huit millions de visiteurs viennent goûter les charmes exotiques de l'Exposition. Qu'ont-ils vu ? Qu'ont-ils compris ? Qu'ont-ils retenu ? Il est toujours délicat de dessiner ces espaces d'appropriation massive car on a peu de sources pour les documenter. Par l'ampleur des références aux souvenirs de l'Exposition, le rôle souvent majeur donné (*a posteriori*) à la visite à Vincennes dans des trajectoires d'administrateurs coloniaux par exemple, on peut induire que cette Exposition eut un effet d'amplification de toute la culture coloniale qu'elle couronnait. Ludique, pédagogique, exotique et esthétique, la scénographie joue sur tous les tableaux pour conquérir les esprits et les cœurs, ainsi que l'explique Lyautey dans un texte programmatique, véritable charte des objectifs de l'Exposition :

> Le Français a la vocation coloniale. Cette vérité était obscurcie. Les échecs passagers du XVIIIe siècle avaient

fait oublier deux siècles d'entreprise et de réussite. En vain, depuis cent ans, nous avions retrouvé la tradition, remporté des succès magnifiques et ininterrompus : Algérie, Indochine, Tunisie, Madagascar, Afrique occidentale, Congo, Maroc. Malgré tout, le préjugé subsistait : le Français, répétait-on, n'est pas colonial. Il a fallu l'exposition actuelle et son triomphe inouï pour dissiper les nuées. Aujourd'hui, la conscience coloniale est en pleine ascension. Des millions et des millions de Français ont visité les splendeurs de Vincennes. Nos colonies ne sont plus pour eux des noms mal connus, dont on a surchargé leur mémoire d'écoliers. Ils en savent la grandeur, la beauté, les ressources : ils les ont vues vivre sous leurs yeux. Chacun d'eux se sent citoyen de la plus grande France [12].

Lyautey se veut donc l'apôtre d'une nouvelle « révélation » : la nature coloniale de la France appelée à renforcer les ressources économiques affaiblies par la crise mais qui s'offre surtout comme un espace de régénération pour de nouvelles « élites » prêtes à tenter l'aventure. Enfin, l'œuvre coloniale se veut internationale – elle accueille de nombreuses puissances coloniales qui y ont leur pavillon comme l'Italie, les Pays-Bas, la Belgique, le Portugal, le Danemark, mais on remarque l'absence de la Grande-Bretagne ; l'Exposition entend être un terreau d'entente pour l'Europe qui s'est entre-déchirée et pourrait se relever dans une « belle leçon de solidarité impériale ». Ainsi, poursuit Lyautey, l'Exposition a-t-elle apporté « comme une réduction de la Société des nations, elle a fait de Vincennes une concurrente de Genève ».

La monumentale reconstitution du temple d'Angkor Vat pour l'Exposition coloniale de 1931.

SCIENCES ET EMPIRES

L'orientalisme, science de gouvernement colonial

Pour discuter concrètement du projet critique d'Edward Saïd, et plus généralement de la pertinence du questionnement à propos des « sciences coloniales », nous pouvons nous appuyer sur une étude de Romain Bertrand qui a l'avantage de nous transporter dans une autre société impériale [13]. En effet, l'historien examine le rôle des savants orientalistes hollandais, spécialistes de Java et de l'aire géographique dénommée par le colonisateur « Insulinde ». Il se place à la fin du XIXᵉ siècle, lorsque les Pays-Bas, qui exercent leur souveraineté étatique sur cette partie du globe depuis le début du siècle (mais des comptoirs sont établis depuis le XVIᵉ siècle), entreprennent de ressouder leurs liens par un nouveau projet impérial se fondant sur un système de tutorat qui s'appuie sur la jeunesse de l'aristocratie javanaise. Ces jeunes aristocrates, qui constitueront l'avant-garde intellectuelle du mouvement nationaliste indonésien, deviennent les piliers de l'administration coloniale selon un modèle d'association. En quoi les savoirs orientalistes contribuent-ils à légitimer cette nouvelle politique ?

Tout d'abord, il faut comprendre à quel point les orientalistes néerlandais sont intégrés dans les circuits de la décision coloniale. C'est assez récemment, à la fin du XIXᵉ siècle, que se sont renforcés aux Pays-Bas les liens entre le monde universitaire et la bureaucratie impériale, notamment grâce à l'université de Leyde où sont formés les administrateurs coloniaux – avant de l'être, à partir de 1926, à l'Institut colonial d'Amsterdam. En France, un certain nombre d'universitaires contribuent également à former des administrateurs coloniaux dans le cadre de l'École coloniale, créée en 1889, et à multiplier pareillement les passerelles entre les deux mondes. Cette condition étant remplie, les orientalistes néerlandais, un groupe pluriel avec des acteurs divers, contribuent puissamment à ce nouvel ordre impérial en pourvoyant les stratèges de La Haye d'une interprétation socio-ethnographique qui leur est tout à fait utile : l'ethnologie orientaliste promeut en

effet une alliance avec l'aristocratie javanaise contre les
« oulémas » contestataires. Le choix de cette élite (qu'ils
pensent hindoue alors qu'elle est musulmane) contre
une autre (musulmane) repose sur une conception
ethnologique voyant l'aristocratie de Java comme
l'héritière de la haute civilisation hindo-javanaise (du
VIIe au XVe siècle) et sous-estimant totalement la pénétration ancienne et profonde de l'Islam, arrivé plusieurs
siècles auparavant avec des marchands musulmans à
Java. Cette vision indophilique bien comprise vient
sans doute de la présence de nombreux sanskristes spécialistes de l'Inde aux affaires coloniales des Pays-Bas.
La thèse orientaliste – celle de la greffe inachevée et
superficielle de l'Islam sur un terreau religieux javanais – est une forme de discours de justification pour
la puissance impériale qui explique ainsi son choix
d'alliance privilégiée avec ceux que les sciences orientalistes tiennent pour les acteurs les plus anciens, les plus
légitimes et les plus « civilisés ». Bien entendu, il ne
s'agit pas de dire que ce discours est sciemment et
cyniquement servi par les savants à leurs commandi-
taires. Il n'y a pas trace d'intentionnalité, selon Romain
Bertrand, mais de façon plus complexe et plus ambivalente, une configuration de discours, de représentations
disponibles pour une utilisation stratégique par les
pouvoirs métropolitains.

La géographie, une « science coloniale » ?

Intéressons-nous maintenant, non plus à l'ethnologie mais à la géographie, qui est souvent identifiée

Un Néerlandais trinquant avec un notable javanais,
début du XIXe siècle.

comme la science de l'impérialisme par excellence. En effet, elle est pourvoyeuse d'informations pratiques nécessaires à la conquête et de justifications *a posteriori* de la colonisation par des déterminismes de milieu. Les géographes eux-mêmes ont, par le passé, assumé la vocation coloniale de leur discipline. Albert Demangeon, grand géographe de l'École française vidalienne, spécialiste de géographie physique, déclara : « La recherche consiste à expliquer comment le peuple colonisateur a procédé pour exploiter son domaine, pour créer de la richesse, pour dominer et utiliser les indigènes et comment le pays colonisé, en vertu de sa nature physique et de l'état de civilisation de ses habitants, a réagi au souffle de l'esprit nouveau [14]. » Georges Hardy, directeur de l'École coloniale de 1926 à 1933, ajoute : « La colonisation ne peut se passer de la géographie : maintes erreurs d'aiguillage, en fait d'organisation administrative, de développement économique ou de politique indigène, ont pour origine la méconnaissance des conditions naturelles. Pour ma part, si j'étais gouverneur général, j'aurais autour de moi toute une équipe de géographes [15]. » Le terme de « géographie coloniale » devient une compétence et une spécialité reconnue à l'université qui changera ensuite de dénomination pour « géographie tropicale ».

Pourtant, suffit-il qu'un savoir géographique s'élabore dans le cadre colonial pour le qualifier de « savoir colonial » ? Cette question est valable également pour l'histoire, l'ethnographie ou d'autres sciences humaines. Et que faire des géographes anticolonialistes comme le communiste Jean Dresch ? En fait, là où les géographes français et britanniques se révèlent profondément solidaires du milieu dans lequel ils ont produit leur science, c'est dans le déterminisme mésologique renforcé qui anime leurs travaux, c'est-à-dire dans la croyance d'une forte contrainte du milieu physique, naturel, climatique, sur la configuration des hommes et des sociétés. Si ce déterminisme est une sorte de réflexe professionnel pour un géographe, il s'exerce de façon beaucoup plus brutale dans les espaces colonisés ; comme l'écrit abruptement Georges Hardy : « Quand nous abordons une région d'Afrique ou d'Asie, tout est subordonné au climat, et l'on a dit à peu près tout d'une région coloniale quand on l'a située dans sa zone climatique [16]. »

Les études postcoloniales détailleront tous ces phénomènes d'emprise souvent inconscients que la géographie coloniale a légués à la géographie tropicale. Tout d'abord, un imaginaire géographique occidental, une cartographie mentale centrée sur l'Europe et plaquant ses catégories et ses pôles sur l'autre monde. Ainsi, le terme de « continent noir » (« *Dark continent* ») mais aussi bien sûr ceux « d'Orient » et même de « Moyen-Orient » ou de « Proche-Orient », de « Nouveau Monde » ou de « Virginie », réfléchis comme territoires vierges de toute population, et de façon plus insidieuse, l'« Afrique noire », l'« Asie des moussons », l'« outre-mer » sont des exemples de catégories forgées par l'Occident et qui font violence symboliquement à ces mondes qu'elles contribuent à vassaliser par la simple toponymie ou par l'identification à une altérité exotique. C'est, pour les planisphères, la projection de Mercator, avec, au centre : l'Europe.

Les déconstructeurs du discours géographique s'intéressent d'ailleurs beaucoup aux représentations cartographiques du monde produites par l'Occident impérialiste, le rôle stratégique des cartographes pour l'exploration et la conquête coloniales étant bien connu. À propos de la projection de Mercator (datant de 1569 [17]), on peut souligner la place prépondérante accordée aux zones tempérées par la réduction de la superficie des pays les plus proches de l'équateur (pays colonisés) ainsi que la centralité de l'Europe, le choix du méridien de Greenwich comme méridien repère en 1884, conférant à la Grande-Bretagne une sorte de super-centralité spatio-temporelle.

Enfin, l'idée même d'« exploration », de « découverte » est européo-centriste, ainsi que tout un lexique géographique subtilement biaisé. En réalité, l'entreprise toponymique est en elle-même une prise de possession, qu'elle accompagne d'ailleurs symboliquement, dans le temps de la conquête, juste après avoir planté le drapeau national.

Comment devenir postcolonial ?

Le « Discours sur le colonialisme » d'Aimé Césaire

Devenir postcolonial, ce n'est donc pas seulement combattre les armes à la main pour l'indépendance des pays colonisés, c'est mener une révolte intellectuelle, et mieux encore, une révolution épistémologique contre les catégories coloniales choisies pour penser l'autre et soi-même.

Nous voudrions insister ici non sur les travaux produits dans les années 1980-1990 par les intellectuels postcoloniaux à la suite d'Edward Saïd – comme Gayatri Spivak, Arjun Appadurai, Sanjay Subramanyam, Dipresh Chakraparty, appelant à « provincialiser l'Europe », ou Homi Bhabha, pour ne citer que les plus connus – mais sur quelques textes précurseurs provenant de l'ère francophone, et particulièrement sur l'un d'entre eux : *Le Discours sur le colonialisme* d'Aimé Césaire (1950). On aurait pu également se pencher sur Albert Memmi, *Portrait du colonisé* précédé de *Portrait du colonisateur* (1957) ou sur Frantz Fanon, *Les Damnés de la terre* (1961).

Aimé Césaire, intellectuel antillais, est l'auteur d'une abondante œuvre poétique et littéraire et sujet d'un parcours politique long et mouvementé avec, puis sans le Parti communiste. Il fut le maire de Fort-de-France de 1945 à 1993. Issu d'une famille de petits fonctionnaires, il fait une excellente scolarité et bénéficie d'une des rares bourses disponibles pour étudier en France où il arrive au début des années 1930. Inscrit en khâgne à Louis-le-Grand, il intègre l'École normale supérieure et passe l'agrégation de lettres quelques années plus tard. Il participe en même temps aux activités d'un Paris noir en formation, à travers des revues comme *L'Étudiant noir* qu'il anime en compagnie de son camarade Léopold Sédar Senghor, avec qui il lancera le mouvement de la négritude. Il retourne en Martinique en 1939 et subit toutes les avanies humiliantes des Antilles sous Vichy[18], tout en rencontrant l'exil intellectuel métropolitain à travers la figure d'André Breton – de passage en Martinique à l'été 1941 – qui le « lance » dans le champ littéraire. Après 1945, Césaire devient communiste, maire, député de la Martinique avant de couper les ponts avec le Parti en 1956. En 1950, alors même que sa terre, la Martinique, est devenue un département français quatre ans auparavant (loi de 1946) – largement grâce à lui qui porte le projet devant l'Assemblée nationale –, il fait paraître un texte brillant et rageur contre le colonialisme. Cette date est essentielle car elle signifie, pour Césaire, que l'assimilation totale à la citoyenneté française ne règle pas les contentieux produits par des siècles de colonialisme (sans compter l'esclavage dans le cas antillais).

Le *Discours sur le colonialisme* annonce la problématique postcoloniale à venir dans la mesure où il met en œuvre une véritable révolution épistémologique : en rejetant les rhétoriques universalistes du colonisateur qui recouvrent le « geste de l'aventurier et du pirate » ; en analysant le processus d'« ensauvagement » qui se propage en retour sur le continent européen ; en critiquant les savoirs de légitimation de la colonisation. La géographie a ajouté à la malédiction biologique soutenue par le racisme la « malédiction climatique », selon laquelle aucune culture ne pourrait se développer sous un climat tropical. Césaire s'attaque à la psychologie de la colonisation représentée par Octave Mannoni, auteur d'un livre portant ce titre. L'étude de Mannoni, selon Césaire, postule que les colonisés ont une structure psychique « dépendante », qu'ils ont besoin de la dépendance, qu'ils la demandent : « Le destin de l'Occidental rencontre l'obligation d'obéir au commandement : "Tu quitteras ton père et ta mère." Cette obligation est incompréhensible pour le Malgache [19]. » Et Mannoni de poursuivre en insistant sur la non-confrontation à l'autorité paternelle qui maintient le Malgache adulte dans une position d'enfant et contribue à renforcer l'image de peuple-enfant. Mais, selon Césaire, la science la plus coupable est sans conteste l'ethnologie, parce qu'elle a construit les notions d'ethnie, de primitivisme, etc. De ce point de vue, les travaux contemporains de Claude Lévi-Strauss et de Michel Leiris constituent, selon Césaire, très ironique ici, « la grande trahison de l'ethnographie occidentale, laquelle depuis quelque temps, avec une détérioration déplorable du sens de ses responsabilités, s'ingénie à mettre en doute la supériorité omnilatérale de la civilisation occidentale sur les civilisations exotiques [20] ».

En outre, le texte de Césaire choqua à l'époque car il était le premier à affirmer que l'hitlérisme était une fin naturelle de la logique coloniale. Cet ensauvagement en retour qu'a produit la colonisation s'est manifesté, selon lui, dans la grande régression totalitaire. Nul ne colonise innocemment, martèle Césaire. « Et alors, un beau jour, la bourgeoisie est réveillée par un formidable choc en retour : les gestapos s'affairent, les prisons s'emplissent, les tortionnaires inventent, raffinent, discutent autour des chevalets. On s'étonne, on s'indigne. On dit "Comme c'est curieux ! Mais bah ! C'est le nazisme, ça passera." Et on attend, et on espère ; et on se tait à soi-même la vérité, que c'est une barbarie, mais la barbarie suprême, celle qui couronne, celle qui résume la quotidienneté des barbaries ; que c'est du nazisme, oui, mais qu'avant d'en être la victime, on en a été le complice ; que ce nazisme-là, on l'a supporté avant de le subir, on l'a absous, on a fermé l'œil là-dessus, on l'a légitimé, parce que, jusque-là il ne s'était appliqué qu'à des peuples non européens ; que ce nazisme-là, on l'a cultivé, on en est responsable, et qu'il sourd, qu'il perce, qu'il goutte, avant de l'engloutir dans ses eaux rougies de toutes les fissures de la civilisation occidentale et chrétienne [21]. »

Pour une histoire partagée

Ainsi, pour devenir postcolonial, conviendrait-il tout d'abord de reconnaître et d'assumer un héritage colonial multiforme dans le monde d'après les décolonisations : un héritage fait de flux migratoires (venant des anciennes colonies vers les métropoles), de circulations de marchandises, d'alliances diplomatiques et militaires (entre la Grande-Bretagne et le Commonwealth ou entre la France et ses ex-colonies africaines), de monuments dans les métropoles ou dans les ex-colonies (Monument au tirailleur sénégalais au Chemin des Dames), de pratiques linguistiques (la langue du colonisateur est souvent conservée dans l'usage écrit ou oral des ex-colonies), de formes musicales, de goûts alimentaires (les nems vietnamiens en France, les currys en Grande-Bretagne, etc.), de schèmes de classification, d'échanges intellectuels privilégiés, de collections d'objets et de musées pour les abriter.

Restons sur l'exemple du musée, puisque la conception et la construction du musée du Quai Branly, un des grands travaux de la période de la présidence

Chirac, finalement ouvert en 2006, a été au cœur d'une forte polémique traversée par la problématique postcoloniale.

La question des collections d'objets recueillis, dans une logique certes anthropologique, mais n'excluant pas toujours des attitudes prédatrices, n'est d'ailleurs pas exclusivement française. En Grande-Bretagne existe un musée équivalent : le British Empire and Commonwealth Museum à Bristol qui, dans sa dénomination même, reconnaît son héritage colonial – l'ethnologue Benoît de L'Estoile regrette au contraire au musée du Quai Branly l'escamotage de l'héritage colonial [22]. Ce musée, qui se veut pourtant l'antithèse du musée de Bristol, est malgré tout, comme la plupart des musées de l'Autre, un authentique héritage colonial. C'est aussi le cas, du reste, du musée de l'Homme, créé en 1937, en plein Front populaire, par le socialiste Paul Rivet et qui affirmait un humanisme colonial soucieux de diversité et de pluralisme culturel. La notion même d'« arts premiers », euphémisme utilisé au Quai Branly pour « arts primitifs », est un avatar lointain des « arts nègres » que s'appropria l'avant-garde occidentale comme un contrepied revigorant de la tradition artistique occidentale et comme une source de l'art moderne. L'ensemble est parfaitement colonial, y compris la conversion de pratiques religieuses ou sociales diverses en contemplation esthétique, selon l'usage le plus fréquent du visiteur de tels musées, et notamment du Quai Branly.

Selon Benoît de L'Estoile, pour véritablement hériter de cette histoire coloniale, peut-être faudrait-il reconnaître la complexité de ses significations qui ne se réduisent pas à de la violence unilatérale mais intègrent une forte dimension de fascination et d'emprunts mutuels, de la réciprocité au sein même d'un rapport asymétrique. Le musée du Quai Branly n'est pas, selon lui, le lieu de cette reconnaissance qu'il aurait pu être. La Cité de l'immigration, située porte Dorée, dans le 12e arrondissement de Paris, logée dans l'ancien musée des Colonies, risque de conforter l'illusion selon laquelle l'héritage colonial ne concerne que les immigrés, et l'idée fausse selon laquelle les travailleurs étrangers se confondent avec les descendants des anciennes colonies, sans songer aux Polonais, aux Italiens, aux Espagnols, aux Belges, aux Portugais qui ont constitué de grandes vagues migratoires en France depuis la fin du XIXe siècle.

Contrairement à la posture ultracritique des études postcoloniales, il s'agirait ici de contribuer à une histoire partagée entre les anciennes métropoles et les anciennes colonies, en étudiant la violence et les exactions sans exclure pour autant les interrelations complexes, les hybridations et les emprunts que les deux mondes ont pratiqués. D'un côté, il faut rendre plus visible, afin d'en prendre conscience, cette culture coloniale qui a façonné très profondément les Européens du premier XXe siècle, et non l'occulter comme si elle n'avait pas existé. De l'autre, il s'agit de voir, du côté des sociétés colonisées, les phénomènes d'appropriation complexes, comme l'a tenté Arjun Appadurai en montrant comment les Indiens avaient intégré et réinventé les codes du cricket, sport emblématique du colonisateur anglais, en s'en faisant les challengers redoutés [23]. Bref, de produire une histoire qui puisse réellement se dire « à parts égales », pour reprendre l'expression suggestive de Romain Bertrand [24]. Les intellectuels furent-ils les acteurs de cette histoire ? Anticolonialistes pour certains, de plus en plus nombreux à l'être après 1945, furent-ils pour autant des esprits décolonisés ?

En tout cas, leurs voix ont porté face aux iniquités du monde réel. L'Europe du XXe siècle accouche de ce personnage complexe et attachant, véritable indigène du continent qui l'a vu naître : l'intellectuel.

Chapitre 7

LES INTELLECTUELS EN EUROPE

Existe-t-il un intellectuel européen ?

L'un des paradoxes de ce chapitre tient à l'échelle européenne où il entend se situer, parce que l'objet dont il traite – l'intellectuel – apparaît, dans son vocable, comme typiquement français. Certes, d'autres termes existent ailleurs, mais recoupent-ils la même réalité ? L'histoire comparée se heurte donc ici à une première difficulté, d'ordre sémantique. La deuxième difficulté réside dans le fait que, sur ces sujets, la bibliographie est inégalement développée selon les pays : en France, elle est abondante, en Italie et en Allemagne, elle existe, mais en Grande-Bretagne ou dans les pays du nord de l'Europe, elle est rare. Par ailleurs, on ne dispose pas pour le XXe siècle de synthèse équivalente à celle de Christophe Charle pour le XIXe siècle [1]. D'où une prédominance évidente, dans ce chapitre, du cas français.

On peut affirmer qu'il existe bien un modèle français de l'intellectuel, qui s'est d'ailleurs exporté dans les pays catholiques du sud de l'Europe et de l'Amérique, dans le tiers-monde aussi, mais assez peu dans le monde protestant et anglo-saxon. Cet intellectuel à la française, comme avant lui le philosophe des Lumières, le doctrinaire du début du XIXe siècle, le mage des romantiques, le « voyant » des poètes, est l'interprète privilégié des fins de l'histoire. Sa légitimité est fondée sur la reconnaissance des autres et, très vite en France, sur sa capacité à se « mêler de ce qui ne le regarde pas », c'est-à-dire à concurrencer le pouvoir politique dans la prise de position citoyenne.

L'émergence de l'intérêt des historiens pour les intellectuels est assez récente, si on pense à la place centrale que ces derniers ont occupée dans la vie culturelle et politique depuis plus d'un siècle. Quatre grandes approches se sont développées : une problématique typiquement française d'histoire généalogique, qui voit dans l'intellectuel un lieu de la mémoire collective, même s'il n'est plus guère aujourd'hui que le témoin d'un âge moderne (du XVIIIe à la fin du XXe siècle) en partie révolu ; une appréhension de la figure de l'intellectuel plaçant son engagement au centre de la définition et l'enserrant dans une histoire politique enrichie par l'histoire culturelle (c'est l'approche de Pascal Ory et Jean-François Sirinelli) ; une approche microsociale, qui étudie l'intellectuel dans sa culture politique à travers les lieux et milieux où il acquiert et affûte des idées comme des préjugés : revues, cercles, comités, maisons d'édition forment des sociabilités intellectuelles qui permettent de sortir de l'histoire classique des idées ;

enfin, une approche structurale, développée selon les concepts proposés par Pierre Bourdieu de « champ intellectuel » ou de « champ littéraire », qui en étudie les rapports avec le « champ politique », en examine les procédés de reconnaissance, les instances de consécration, les stratégies de distinction. Cette histoire, très marquée par le vocabulaire sociologique de celui qui l'a inspirée, a l'avantage de resituer les intellectuels au sein de la société globale et notamment dans leurs rapports avec d'autres élites.

Nous essaierons de varier ces approches en les appliquant à une histoire européenne, ce qui suppose à la fois la dimension comparative mais aussi l'étude des échanges et surtout des processus d'internationalisation, par des institutions ou des langages communs. Le premier chapitre a mis en évidence à quel point le petit monde des élites intellectuelles et culturelles avait été sollicité dans la nationalisation de la culture, fonction qui lui a permis d'acquérir un véritable statut national. Mais cette nationalisation intellectuelle ne dit pas tout : la reconnaissance intellectuelle comme la reconnaissance artistique s'acquièrent en partie à la tribune internationale des lettres. Cela ne signifie pas pour autant qu'il existe une intelligentsia européenne constituée (ni une littérature, ni un art européens), mais des dynamiques transnationales à l'œuvre en Europe dont nous examinerons quelques exemples.

La naissance des intellectuels

L'affaire Dreyfus, moment de cristallisation

L'affaire Dreyfus apparaît comme la scène primitive de l'intelligentsia française et en partie européenne, tant elle a rapidement eu un écho international. L'engagement au nom de valeurs dites universelles telles que la vérité et la justice incarne pour longtemps la geste intellectuelle. En fait, ce sont d'abord des hommes de savoir (historiens, grammairiens, paléographes, etc.) qui ont mobilisé leurs compétences pour traquer les écritures mensongères et rétablir la vérité. L'universalisation des enjeux d'une affaire devenue, selon le mot de Clemenceau, « l'affaire de tous », est venue après.

Ainsi, selon les deux types de définition qui prédominent, les intellectuels sont ou bien des hommes de culture et de science, quittant leurs laboratoires, leurs ateliers, leurs salles de cours, pour entrer dans le débat citoyen en faisant valoir publiquement leur avis [2] ; ou bien, dans une perspective plus sociologique, des hommes « travaillant avec leur tête » en quête de légitimité et qui s'engagent pour l'acquérir [3]. Pour nombre d'entre eux, jeunes universitaires ou débutants des lettres au statut encore incertain qui espèrent obtenir une notoriété en prenant parti pour le capitaine, les dreyfusards relèvent de cette deuxième définition, lorsque les intellectuels les plus connus sont majoritairement antidreyfusards. Ce schéma souffre quelques notables exceptions dont celle de Zola qui, avec son « J'accuse » publié dans *L'Aurore* le 13 janvier 1898, symbolise véritablement la prise de parole (et de pouvoir) intellectuelle. Que signifie cette intervention ?

Le « parti intellectuel » dreyfusard, en s'engageant au nom de la « Raison » (à la façon du XVIIIe siècle) mais aussi au nom de la « Science » et du « Progrès » (au XIXe) se donne un mandat ne venant de personne. Remarquons que, comme dans le mouvement ouvrier qui lui est contemporain, la majorité est ici représentée par une minorité. Chez les intellectuels, le problème de la représentation demeure épineux : qui représentent-ils exactement ? Ou selon une formulation plus contemporaine : d'où parlent-ils ? Leur entrée fracassante dans l'action collective est aussi très largement un acte d'autoconsécration qui clôt la séquence séculaire d'une progressive autonomisation du champ littéraire, c'est-à-dire la relative indépendance des hommes de lettres par rapport au pouvoir et à l'Église, qui édictaient autrefois la norme de ce qui pouvait être dit et écrit [4]. L'intellectuel moderne est en mesure d'influer sur la politique tout en étant indépendant. Il en prend conscience et c'est un fait nouveau.

Autre élément constitutif, qui distingue l'intellectuel de l'homme de lettres ou du philosophe des Lumières : les intellectuels naissent divisés. Voltaire, lorsqu'il défend Calas, ne s'oppose qu'au pouvoir et non à ses pairs. L'opposition entre les dreyfusards, porte-parole de valeurs morales et politiques – la vérité, la justice, la raison – et les antidreyfusards – défenseurs des piliers de la société, l'Église, l'État et l'Armée – est une opposition structurelle entre deux formes d'identité nationale héritées de la Révolution française. De ce point de vue, l'intervention des intellectuels poursuit le combat que se livrent les deux France depuis la Révolution. Pendant tout le XXe siècle, la catégorie « intellectuels » sera constamment enrôlée aux côtés de la gauche, et l'anti-intellectualisme, né à droite, restera pendant longtemps une valeur sûre de celle-ci. Pourtant, tous les intellectuels sont loin d'être de gauche, et particulièrement durant le premier XXe siècle. Cette bipolarisation du champ intellectuel, qui se met en place avec l'affaire Dreyfus, est régulièrement réactivée tout au long du siècle, dans les moments de crise et de refondation nationale : les années 1920 et 1930, la Libération, la guerre d'Algérie, Mai 68. Pour saisir cette continuité des attitudes, il suffit d'évoquer l'engagement explicitement « dreyfusien » d'un Pierre Vidal-Naquet pendant la guerre d'Algérie[5]. Ceci est évidemment très spécifique à l'histoire française postrévolutionnaire et ne se retrouve pas nécessairement ailleurs, faute d'héritage de la Révolution française dans la vie publique.

Le paradigme français

Pourquoi le modèle de l'intellectuel naît-il en France ? De la République des lettres à l'intellectuel moderne, en quoi la France constitue-t-elle un microclimat favorable ? En essayant de prendre de la hauteur chronologique, c'est en ces termes que les historiens se sont posé la question de l'articulation entre la figure de l'intellectuel et l'identité nationale [6].

Le statut privilégié de la littérature, la figure consacrée, dès le XVIIIe siècle, du « grand écrivain » comme oracle, le culte de la conversation appartiennent, comme autant de lieux de mémoire, à l'histoire que la France s'est forgée. Le rôle essentiel accordé à l'école par la Révolution française mais surtout par la Troisième République est une autre spécificité nationale. La République de Jules Ferry a en effet développé une véritable passion pédagogique en plaçant l'école au centre de son dispositif politique et idéologique. Rien d'étonnant à ce que, quelques décennies plus tard, celle-ci devienne la « République des professeurs ». Ajoutons la fameuse centralité parisienne qui, au grand étonnement des étrangers, concentrait jusqu'à il y a peu, et depuis plus d'un siècle, les maisons d'édition dans quelques centaines de mètres carrés du quartier de Saint-Germain-des-Prés. Grâce à cette concentration, les écrivains, savants, universitaires divers avaient toute facilité pour se rencontrer en ville et créer ainsi une sociabilité intellectuelle active. Enfin, il faut insister sur la puissante et précoce sécularisation de la société française renforcée par la Révolution de 1789, qui a permis un imposant transfert de sacralité, du prêtre au poète romantique, d'Hugo à Rimbaud, du « voyant » à l'intellectuel, qu'en français, rappelons-le, on nomme aussi « clerc ». Ce transfert commence dès le XVIIIe siècle et se fait aux dépens du pouvoir religieux et du pouvoir régalien. Comme le dit Olivier

Nora, « la plume triomphante se substitue au sceptre et au goupillon défaillants[7] ». Les écrivains et philosophes du temps deviennent les porte-drapeaux de la société civile en voie de constitution, contre l'État monarchique. Ce prestige que l'intellectuel français récupère de ses brillants prédécesseurs explique aussi la différence essentielle avec d'autres sociétés qui n'ont pas connu cette laïcisation et où, logiquement, les intellectuels ne peuvent exister au sens français du terme. L'échec des intellectuels américains à devenir un corps constitué est par exemple significatif d'une société tout entière imprégnée de religieux. C'est parce que la religion civile est une histoire réussie aux États-Unis, parce que le besoin de sacré est satisfait autrement, que la respectabilité intellectuelle n'y a jamais pris racine[8].

Champ intellectuel et champ politique en Russie, en Allemagne, en Grande-Bretagne et en Espagne

Néanmoins, les intellectuels existent ailleurs, même s'ils ne sont pas apparus en tant que groupe sur la scène historique de façon aussi remarquable qu'en France. Quelques conditions sont nécessaires à l'émergence de cette figure nouvelle.

Les conditions sociales de l'émergence des intellectuels

La première condition est ce que Christophe Charle nomme la « poussée éducative générale[9] » dans l'Europe des années 1860. Celle-ci débouche logiquement sur une croissance des lecteurs, sur une demande d'éducation plus rigoureuse, sur un développement du marché de l'imprimé, notamment les livres scolaires. La demande créant l'offre, les vocations d'auteur se multiplient et se diversifient pour un marché lui-même désormais fortement différencié.

Si l'école élémentaire s'universalise à des rythmes différents, le secondaire mais aussi le niveau universitaire sont en plein développement dans tous les pays, avec une avance très notable pour l'Allemagne du IIe Reich. L'admission des jeunes filles dans les filières secondaires constitue un nouveau vivier de lectrices et même d'auteurs, particulièrement de littérature scolaire ou romanesque – genres traditionnellement investis par les femmes. De même, on peut noter un effort des minorités nationales (dans l'Empire austro-hongrois) ou religieuses pour l'éducation de leurs enfants qui, dans les familles juives notamment, représente un véritable investissement à long terme. La croissance des effectifs universitaires et des universités donne un rayonnement nouveau à des professeurs qui deviennent des élites visibles car plus nombreuses, reconnues par leurs disciples et attendant de l'être par leurs États respectifs, là où l'Université est affaire d'État, c'est-à-dire globalement en Europe continentale. Ces universitaires se distinguent d'un vivier d'auteurs, journalistes, éditeurs, folliculaires divers qui dépendent du marché pour survivre, mais exercent également des fonctions « intellectuelles ».

C'est ainsi qu'en Grande-Bretagne, le recensement de 1881 enregistre 6 893 personnes se déclarant « *authors, editors, journalists* » ; en 1881, la France compte 7 372 individus qui s'inscrivent dans la rubrique « savants, hommes de lettres, publicistes » ; dans le Reich allemand, on compte environ 5 094 écrivains et journalistes [10]. L'incertitude des catégories concernant ces professions inégalement reconnues et inégalement professionnalisées forme un contraste avec la catégorie des professeurs d'université qui sont des intellectuels liés à l'État.

L'antériorité allemande dans la création et le développement d'universités permet à l'Allemagne wilhémienne de garder une avance significative dans le nombre de structures universitaires et de professeurs. Et ceci malgré l'investissement massif fourni par la Troisième République sur le plan universitaire : en 1865, 900 professeurs (à la même date, 1 465 en Allemagne) voient leurs effectifs tripler avant 1914, atteignant alors 2 200 personnes, contre 3 807 pour la même date en Allemagne. La Grande-Bretagne, sous équipée au milieu du XIXe, effectue le même type de rattrapage que la France puisqu'elle compte en 1914 2 355 *professors, lecturers* et *readers*.

À grands traits, deux modèles s'opposent : celui de l'Europe occidentale avec la France et la Grande-Bretagne où domine traditionnellement la figure de l'homme de lettres et du journaliste indépendant ; celui de l'Europe orientale et germanophone où l'intellectuel sera plutôt salarié de l'État car les universitaires sont déjà nombreux et que certains écrivains sont également fonctionnaires (en Autriche ou en Russie par exemple). Néanmoins, les évolutions de la fin du XIXe et du début du XXe siècle atténuent l'opposition entre ces deux modèles : en Grande-Bretagne et en France, l'État propose de nouvelles fonctions universitaires, et dans les pays germanophones se développe un marché des biens symboliques plus diversifié.

Russie, Grande-Bretagne, Allemagne, Espagne

Le terme russe d'intelligentsia apparaît dans les années 1860, au moment des grandes réformes d'Alexandre II, qui laissent insatisfaits les jeunes révolutionnaires, alors qualifiés de « nihilistes » en raison de leur radicalisme inflexible et de leur indifférence à la vie matérielle[11]. L'agitation nihiliste se manifeste souvent par des attentats terroristes. Les populistes des années 1870 conçoivent également leur action sur un mode révolutionnaire qui peut impliquer une sortie de la légalité. Contre ces « intellectuels » vus comme contaminés par les idées occidentales, les « slavophiles » préconisent un retour à l'orthodoxie traditionnelle ainsi qu'à l'essence slave et chrétienne d'une Russie profonde. Déchiré entre le besoin de modernisation et le refus des idées occidentales progressistes de démocratie, d'individu, d'égalité, le tsarisme d'Alexandre II est en proie à des mouvements contradictoires d'ouverture et de répression, jusqu'à l'attentat qui met fin à la vie du souverain, en 1881, et débouche sur un repli total de l'autocratie russe. En quelques décennies, le modèle de l'intelligentsia héroïque et sacrificielle s'impose dans l'imaginaire européen grâce à la présence de nombreux exilés russes dans les principaux pays libéraux ; ainsi, le populiste Pierre Lavrov écrit-il ses *Lettres historiques* de Paris en 1868. La vogue européenne pour les romans russes, dont certains mettent en scène des personnages de révolutionnaires, contribue également à renforcer ce modèle russe dans les esprits plus policés des intellectuels occidentaux, avec un mélange de fascination et de répulsion. On songe par exemple à *Pères et fils*, de Tourgueniev, romancier très lié aux milieux littéraires du réalisme français, ami de Flaubert et de Maupassant. Publié en 1862 en Russie, *Père et fils* est traduit en français dès 1863. Le roman met en scène un étudiant nihiliste, Bazarov, qui constituera une sorte de prototype de la mentalité révolutionnaire inflexible que le pays exporte alors sous le terme d'intelligentsia.

En Grande-Bretagne, ce genre de positionnement en opposition absolue au pouvoir n'existe pas. Pourquoi le stéréotype selon lequel « l'intellectuel » – dont le terme n'a jamais pris en anglais – est quasiment *unbritish*[12] ? Les historiens mettent en avant le contexte historique et politique britannique de la fin du siècle, les spécificités du système d'enseignement ainsi que la faible valorisation traditionnelle de la culture par la monarchie anglaise, qui s'oppose en cela au mécénat monarchique de la France des Lumières et au constant patronage des aristocraties italiennes auprès d'artistes et d'hommes de lettres. Cette faible légitimité de l'art, des lettres et des sciences au regard de talents plus empiriques et de réussites commerciales éclatantes pèse en Grande-Bretagne comme dans tous les pays qui lui sont proches (États-Unis mais aussi Europe du Nord-Ouest). En Grande-Bretagne, la fin du XIXe siècle ne correspond pas à un renouvellement des élites identique à celui engagé par la République française. Le prestige et la force politique comme économique des élites traditionnelles, de la petite et de la grande aristocratie ainsi que de la grande bourgeoisie d'industrie et d'affaires, sont inentamés. De plus, les intellectuels ancien style – hommes de plume, journalistes, etc. – se sentent en connivence avec ces élites, dans la mesure où beaucoup d'entre eux ont été socialisés ensemble dans les mêmes *public schools* d'Oxford et de Cambridge. Ils partagent donc les mêmes valeurs, le même *ethos* de gentleman. En outre, le retard du développement des structures universitaires britanniques confine le monde intellectuel à l'univers feutré d'« *Oxbridg*e ». Même au XXe siècle, le groupe, informel par excellence, de Bloomsbury, gravitant autour de Virginia et Leonard Woolf, Lytton Strachey, John Keynes, etc., aussi anticonformiste sur le plan des mœurs que novateur artistiquement et intellectuellement, reste tout entier soudé, pour les hommes, par la commune fréquentation d'Oxbridge où la majorité d'entre eux se sont connus. La véritable démarcation, ici, est une frontière de genre : les femmes n'ont pas pu fréquenter l'université et Virginia Woolf en tirera toutes les conséquences dans un texte étonnant, *Une chambre à soi* (1929). Les intellectuels contestataires se trouvent le plus souvent hors de l'université, ou sont issus de ses segments les moins prestigieux. C'est le cas par exemple du groupe des Fabiens, fondé par Sydney Webb, fils d'un coiffeur londonien. La Société fabienne se définit comme un groupe d'experts proches du travaillisme naissant et voulant faire entendre sa voix dans le débat public. Le modèle fabien est bien différent, on l'aura compris, de celui de l'intelligentsia russe. Ici, point de bombes, point de désir utopique d'aller au peuple, mais un travail de lobbying intellectuel afin de familiariser les élites avec les grandes réformes sociales qu'on estime nécessaires, assorti d'un travail d'explication dans la presse auprès de l'opinion publique. Cette stratégie réformiste caractérise le monde intellectuel britannique.

En Allemagne et en Europe centrale, l'émergence d'un monde intellectuel est façonnée par des conditions particulières que l'on peut résumer ainsi : un libéralisme incomplet (dans lequel la censure tient un rôle important), une démocratie inachevée, la coexistence parfois explosive d'un autoritarisme (à la russe) et d'une modernisation occidentale (à la prussienne) ; un haut niveau de légitimité intellectuelle qui n'empêche pas la faible autonomie (liée au cordon ombilical des universités avec un État autoritaire) ; un polycentrisme de l'espace intellectuel allemand (opposé au modèle de centralisation parisienne). Tous ces niveaux de réalité sont des obstacles à la constitution d'une intelligentsia unifiée, autonome et critique.

Pourtant, de nombreuses affaires auraient pu déboucher sur une crise nationale identique à l'affaire Dreyfus. Christophe Charle, dans son ouvrage, en détaille quelques-unes [13] : la querelle sur l'antisémitisme entre le conservateur Heinrich von Treitschke et l'historien libéral Theodor Mommsen ; l'affaire Arons, du nom d'un universitaire juif, engagé auprès des sociaux-démocrates qui, devant le refus de ses collègues de l'exclure, se voit sanctionné par une loi *ad hominem* – pour ses activités politiques ; l'affaire du périodique satirique *Simplicissimus* (1898), inculpé pour avoir tourné en dérision le voyage de Guillaume II en Palestine. En Allemagne, le règne de la censure et la restriction des libertés expliquent en partie l'impossible émergence d'une solidarité du monde intellectuel qui, de fait, n'en forme pas un. Ajoutons la logique générale de « retrait du politique » pratiquée par de nombreux professeurs d'université qui, s'ils s'engagent, le font du côté conservateur des ligues pangermanistes et non dans un sens anticonformiste qui pourrait nuire gravement à leur carrière. La majorité de ces derniers restera également très prudente (pour ne pas dire lige) sous le nazisme [14].

En Espagne, dans un pays encore très analphabète (40 % de la population est concernée), la naissance des intellectuels est classiquement datée, selon un modèle très français, entre 1896 et 1898, c'est-à-dire entre le procès de Monjuich [15] – sorte d'affaire Dreyfus espagnole qui débouche pareillement sur la substantivation de l'adjectif « intellectuel » par Ortega y Gasset – et la crise de 1898, date à laquelle l'Espagne perd les dernières bribes de son Empire (Cuba et Philippines) et doit repenser sa position au sein de l'Europe. Cette crise majeure de représentation de soi est formulée et même théorisée par un groupe d'intellectuels appelé « génération de 98 », qui émerge à ce moment selon les modalités classiques de l'action intellectuelle : signatures de pétitions, de manifestes, rédaction d'essais, écriture dans la grande presse, etc. On trouve en Espagne le même geste d'autodéfinition des intellectuels qu'en France ; mais plus encore qu'en France, ils interviennent dans la vie politique concrète du pays au cours du premier tiers du XXe siècle, et notamment bien sûr sous la Seconde République, entre 1931 et 1936, où beaucoup d'entre eux occupent des fonctions officielles. Comme on surnomme en France « République des professeurs » la troisième du nom, la Seconde République espagnole est d'ailleurs souvent appelée la « République des intellectuels ». Ce rôle croissant des élites intellectuelles espagnoles est parfois expliqué comme une forme de substitut à des cadres administratifs qui n'existent que fort peu.

Notons enfin la coïncidence chronologique qui, de la Russie à la Grande-Bretagne, et de l'Allemagne à l'Espagne, témoigne d'une similarité de configurations : à l'occasion d'« affaires » s'expérimente une solidarité nouvelle au sein de professions intellectuelles qui se découvrent comme telles selon différents modèles (le modèle russe popularisé par la littérature, le modèle français médiatisé par l'affaire Dreyfus) susceptibles d'être exportés et réinterprétés sur place.

D'UNE GUERRE À L'AUTRE : INTERNATIONALISATION ET POLITISATION DES CHAMPS INTELLECTUELS

Avant 1914, la vie intellectuelle et savante, tout en s'inscrivant dans des institutions et parfois des mythologies nationales (par exemple Pasteur, érigé au rang de grand savant républicain), était parvenue à un haut degré d'internationalisation. La multiplication de colloques internationaux, généralement organisés par discipline, donnait en effet l'occasion aux spécialistes venus du monde entier de se rencontrer après s'être lus.

Cette dynamique internationale reprend dès 1918, après toutefois une période de boycott des savants allemands, mais selon des processus un peu différents. La logique de professionnalisation des milieux intellectuels qui s'adosse à la SDN est un de ses principaux vecteurs ; la discussion internationale reprend sous des formes renouvelées, plus petites et plus interdisciplinaires, comme le montre l'exemple des Décades de Pontigny ; enfin, la bipolarisation idéologique des intellectuels, sommés de s'engager pour ou contre le fascisme, est générale, même si elle correspond en

France à une structuration originaire. Un peu partout, des associations d'écrivains et d'intellectuels organisent des manifestations et font entendre leurs voix dans un espace public inégalement ouvert selon les pays. En Allemagne, en Italie à partir de 1926, en Espagne à partir de 1936, mais aussi dans une partie de l'Europe orientale où les nouveaux États nés des traités de paix après 1918 sombrent dans l'autoritarisme, les intellectuels sont bien souvent contraints de s'exiler – autre facteur, fréquemment dramatique, des échanges intellectuels et culturels internationaux.

Sociabilités et professionnalisation

Les revendications corporatives des professions intellectuelles peuvent désormais s'exprimer au niveau européen, grâce à la création de deux structures qui portent l'essentiel de cet élan d'organisation : la Confédération internationale des travailleurs intellectuels (CITI), créée en mars 1920, et la Commission de coopération intellectuelle de la SDN, créée en 1922, fondatrice de l'Institut international de coopération intellectuelle (IICI) siégeant à Paris et dans lequel on aime à voir un ancêtre de l'Unesco. La France et la Grande-Bretagne ont joué un rôle moteur dans ces deux initiatives. La première est l'émanation d'une nouvelle génération d'intellectuels revenus du front et attendant une récompense matérielle et symbolique des sacrifices consentis. La CITI se concentre sur la défense d'intérêts matériels comme le salaire minimum (pour les journalistes), les retraites, les indemnités de licenciement, les droits d'auteur, la défense des titres universitaires, etc. En dialogue avec d'autres structures internationales comme le BIT (Bureau international du travail), elle regroupe 145 associations et compte 190 000 adhérents [16].

L'Institut international de coopération intellectuel vise quant à lui à former une « république générale des intelligences » pour contrer la fragmentation nationale et linguistique de la production savante et artistique. Partenaire d'autres instances engagées dans la même dynamique internationale comme le *Pen Club*, créé en 1921 et rassemblant écrivains et militants de la paix, ou les sociétés savantes internationales (comme le Comité international des sciences historiques), l'IICI va réussir à tisser des réseaux internationaux importants parmi certaines professions plus aptes à s'organiser : instituteurs, bibliothécaires, étudiants, conservateurs de musée... Soulignons l'extension sociale et numérique des professions intellectuelles, qui passent progressivement d'un monde restreint à un monde élargi – notamment grâce à l'extension de la définition et à la croissance progressive des effectifs éduqués.

L'internationalisation prend encore d'autres formes nouvelles dans l'entre-deux-guerres. À côté des congrès savants, des petites formes de cénacles amicaux et cosmopolites sont inventées qui succèdent aux salons du XIXe siècle. Le plus célèbre a lieu en France dans l'abbaye de Pontigny. Fondés en 1910, les entretiens (ou Décades) de Pontigny seront imités dans toute l'Europe. Dans un cadre agréable bien que monacal, ils réunissent une cinquantaine de personnalités du monde des humanités mais aussi des sciences pour discuter et vivre ensemble une dizaine de jours, dans une sociabilité intense. C'est ainsi que se rencontrent à Pontigny les Allemands Ernst Robert Curtius, Heinrich Mann, Max Scheler, Walter Benjamin, les Belges Marie Delcourt, Paul Fierens, les Italiens Salvemini ou Alberto Moravia, les Russes Léon Chestov ou Nicolas Berdiaev. Toute une nébuleuse transnationale, très européiste et cosmopolite discute, selon des thèmes proposés à l'avance, avec les grands écrivains français de la période, André Gide, François Mauriac, André Malraux, comme le rappellent les très beaux clichés réalisés par Gisèle Freund, une photographe allemande exilée en France, qui sut capter à Pontigny l'ambiance très particulière entre savoir et savoir-vivre, entre conférences érudites et promenades sous les charmilles [17].

Le temps des manifestes

S'engager : avant que le terme fasse florès dans l'après-guerre dominé par la figure de Sartre, il est un des mots d'ordre des intellectuels des années 1930, notamment en France, et conduit à trahir ce que Julien Benda avait, quelques années plus tôt, défini comme la vocation des « clercs » : la fidélité aux

Symbole de l'internationalisation de la vie intellectuelle, les Décades de Pontigny, fondées en 1910, rassemblent, chaque année, pendant dix jours, intellectuels et savants venus de l'Europe entière.
Debout de gauche à droite : Lytton Strachey, Maria Van Rysselberghe, Aline Maurisch, Boris de Schloezer, André Gide, André Maurois, Robert Dupouey, Roger Martin du Gard, Jacques Heurgon, Christian Funck-Bretano, Albert-Marie Schmidt.
Assis de gauche à droite : Jean Schlumberger, Pierre Lancel, Jacques de Lacretelle, Marc Schlumberger, Pierre Viénot.

valeurs universelles du dreyfusisme originel. Dans *La Trahison des clercs* (1927), Benda vilipende les deux formes de déviation qui, selon lui, affectent le monde intellectuel : les passions nationales (à droite) ; les passions idéologiques (l'attirance pour la Révolution chez les communistes et leurs sympathisants). Dans toute l'Europe, les intellectuels sont soumis à l'injonction de prendre parti lorsque la situation semble l'exiger, comme en France après le 6 février 1934, qui a été vécu par les acteurs de l'époque comme un coup d'État fasciste, véritable réplique de la prise de pouvoir hitlérienne. Au milieu des années 1930, une partie de l'Europe sombre dans l'autoritarisme et confine dès lors les intellectuels au silence ou à l'exil. C'est ainsi que nombre d'intellectuels germanophones, souvent juifs et de gauche, mais aussi des Italiens, se retrouvent à Paris, centrale européenne de l'Internationale intellectuelle antifasciste.

Seules la Grande-Bretagne et la France offrent encore une relative liberté d'expression. L'Espagne, en proie à la guerre civile, devient à partir de 1936 une sorte de champ de bataille grandeur nature des forces qui s'opposeront quelques années plus tard. C'est aussi un lieu privilégié de la geste intellectuelle combattante : on y retrouve Malraux, Orwell, Nizan, Dos Passos, ou Simone Weil, pas tout à fait dans le même camp puisqu'au sein des antifranquistes républicains, communistes et anarchistes s'affrontent. On peut comparer en ce sens *L'Espoir* de Malraux, épopée républicaine, à *Hommage à la Catalogne* de George Orwell, autant antifranquiste qu'ouvertement critique à l'égard des staliniens.

Cette Internationale de l'antifascisme européen se structure dans une série d'associations, de comités d'écrivains, d'artistes plus ou moins proches du Parti communiste. Dès 1932, l'Association des écrivains et artistes révolutionnaires (AEAR) est formée à l'initiative des communistes ; au même moment, le Comité de lutte contre la guerre et le fascisme devient Comité Amsterdam-Pleyel après deux congrès tenus l'un à Amsterdam en août 1932 et l'autre à Paris salle Pleyel en juin 1933. Il regroupe des écrivains pacifistes, également proches du communisme, comme Romain Rolland ou Henri Barbusse qui en est le président. Mais la plus importante plateforme de cette intelligentsia antifasciste est le Comité de vigilance des intellectuels antifascistes (CVIA), fondé en mars 1934, au lendemain du choc du 6 février, sous le patronage du philosophe Alain, du physicien Paul Langevin et de l'ethnologue Paul Rivet, tous trois représentant des sensibilités différentes (radicale, communiste et socialiste) de l'arc-en-ciel de la gauche française antifasciste, bientôt rassemblée dans le Front populaire. Ce qui donne aux intellectuels français cette visibilité un peu tapageuse, c'est également la proximité, ressentie, après le 6 février 1934, comme dramatique, entre les élites intellectuelles et les élites politiques qui vont accéder au pouvoir en 1936. Léon Blum lui-même est un intellectuel, normalien, critique théâtral, ancien collaborateur de la revue d'avant-garde *Mercure de*

France. Il incarne un Parti socialiste proche des milieux intellectuels et largement constitué par eux (clientèle des instituteurs), tandis que le Parti communiste, longtemps ouvriériste, est resté méfiant vis-à-vis des avant-gardes artistiques qui se sont ralliées à lui, tels les surréalistes. Le grand tournant sera, de ce point de vue, le changement de cap de la Troisième Internationale (le *Komintern,* organisation située à Moscou et chargée de structurer le mouvement communiste international) qui encourage, à partir de 1934-1935, les stratégies de fronts populaires et se révèle moins sectaire vis-à-vis des militants intellectuels membres du Parti ou sympathisants.

Le succès du CVIA en fait un modèle d'intervention des intellectuels sur la scène politique nationale et internationale. L'œcuménisme de ces rassemblements antifascistes se retrouve encore une fois en juin 1935, salle de la Mutualité à Paris, à l'occasion du Congrès international pour la défense de la culture. Une centaine d'écrivains de toutes nationalités s'y donne rendez-vous, du 21 au 25 juin 1935 : aux côtés d'André Gide, André Malraux, Louis Aragon ou Paul Nizan, on croise Isaac Babel, Edgar M. Forster et toute une pléiade d'écrivains allemands déjà en exil : Robert Musil, Bertolt Brecht, Lion Feuchtwanger, Ernst Bloch, Ernst Toller, Anna Seghers et les deux frères Mann, Heinrich et Thomas, finalement réconciliés dans leur lutte contre Hitler. En partie organisé par les écrivains allemands exilés, ce congrès fut une chambre d'écho considérable à la réprobation générale exprimée vis-à-vis de la politique nazie et à la nécessité de construire un front commun. La dernière séance, présidée par André Malraux, traita plus spécifiquement de la situation des exilés. Ces débats se passaient devant des salles combles bourrées de journalistes du monde entier et d'auditeurs attirés par le prestige des personnalités présentes.

À côté de ces congrès, manifestes et pétitions constituent les techniques privilégiées de l'intelligentsia dans un espace démocratique [18]. En effet, les intellectuels, s'ils aiment à combattre, le font, sauf exception, avec la plume. Certes, en France pendant l'Occupation, Jean Prévost, René Char, Jean Cavaillès ou plus tardivement André Malraux, ont pris les risques maximaux du combat de l'ombre dans la Résistance. Pourtant, le désir d'action est rarement porté au-delà de la signature d'une pétition. C'est évidemment le « J'accuse » de Zola qui en inaugure la longue série. En 1925, Barbusse, dans *L'Humanité*, s'adresse « Aux travailleurs intellectuels » contre la guerre du Rif ; la grande dynamique antifasciste des années 1930 est une guerre ininterrompue de pétitions et manifestes que chacun des camps s'envoie à la figure : l'appel de Rivet, Alain et Langevin, fondateurs du Comité de vigilance des intellectuels antifascistes (5 mars 1934), est suivi de la mobilisation à droite « Pour la défense de l'Occident » où Henri Massis inaugure l'argumentaire du néopacifisme droitier fondé sur le célèbre : « Plutôt Hitler que Blum » ; en 1961, le Manifeste des 121 prône le droit à l'insoumission ; mais la liste serait longue, la pétition étant le premier et le plus courant stade de l'engagement ; le second étant l'écriture d'un essai ou d'une glose ; le troisième et ultime stade étant celui du militantisme. Dès le début, ces trois stades coexistent. À gauche, l'intellectuel de parti naît avec ces normaliens ralliés au socialisme du début du siècle à l'instar de Léon Blum, en attendant l'intellectuel militant communiste, intellectuel organique, au vrai sens du terme.

Un modèle d'intellectuel est né avec ses acteurs, ses facteurs de mobilisation, ses moyens d'action. Ce « spécialiste de l'universel », comme le désignera Jean-Paul Sartre, nourrit un rapport complexe et paradoxal au politique, qui se révèle finalement toujours décevant. Certes le politique lui est nécessaire, mais il est ambivalent à son égard. En effet, l'intellectuel vit de sa critique envers la sphère politicienne. Par nature, il se méfie du fonctionnement partisan, et en retour les partis se méfient de lui. En même temps, il piaffe de s'engager dans l'arène, utilise des techniques très politiques et aspire à la fonction tribunitienne. Nous avons insisté ici sur une sorte d'Internationale antifasciste, mais l'autre pôle du champ intellectuel européen est constitué par une mouvance fasciste qui va des intellectuels ralliés au nazisme à ceux qui participent de la politique fasciste et aux admirateurs béats des nouveaux régimes autoritaires : en France surtout (avec l'Action française et les multiples ligues plus ou moins fascisantes, avec des écrivains comme Drieu la Rochelle et Brasillach prenant explicitement parti pour Hitler), en Grande-Bretagne de façon minoritaire, mais aussi en Belgique ou aux Pays-Bas qui comptent leurs thuriféraires de l'ordre nouveau.

Exils antifascistes

En Allemagne, où Hitler a pris le pouvoir depuis janvier 1933, les intellectuels liés à la gauche et nombre de juifs non politisés doivent partir en exil, souvent en France d'abord, puis ensuite en Amérique du Nord ou du Sud. Cette migration intellectuelle d'ampleur (plusieurs dizaines de milliers de savants, d'universitaires, de médecins, de psychanalystes, d'artistes et d'écrivains) aura des effets considérables dans la géopolitique de la vie culturelle et intellectuelle internationale dans les décennies à venir, en déplaçant le point de gravité de l'Europe vers les États-Unis – comparable en cela à l'exil des protestants français après la révocation de l'Édit de Nantes en 1685 [19].

En effet, contrairement à certains exilés qui reviendront dans leur pays natal (notamment les Français), les migrants intellectuels allemands, pour beaucoup d'entre eux, resteront aux États-Unis où ils auront trouvé à s'employer dans les universités, à Hollywood, à Broadway, dans des maisons d'édition (comme Pantheon Books créé en 1942 par Kurt Wolff, l'éditeur de Kafka, exilé à New York), etc. Leur présence reconfigure durablement certains secteurs de la vie universitaire américaine, comme celui de l'histoire de l'art avec l'apport d'Erwin Panowsky, mais aussi de la sociologie avec l'école de Francfort (Adorno, Horkheimer), de l'architecture avec le Bauhaus (Walter Gropius, Mies von der Rohe), etc. Autre exemple important d'effet majeur produit par l'exil : le nombre de physiciens étrangers – comme Enrico Fermi, prix Nobel de physique en 1938, exilé antifasciste, ou Bertrand Goldschmidt, physicien français – impliqués dans le projet Manhattan, c'est-à-dire dans la confection de la bombe atomique américaine. Einstein terminera d'ailleurs sa vie à Princeton. La psychanalyse américaine se nourrit jusqu'à nos jours de l'afflux de cette masse de praticiens apportant avec eux de nouvelles approches, jusqu'alors étrangères à la vision américaine de la psyché (Rudolph Loewenstein, Ernst Kris, Heinz Hartmann). Les nombreux travailleurs du cinéma, réalisateurs (Fritz Lang, Michaël Curtis, Billy Wilder), scénaristes, décorateurs, acteurs et actrices (pensons à Marlene Dietrich) provenant de l'univers germanophone vont peupler Hollywood et considérablement l'infléchir, tout en étant eux-mêmes remodelés par les techniques et la pratique des studios. « Weimar en exil » représente un déficit considérable pour l'Allemagne et l'Europe en général. Cette colonie d'intellectuels au sens large regroupe les agents, souvent malheureux, d'une des grandes rencontres culturelles transatlantiques du siècle. Il existe également un exil d'intellectuels espagnols qui rejoignent le Mexique après la défaite du camp républicain, grâce à la politique d'accueil de Cardenas, le président du Mexique.

Après 1945 : l'espace intellectuel européen recomposé

Le mythe de l'« intellectuel total »

Le modèle sartrien

De Gaulle, pendant la guerre, a mobilisé tous les intellectuels en exil afin de réarmer symboliquement le combat contre l'occupant : il s'agissait de préserver la flamme de la culture française, pensée comme un patrimoine universel. Cette rhétorique de grandeur culturelle de la France survit à la guerre et s'épanouit après 1945. Dans le discours dominant de l'après-guerre, la culture française réussit à sortir peu ou prou intacte du conflit, en dépit de la collaboration intellectuelle sanctionnée par l'épuration ; sa littérature et sa culture ont ainsi contribué à rendre son aura et son rang à la France redevenue internationale. C'est ce que Sartre appelle la « nationalisation de la littérature » et qui est largement un discours d'incantation. En effet, l'énorme prestige dont jouissent les écrivains et les artistes après la guerre, la forte tendance à leur consécration démesurée prouvent en réalité combien la France a « un besoin éperdu [...] de grands hommes »[20]. Devenue une puissance moyenne dans un monde structuré par deux superpuissances, la France aime à universaliser les enjeux nationaux. Sartre, tout en refusant cette logique d'oubli et de mauvaise foi, la nourrit paradoxalement par la célébrité qui est la sienne et qui dépasse largement les frontières. Il participe, malgré lui, au rayonnement culturel de la France d'après-guerre, en devenant, dans ce contexte, une sorte d'intellectuel total. Il incarne, comme seuls Taine et Renan ont pu le faire en leur siècle, une compétence intellectuelle universelle. Reconnu chez les philosophes et chez les artistes, il fond en une seule les deux figures jusque-là antithétiques de l'écrivain et du professeur [21]. Philosophe (agrégé de philosophie), écrivain, il est aussi homme de théâtre, critique littéraire, directeur de la revue *Les Temps modernes* qui promeut une intervention tous azimuts dans le champ intellectuel. Dans un pays où la *Nouvelle Revue française* (NRF) était considérée par l'occupant allemand comme une des trois grandes institutions nationales, Sartre récupère le potentiel de légitimité issu de la guerre et de la lutte pour la liberté de la littérature, et le réinvestit dans une visée offensive de l'engagement qu'il théorise dans *Qu'est-ce que la littérature ?* (1948).

Ce mythe de l'intellectuel total, incarné par Sartre, ne naît pas par hasard en France. Il est le produit d'un système éducatif et d'un modèle pédagogique fondés sur une aristocratie scolaire sûre d'elle-même. La khâgne et l'École normale supérieure (ENS), par lesquelles la plupart des intellectuels français sont passés, encouragent à former des « enfants prodiges par décret » comme les nomme Pierre Bourdieu, au soir de sa vie [22]. L'enfermement scolastique propre à l'ENS (modèle monacal), le principe électif, l'éloignement matériel et mental par rapport au monde social encouragent des expériences philosophiques qui, dans leur radicalisme, expriment une véritable tentative désespérée pour rejoindre ce monde lointain – comme l'illustreront après 1968 certains normaliens maoïstes « établis » dans les usines. La croyance, unanimement partagée, dans les capacités de l'intelligence, est en fait ce qui relie profondément des intellectuels idéologiquement opposés comme Sartre et Aron, les deux « petits camarades ». En attendant, la domination intellectuelle de l'existentialisme et de la littérature engagée à la manière de Sartre exprime aussi la centralité parisienne inentamée dans le monde international des lettres.

Paris, capitale de la République mondiale des lettres

Le stéréotype de la France patrie des arts et des lettres continue à fonctionner avec une paradoxale efficacité au lendemain de la guerre. Dans une certaine mesure, comme nous l'explique Pascale Casanova, Paris est encore le « méridien de Greenwich » de la littérature mondiale, en conservant sa forte capacité de découverte et de consécration d'auteurs issus de littératures nationales mineures [23]. Comme pour les avant-gardes picturales européennes à la fin du XIXe siècle, le passage par Paris et la traduction en français d'une œuvre littéraire restent les meilleurs garants d'une existence internationale, surtout si le livre est assorti d'une préface écrite par un écrivain français connu. Dans l'entre-deux-guerres, on sait comment Joyce, rejeté et interdit à Dublin, trouva appui et reconnaissance à Paris où s'effectua sa métamorphose en grand écrivain révolutionnant la littérature du XXe siècle. Il en fut de même pour Beckett après 1945. Paris reste le lieu de recours contre la censure : c'est ainsi que *Lolita* de Nabokov fut publié pour la première fois, et non sans malentendus, par un éditeur « érotique », à Paris alors qu'il était refusé partout aux États-Unis pour obscénité. Dans cette géopolitique de la littérature européenne et mondiale, Sartre, muni d'un pouvoir symbolique exceptionnel, est l'un des « consacrants » majeurs depuis qu'il a fait connaître à la fin des années 1930 des écrivains américains modernistes comme Faulkner ou Dos Passos. Paris et l'intellectuel français sont donc les deux faces de cette « fabrique de l'universel ». Cette vocation à l'universalisme s'avère d'autant plus précieuse que, depuis la fin des années 1940, l'Europe est idéologiquement divisée et que deux ensembles compacts paraissent s'affronter. En fait, tel n'est pas tout à fait le cas. Des circulations et des « internationales » se recréent.

Par-delà le rideau de fer

Le modèle franco-italien du « compagnonnage de route »

La France et l'Italie semblent synchrones dans l'Europe d'après 1945. Leurs intellectuels dominants promeuvent une même capacité d'intervention sur le mode prophétique : Sartre d'un côté, Elio Vittorini de l'autre sont des intellectuels autonomes et prestigieux défendant au même moment une même philosophie de l'engagement qui, politiquement, les place aux côtés de leurs partis communistes respectifs. Les deux partagent et théorisent une identique conception de la responsabilité de l'écrivain et de sa prétention à exercer un pouvoir critique contre une vision irénique et, selon eux, dépassée voire coupable, de la littérature « pure ». Dans *Qu'est-ce que la littérature ?* (1948), Sartre écrit : « La littérature vous jette dans la bataille. Écrire, c'est d'une certaine façon vouloir la liberté ; si vous avez commencé, de gré ou de force, vous êtes engagé. » En France, le pôle de l'art pour l'art est représenté par la nébuleuse intellectuelle et artistique de la *Nouvelle Revue française* – institution de premier plan mise à mal pendant la guerre par la direction de Drieu la Rochelle et que Jean Paulhan essaie de ressusciter ; en Italie, par la génération d'Ungaretti et par des poètes hermétiques comme Eugenio Montale, partisans d'une totale déprise de la littérature sur le politique. Dans le contexte français comme transalpin, le principe de responsabilité de l'intellectuel apparaît comme indiscutable. Il est, du reste, le fondement du processus d'épuration (professionnelle et judiciaire) que connaît toute la société française mais que la condamnation à mort de Brasillach et le suicide de Drieu la Rochelle ont emblématisé pour les intellectuels [24].

Sartre lance *Les Temps modernes* et Vittorini *Il Politecnico*, deux revues conçues comme organes de réflexion et lieux de reconfiguration du monde intellectuel. L'une sera beaucoup plus durable que l'autre, mais toutes deux visent à entraîner dans leur vision du monde « progressiste » tous les secteurs de la vie artistique et, dans une moindre mesure, scientifique. Il y a donc un axe transalpin partageant un modèle de l'intellectuel engagé auprès du Parti communiste vu comme un partenaire historique obligé. C'est le fameux « J'ai eu raison d'avoir tort tandis que toi et tes semblables avez eu tort d'avoir raison » d'un intellectuel communiste, Pierre Courtade, lancé à un hétérodoxe devenu ex-communiste, Edgar Morin, auteur par ailleurs d'un très bel essai sur l'anthropologie et la sociologie de l'intellectuel communiste : *Autocritique* (1959) [25].

Cette congruence provient de conditions politiques similaires héritées de la guerre : le succès inédit des deux partis communistes aux premières élections de 1945 et 1946, elles-mêmes fruit du grand prestige de ces partis aux yeux de la gauche antifasciste, en raison de leur rôle éminent pendant la Résistance ; les liens noués pendant la clandestinité entre intellectuels et militants ne sont pas à négliger, car lestés d'un poids de fraternité durable, et qui survivent de fait à bien des trahisons. La vision utopique d'une société communiste et la fascination non encore ternie par d'historiques démentis venus d'URSS existent dans les deux pays. Enfin, la reconnaissance attachée aux mondes artistiques et intellectuels par les élites politiques des deux pays (pensons au mécénat artistique des cours de la Renaissance italienne) est un autre facteur qui permet d'expliquer ce synchronisme dans les scansions de l'histoire intellectuelle des deux pays. À la fin des années 1950, le philocommunisme dominant sera battu en brèche de manière identique, même si les voies de sortie du progressisme se distinguent par la nature différente des partis communistes français et italien [26]. On sort en tout cas du paradigme de l'engagement au début des années 1960.

Le Congrès pour la liberté de la culture (1950), plateforme libérale de l'anticommunisme européen

L'autre bord produit aussi ses réseaux transnationaux. Le Congrès pour la liberté de la culture est une structure originale d'intellectuels européens créée en juin 1950 à Berlin, grâce à l'aide financière américaine (la CIA, mais sans que les protagonistes le sachent) [27]. Ce rassemblement d'intellectuels européens sur une base d'anticommunisme libéral, adoptée par les sociaux-démocrates comme par les libéraux, fonctionne grâce à un réseau euro-américain lié à l'exil aux États-Unis de nombre de ses participants. En 1950, à la conférence inaugurale sont présents, entre autres : Karl Jaspers, Franz Borkenau, John Dewey, Ignazio Silone, Benedetto Croce, Tenessee Williams, Sydney Hook. Tous entendent, par cette organisation transnationale, répondre à la fois au mouvement communiste international dirigé depuis Moscou et à la menace du totalitarisme, dont le concept acquiert une notoriété internationale avec la publication du livre de Hannah Arendt, *Les Origines du totalitarisme* (1951).

En France, Denis de Rougemont, Jacques Maritain et Raymond Aron participèrent à ses travaux ainsi qu'à la revue *Preuves* qui en était l'émanation. Cette revue occupe une position originale dans le champ intellectuel français : les analyses théoriques du totalitarisme jouxtent des reportages sur l'Europe de l'Est qui tentent de donner des « preuves » sur la situation réelle dans les démocraties populaires. De nombreux collaborateurs étrangers ex-communistes y disposent d'une tribune, et parmi eux, Manès Sperber ou Arthur Koestler, l'auteur du *Zéro et l'infini,* livre dans lequel il raconte ce dont il fut témoin à Moscou, à la fin des années 1930 : les grandes purges, le climat de délation et la fin de sa croyance en l'avenir de la révolution. De même, le Congrès publie en Grande-Bretagne la revue *Encounter* dirigée par Stephen Spender, Irving Kristol et Melvin Lasky ; en Italie, on trouve la revue *Tempo presente* et en Allemagne, *Der Monat*.

Transferts littéraires de part et d'autre du rideau de fer

À côté de ces logiques intellectuelles transeuropéennes du communisme et de l'anticommunisme, l'étude des flux de traduction entre l'Europe devenue communiste et la France, entre 1947 et 1989, détruit la fiction d'une étanchéité totale maintenue par le rideau de fer :

891 livres sont traduits du polonais, du hongrois, du tchèque, du roumain ou du russe selon des objectifs qui varient en fonction des configurations historiques [28]. Une multitude de « passeurs » ainsi que la formation progressive de milieux littéraires transnationaux sont nécessaires afin que, comme dans l'affaire Pasternak, un manuscrit non autorisé d'un écrivain russe resté sur place soit traduit en Italie et que cette traduction (voulue par Giorgio Bassani, alors collaborateur chez Feltrinelli) constitue l'édition originale en 1957. Dans ce cas emblématique, un nouveau mode d'action subversif est inventé, dans une conjoncture de « dégel » hautement instable.

Les années précédentes (1947-1955) étaient davantage structurées par des réseaux communistes officiels exportant de la littérature réaliste socialiste dans une pure logique de guerre froide. Après 1968 au contraire, le déclin des appareils partisans permet une croissance des discours traduits non autorisés en même temps qu'émerge la figure de la dissidence fondée sur une circulation clandestine originale de textes manuscrits ou tapés à la machine et recopiés par les lecteurs : les *samizdats*. À l'Ouest, le contexte de réception marqué par un fort discrédit de l'espérance communiste permet d'accueillir et d'honorer des écrivains proscrits et bientôt exilés, comme Milan Kundera ou Soljenitsyne.

Allemagne et Grande-Bretagne : deux pays en marge

La vie intellectuelle allemande sort quant à elle complètement anéantie de la guerre. L'émigration intellectuelle massive (en grande partie juive) qui s'est installée aux États-Unis renonce à revenir en Europe. De plus, l'Allemagne est divisée en deux. À l'Est, les autorités communistes essaient de faire fructifier leur capital antifasciste en revendiquant le monopole de l'héritage de la « bonne » Allemagne démocratique. La RDA fait revenir à grands frais certains des artistes ou intellectuels célèbres tels qu'Anna Seghers ou surtout Bertolt Brecht, qui deviennent des emblèmes et des cautions intellectuelles du nouvel État. À l'Ouest, la jeune RFA tente de se reconstruire en éliminant les options radicales du champ politique. La vie intellectuelle germanophone, en contraste avec la forte tradition d'avant 1945, est désormais à la périphérie de l'espace européen. Seul le Groupe 47 (*Gruppe 47*) qui compte quelques-uns de ceux qui deviendront les grands écrivains de l'Allemagne d'après-guerre – Heinrich Böll, Günter Grass, Martin Walser, Hans-Magnus Enzensberger –, mais aussi des éditeurs et des critiques, affirme partager des convictions démocratiques et antifascistes sans pour autant adopter un programme sartrien, car ses membres entendent bien distinguer ce qui relève de la politique et ce qui relève de la littérature. Les écrivains sont particulièrement attentifs à concevoir une nouvelle « politique de la langue » susceptible d'épurer la langue allemande de la contamination du vocabulaire nazi qui l'a salie. Le philosophe Karl Jaspers, ami d'Hannah Arendt, est une des seules voix d'avant-guerre qui s'élève encore après 1945, notamment pour défendre la thèse de la culpabilité allemande, dans son essai éponyme de 1946.

La Grande-Bretagne reste en dehors des débats européens plus encore qu'elle ne l'était dans les années 1930. Le communisme n'y trouva jamais beaucoup d'adeptes. Comme le dira avec humour George Orwell : « Les Anglais ne s'intéressent pas assez aux choses intellectuelles pour les aborder avec intolérance. » Dans l'entre-deux-guerres, les affrontements tournent autour du pacifisme et de la crise économique ; après 1945, ils porteront autour des signes possibles d'un déclin britannique et des problèmes de la décolonisation. Aucune figure n'émerge qui ait l'écho d'un Sartre. La scène londonienne ne reflète en aucune manière une forme d'universalisme comme peut encore le faire la capitale française dont les débats, les procès (Kravchenko contre *Les Lettres françaises*, David Rousset), sont suivis avec passion à l'extérieur.

Si l'espace européen connaît peu ou prou au même moment l'émergence de la figure de l'intellectuel, on ne peut pas dire qu'il existe un intellectuel européen, ni hier ni aujourd'hui. La France a construit un modèle d'intellectuel prophétique, ne voulant pas

Les écrivains Martin Walser, Ingeborg Bachmann et Heinrich Böll à une réunion du Groupe 47 à Berlin en 1955.

connaître de frontières nationales, mais la production intellectuelle est structurée par des champs nationaux en conflit. Des formes d'uniformisation existent via le rayonnement culturel de ce modèle inégalement présent (plutôt en Italie et au sud de l'Europe) et par la circulation internationale européenne (et même internationale) des idées grâce à la traduction. Finalement, l'Europe intellectuelle reste jusque dans les années 1980 un espace fortement polarisé, tandis qu'en France comme ailleurs à l'Ouest, la légitimité intellectuelle a été concurrencée par d'autres formes de légitimité, telles que l'expertise mais aussi les médias. La culture médiatique et les médias de masse ont été appréhendés par les intellectuels des pays démocratiques comme leur principal ennemi durant le siècle dernier.

Chapitre 8

LES ONDES ET LES ÉCRANS

La culture de masse au XXe siècle

La culture de masse n'est pas la culture traditionnelle des peuples ruraux ni les coutumes et pratiques longuement élaborées par les sociabilités ouvrières. Elle n'est pas non plus la culture savante des élites. Elle est donc une tierce culture qui, théoriquement, n'est pas socialement ciblée puisque la puissance de sa diffusion en fait une culture à la fois universelle, d'extension planétaire, transnationale et transclasse.

On l'a vu naître parmi les foules citadines de l'Europe de la seconde moitié du XIXe siècle, celles qui fréquentent le théâtre ou le café-concert, qui flânent sur les Boulevards, séduites par la dimension spectaculaire de la ville, celles qui découvrent les nouveautés technologiques et artistiques dans les expositions universelles, qui écrivent des cartes postales et en reçoivent, qui lisent avec avidité le feuilleton de leur journal quotidien, ces foules prises dans une temporalité « moderne », qui appréhendent l'avenir avec optimisme – avant de déchanter – tout en faisant peur à la bourgeoisie, effrayée par le nombre, la passivité supposée et l'irrationalité de ces groupements humains. Le psychologue social français Gustave Lebon écrit en 1895 une *Psychologie des foules* qui traduit nettement cette anxiété nouvelle, voyant dans la foule une réunion momentanée d'êtres humains susceptibles, sous l'effet d'un événement, d'une émotion, d'un discours, d'épouser tous les délires, de haine comme d'amour.

Si la foule est un objet du XIXe siècle, la masse appartient tout entière au lexique du XXe siècle : assemblement indistinct de la modernité malheureuse, elle est plus compacte, potentiellement plus asservie à l'autorité d'un chef dont la puissance du message se trouve décuplée par les innovations technologiques, à commencer par la radio. Ce sont les masses des soldats dans les tranchées, ou les masses conglomérées par les régimes totalitaires ; ce sont également les masses des sociétés occidentales et de leurs lieux typiques de brassage : gares, rues, halls d'hôtel, métro. Tous ces lieux que le sociologue-historien Siegfried Kracauer, critique de cinéma de la république de Weimar, décrira comme les lieux emblématiques du nouvel art cinématographique.

La culture de masse est donc liée aux phénomènes d'urbanisation, subordonnée aux innovations scientifiques et techniques qui rythment sa périodisation, de l'âge des débuts du cinéma, de l'arrivée de la radio à l'âge télévisuel qui reconfigure l'ensemble des contenus et des formats précédents. La culture de masse au

XXᵉ siècle est liée au capitalisme et à la démocratie. Il n'y a pas de culture de masse dans les dictatures : il s'agit alors de propagande pure et simple, même si elle se trouve décuplée par les nouveaux médias. Cette culture de masse jouit d'une certaine autonomie au sens où elle résulte toujours d'une interaction entre producteurs, consommateurs, volonté politique et création individuelle.

Dans son ambivalence entre art et industrie qui recoupe celle de la culture de masse, le cinéma peut être vu comme sa bannière. L'émergence et l'épanouissement de la culture de masse en Europe, dans l'entre-deux-guerres puis après 1945, dans les années 1960, est inséparable d'un discours critique, d'anxiété ou de déploration, qui émane d'élites intellectuelles toujours promptes à lui dénier une quelconque valeur. Nous verrons la diversité, malgré tout, des traditions intellectuelles qui s'emparent de cette culture et produisent, tout au long du siècle, un discours qui lui est consubstantiel.

Technologies de la culture de masse

La culture de masse représente un basculement historique caractérisé par la prise de pouvoir de l'image et du son sur les cultures écrites. Mais avant même que l'image n'envahisse l'univers de l'Européen contemporain, l'enregistrement du son introduit une nouvelle hiérarchie dans la panoplie sensorielle. Le premier support d'enregistrement sur disque plat en zinc date de 1887 ; le microsillon en plastique apparaît après 1945. La vie ancienne était pleine de sons, dont certains rythmaient le quotidien, comme celui des cloches[1]. La vie moderne est assaillie des sons de la ville, mais elle se caractérise par la possibilité de réentendre à volonté de la musique – grâce au disque – et d'introduire dans l'intimité de la maison des sons de l'extérieur, du vaste monde. Tendons l'oreille à ce pouvoir de la radio.

Radio Days : la popularisation du son

Radio Days est le titre d'un film de Woody Allen (1987) qui évoque l'enfance de son personnage (new-yorkais, bien sûr) grâce à l'univers radiophonique qui l'a façonné tout entier. Ainsi, les émissions, les musiques, les voix de la radio sont les voies magiques de la remémoration. Ce film nous offre un indice de l'importance de ce medium dans la vie de millions d'Européens comme d'Américains dans l'entre-deux-guerres et jusqu'à nos jours, puisque la radio n'a jamais disparu de notre paysage culturel, résistant vaillamment à chaque révolution technologique.

C'est en 1922 que la BBC (British Broadcasting Company avant de devenir quelques années plus tard British Broadcasting Corporation) voit le jour[2]. Cette même année, plusieurs pays émettent déjà : le Danemark et la Russie. Le pays des soviets est très tôt conscient des potentialités révolutionnaires de ce nouveau média sur un immense territoire où les analphabètes sont encore nombreux. En 1923, la Norvège, la Finlande, l'Allemagne, la Belgique, la Tchécoslovaquie, la Suisse émettent à leur tour ; en 1924, l'Autriche, l'Italie, l'Espagne, les Pays-Bas, la Suède. Si l'équipement radiophonique de réception reste encore relativement cher dans les années 1920, il devient un phénomène de masse dans les années 1930, tout en représentant une dépense non négligeable pour les foyers populaires qu'il ne touche pas nécessairement encore. En ce domaine, comme en d'autres, les inégalités de l'espace européen sont criantes : la France passe de 500 000 postes à la fin des années 1920 à 5 millions dix ans plus tard ; dans le même laps de temps, le Royaume-Uni passe de 3,7 à 9 millions de postes. En 1930, il n'y a que 20 000 postes en Bulgarie et 10 000 en Grèce (contre 26 millions aux États-Unis). Ce n'est que dans les années 1950 que le marché de réception radiophonique est saturé dans les pays de l'Europe du Nord-Ouest, avant que des innovations technologiques – l'invention du transistor – relancent la dynamique à la fin des années 1950. On trouvera alors facilement plusieurs postes radio dans un seul foyer.

Un medium du quotidien et de l'intimité familiale

Dans de nombreux foyers européens des années 1930, le poste radio trône en place cardinale dans le salon ou la salle à manger, tel un nouvel autel familial, symbole d'une relation intime avec ses auditeurs, qui sera reconduite à peu près dans les mêmes termes avec la télévision quelques décennies plus tard.

La famille est donc le cadre d'écoute de la radio. On se réunit le soir après dîner pour écouter ensemble un concert ou une émission. Il s'agit alors d'une écoute attentive, recueillie, intensive, qui rappelle celle de la vie familiale européenne, lors de la veillée au XIXe siècle. Néanmoins, l'audition de la radio ne se fait pas exclusivement dans la sphère privée de la maison. Des pratiques d'écoute collective sont répandues, dans les cafés par exemple, lors de la retransmission d'événements sportifs ou dans des séances politiques organisées par le Parti communiste en France : ainsi le discours de Maurice Thorez dit de la « main tendue » (1934), qui lance la dynamique du Front populaire, est-il retransmis à la radio. La radio rythme l'espace mais aussi le temps du foyer. C'est alors qu'un peu partout, avec l'allongement du temps de diffusion des stations (de quelques heures par jour, on passe aux heures de grande écoute, le midi et le soir), s'invente la notion de grille de programme visant à une fidélisation des auditeurs. Dès cette époque, les genres qui feront le succès de la radio sont stabilisés : radio-crochets, jeux, reportages (bientôt en direct), shows, variétés, satire politique, débat, principe de mise en série, etc. Une grande partie de ces formats et contenus de programmes seront d'ailleurs recyclés pour la télévision. Quelques émissions deviennent cultes et dictent l'organisation de la journée en fonction du créneau horaire retenu. Pour rien au monde, on ne manquerait en Grande-Bretagne un épisode de *Band Waggon* (1938) ou en France de *La famille Duraton* qui, chaque jour (de 1937 jusqu'en 1966 !) met en scène les commentaires des nouvelles de la journée par une famille ordinaire. Des « stars » radiophoniques apparaissent, comme le comédien et *gagman* Arthur Askey en Grande-Bretagne. Certains sont découverts par la radio comme Charles Trenet, le « fou chantant ». La radio reconfigure les normes et les modalités de la notoriété artistique et intellectuelle en construisant des célébrités, inconnues jusqu'alors. Certains universitaires comme Isaiah Berlin, ou certains écrivains comme W. G. Auden ou T. S. Eliot deviennent soudain célèbres en raison de quelques conférences ou lectures radiophoniques.

Radio et politique

Dans les dictatures, Allemagne nazie, Italie fasciste et Russie soviétique, la propagande politique utilise le canal de la radio, mais pas immédiatement. Ainsi, le régime mussolinien a assez peu usé de la radio, lui préférant d'autres modes propagandistes plus traditionnels comme les affiches, les cartes postales, les meetings et les bannières. De même, en URSS, ce n'est qu'en juin 1941, après l'offensive allemande, que les Russes entendirent pour la première fois la voix de Staline et découvrirent son accent géorgien... Finalement, c'est aux États-Unis, où le personnel politique

Au cœur des foyers européens dans les années 1930,
le poste de radio.

se familiarise tôt avec les exigences du medium radiophonique, qu'il en est fait le plus grand usage : Roosevelt fait œuvre pédagogique novatrice en expliquant son action, chaque semaine, lors de ses *fireside chats* (causeries au coin du feu).

En France, le Front populaire exerce un « contrôle militant » de la radio et épure les journalistes d'extrême droite. En Grande-Bretagne, la BBC construit au fil des années un *ethos* de hauteur morale et politique qui n'accepte aucun soutien gouvernemental. Néanmoins, on peut dire qu'elle promeut une forme d'adhésion à un consensus conservateur au sens où il ne serait pas envisageable d'entendre sur les ondes de la BBC une

Franklin D. Roosevelt lors de l'une de ses célèbres causeries au coin du feu (*fireside chats*), retransmises sur les ondes de 1933 à 1944.

critique (même en *understatement*) de la monarchie, de l'Empire ou de l'anglicanisme. À la fin des années 1930, la BBC commence à retransmettre le genre de l'« adresse à la nation » de plus en plus pratiqué par les gouvernants. En situation de crise, comme en ce 3 septembre 1939, le caractère solennel du discours de George VI, dans tout l'Empire, n'exclut pas l'intimité de la parole du monarque s'adressant à chacun, dans son foyer, et non à tous : « En cette heure grave, la plus décisive de notre histoire, j'envoie dans tous les foyers de notre nation, ici et au-delà des mers, ce message prononcé avec la même profondeur de sentiment pour chacun d'entre vous, comme si j'étais capable de passer votre seuil et de vous parler directement[3]. » [Traduction de l'auteur.]

C'est véritablement la Seconde Guerre mondiale qui infléchit la fonction politique de la radio, car elle fut une guerre d'information, de propagande et donc une guerre radiophonique où chacun des protagonistes l'utilisa massivement, sans compter ce que représentait, pour les forces clandestines et résistantes, la possibilité d'écouter la radio de Londres[4].

En France, le général de Gaulle fait savoir sa subversion à l'égard de l'ordre pétainiste par la radio, le 18 juin 1940. Sans radio, pas de gaullisme. De Gaulle fut longtemps une voix, et de plus, émanant d'un inconnu. Plus tard, lorsqu'il revint au pouvoir dans le contexte de la crise algérienne, son discours du 23 avril 1961, enregistré à la télévision, mais diffusé en Algérie grâce aux postes transistor des soldats, arrêta net la rébellion. En effet, il enjoignit au contingent de désobéir aux officiers putschistes, qu'il brocarda par la célèbre formule de « quarteron de généraux en retraite ». De même, le 30 mai 1968, au plus fort de la crise, de Gaulle choisit la radio pour s'exprimer. C'est un des tournants de Mai 68, car là encore, le discours fait événement en enclenchant une dynamique de contre-offensive des forces conservatrices qui se retrouvent sur les Champs-Élysées au nombre d'un million de personnes.

Un système européen de radio publique

Contrairement aux États-Unis où la radio fut de tout temps plurielle, privée et financée exclusivement par la publicité, l'Europe (sauf la Belgique et le Luxembourg) s'engage dans un modèle public-étatiste qui durera jusque dans les années 1980. Généralement, le modèle est le suivant : une redevance est prélevée en même temps que l'achat d'un poste et reversée à une compagnie publique de radio : RTF en France, BBC au Royaume-Uni, Ente Italiano Audizioni Radiofoniche devenue RAI (Radio Italiana) après 1945 en Italie, ReichsRundfunk Gesellschaft fondée par le chancelier von Pappen en 1932. La radio est un monopole d'État, le plus souvent sous la tutelle du ministère des Postes. Contrairement à l'édition, au cinéma, à la presse, la radio européenne est donc une entreprise culturelle non lucrative.

Le modèle de la radio publique européenne est sans aucun doute la BBC. Au cours des années, elle est devenue une institution dans son propre pays mais aussi à l'extérieur étant donné l'extension impériale du Royaume-Uni. La BBC, c'est d'abord un ton sans doute, avec son anglais articulé et diphtongué correspondant aux canons de la bourgeoisie éduquée à Oxbridge. C'est aussi un programme exigeant. Comme le dit son premier directeur, sir John Reith, il s'agit pour lui de « distraire, éduquer, informer ». La BBC prospéra sur la base de ce programme de démocratisation de la culture savante, correspondant aux désirs de la bourgeoisie anglaise, mais aussi de tous ceux qui voulaient s'éduquer sans avoir l'opportunité de fréquenter l'université. C'est ainsi que la BBC accueillit volontiers des écrivains, comme Virginia Woolf, des historiens, des universitaires pour débattre de questions larges ou plus ciblées. Une journée type pouvait alterner une conférence juridique, un bilan sur les connaissances astronomiques, un débat et la rediffusion d'un concert de musique classique. Les autres radios publiques adhérèrent à cette politique « éducative ». En France, la RTF diffusa fréquemment des pièces de la Comédie-Française. Cela n'empêcha pas de proposer beaucoup de musique, pour l'essentiel du temps, et pas seulement de la musique savante, qu'elle soit « classique » ou « moderne ». Les radios publiques donnent une part importante à leur patrimoine chansonnier national, qu'elles contribuent à faire rayonner et à protéger discrètement de l'invasion de la musique américaine. En France comme en Italie par exemple, une prime est donnée aux talents locaux. La radio exerce alors une sorte de protectionnisme musical implicite.

La radio, comme la télévision, deuxième grand medium de la culture de masse, obéit à une logique de diffusion susceptible de déborder les frontières nationales. Un des premiers événements radiophoniques à proprement parler fut la retransmission, le 15 juin 1920, d'un tour de chant de la grande soprano australienne Nellie Melba, dont le récital à Chelmsford (Essex, RU) fut retransmis en direct sur les ondes. On put donc entendre la voix de Nellie Melba au même moment en France, en Norvège, en Italie et même en Perse. L'Europe et le monde devenaient un village. Pour autant, cette unification de la temporalité par une culture de masse planétaire n'exclut pas un mouvement de réappropriation nationale qui fit de la radio un outil de renforcement du consensus national, en raison sans doute du rôle qu'elle joua pendant la guerre mais aussi parce qu'elle relevait d'un monopole d'État.

En ce qui concerne la télévision, le même paradoxe existe pour le premier âge du medium, c'est-à-dire jusqu'aux années 1980. Par la suite, la privatisation des chaînes, la multiplication de l'offre et la segmentation des publics reconfigurèrent très différemment ce medium universel.

L'âge de la télévision

Medium universel [5]

Contrairement au cinéma, il n'existe pas d'inventeur patenté de la télévision, pas plus que de combat homérique pour son origine. Disons que la télévision est faite d'un mixte de technique britannique et d'ingénierie allemande, qui se combinèrent avant et après la Seconde Guerre mondiale. Cette incertitude même nous montre que l'âge de la télévision n'est pas celui de son invention technique, mais celui de la constitution de son audience, datant des années 1950 et surtout 1960 en Europe. Si, en 1939 la toute jeune télévision britannique compte 20 000 postes, en 1963, elle en compte 12,5 millions. Il y en a 3 millions à la même date en France, 1 million en Italie et... aucun en Grèce, qui n'introduit la télévision qu'en 1969. En 1990, l'Italie compte 17 millions de postes, la France 19 millions, le Royaume-Uni 22 millions et l'Allemagne 23 millions. La télévision a conquis l'Europe de l'Ouest. Le nombre de postes et l'augmentation des heures où elle est allumée (qui ne recoupe pas nécessairement les heures où on la regarde effectivement) attestent de la réalité de cette nouvelle « fée du logis », pour reprendre l'expression du sociologue Dominique Wolton[6]. Contrairement à celle de la radio, l'histoire de la télévision laisse voir un constant retard de l'Europe vis-à-vis des États-Unis (qui se répète dans l'acquisition des deuxièmes puis troisièmes chaînes publiques dans les années 1960 et 1970 ainsi que dans l'acquisition de la télévision couleur au cours des années 1960 ou 1970 selon les pays). Pourquoi ce retard ? Le retard technique, mais surtout l'effet de la fragmentation linguistique ainsi que la faiblesse du pouvoir d'achat des Européens après 1945 expliquent le « retard à l'allumage » de la télévision (presque deux décennies après son invention technique). Ainsi, le succès d'un nouveau medium n'est jamais seulement une question de technique mais aussi indissociablement une question économique et sociale.

On pourrait faire les mêmes remarques ici que pour la radio car les deux médias ont de nombreux traits communs : l'intégration dans la vie familiale, l'attention oblique et sporadique, l'offre de nombreux genres télévisuels en partie importés de la radio, mais aussi du cinéma ou du théâtre. La production télévisuelle consomme de la culture savante comme des contenus traditionnellement plus populaires (vaudevilles, jeux, etc.). Comme la radio, mais avec une puissance plus grande, elle se trouve propulsée par des événements qui obtiennent une couverture mondiale. L'exemple type est ici le couronnement de la reine Élisabeth en octobre 1952, filmé par des caméras du monde entier depuis l'abbaye de Westminster, et retransmis partout, avec quelques coupures publicitaires aux États-Unis. De toute évidence, l'avènement des images du monde sur le petit écran et la capacité d'une transmission en direct reformatent profondément le rapport des téléspectateurs européens à la réalité.

L'offre politique se trouve elle aussi métamorphosée par le prisme télévisuel qui, à partir des années 1960, devient un arbitre sévère des compétitions électorales : malheur au candidat qui ne « passe » pas bien à l'écran ! À lui, les séances de *brainstorming* intensif avec des conseillers en communication. Le monde politique, mais aussi une des grandes institutions spirituelles de l'Europe, l'Église catholique, doivent désormais faire avec la télévision. Le 1er janvier 1954, le pape Pie XII, dans sa « Lettre sur la télévision », s'effrayait de cette lucarne du monde au cœur du foyer : « Nous avons déjà devant nous l'expérience du pouvoir maléfique et perturbant du cinéma. Comment ne nous effraierions-nous pas de la possibilité qu'a la télévision de transporter à l'intérieur des murs de la maison la même atmosphère empoisonnée de matérialisme, de vide spirituel et d'hédonisme que l'on trouve dans tant de films de cinéma ? » Les premières réactions effrayées de l'Église catholique face aux technologies modernes ne sont en général qu'un préambule rituel à une familiarisation puis à une instrumentalisation tout à fait efficace de la radio, du cinéma et de la télévision. Le pouvoir de l'image et du son est trop important pour être laissé aux non-croyants, d'autant plus que l'institution a une longue tradition de compétences sonores et iconiques…

Comme la radio, la télévision peut avoir des effets d'unification linguistique ; ainsi en Italie, où de nombreux ruraux, notamment dans le Mezzogiorno, parlaient des dialectes sans jamais être exposés à l'italien florentin. Le « Telegiornale » quotidien de la RAI constitue un premier désenclavement pour ces villageois qui ne lisent pas la presse nationale (puisqu'il n'existe pas en Italie de grande presse quotidienne populaire équivalente à la presse britannique). On pourrait soutenir que la télévision des années 1960 achève le Risorgimento commencé plus d'un siècle auparavant.

L'éclatement de la télévision : privatisation, spécialisation, fragmentation

Jusque dans les années 1980, les télévisions européennes se sont développées sur un modèle d'action publique (comme la radio), avec les mêmes attentes, le même système de financement et les mêmes objectifs culturels larges.

Le pionnier de la dérégulation est l'Italie, dont la Cour suprême déclare l'illégalité du monopole d'État pour les télévisions régionales en 1976. D'où l'explosion de chaînes locales : à Rome, en 1980, on disposait d'une trentaine de chaînes... Sur cette opportunité nouvelle se développe le réseau Fininvest (aujourd'hui Mediaset), propriété de Silvio Berlusconi qui, protégé par un intense clientélisme politique, affirme son pouvoir sur les trois chaînes privées principales, sur une des plus grandes agences de publicité de la péninsule ainsi que sur la maison d'édition Mondadori. La télévision privée devient le vaisseau amiral d'un empire médiatique d'un nouveau genre qui aurait été, notons-le, parfaitement illégal et inenvisageable en Grande-Bretagne ou aux États-Unis. L'entrée réussie de Berlusconi dans la politique italienne lui permet d'affirmer son monopole et surtout de l'éloigner de tout risque d'incursion juridique. En 2002, Mediaset représente 45 % de l'audience privée tandis que la télévision publique, la RAI, en représente 43 %.

En France, l'histoire de la privatisation recèle quelques paradoxes puisque c'est la droite, au pouvoir jusqu'en 1981, qui défend la télévision publique (et le monopole de l'État sur l'information) et la gauche socialiste qui ouvre les vannes de la télévision par souscriptions privées. La création de Canal+ en 1984, suivie de celles de France 5 et TV6 en 1985, font figure de révolution dans le monde de l'audiovisuel. En Grèce également, le Parti socialiste au pouvoir abolit le monopole de l'État en 1987. En Espagne, le processus de libéralisation qui, dans ce pays à peine sorti de la dictature, correspond sans doute à une vraie demande sociale, commence avec la radio catalane – Radio Catalunya – et s'ouvre à la télévision en 1989. La multiplication des chaînes audiovisuelles espagnoles recoupe également un régionalisme d'autant plus vigoureux qu'il a été réprimé sous le franquisme.

Cette multiplication des chaînes ne correspond donc pas nécessairement à une commercialisation exubérante qui entraînerait un bradage des programmes. Le processus débouche plutôt sur une diversification et une fragmentation de l'audience sur lesquelles se rejouent de vieux antagonismes – partiellement subsumés à l'âge précédent – entre culture d'élite et culture populaire. Ainsi, des chaînes sont explicitement consacrées à des programmes de culture, comme Channel 4 en Grande-Bretagne créée en 1982 ou Arte, la chaîne franco-allemande créée en 1993 et diffusée, à sa création, uniquement sur le câble et par satellite. La télévision publique détient alors moins de 50 % d'audience un peu partout en Europe et aucune chaîne n'obtient plus de 20 % d'audience.

Le monde des chaînes généralistes a pris fin après avoir donné naissance, entre les années 1960 et les années 1980, à une programmation diversifiée et à une forme de culture partagée. Vingt années de télévision publique ont, dans chaque communauté nationale, créé une mémoire commune, un stock de références et de souvenirs partagés. Aujourd'hui, indépendamment des jugements de valeur sur la qualité des chaînes et des programmes, les audiences se repositionnent dans des niches selon des critères anciens de culture savante ou populaire. On a atteint là un stade nouveau de la culture de masse.

La radio et la télévision, médias de l'intimité, fonctionnent selon une dynamique centripète qui « domestique » ou « rapatrie » la culture à la maison. L'invention des tourne-disques puis du matériel sophistiqué d'écoute de la musique ou de visionnage des films (VHS puis DVD) participe de cette dynamique. Pour autant, n'oublions pas que la culture de masse s'est également développée, au cours du siècle, selon une dynamique centrifuge, à travers la perpétuation de la « sortie » au cinéma, au théâtre, au concert stimulée dans un contexte d'avènement d'une société des « loisirs » qu'inaugure la prospérité de l'après-guerre. Bref, un double mouvement culturel centripète et centrifuge coexiste, tandis que se rencontrent encore dans les années 1970 un mouvement d'individualisation des pratiques culturelles (on écoute son disque seul à la maison et plus tard, on écoute de la musique sur un baladeur personnalisé) et des pratiques collectives plus traditionnelles (cinéma, théâtre, concerts).

LE SAVANT ET LE POPULAIRE

Les intellectuels européens ont, depuis sa naissance, noué une relation passionnelle avec ladite « culture de masse », investie dès le milieu du XIXe siècle de la grande théorie du déclin culturel, qui autorise les discours apocalyptiques ou millénaristes.

Globalement, deux postures sont possibles [7] : l'une, populiste, est un éloge inconditionnel des cultures populaires dans leur version traditionnelle, folkloriste ; l'autre est misérabiliste : le peuple est vu comme doté d'une vie inaccomplie, grossière, inhumaine, aliénée car privée de la vraie « culture cultivée ». Cette version se décline aussi bien du côté de l'élitisme intellectuel que de l'aristocratisme qui méprise la culture de masse, voyant dans le cinéma un « divertissement d'ilotes », dans le roman noir une sous-littérature et dans la bande dessinée une dégénérescence obscène. Mais participe aussi de cette vision misérabiliste toute une ligne culturelle de gauche qui sous-tend plus ou moins les politiques culturelles des démocraties en s'érigeant contre la culture divertissante de masse. Il en est ainsi de la théorie marxiste qui perçoit la culture de masse comme une sorte d'« opium du peuple », ou de la sociologie de domination culturelle de Pierre Bourdieu [8]. Cette deuxième posture est la plus régulièrement reconduite parmi les clercs européens dès le XIXe siècle, depuis Sainte-Beuve et ses imprécations contre la « mauvaise littérature » des romans-feuilletons ou Matthew Arnold en Grande-Bretagne. Certaines traditions intellectuelles comme celle des Cultural Studies britanniques échappent toutefois à cette rhétorique majoritaire dans le monde intellectuel, de droite comme de gauche.

L'école de Francfort : le totalitarisme doux des industries culturelles

Contrairement à de nombreux pamphlétaires, les sociologues-philosophes de l'école de Francfort[9], à commencer par Theodor W. Adorno, tout en assumant complètement la ligne aristocratique définie plus haut, ont véritablement cherché à étudier cette culture de masse honnie. Adorno a écrit sur le jazz ainsi que sur la presse populaire de Los Angeles, notamment sur sa rubrique astrale, y voyant une cristallisation des croyances et des mythes de la culture populaire américaine. La culture de masse est donc digne de devenir un objet d'études.

C'est le cas avec Walter Benjamin, dont on connaît les intuitions pénétrantes dans un texte devenu célèbre, *L'Œuvre d'art à l'époque de sa reproductibilité technique,* écrit en 1935 et retravaillé dans les années suivantes. Il y théorise la perte de l'aura des œuvres d'art dans l'infinie reproduction rendue possible par la technique de la lithographie, mais surtout de la photographie et du cinéma – qui n'est que reproduction (il n'y a pas au cinéma de copie originale, comme il existe des tirages originaux en photographie). Pour lui, l'avènement de la photographie et du cinéma signifient avant tout l'arrivée des masses sur la scène historique et le changement radical de régime esthétique, où l'œuvre d'art n'est plus appréciée dans la contemplation et le culte du Beau, mais au contraire reçue dans un choc de perceptions. Pour Benjamin, cette nouveauté n'est d'ailleurs pas nécessairement et toujours négative. Il a en effet varié dans sa vision de ce que nous appelons ici la culture de masse et en a donné plusieurs versions. Sa mort par suicide en 1940 laisse son œuvre inachevée et donc ouverte à différentes interprétations.

La culture de masse fut renommée par ses deux principaux théoriciens critiques, Theodor Adorno et Max Horkheimer, « industries culturelles », afin de souligner l'application de méthodes industrielles de production et de diffusion qui définit à proprement parler, selon eux, la culture de masse. Selon le raisonnement d'Adorno, au bout du processus on obtient une standardisation, une uniformisation et un appauvrissement du goût culturel. La genèse de cette posture ne peut se comprendre en dehors du contexte de totalitarisme nazi, qui entraîna le départ de l'Institut für Sozialforschung de Francfort pour Paris puis pour New York où il fut abrité par l'université de Columbia. Autrement dit, ces intellectuels allemands exilés, porteurs d'une des cultures savantes les plus sophistiquées d'Europe, la fleur de la *Bildung* germanique, débarquent aux États-Unis et découvrent une culture de masse, déjà largement importée dans l'Allemagne de Weimar, mais ici d'une ampleur décuplée. Ils l'appréhendent avec un regard comparatif et transatlantique d'exilés. Sous couvert d'une culture rendue accessible à tous par un système capitaliste prospère, ils perçoivent une logique aplanissante, décérébrante et abrutissante, qui avait justement fait le lit du nazisme en Allemagne.

Une partie de la gauche américaine des années 1960 s'est paradoxalement réapproprié ces théories des années 1930-1940, car ces dernières nourrissaient leur propre critique du système libéral capitaliste [10]. On retrouve de même en France nombre d'échos des réflexions d'Adorno, dans les textes de l'Internationale situationniste ou dans un texte célèbre de l'avant-68 étudiant, intitulé « De la misère en milieu étudiant ». Cette brochure très largement diffusée brocardait l'aliénation profonde de la figure étudiante sur les plans économique, politique, sexuel et culturel : « La misère réelle de la vie quotidienne étudiante trouve sa compensation immédiate, fantastique, dans son principal opium : la marchandise culturelle [...]. Dans son application, [l'étudiant]se croit d'avant-garde parce qu'il a vu le dernier Godard, acheté le dernier livre argumentiste, participé au dernier happening de Lapassade, ce con. Cet ignorant prend pour des nouveautés "révolutionnaires", garanties par label, les plus pâles ersatz d'anciennes recherches effectivement importantes en leur temps, édulcorées à l'intention du marché. La question est de toujours préserver son standing culturel. L'étudiant est fier d'acheter, comme tout le monde, les rééditions en livre de poche d'une série de textes importants et difficiles que la "culture de masse" répand à une cadence accélérée. Seulement, il ne sait pas lire. Il se contente de les consommer du regard. » Ce qui caractérise ici la culture de masse n'est pas tant l'objet ni le contenu (Godard, la revue *Arguments*, des textes difficiles), mais son mode de consommation (oblique, distrait) et l'accélération du rythme de production.

Le pari optimiste des Cultural Studies

Les sociologues, les écrivains et les historiens issus de la New Left britannique de la fin des années 1950 produisirent un certain nombre d'ouvrages portant un regard très différent sur la culture de masse [11]. Ainsi Richard Hoggart, auteur de *The Uses of Literacy. Aspects of Working class life* (1957) (traduit en 1971 en français par *La Culture du pauvre*), adopte une position radicalement autre, pose de nouvelles questions et propose aussi de nouvelles réponses [12]. Les Cultural Studies croient en la possibilité de résistance du peuple face aux idéologies dominantes relayées par les médias. Hoggart se demande en quoi la culture des classes populaires peut contester l'ordre établi. Ou en quoi elle adhère aux rapports de pouvoir. Il rend compte d'un feuilleté d'expériences et de traits psychologiques populaires : le côté « je-m'en-foutiste », un peu désinvolte, la philosophie fataliste, le rapport au temps privilégiant le présent et le plaisir contre l'incertitude de l'avenir et l'impossibilité de capitaliser. Tout cela est érigé en un ensemble de dispositions qui permettent de « faire avec », de « braconner ». On trouvait déjà ces pratiques de détournement au XIXe siècle, lorsque les ouvriers développaient des pratiques déviantes analysées comme autant de résistances à l'ordre établi : les confraternités masculines, la sociabilité des cabarets, les épisodes de soûlographie qui dénient et défient l'univers de la respectabilité bourgeoise. Alors qu'Adorno ne donne pas une seule chance au citoyen contemporain, broyé par les logiques massives de la distraction sur commande, Hoggart met en scène un ouvrier britannique regardant la télévision avec une « attention oblique », c'est-à-dire une adhésion incomplète, une capacité de se retirer et une forme de « quant-à-soi » censé le protéger des intrusions agressantes de la culture de masse.

L'antiaméricanisme français

Il n'y eut rien d'équivalent en France aux *Cultural Studies*, si ce n'est l'œuvre solitaire d'un Michel de Certeau, lui aussi attentif aux micro-stratégies de la « culture ordinaire [13] ». Pour le reste, la culture de masse est traitée majoritairement sur le registre pamphlétaire (de Georges Duhamel à Alain Finkielkraut dans *La Défaite de la pensée* (1987)), de l'analyse du pire ou de l'indifférence polie. Comme l'écrit Jean-Pierre Rioux, « la pensée française a persévéré dans la critique humaniste et élitiste d'un processus qui n'en finit pas de dérouter ses concepts familiers [...] et de dédaigner son magistère [14] ».

Depuis le XIXe siècle, on observe un extraordinaire consensus chez les intellectuels de droite comme de gauche pour vilipender cette nouvelle culture. Pourquoi ? Sans doute parce que, très vite, à la culture de masse est associée l'idée d'américanisation, d'invasion de la culture française vécue par certains comme une colonisation qui mettrait en danger l'identité nationale largement définie en France en des termes culturels (France, terre des arts et des lettres, etc.) [15].

Dès les années 1930, une forte composante d'antiaméricanisme infléchit le discours intellectuel sur une culture de masse envisagée, à tort, comme exportée par les États-Unis vers la vieille Europe. Dans *Scènes de la vie future* (1930), Georges Duhamel croit voir en Amérique la France de demain et cette perspective le remplit d'horreur ; Robert Aron et Arnaud Dandieu diagnostiquent un « cancer américain » dont les symptômes sont la concentration financière, la spéculation, la standardisation, la publicité qui réduisent l'homme moderne à une marionnette ou à un simple maillon sur la chaîne de production. Les *skyscrapers* (gratte-ciel) remplacent les abattoirs de Chicago et deviennent l'emblème de la démesure proprement américaine. Le discours antiaméricain a déjà une longue histoire et se fixe sur un ensemble stratifié de croyances, d'images et de références. Au XXe siècle, ce discours éminemment défensif est produit par de nombreux écrivains, philosophes et essayistes : défense de la France, défense de l'Europe comme rempart de la civilisation, défense de l'esprit converti dans les années 1950 en résistance culturelle, défense, enfin, de la corporation des clercs, du statut d'intellectuel et d'artiste que l'Amérique ignorerait. L'argumentaire se retrouve tel quel dans le second après-guerre, mais repris par des concurrents idéologiques : les intellectuels communistes. Des années 1930 aux années 1950, la métaphore de l'invasion cède la place à celle de la colonisation développée par Étiemble dans *Parlez-vous franglais ?* (1964). La véhémence rhétorique reste la même : à la mesure de l'angoisse nourrie du sentiment d'effacement de la France.

Il est étonnant de voir à quel point les grands intellectuels de l'après-guerre, Sartre, Camus, sont peu préoccupés par la culture de masse et par la culture en général qui apparaît comme le type même du mauvais objet. L'écosystème intellectuel marxiste ne permet pas de penser la culture en tant que telle : superstructure, elle est déterminée et non déterminante. Quand, dans les années 1960, les nouvelles sciences humaines (Lévi-Strauss, Lacan, Bourdieu) prennent le relais des philosophies existentielles, le culturel ou le symbolique sont réévalués mais l'observation chaleureuse, empathique des cultures populaires dans des sociétés exotiques ou en voie de disparition (les sociétés rurales traditionnelles européennes), n'entraîne pas le même enthousiasme réflexif pour le contemporain. Au contraire, aussi bien l'anthropologie structurale que l'histoire des mentalités se construisent en partie contre l'histoire immédiate. Les deux seules personnalités ayant quelque curiosité pour la culture de masse sont des intellectuels atypiques, circulant entre plusieurs domaines et hors des structures universitaires classiques. Ainsi Edgar Morin dans son *Esprit du temps* (1962), et Roland Barthes dans ses *Mythologies* (1957) qui cartographient avec humour et parfois avec humeur le paysage mental du Français des années 1950, sous la forme de vignettes démontant le langage de la culture de masse. La forte critique marxiste du texte vise à démystifier la nature petite-bourgeoise de nombre de ces artefacts se posant comme autant de vérités universelles. Barthes puise ses exemples dans divers lieux spatiaux et idéologiques du monde qui l'entoure : des spectacles de catch (« Le monde où l'on catche ») aux célébrités locales comme l'enfant-poète Minou Drouet (« La littérature selon Minou Drouet »), de l'astrologie au music-hall, des photos de Paris-Match (« Photos-choc ») aux stars de cinéma (« le visage de Garbo »).

Le cinéma, art et industrie du XXe siècle

Une vocation industrielle

Sans reconduire la querelle fondatrice entre Lumière et Edison (dont l'enjeu est le pays d'origine du cinéma !), choisissons de braquer la caméra le 28 décembre 1895 dans un café parisien. C'est en effet ce jour-là qu'aurait eu lieu la première projection cinématographique publique et payante, dans le sous-sol du Grand Café, boulevard des Capucines. Les spectateurs, ébaubis, poussent des exclamations de surprise lors du visionnage de *La Sortie d'usine*, film de l'industriel lyonnais Louis Lumière qui, avec son frère Auguste, vient de mettre un terme à des années de recherche et d'invention sur les images mouvantes. L'année suivante, *L'Arrivée d'un train en gare de La Ciotat* et *L'Arroseur arrosé*, premier « drame » cinématographique, stupéfient tout autant les spectateurs poussés brutalement dans un nouveau régime de représentation. Ces images du réel ainsi que toutes celles collectées par les opérateurs Lumière lancés à travers le vaste monde ne sont pas moins « irréelles » – on peut le vérifier cent ans après – que les films de Georges Méliès, souvent présenté comme le premier poète du cinéma, *alter ego* des Lumière. Ceux-ci n'ont curieusement pas l'intuition de la vocation imaginaire et fictionnelle de leur invention, qu'ils cantonnent dans une fonction d'enregistrement à but pédagogique ou scientifique, mais nullement artistique. Méliès, lui, propriétaire du Théâtre Robert-Houdin et illusionniste de génie va, dans son studio de Montreuil, jouer l'apprenti sorcier avec force maquettes, décors en trompe-l'œil, trucs en tout genre et réussir son *Voyage dans la Lune* (1902) ou au *Royaume des fées* (1903). Cette conversion esthétique du cinéma s'accompagne d'une évolution économique rapide : très vite il perd sa dimension artisanale et entre dans l'ère industrielle et capitaliste dominée par les véritables capitaines d'industrie que seront Charles Pathé et Léon Gaumont.

Tous deux, à partir de vastes studios – Vincennes et Joinville pour Pathé (plus de 800 employés), les Buttes-Chaumont pour Gaumont – bâtissent un empire planétaire. De la fabrication d'appareils de projection à la production d'images animées, puis, selon une logique de concentration industrielle et d'émulation, à la création de leur propre réseau de distribution, le pas est franchi en une décennie : en 1907, Pathé produit 351 films dans l'année ; en 1913, le Pathé-Journal, nourri par les images d'opérateurs envoyés dans le monde entier, devient quotidien ; on inaugure en 1911 le luxueux Gaumont-Palace (3 400 places) à Clichy : le cinéma n'est plus ce spectacle forain qu'on allait voir dans les baraques de toile, il aspire à la légitimité sociale et esthétique. C'est pourquoi Pathé crée en 1908 « Le Film d'art », une société de production affiliée, chargée d'offrir des films d'un niveau artistique élevé comme *L'Assassinat du duc de Guise* d'André Calmettes et Charles Le Bargy (1908), ou les premiers longs-métrages d'Albert Capellani inspirés des romans de Victor Hugo, *Notre-Dame de Paris* (1911), *Les Misérables* (1913), qui ne constituent plus aujourd'hui que des documents d'archives. Au contraire, la créativité et l'invention proprement cinématographiques de ce début de siècle sont plutôt du côté des séries de Max Linder – *Max prend un bain* (1912), *Max professeur de tango* (1913), etc. – dont le comique burlesque fait sensation, ou de Louis Feuillade et de ses célèbres adaptations de Fantômas.

La guerre interrompt brutalement cette prospérité artistique et économique ainsi que la suprématie française des débuts dont la nostalgie traverse le siècle. Désormais, il faut compter avec l'Amérique ; Griffith vient de le prouver. Les empires Gaumont et Pathé sont démantelés et cantonnés à l'hexagone. Dans le même temps, une réflexion sur l'esthétique cinématographique s'esquisse avec Louis Delluc, jeune journaliste inventeur du terme « ciné-club » et Riccardo Canudo baptisant « septième art » le jeu avec ces images « pures » que l'avant-garde des années 1920 aime présenter dans des salles spécialisées (on peut alors voir Germaine Dullac, Marcel L'Herbier, Jean Epstein et surtout Abel Gance côté français et tout le cinéma expressionniste côté république de Weimar) [16]. Quête de légitimité artistique et réalité d'un art populaire sont donc caractéristiques du cinéma lorsque se produit la révolution du parlant qui, d'une certaine façon, en accomplit la synthèse en permettant l'invention d'un véritable cinéma classique au début des années 1930.

Les Palais de la distraction

« Palais de la distraction » : c'est ainsi que Siegfried Kracauer qualifie les nouvelles salles de cinéma du Berlin de la fin des années 1920, lorsqu'elles commencent à s'équiper pour le parlant. Kracauer voit dans le cinéma le paradigme de la culture moderne, (ou la culture de la distraction) avec ses palais, ses acteurs, ses mythes, son économie, sa topographie [17].

À cette date, en Europe, les salles de cinéma sont construites ou recyclées d'après d'anciennes salles de jeux ou de théâtre, avec le désir visible d'ornementer le lieu de signes de prestige culturel et d'aisance bourgeoise. On quitte l'ancienne géographie des modestes salles de quartier pour une topographie plus centrale de salles très architecturées (comme Le Grand Rex à Paris, construit exactement au même moment). Ce sont des temples profanes de la modernité culturelle, comme les halls d'hôtel, vestibules où circulent et se croisent de nombreux citadins en quête de plaisirs variés. Pour Kracauer, le cinéma et le music-hall, avec leur débauche acoustique et visuelle, sont proprement des créations de la masse et non plus de la culture bourgeoise traditionnelle. La nouveauté de la culture de masse, c'est qu'elle homogénéise la stratification sociale dans une unité : « Par la fusion dans la masse, naît le public homogène de la *cosmopole* qui, du directeur de banque à l'employé de commerce, de la star à la sténodactylo, partage le même esprit [18]. » Quel esprit ? L'appétit avide de distractions qui est finalement un défouloir à l'esclavage du salariat moderne, forme dominante du travail dans les grandes villes européennes de la modernité. Il y a chez Kracauer une théorie presque marxiste de la correspondance entre le type d'activité laborieuse des classes moyennes salariées et le type de distraction requise en dehors du travail ;

Le Haus Vaterland à Berlin, vaste complexe situé au cœur de la ville, offrait au public de nombreux restaurants, cinémas et salles de spectacles en tout genre (années 1920).

le cinéma est une excitation des sens omniprésente qui empêche la concentration et rend indésirable la réflexion : « les éclaboussures de projecteurs et les accompagnements musicaux se maintiennent à la surface comme des flotteurs [19] ». On ne trouve pas en revanche chez Kracauer de condamnation morale. C'est au contraire selon lui la grandeur d'un medium que d'aller au bout de ses potentialités et non à leur encontre. Cette culture de masse, exprimée spatialement par l'érection du Palais de la distraction, est sincère car elle reflète exactement le chaos du monde. Pour Kracauer, l'esthétique du cinéma, art autonome, art de la surface, art de l'éphémère, art de la masse, consiste à « montrer à nu le déclin au lieu de le dissimuler [20] ». Là est sa grandeur, là est sa fonction.

Des mythologies contemporaines

Si le cinéma a vu grandir le siècle par l'enregistrement de sa trace historique, il l'a également projeté en pourvoyant les sociétés européennes et même occidentales de mythologies modernes, dont elles manquaient cruellement. La première figure qui vient à l'esprit est celle de Charlot, personnage qui traverse la création de l'auteur Charlie Chaplin. Dans *La Ruée vers l'or* (1925), Charlot apparaît, sous la plume de Kracauer, comme un trou, trou de la volonté, trou où sont aspirées choses et circonstances : « Les chasseurs d'or au milieu desquels surgit Chaplin ont une volonté : ils se disputent l'or et les femmes, rudes géants comme on en rencontre dans les livres d'aventure. Lui n'a pas de volonté : à la place de l'instinct de conservation, de l'appétit de pouvoir, il n'y a en lui qu'un seul et même vide, aussi étincelant que les champs de neige de l'Alaska. D'autres hommes ont une conscience de leur moi et vivent dans des relations humaines ; lui a perdu son moi, c'est pourquoi il ne peut vivre ce qu'on appelle la vie. Il est un trou où tout tombe, ce qui d'habitude est relié en un tout éclate en heurtant le fond et se défait de ses propres morceaux [21] », écrit Siegfried Kracauer. Charlot, antihéros, révèle en creux la société autour de lui – méchanceté, égoïsme, avidité, grossièreté – et la désarçonne par sa politique de l'impuissance. Il fait l'éloge de cette impuissance par le rire. Au dernier moment, il y a toujours un hasard qui l'arrache aux dangers qu'il ne mesure pas. Charlot fait ainsi rayonner l'essence de l'humanité dans son dénuement même.

Metropolis, le film de Fritz Lang tourné en 1926, est également une image du XXe siècle et une projection sur grand écran des cauchemars de la modernité (avec effets spéciaux et épisodes à grand spectacle ayant exigé 310 jours et 6 nuits de tournage, 11 000 figurants et 750 enfants). Vision du futur – images de buildings oppressants d'une Manhattan imaginaire, voies de circulation aériennes entrecroisées –, le film charrie aussi des architectures du passé – une cathédrale gothique, des catacombes, la vieille maison de l'inventeur Rotwang – et des images misérabilistes sorties du XIXe siècle. Ce mixte d'images futuristes américanisées et d'atmosphère médiévale transporte le spectateur dans l'accélération du temps et l'incertitude de l'avenir qui définit l'atmosphère de l'après-Première Guerre mondiale. La métaphore esclavagiste du capitalisme – puisque le monde est divisé entre une classe d'oisifs et une classe d'ouvriers esclaves rivés aux machines – exprime la perte de confiance dans l'utopie du libre-échange et du machinisme qui ont fait les beaux jours du siècle précédent. Par sa puissance visuelle, *Metropolis* est une fantasmagorie qui s'est imprimée au cœur de notre modernité occidentale comme un puissant activateur d'anxiété urbaine. Elle est l'image même du monstre urbain contemporain.

Un art impur : de l'art forain au 7ᵉ art

Si le terme de 7ᵉ art date du début des années 1920, ce n'est qu'après 1945 que s'opère un travail de légitimation artistique du cinéma. En effet, le cinéma change de statut au cours du XXᵉ siècle. Il est d'abord un spectacle forain, vu, apprécié, fréquenté comme tel, c'est-à-dire comme l'une des nombreuses pratiques culturelles populaires ; puis il atteint la reconnaissance universelle de son excellence artistique, saluée dans les festivals, décortiquée dans les livres et maintenant enseignée à l'université. D'une certaine manière, sa trajectoire sociale, d'une culture *low brow* à une culture *high brow*, est la même que celle du théâtre au XIXᵉ siècle.

La France joue un rôle particulier dans ce processus de légitimation artistique puisque c'est en France que s'élabore, plus qu'ailleurs, un véritable système cinéphilique [22].

À partir du début des années 1950, les cinémathèques, revues et ciné-clubs militent pour faire du cinéma un art majeur, même si, populaire et réaliste, élément de cette culture de masse méprisée par les intellectuels, il va à l'encontre des critères d'excellence artistique traditionnels. La croisade est entamée et les ciné-clubs, insérés dans la dynamique de l'éducation populaire, y jouent pleinement leur rôle. André Bazin, théoricien du cinéma et animateur de l'association Travail et Culture, fait le lien entre cette entreprise de démocratisation culturelle par le cinéma et une cinéphilie érudite s'élaborant dans quelques clubs du Quartier latin où quelques jeunes gens – Truffaut, Godard, Rivette réunis autour de Rohmer... – construisent une authentique contre-culture, qui possède ses rites, ses temples et ses grands prêtres (les critiques), lesquels concurrencent activement les canons de la culture littéraire traditionnelle. Dans les revues *Positif* ou *Les Cahiers du cinéma*, on analyse tel plan d'un western américain avec autant d'érudition qu'on commenterait tel passage de *Madame Bovary*. Les filmographies des « auteurs » de cinéma m'ont rien à envier aux bibliographies universitaires. Les cinéphiles s'emploient donc à importer les pratiques et les formats de la culture savante dans l'étude du cinéma, tout en conservant son côté irréductible, non sérieux, clandestin. Voici ce qu'en dit Serge Daney, ancien rédacteur en chef des *Cahiers du cinéma* et cinéphile professionnel, « ciné-fils », comme il se présente volontiers :

> J'avais ce désir de traverser [la société] à partir d'une de ses grandes productions populaires, mais totalement sous-estimée. C'était cela : choisir les westerns américains, le burlesque ou tout ce qui est considéré comme faisant partie de la culture populaire, et les mettre à leur vraie place c'est-à-dire très haut. C'était parler de « l'invraisemblable vérité » en citant Heidegger. C'était Rohmer écrivant sur Hitchcock, considéré à l'époque comme un marchand de soupe, en se servant de Kierkegaard. Je me suis reconnu dans ce pari-là, celui à la fois

d'une reconnaissance d'un être populaire du cinéma et d'un devenir illimité vers les cimes de la culture. Et je n'aurais pu faire ce pari ni avec l'opéra ni avec le théâtre [23].

Apposer une filmographie à la fin d'un article sur le cinéma est un geste de cinéphilie qui détourne et dévie l'opposition entre culture populaire, culture de masse et culture d'élite. Toutes les « philies » – jazzophilie, BDphilie, etc. – effectuent ce geste de brouillage. Il est un des signes, parmi beaucoup d'autres, d'une hybridation entérinée par la culture de masse. On n'est plus sûr de la distinction entre arts majeurs et arts mineurs ; la culture cultivée elle-même, résultat de plus d'un siècle de démarcation sociale, et souvent géographique, avec le spectacle populaire, emprunte à la logique spectaculaire de la culture de masse : les prix littéraires, les festivals, les « événements » sont autant de formes nouvelles de la culture contemporaine qui s'adressent, qui à la littérature, qui au théâtre, qui au rock ou à la bande dessinée. On fait festival de tout.

À cette hybridation de la production correspond un éclectisme des pratiques culturelles à partir d'un fonds commun constitué d'apprentissages scolaires et de culture télévisuelle. Mais la nouvelle « élite » est aujourd'hui assez peu cultivée au sens traditionnel du terme. Là où les milieux sociaux ne jouent plus un rôle majeur, les effets de génération peuvent être beaucoup plus déterminants. Enfin, un même individu peut désormais lire un livre de littérature, télécharger une émission de jeux, être fan de manga, de tango et ne pas rater un concert de rock tout en allant de temps en temps à l'opéra. Autant de « dissonances » diagnostiquées par le sociologue Bernard Lahire dans son enquête sur les pratiques culturelles des Français, que l'on peut aisément, de ce point de vue, étendre à l'Europe, au moins occidentale [24].

Chapitre 9

POLITIQUES DE LA CULTURE

dans l'Europe du second XXe siècle

La seconde moitié du XXe siècle voit la montée en puissance du paradigme culturel. À la fin du siècle et au début du suivant, la culture a élargi son extension et pluralisé sa définition – on parle de culture jeune, de culture immigrée, de culture d'entreprise, de culture de l'innovation, de subcultures urbaines, de culture homosexuelle, etc. Ce gonflement de sens et de portée exprime peut-être à quel point, pour l'homme européen contemporain, après les déceptions économiques, les désillusions du politique et le déclin des religions dominantes, la culture apparaît désormais comme la vraie texture du lien avec ses semblables. D'où une certaine forme de sacralisation/rédemption de la culture dont on espère tout, dont on attend un remaillage social et parfois même un épanouissement existentiel [1].

On comprend dès lors que beaucoup d'États aient mis en place de véritables politiques culturelles, d'autant que ces dernières s'inscrivent souvent dans le sillage d'un héritage monarchique ou aristocratique de mécénat, dans l'Europe latine surtout. La mise en œuvre de ces politiques publiques de la culture dans les États européens de l'après-1945 s'est faite dans le cadre national qu'elles étaient censées renforcer démocratiquement. En Europe de l'Ouest, une certaine émulation a entouré le modèle impulsé par André Malraux en France dans les années 1960, avec l'édification des Maisons de la culture et un discours vigoureux de justification de l'action de l'État en la matière. Partout se sont institutionnalisées des actions publiques avec parfois, comme en France, un ministère *ad hoc*. Ces politiques, que l'on peut dire de démocratisation, ont évolué au cours des cinquante années de vie qu'elles comptent désormais.

Mais, comme on le sait depuis le fascisme et son active intervention culturelle, décrite par Walter Benjamin comme une « esthétisation de la politique[2] », toute politique de la culture n'est pas nécessairement démocratique. L'Europe communiste, mais aussi les dictatures du sud de l'Europe – le Portugal, l'Espagne de Franco, la Grèce des colonels – ont connu une instrumentalisation de la culture qui reposait sur d'autres bases idéologiques et politiques.

Enfin, au sortir du communisme à l'Est, un peu avant à l'Ouest, on a vu s'imposer un même paradigme mémoriel qui rassemble les différentes parties de l'Europe dans les rets de questionnements identiques autour de l'histoire, de la mémoire et de l'identité. Dans toute l'Europe, s'épanouit une véritable frénésie commémorative, signe d'un avenir incertain et d'une quête du passé.

DÉMOCRATISATIONS

Les politiques culturelles de nombreux pays européens démocratiques ont maintenant un demi-siècle d'histoire derrière elles. Elles font partie de notre paysage et relèvent d'une histoire du temps présent. Le plus souvent, ces politiques de la culture se sont inscrites dans le « moment État-providence » de l'action publique européenne, stimulées par les exigences de la lutte contre le fascisme et le nazisme (y compris et surtout dans les pays qui les ont connus). Les objectifs fondateurs sont plus ou moins identiques mais les mises en œuvre diffèrent en fonction des modèles administratifs nationaux, qu'ils soient plus ou moins centralisateurs ou décentralisateurs, que l'organisation de l'action publique soit fédérale ou centrale, que l'État soit décisionnaire (comme en France), qu'il fasse appel à des organisations publiques non-gouvernementales (comme en Grande-Bretagne) ou qu'il existe une forte tradition des fondations (Allemagne ou Italie) ou des collectivités territoriales (comme en Belgique).

En cinquante ans, les attendus de ces politiques culturelles ont nettement changé même si le découpage suivant, qui met en évidence trois stades d'évolution, est atténué par l'inertie de l'action publique qui gomme un peu le tranchant [3].

Le salut par la culture (années 1950-1960)

Le modèle initial voue un culte quasi religieux à l'excellence des arts et aux vertus morales et nationales de démocratisation par la culture. Certains discours d'André Malraux donnent à entendre à quel point la métaphore religieuse est sollicitée dans le cas français.

Dès la sortie de la guerre, la France inscrit un droit à la culture dans le préambule de sa Constitution. Dans les années 1950, la culture est inscrite à l'agenda des États-providence, un peu comme la scolarisation des populations l'avait été dans les nouveaux États-nations à la fin du XIXe siècle. Il s'agit de préserver et de développer l'offre culturelle d'une part et, d'autre part, d'égaliser les chances d'accès à cette offre, sur le plan social et géographique. Le décret de fondation du nouveau ministère des Affaires culturelles en 1959 résume ce programme doctrinal clair : l'État s'y engage à « rendre accessibles les œuvres capitales de l'humanité et d'abord de la France, au plus grand nombre possible de Français : assurer la plus vaste audience à notre patrimoine culturel et favoriser la création des œuvres de l'art et de l'esprit qui l'enrichissent ». Un double discours colore partout cette conception de la culture : elle est à la fois le fondement d'une identité nationale qu'elle contribue à affermir et, en même temps, le support d'un discours d'universalisation systématique. La culture a vocation à l'universel, et elle parle universellement à tous, que vous soyez prolétaire, paysan ou grand bourgeois, français, grec, chinois ou papou. Cette double polarité consubstantielle ne fonctionne que sur une perception restreinte à la culture savante, aux belles lettres, aux beaux-arts, à la musique classique et contemporaine. Cette conception homogène, clairement identifiable de ce que désigne la culture est une donnée essentielle de cette période, qui ne sera plus valide par la suite. Pour Malraux par exemple, la culture, c'est l'ensemble des chefs-d'œuvre, un ensemble clos de productions ayant résisté au temps, issues de civilisations diverses et qu'il est aisé de rassembler ainsi qu'il l'a fait pour l'art dans son *Musée imaginaire* (1947). Ce premier moment de la politique culturelle est donc fondé sur une conception normée de la culture, ratifiée par l'expertise et la mise en musée, et qui n'est pas sujet à discussion, ni à variation. Dit autrement, avec la puissance pythique de Malraux :

> Ce qui est la racine de la culture, c'est que la civilisation qui est la nôtre et qui, même dans les pays religieux, n'est plus une civilisation religieuse, laisse l'homme seul en face de son destin et du sens de sa vie. Et ce qu'on appelle la culture, c'est l'ensemble des réponses mystérieuses que peut se faire un homme lorsqu'il regarde dans une glace ce que sera son visage de mort.
>
> Or, la seule force qui permette à l'homme d'être aussi puissant que les puissances de la nuit, c'est un ensemble d'œuvres qui ont en commun ce caractère à la fois stupéfiant et simple d'être des œuvres qui ont échappé à la mort.
>
> Lorsque nous parlons de culture, nous parlons très simplement de tout ce qui sur la terre, a appartenu au domaine de ce qui n'est plus, mais qui a survécu […]. Nous n'avons plus aucune réalité de César ou d'Alexandre ; les rois sumériens sont à peine pour nous des noms ; mais lorsque nous sommes dans un musée en

face d'un chef-d'œuvre contemporain d'Alexandre, nous sommes dans un dialogue avec cette statue ; lorsque nous lisons l'*Iliade*, nous sommes en dialogue avec quelque chose dont il ne reste rien [4].

L'action publique pour la culture a été nettement définie contre les industries culturelles, contre le pôle ludique – divertissement, distraction – et économique de la culture. D'où les controverses concernant le cinéma, produit hybride, art impur qui est également une industrie puissante et pleinement capitaliste dans son lieu paradigmatique au cœur de l'empire américain honni par les gaulistes : Hollywood, construit comme une anticapitale de la culture américaine contre la culture européenne. En ce qui concerne les loisirs, il est partout évident qu'ils ne doivent pas constituer la cible des politiques de démocratisation culturelle, bien que soit en train d'advenir alors ce que l'on nomme déjà la « civilisation des loisirs », expression popularisée en France par le livre de Joffre Dumazedier, *Vers une civilisation des loisirs ?* (1962). L'existence, nouvelle dans l'histoire de l'humanité, d'un temps pour soi doit être au contraire vue comme une occasion de renouer avec des substances plus consistantes que celles offertes par le divertissement [5]. Écoutons encore une fois Malraux qui relaie un discours plus ou moins identique pour toutes les démocraties occidentales :

> Il faut que l'on comprenne que le mot de loisirs devrait disparaître de notre vocabulaire commun. Oui ! Il faut que les gens aient des loisirs. Oui ! Il faut les aider

à avoir les meilleurs loisirs du monde. Mais si la culture existe, ce n'est pas du tout pour que les gens s'amusent, parce qu'ils peuvent aussi s'amuser, et peut-être bien davantage avec tout autre chose et même avec le pire[6].

Après 1945 dans certains pays démocratiques telle la Grande-Bretagne, mais également, pour des raisons historiques aisément compréhensibles (sans quoi le fantôme de l'État totalitaire rôderait), dans les pays ayant reconquis la démocratie après des décennies de dictature – en Espagne, en Grèce, au Portugal dans les années 1970 et dans les ex-démocraties populaires après 1989 –, est promue une conception antiétatiste du soutien aux artistes. Au Royaume-Uni par exemple s'applique le principe de l'*Arm's length* : l'État est tenu à distance (« à longueur d'un bras ») du monde culturel[7]. D'où la délégation fréquente de compétences à des commissions d'experts indépendants ; d'où également la création d'organismes non-gouvernementaux sur le modèle de l'Arts Council fondé par John Maynard Keynes en 1946 : British Council (1934), United Kingdom Film Council ; Crafts Council ; Museums, Libraries, Archives Council. Cette organisation par délégation laisse par ailleurs peu de place à la terminologie messianique qu'affectionne André Malraux et à l'emphase de la rhétorique culturelle française en général (jusqu'à nos jours !). Tout en étant plus modeste, l'Arts Council rejoint le ministère des Affaires culturelles sur un point : le soutien est clairement réservé à une culture savante que l'on cherche à diffuser – programmes de musique classique de la BBC, festival de théâtre d'Édimbourg (le contemporain du Festival d'Avignon, 1947) – en excluant l'éducation populaire et la pratique amateur. Au contraire, dans certains pays d'Europe scandinave ou en Allemagne, la tradition d'éducation populaire a survécu vaillamment face aux mises en place de politiques culturelles qui s'en accommodent. D'une façon générale, l'Europe du Nord-Ouest a inscrit elle aussi les besoins culturels comme des devoirs de l'État-providence : la culture y est financée, car considérée comme une dimension essentielle de l'épanouissement individuel et de la cohésion collective.

L'économiste John Maynard Keynes, à l'origine de la fondation de l'Arts Council of Great Britain en 1946.

Cette politique d'offre a eu son efficacité mais elle n'a pas surmonté, malgré son volontarisme, les inégalités structurelles de la demande. Les résultats ont pu paraître décevants au regard des ambitions : la fréquentation des lieux culturels, notamment en France les Maisons de la culture, « cathédrales » modernes, est restée le fait d'élites sociales élargies aux classes moyennes intellectuelles et aux étudiants, même quand les prix restent modestes et les modes d'accès facilités.

Décentralisation et nouvelles définitions de l'action culturelle (années 1970)

Les années 1970 et 1980 voient l'implication de plus en plus importante d'acteurs politiques locaux dans la mise en application des politiques de la culture. Désormais, les collectivités territoriales sont souvent (et même dans les pays les plus traditionnellement centralisateurs) les premiers financeurs de la culture. La croyance en un cercle vertueux préside à ces entreprises de décentralisation. On table sur un effet d'entraînement des noyaux urbains les plus dynamiques (les grandes métropoles) vers les plus petites agglomérations, qui non seulement se mettent à accueillir des spectacles ou des expositions mises en œuvre ailleurs, mais peuvent en être les premiers spectateurs, grâce à l'établissement de structures spécifiques accueillies en province : Centre national de la danse à Angers, Centres dramatiques nationaux ; rôle des Frac (Fonds régionaux d'art contemporain) dans le marché de l'art contemporain en France. En Grande-Bretagne, l'Arts Council entame, dès les années 1960, un vaste mouvement de régionalisation en créant un réseau de douze Regional Art Associations soutenant l'art appliqué, l'animation socio-culturelle et les associations d'amateurs, autant que l'art d'excellence. Dès lors, avec un budget de l'Arts Council multiplié par trois, la politique suivie en Grande-Bretagne est double : il s'agit à la fois d'une politique *top-down* qui fournit les grands établissements londoniens de la culture savante et traditionnelle d'excellence artistique, et la politique *bottom-up* qui subventionne des compagnies alternatives, communautaires, en accord avec les élus locaux.

La décentralisation implique en effet la constitution par les collectivités locales d'une offre plus ou moins complète avec une gamme étendue d'équipements culturels, seuls à même, selon cette idée, de satisfaire les populations. On a vu, au cours des années, grandir l'enjeu politique de la culture à l'échelle locale. Si, dans les années 1960, la plupart des maires s'en préoccupaient médiocrement, à partir des années 1980, « l'impératif culturel », comme on dit alors significativement, s'impose avec la vague d'élection de maires de gauche en 1977. De nombreux équipements sont financés et érigés, jusqu'à l'absurde. C'est cette politique que brocarde un film d'Éric Rohmer datant de 1984 : *L'Arbre, le maire et la médiathèque*, dans lequel un jeune maire socialiste ambitieux (voire arriviste) défend un projet de grande médiathèque pour son petit village, afin de servir une carrière qu'il voudrait nationale. L'instituteur du village, un écologiste convaincu (joué par Fabrice Lucchini), lui met quelques bâtons dans les roues et incarne le discours d'opposition face à ce qui apparaît rapidement comme une idée purement opportuniste, inutile, grotesque et dangereuse. Rohmer introduit là une critique qui s'amplifie dans les années 1980 et 1990 autour de « l'État culturel » (1991), selon l'expression de l'académicien Marc Fumaroli, au nom d'une vision savante de la culture qui ne serait plus exactement celle portée par les pouvoirs publics. Ainsi Fumaroli ouvre-t-il son pamphlet par le commentaire ironique d'une affiche placardée sur les murs de Provence :

« Le Conseil régional dynamise les Arts plastiques. » Vous chercherez en vain un pays où l'on pourrait voir l'équivalent d'une telle affiche officielle, qui ne surprend pas en France, ni à Paris, ni « en région ». À qui s'adresse un tel message ? Quel peut bien en être le sens pour les électeurs du Conseil régional ? Que veut dire « dynamiser les Arts plastiques », formule qui suggère soit un sex-shop, soit un arsenal ? Si les « régions » ont été souhaitées et inventées pour rapprocher les responsables et leurs mandants, n'est-il pas singulier qu'elles cherchent à se rendre familières dans un langage aussi abstrus et abscons, inventé à coup sûr par une officine publicitaire parisienne ? De deux choses l'une : ou bien la Provence-Côte d'Azur est embrasée d'une telle passion des arts qu'elle attendait, même sous cette forme indécente, que son Conseil régional lui promît une renaissance méridionale ; ou bien ce genre de « communication sociale » renvoie à un mythe bureaucratique hexagonal, qui se fait fête à lui-même dans son propre langage, sans se soucier le moins du monde ni de la Provence, ni de son attente, ni de ses aspirations plus modestes [8].

Dès 1968, des critiques acerbes sont formulées contre les politiques du premier âge qui n'auraient été qu'un cache-misère d'inégalités culturelles dont des enquêtes sociologiques permettent désormais de se faire une idée statistiquement fondée. Ainsi une enquête de Pierre Bourdieu et Alain Darbel, *L'Amour de l'art* (1966), montre-t-elle l'inanité sociologique d'une politique culturelle qui ne s'appuie pas sur l'institution scolaire pour atténuer les barrières sociales, les effets d'intimidation symbolique empêchant les ouvriers d'aller dans un musée ou de franchir les marches d'un théâtre. À l'époque on a également reproché à la politique d'offre culturelle d'endormir les énergies révolutionnaires des travailleurs en les saoulant de Brecht et de Corneille à quoi ils ne comprenaient rien car ce n'était pas leur langage. Pensons à la critique gauchiste formulée, côté allemand, par Hans-Magnus Enzensberger dans *Culture ou mise en condition ?* (traduit en français en 1965) dont le titre donne assez justement l'esprit ou, côté français, à la célèbre mais peu lue « Déclaration de Villeurbanne » du 25 mai 1968 :

> Jusqu'à ces derniers temps, la culture en France n'était guère mise en cause par les non-cultivés que sous la forme d'une indifférence dont les cultivés, à leur tour, se

souciaient peu. Çà et là, toutefois, certaines inquiétudes se faisaient jour, certains efforts étaient entrepris avec le désir de s'arracher à l'ornière, de rompre avec le rassurant souci d'une plus équitable répartition du patrimoine culturel. Car la simple « diffusion » des œuvres d'art même agrémentée d'un peu d'animation apparaissait déjà de plus en plus incapable de provoquer une rencontre effective entre ces œuvres et d'énormes quantités d'hommes et de femmes qui s'acharnaient à survivre au sein de notre société mais qui, à bien des égards, en demeuraient exclus [9].

Bref, après 1968 se trouvent redéfinies des alternatives au modèle de l'offre culturelle. D'un côté, on réévalue les cultures populaires traditionnelles, avant, dans les années 1980, de légitimer des activités liées aux loisirs ou aux industries culturelles (la danse de rue, le rap, la cuisine, etc.). De l'autre, toute une partie du secteur culturel radicalisé par Mai 1968 identifie la culture à une entreprise de mobilisation politique et de désaliénation personnelle et privilégie des processus de création, des pratiques amateurs et la notion de créativité personnelle. L'idée émerge alors que chacun est porteur d'un potentiel créatif qu'il faut stimuler. Elle s'imposera dans les années 1980, mais dans un tout autre esprit...

Déhiérarchisation des arts, industries culturelles, creative industries *(depuis les années 1980)*

Dans les années 1980, la crise économique contribue à un renversement idéologique massif qui voit dans l'État-providence un luxe trop coûteux et remet en cause tous ses acquis. Cette vague néolibérale est particulièrement violente en Grande-Bretagne. Margaret Thatcher démantèle l'Arts Council de Keynes et favorise l'émergence d'un nouveau discours de valorisation économique de la culture – créatrice d'emplois – ainsi que le développement du mécénat. C'est le principe du *matching funding*, exporté de la philanthropie américaine : il faut lever une partie de l'argent privé avant de se voir aidé par les pouvoirs publics, qui complètent la somme nécessaire.

En France, l'évolution est hautement paradoxale. D'un côté, l'État va à contre-courant du retrait général des gouvernements et de la baisse des budgets d'action culturelle. Ainsi le ministère Lang, arrivé avec la vague socialiste et l'élection de François Mitterrand à la présidence de la République en 1981, se voit doter d'un budget multiplié par deux, soit un peu moins de 1 % du budget de l'État, une situation absolument unique ! Cette manne servira également à financer les nombreux grands travaux de la période mitterrandienne (le Grand Louvre, la Grande Bibliothèque…). De l'autre, la France, comme d'autres pays, propose un nouveau discours de justification de la culture où le registre économique est omniprésent. La politique culturelle, qui s'est construite contre les industries culturelles, les prend désormais en charge, les valorise et les protège, notamment quand il s'agit d'activités nationales menacées par la compétition internationale. Le nouveau discours de diversité culturelle face au spectre de l'uniformisation mondiale des *blockbusters* américains se concrétise notamment dans le domaine du cinéma qui, en France, a rendu visible le rôle possible de l'action de l'État sur le marché mondial de la culture.

La période du ministère Lang a considérablement élargi le périmètre d'intervention de l'État qui s'était jusqu'alors globalement cantonné à la culture savante : il s'étend désormais aux industries culturelles (musiques, cinéma), aux arts dits mineurs (BD, rock, rap), ainsi qu'aux pratiques comme la gastronomie. Face à l'échec de la démocratisation de la fréquentation des lieux de culture et aux critiques soixante-huitardes sur l'élitisme de la conception de Malraux, on a préféré démocratiser les goûts en intégrant les activités marchandes et les divertissements.

On l'a vu, dans toute l'Europe le secteur audiovisuel était un monopole d'État jusque dans les années 1970. Partout naissent des chaînes privées. Des années 1980 aux années 2000, l'enjeu télévisuel s'est d'autant plus transformé que le temps passé devant le petit écran a considérablement augmenté jusqu'aux dernières années où les réseaux numériques font concurrence aux chaînes ancienne manière.

On peut donc opposer une Europe du Nord attachée à une philosophie de la préservation des biens publics face aux lois du marché à une Europe médiane (dont fait partie la France malgré sa situation paradoxale) qui a fait un véritable bond qualitatif en intégrant les industries culturelles au même titre que la culture savante dans sa sphère d'intervention.

Un nouvel élargissement s'est produit dans les années 2000 avec l'intégration des *creative industries* – design, mode, informatique, vidéo, publicité – dans le périmètre d'action publique en Grande-Bretagne, au Danemark, en Suède, en Allemagne, aux Pays-Bas, en Pologne. Dans ces différents pays, la politique culturelle promeut et aide ces activités industrielles qu'accompagne une mutation du travail dont le néolibéralisme du XXIe siècle s'accommode assez bien. Il y a puisé un certain nombre de valeurs et de postures provenant de l'univers artistique particulièrement adaptées à ses métamorphoses et contribuant à le relancer : flexibilité, goût du risque, créativité, etc. – comme l'ont bien montré Luc Boltanski et Eve Chiapello dans *Le Nouvel Esprit du capitalisme* (1999).

Communismes

Dans les démocraties sécularisées de l'après-1945, la culture, avec ses définitions et ses extensions variables, constitue un recours, un palliatif et même une forme de rédemption, tout en imposant peu à peu sa centralité dans le discours et les pratiques de loisir. À l'Est, dans lesdites « démocraties populaires » qui s'établissent à partir des années 1947-1948 sur les ruines de l'Europe centrale et orientale, la culture devient également, d'une tout autre façon, un enjeu majeur.

Nationalisation, centralisation et dogmatisme de la culture dans le système communiste

La culture est une priorité dans les démocraties populaires, car elle est au fondement du système idéologique qui progressivement se mue en dictature totalitaire. Dans la théorie marxiste, la culture en tant que superstructure n'a pas d'autonomie ; elle est déterminée par les infrastructures économiques, les rapports de domination sociales. Dans la pratique communiste, les normes et pratiques culturelles se caractérisent par le monopole idéologique du discours d'État, par un dogmatisme très grand que l'URSS des années 1930 a déjà testé, par la centralisation et la nationalisation des appareils culturels et une totale sujétion des professions artistiques et intellectuelles au pouvoir d'État. Il s'agit donc bien d'une vigoureuse politique de la culture, largement indexée sur des réquisits et une chronologie strictement politiques. Durant la phase stalinienne des pays communistes (jusqu'à la fin des années 1950 environ) s'impose la doctrine dite du « réalisme socialiste [10] ». Énoncée pour la première fois en 1932 en URSS, cette doctrine est d'abord une machine de guerre contre les courants littéraires avant-gardistes qui avaient rallié la jeune révolution russe. Transformée en dogme par le responsable de la propagande, Jdanov, en 1934, elle est la base idéologique d'une abondante production artistique jusqu'au dégel khrouchtchevien. En URSS même, elle s'impose par la coercition, la répression, voire l'élimination physique des récalcitrants, et par le canal des nombreuses organisations d'auteurs et d'artistes réunies par le Parti en catégories professionnelles. Dès les années 1930, elle est exportée par le mouvement communiste international et par les zélés compagnons de route ou communistes encartés qui s'en font les coryphées dans leur pays. En France, par exemple, le couple Elsa Triolet-Louis Aragon joue ce rôle. Aragon s'exclame en 1935 : « Il est temps d'en finir avec le genre m'as-tu-vu de la douleur, les hallucinations à un ou à plusieurs, le pas donné au subconscient sur la vue, l'ouïe, l'odorat, le goût et le toucher, la sexualité comme système et le délire comme représentation, il est temps d'en finir avec le baroque, le *modern style* et la foire aux puces, suprêmes ressources de l'ennui mondain et du pessimisme des loisirs [11]. » Ici, le réalisme socialiste d'Aragon règle ses comptes avec les anciens amis surréalistes. Réaffirmée par le patriotisme de guerre et par la Résistance communiste, la doctrine s'exporte dans les pays de l'Est sous sa forme la plus dogmatique d'un retour au réalisme. Qu'est-ce à dire après l'art moderne, après Picasso (qui est cependant une des principales recrues du PCF pendant quelques années après 1945) ? Il s'agit, pour les artistes et les intellectuels, de participer à la seule réalité qui vaille, c'est-à-dire à la construction du socialisme ou à la transformation révolutionnaire. Le réalisme socialiste prône ainsi la critique du pessimisme, de l'individualisme, de la mise en scène des mauvais sentiments, de l'érotisme, etc. Il s'infléchit peu à peu vers un moralisme pudibond qu'il n'était pas nécessairement au départ : « Nous dénonçons tout ce qui viole, mutile et rabaisse l'homme. Nous défendons les idées progressives ; nous préconisons une littérature résolument optimiste, tournée vers l'avenir, exaltant l'effort, la solidarité, la marche vers une société meilleure qui est à bâtir de nos mains et que nous bâtirons », affirme le secrétaire général du Parti Maurice Thorez, lors du IXe Congrès du PCF, à Strasbourg, en juin 1947 [12]. Au moment où la guerre froide est officiellement déclarée (en juin 1947 par l'annonce du plan Marshall), le réalisme socialiste devient la doctrine esthétique de la moitié de l'Europe. Doctrine esthétique bientôt complétée par la théorie « des deux cultures », autre produit jdanovien qui enjoint à chaque artiste, à chaque intellectuel mais aussi à chaque savant d'adopter la « position correcte » en toutes choses, en poésie comme en biologie, en peinture comme en physique nucléaire. C'est dans ce cadre qu'éclate en 1948 l'affaire Lyssenko. Lyssenko, un agronome soviétique, prétend avoir remis en cause toute la génétique « bourgeoise » issue de Mendel, celle des gènes et des chromosomes, en montrant l'hérédité des caractères acquis contre l'hérédité des caractères innés. Les biologistes communistes de toute l'Europe ont été priés de propager et de défendre la nouvelle « science prolétarienne ». Lyssenko, proche de Staline, a régné sur la génétique soviétique durant une vingtaine d'années avant d'être destitué en 1965.

En Europe centrale et orientale, nombre d'intellectuels et d'hommes de culture sont après 1945 les vecteurs enthousiastes du discours révolutionnaire [13]. En Tchécoslovaquie particulièrement, nombre d'entre eux se sont convertis à la foi communiste et sont prêts à accompagner de leurs talents l'édification du socialisme. Aussi, au début, les pouvoirs communistes flattent-ils leurs intellectuels, porte-voix du régime, avant d'en faire, quelques années plus tard, les boucs émissaires parfaits, suspects de « confusionnisme », de « cosmopolitisme », traités de « parasites » et accablés d'insultes antisémites. Au XIXe siècle, les intellectuels d'Europe centrale avaient été les porte-parole de la construction nationale, leurs « descendants » auraient donc été tout à fait préparés à leur nouveau rôle si les États communistes n'avaient pas en quelques années rétréci l'espace public et réduit à néant la marge d'autonomie des créateurs.

En Bulgarie [14] par exemple, la politique culturelle socialiste commence par de sévères purges ; la nationalisation de toutes les institutions culturelles (y compris les cinémas, les maisons d'édition...) précède le regroupement en associations des femmes et des hommes concernés qui, à partir de 1948, sont réunies dans le Comité des sciences, des arts et de la culture sous la tutelle du Parti communiste bulgare. La longue dictature de Todor Jivkov (du début des années 1950 jusqu'en 1989) soumet les intellectuels à un encadrement strict. Certaines phases d'ouverture voient le jour, mais la dictature ne se prive pas d'user des ressources du national et même du nationalisme lorsque l'idéologie communiste perd son audience avec les difficultés économiques des systèmes planifiés. C'est ainsi que la politique de la culture des pays communistes se caractérise par un deuxième trait : tout en voulant créer une nouvelle culture, elle la greffe sur un terreau national existant et même exalté.

« Un contenu socialiste dans une forme nationale » (Staline)

Si dans les premiers temps de la révolution socialiste, la tradition populaire n'est guère mise en avant, le passé étant même disqualifié au nom de la *tabula rasa* révolutionnaire, les temps changent après 1945. Déjà la Seconde Guerre mondiale a nécessité une remobilisation des vieux discours patriotiques, de nouveau mobilisés par Staline, pour stimuler l'ardeur au combat des soldats russes. Les régimes communistes d'Europe de l'Est composent très vite avec le sentiment national avant de s'en servir comme élément de légitimation et même de l'exacerber dans les moments de difficulté, comme le fait Slobodan Milosevic dans la Serbie des années 1980. Ainsi cohabitent bizarrement l'idéal internationaliste et la célébration du peuple, de la nation et du folklore. Ces folklorismes d'État fleurissent dans l'Europe centrale et orientale au moment où les campagnes ancestrales sont bouleversées par la collectivisation qui transforme les rites et les villages, les sociabilités et les paysages. Des fêtes socialistes et athées se fondent parfois dans un ancien calendrier. L'exemple le plus frappant, sur la longue durée, de ce recours au patrimoine identitaire pour fonder un consensus sous l'égide du Parti est la Roumanie de Ceaucescu, mais l'exemple tchécoslovaque est tout aussi éclairant. Principal instigateur du Coup de Prague en 1948, Klement Gottwald est au pouvoir de 1948 à sa mort en 1953. Ce moment de l'histoire tchèque est retracé une quinzaine d'années plus tard par l'écrivain Milan Kundera dans son roman *La Plaisanterie* (1967) : Ludvik, un jeune intellectuel communiste qui a pris part avec enthousiasme au coup de Prague, est de retour dans son village de Moravie, terre-mère de l'identité tchèque, source de la musique et des danses populaires constituant un riche folklore exhumé par les patriotes du XIXe siècle. Il retrouve son camarade d'enfance, Jaroslav, qui dirige l'orchestre local, et lui expose la nouvelle doctrine socialiste en matière culturelle. L'histoire est racontée du point de vue de Jaroslav, qui va de surprise en surprise : Ludvik explique à son ami comment le socialisme peut et doit rénover la musique populaire morave de Tchécoslovaquie :

> La campagne d'antan vivait en communauté. Des rites jalonnaient l'année villageoise d'un bout à l'autre. L'art populaire ne vivait qu'à l'intérieur de ces rites [...]. Le capitalisme a détruit cette vie collective. L'art populaire a ainsi perdu son assise, sa raison d'être, sa fonction. En

vain tenterait-on de le ressusciter dans une société où l'homme vit à l'écart d'autrui, pour lui seul. Mais voici que le socialisme va délivrer les gens du joug de la solitude. Ils vivront dans une collectivité nouvelle. Unis par un même intérêt commun. Leur vie privée fera corps avec la vie publique. Ils seront liés par une foule de rituels. Certains seront empruntés au passé : fêtes de la récolte, soirées de danse, coutumes liées au travail. D'autres seront des innovations : célébrations du Premier mai, meetings, anniversaire de la Libération, réunions. Partout, l'art du peuple trouvera sa place. Partout, il se développera, se transformera, se rénovera. Est-ce que nous le comprenons enfin ? De fait, il allait vite apparaître que l'incroyable devenait réalité. Personne n'a jamais autant fait pour notre musique populaire que le gouvernement communiste. Il a consacré des sommes colossales à la création de nouveaux ensembles. La musique populaire, violon et cymbalum, fut tous les jours au programme de la radio. Les chants moraves ont envahi les universités, les fêtes du premier mai, les sauteries de jeunes, les galas officiels. Non seulement le jazz disparut complètement de la surface de notre patrie mais il symbolisa le capitalisme occidental et ses goûts décadents [...]. Le Parti communiste s'appliquait à créer un nouveau style de vie. Il s'appuyait sur la fameuse définition qu'avait donnée Staline de l'art neuf : un contenu socialiste dans une forme nationale. Cette forme nationale, rien ne pouvait la donner à notre musique, à notre danse, à notre poésie, sinon l'art populaire [15].

Jaroslav est extrêmement surpris de voir le Parti communiste rejoindre les positions des patriotes moraves dans une commune aversion envers la culture citadine considérée comme impure, le jazz et l'Amérique constituant pour les deux l'incarnation de la décadence moderne. Le scénario en trois temps développé par Ludvik réécrit l'histoire des campagnes en en dramatisant les enjeux tout en ménageant le *happy end* de l'arrivée du socialisme. Premier temps : la campagne d'antan ; deuxième temps : l'arrivée destructrice du capitalisme (notons que le discours de Ludvik rejoint là aussi la critique antimoderne, de droite comme de gauche, voyant dans l'avènement du capitalisme la forge de l'individualisme malheureux et égoïste) ; troisième temps : le socialisme créateur de nouveaux liens sociaux, pourvoyeur d'une utopie communautaire dans laquelle une société réconciliée, unie autour d'objectifs, succéderait à un monde de l'anomie et de la solitude.

En réalité, le socialisme réel ne parvint au pouvoir en Tchécoslovaquie que par la force d'un coup d'État, même si c'est dans ce pays que l'implantation communiste était la plus sincère et la plus importante au sortir de la guerre. Il n'en reste pas moins qu'il est nécessaire aux nouveaux dirigeants d'imposer le communisme, et pour cela, d'encadrer la population, d'inventer de nouveaux rituels. Le nécessaire recours à la forme nationale offre la possibilité d'une greffe de la nouvelle culture communiste sur un fonds bien enraciné, d'où une vaste opération de récupération du matériau folkloriste, des traditions nationales issues du XIXe siècle, à laquelle, dans notre extrait, Ludvik participe : il s'agit de communiser les vieilles chansons et mélodies moraves. Ainsi, un nouveau répertoire est promu qui, en empruntant une matrice mélodique et harmonique ancienne, célèbre les moissons coopératives, Staline, les tracteurs ou les kolkhozes. En Tchécoslovaquie comme ailleurs, les partis communistes vont subventionner des orchestres folkloriques et ainsi contribuer à nationaliser le communisme.

Cette greffe un peu monstrueuse est un deuxième trait essentiel des systèmes culturels qui se développent à l'est de l'Europe dans le cadre de la guerre froide à partir des années 1950. Pourtant, ne rigidifions pas à outrance des systèmes qui eurent leur propre temporalité sur le plan politique comme sur le plan culturel. On voit alterner des périodes de « gel » (période stalinienne, 1947-1953 ; années post-1968) et de « dégel » (après 1956 et XXe Congrès PCUS). L'exemple de la Tchécoslovaquie montre que lorsque les conditions s'y prêtent, un espace d'autonomie culturelle peut se dégager à l'intérieur même du système communiste. L'exemple retenu se réfère au grand épanouissement culturel, à travers ce qu'on a appelé à l'époque, dans les années 1963-1968, la « nouvelle vague tchèque », qui participait d'un renouveau plus vaste anticipant et accompagnant le renouveau politique du printemps de Prague.

La nouvelle vague tchèque (années 1960)

Le dégel à proprement parler commence en Tchécoslovaquie en 1962-1963, après le XIIe Congrès du

Parti communiste tchécoslovaque, plusieurs années donc après les révélations de Khrouchtchev et l'entrée dans une ère différente de la guerre froide. La nouvelle vague tchèque fut ainsi nommée par analogie avec le coup de jeune cinématographique provoqué quelques années auparavant en France par les auteurs de la Nouvelle Vague. À Prague également, on voit surgir des films qui n'ont plus rien à voir avec les bluettes communistes des années 1950 : des cinéastes comme Milos Forman, Jaromil Jires, Vera Chytilova, Vojtech Jasny produisent des films qui sont reconnus par la cinéphilie internationale (ainsi, le Festival de Cannes prime le film de Jasny *Un jour, un chat* en 1963). Ces cinéastes, en fait, ne sont pas tous « jeunes ». La nouvelle vague regroupe plusieurs générations dont une, plus ancienne, qui s'est réfugiée dans le cinéma d'animation, faute de pouvoir s'exprimer ailleurs. Comme son homologue française, elle utilise des acteurs non professionnels, des décors naturels et s'intéresse non pas à l'avenir de la révolution mais au présent de la Tchécoslovaquie. Ses héros sont des jeunes gens et des jeunes filles préoccupés par leurs histoires de cœur, déroutés, désorientés dans un univers où ils semblent flotter avec un mélange, très tchèque pour le coup, de tragique et de comique. Le grotesque du quotidien est une des marques de ce cinéma. Le refus des interprétations, le refus d'un sens tout prêt et la sensation de vide qui émanent des films en est une autre. Dans une société communiste saturée d'interprétations et de sens, cette vacuité a valeur d'opposition. Sous ses allures parfois anecdotiques, les histoires de ce cinéma sont des contre-pieds à l'esthétique réaliste-socialiste. Selon celle-ci, il fallait filmer le groupe, la classe et se projeter dans le futur ; la nouvelle vague tchèque filme le présent et l'individu ; il fallait mettre en scène la politique : on préfère les histoires d'amour qui, si possible, finissent mal pour contrer l'optimisme obligatoire de l'idéologie communiste. Le travail, dimension première de socialisation et d'épanouissement de *l'homo sovieticus*, est évacué. Les grandes fresques historiques sont rejetées au profit de fables du quotidien comme dans *Les Amours d'une blonde* ou *L'As de pique* de Milos Forman.

La raillerie n'est pas absente. En témoigne cet extrait du film *La Plaisanterie* de Jaromil Jires (d'après le roman de Kundera) : dans un camp de travail accueillant des hommes en rupture de ban de tous genres, un ex-étudiant des Beaux-Arts a peint sur un des murs du dortoir des matrones appétissantes. Le commentaire en forme de blason qu'il fait de sa fresque à ses camarades ébahis offre à tous une parenthèse de liberté, d'expression d'une sensualité brimée. Arrive à l'improviste le chef du camp. Le peintre, sans se démonter, se livre avec brio à une traduction immédiate et hilarante de ses muses en allégorie politique – ici, le prolétariat conquérant, là la paysanne marchant main dans la main avec la camarade ouvrière. La glose marxiste apparaît avec tout le ridicule d'une idéologie primaire manipulable à volonté. L'instrumentalisation de l'art par le régime est radicalement dénoncée.

La nouvelle vague tchèque : *L'As de pique* (*Cerny Petr*), réalisé par Milos Forman en 1964.

Cette fin de non-recevoir à l'avenir radieux exprimée par certains artistes de l'Est est une attitude qui, à la fin du XXe siècle, va s'étendre dans toute l'Europe sous des formes multiples. En plus de l'opposition strictement idéologique (au communisme jusqu'en 1989), elle tient plus fondamentalement à la sortie d'un régime de temporalité « moderne » finalement partagé par le socialisme autant que par le capitalisme : l'avenir s'y présentait sous la forme d'une promesse à l'ombre d'un passé familier, intégré, et d'un présent constituant un seuil de passage entre les deux temps. C'est la fin du « progrès » inéluctable.

UNE POLITIQUE DE LA MÉMOIRE

Mémoire, patrimoine, identité

Ce modèle de « progrès » qui s'est installé dans l'Europe postrévolutionnaire épuise son capital de croyance à la fin des années 1970 : « Le passé n'est plus la garantie de l'avenir ; là est la raison principale de la promotion de la mémoire comme agent dynamique et seule promesse de continuité », explique Pierre Nora à l'aube d'une entreprise intellectuelle et historiographique, *Les Lieux de mémoire* (1984-1992), consonant avec cette nouvelle présence massive de la mémoire dans nos sociétés contemporaines [16]. Bien que conçus sur un terrain très français, ces lieux de mémoire ne tracent pas un *Sonderweg*[17] français, signe d'une passion nationale ; au contraire, les Allemands ont tenté eux aussi de cartographier leur *Erinnerungsorte*[18] (traduction allemande des lieux de mémoire français) ; les Italiens, les Russes et les Américains s'y sont également essayés[19].

À l'Est comme à l'Ouest, la crise qui assombrit les perspectives, la fin des mondes paysans, la conscience des désastres du siècle, le changement générationnel qui voit les personnels politiques encore solidaires des années de guerre remplacés par une génération nouvelle qui ne les a pas connues, le sentiment d'un monde de plus en plus interconnecté qui diminue la marge de manœuvre des États (et particulièrement des États-providence), tout cela explique l'avènement de ce qu'on appellera le « moment-mémoire[20] » de l'histoire européenne. Ce moment est caractérisé par deux éléments : il s'appuie sur une révolution patrimoniale et une passion généalogique qui traverse toute la société et est relayé, socialisé par une transformation de la commémoration qui s'emballe en pluralisant et en multipliant les mémoires convoquées[21].

L'apparition d'une conscience patrimoniale remonte au XVIIIe siècle, mais ce n'est que dans les années 1830, après les déprédations révolutionnaires, que se mettent en place les premiers balbutiements d'une administration dévolue à la sauvegarde des monuments qui forgent l'identité nationale. Cette conscience est reliée à la construction de cultures nationales encouragées par une sensibilité romantique à l'histoire et notamment à l'histoire médiévale prenant la place d'une histoire antique avec laquelle les romantiques veulent rompre. En France, on crée pour la première fois un poste d'inspecteur aux monuments historiques en 1830, qui sera pendant des années occupé par Prosper Mérimée. Partout, les États anciens ou nouveaux dressent l'inventaire des objets-monuments qu'ils considèrent comme investis d'une symbolique nationale puissante. Et le public est de plus en plus sensible à ces enjeux de sauvegarde grâce aux expositions universelles qui donnent à voir des objets d'art [22]. Jusqu'au début du XXe siècle, selon les traditions nationales, certaines strates temporelles, histoire antique, Moyen Âge des cathédrales et des églises, Renaissance, temps modernes des châteaux et des cours, sont privilégiées dans la compréhension de ce que signifie le patrimoine national. Dans les années 1960, sous l'égide de Malraux, on commence en France à prendre en compte les monuments et objets du XIXe et du XXe siècle (patrimoine industriel et éco-musées) : il en va ainsi de la tour Eiffel, des immeubles d'Auguste Perret, du Palais idéal du facteur Cheval, classés à l'Inventaire général. Cela n'empêche pas, quelques années plus tard, la destruction aux Halles des pavillons Baltard qui, de nos jours, seraient évidemment préservés [23].

Après avoir classé nombre de monuments ou objets du XIXe siècle et du XXe siècle, la réflexion sur le patrimoine et sur ce que l'on désire léguer aux générations suivantes a pris un tour nouveau, élargissant considérablement son périmètre, puisqu'il s'agit désormais de conserver non seulement les monuments mais les signes porteurs d'une histoire, qui disparaissent à grande vitesse sous les pelleteuses de la modernité. Ainsi ont été classés des éléments d'architecture rurale (des pigeonniers, des lavoirs, des moulins), d'architecture urbaine (marchés couverts, cafés-restaurants prestigieux, piscines, cinémas (les cinémas Le Champo ou La Pagode à Paris!), d'architecture industrielle (manufactures en brique), des éléments de transport (chars, locomotives, diligences), etc. Le choix du classement repose généralement sur une dialectique savante d'exemplarité (par sa beauté, par son exceptionnalité) et de représentativité (dimension de symbole). On s'est mis à classer aussi bien le mur des Fédérés du Père-Lachaise, les champs de bataille de la Première Guerre mondiale, le manuscrit de « J'accuse » de Zola que les maisons d'écrivains ou l'auberge dans laquelle Van Gogh s'est suicidé à Auvers-sur-Oise.

Dans le même temps, la conscience de soi de la nation comme unité indivisible a fait place à une conscience de soi patrimoniale et multilocale [24]. De la nation dont l'histoire était l'institutrice, on est passé à une communauté plus atomisée dont les différents groupes cherchent dans une mémoire spécifique une partie de leur passé mort que l'histoire nationale ne leur permet pas de retrouver. Pour les Arméniens, ou les enfants de harkis, ou d'immigrés turcs en Allemagne, pour les familles juives rescapées de la Shoah, pour les homosexuels, la quête mémorielle offre la possibilité de pallier le sentiment d'amputation et de renouer avec une part constitutive de son identité. Partout, ce modèle mémoriel a chassé le modèle historien. Une transformation radicale des pratiques de commémoration a logiquement épousé ces nouveaux « cris de mémoire [25] ».

Dans son acception moderne, la commémoration est inventée par la Révolution française et se démarque des rituels monarchiques pour célébrer l'unité de la nation (sur le modèle de la fête de la Fédération de juillet 1790) et le culte de la République. La Troisième République fête ainsi le centenaire de la Révolution en 1889, affirmant l'ancrage révolutionnaire du régime et inventant du même coup le modèle classique de la commémoration nationale, celui des grands lieux, des grands hommes, des grands événements de l'histoire officielle : lors d'une séance solennelle, la pose d'une plaque, la dénomination d'une rue, l'érection d'une statue inscrivent matériellement le souvenir. Pour les grands événements, cette commémoration se déroule de façon identique sur tout le territoire, dans une communauté de lieux, de rituels, de cortèges qui en assurent tout l'efficace symbolique. Cette forme de commémoration nationale est particulièrement française car l'État y joue un rôle essentiel. En Grande-Bretagne, il n'y a pas de fête nationale à proprement parler et la survie de la monarchie fait obstacle à la célébration de la nation.

Les célébrations de la Première Guerre mondiale se firent aussi sur ce mode. Pour la Seconde, en France comme ailleurs (sauf en Grande-Bretagne où la guerre de 39-45 est au contraire un moment glorieux d'unité nationale), les conflits internes voire la guerre civile (en France, en Italie, en Yougoslavie, en Grèce, etc.) empêchent ce modèle de fonctionner, faute d'unité. Le gaullisme sut habilement mais provisoirement masquer les conflits de la mémoire résistante en faisant alliance avec les communistes. Cette forme classique de commémoration nationale a pris fin avec la disparition des légendes pieuses sous les coups d'une historiographie critique venue d'ailleurs (R. Paxton). S'y substitue une commémoration désormais éclatée, plurielle, prise en charge non plus par l'État mais par la société civile d'une part, et par les collectivités locales de l'autre [26].

La montée en puissance des collectivités locales en tant que sources de financement de la culture, l'impératif touristique, la multiplication des associations de défense du patrimoine et la logique mémorielle de groupes en quête de leur identité, sont autant de facteurs pour un phénomène qui caractérise la culture européenne de la fin du XXe siècle, que Pierre Nora a qualifié d'« acharnement commémoratif ».

Le style change également : la commémoration est souvent nomade ; des spectacles, des concerts, des meetings ou des colloques ponctuent des festivités qui ne laissent pas nécessairement de traces. Si le centenaire de la Révolution française a érigé la tour Eiffel, le bicentenaire a produit le défilé Jean-Paul Goude. De pédagogique et monumentale, la commémoration est devenue ludique et temporaire. Cette commémoration sans fin est le signe d'un rapport différent au passé pour les sociétés contemporaines : l'histoire nationale « progressiste » a perdu son monopole de légitimité ; seule la mémoire, gage de continuité avec le passé et garante de l'identité, peut incarner un passé que l'historiographie complexifie. La commémoration contemporaine est la célébration de ce passé-là, sursaturé de mémoire et ayant fait son deuil d'un projet d'avenir.

Après le communisme : quelle identité choisir ?

Après 1989, les pays de l'Est ont non pas clos l'histoire mais voulu retrouver une partie de leur histoire, en tout cas celle qui précédait l'institution du communisme [27]. D'où une certaine frénésie à effacer les symboles de l'ancien régime et à restituer une continuité rompue. Les opérations de rétablissement toponymique expriment cette volonté de renouer avec le passé : Leningrad redevient Saint-Pétersbourg et Gottwaldov redevient Zlin (ville des usines Bata en Tchécoslovaquie). Des partis anciens naguère interdits ressurgissent : le parti des petits propriétaires en Hongrie ; le parti paysan en Roumanie. Certaines références historiques deviennent incontournables pour les nouveaux leaders qui ont assuré la transition postcommuniste : Vaclav Havel se sent le fils de Mazaryk, Lech Walesa se réfère à Pilsudski tandis que les Hongrois ont en mémoire le dualisme austro-hongrois d'après 1867 comme un moment de compromis heureux dans la vie de leur peuple. En 1989, partout en Europe centrale on parle du printemps de 1848 : en raison du rôle joué par les intellectuels dissidents, en raison du transnationalisme de cette révolution européenne et d'un phénomène de contagion que personne n'avait prévu, en raison enfin du patriotisme qui s'exprime sous la forme d'un refus de la rhétorique abstraite et faussement universelle du communisme officiel.

Comme on l'a vu, la référence nationale n'était pas absente du système communiste qui sut l'utiliser comme une béquille toujours efficace contre ses défaillances propres. Ainsi, il n'est pas vrai que le communisme aurait « congelé » des fureurs nationales que le déclin communiste de 1989 aurait, en quelque sorte, libérées. Néanmoins, l'affirmation d'identités particulières – non exclusivement nationales – est une réaction compréhensible des peuples sortant de quarante ans de communisme. Ces identités sont relayées par des jeux de mémoires souvent conflictuelles dans cette partie de l'Europe, qui n'a rien oublié de certains différends historiques. Ainsi, la ville lituanienne de Vilnius, carrefour cosmopolite abritant des Lituaniens, des Polonais (c'est la ville de naissance du grand poète Adam Mickiewicz) et une forte population juive avant la Shoah, qui se trouvait dans la Pologne reconstituée d'après 1918, mais dans l'État soviétique de Lituanie après 1945, est déchirée par des mémoires conflictuelles. De même, entre Serbes et Croates, une réappropriation caricaturale de la mémoire de la Seconde

Guerre mondiale ainsi que de son lexique – les Tchetniks contre les Oustachis – a ravivé une hostilité qui a dégénéré en guerre civile à partir de 1991 : les différents peuples se sont retrouvés impliqués dans de terribles violences en raison d'une instrumentalisation de la mémoire du côté de Belgrade comme de Zagreb.

En Russie, le problème de la sortie du communisme se pose différemment puisque, s'il peut être vécu comme une libération par les peuples d'Europe, il est également ressenti, en dépit du contentement de sortir de la tyrannie, comme une humiliation par les Russes, conscients d'avoir perdu la puissance, la gloire et le rayonnement impérial. Ce n'est pas la mémoire ni l'histoire mais bien la littérature qui, en Russie, a commencé à faire ce travail nécessaire de revisite d'un passé douloureux : Boris Pasternak, Vassili Grossman, Alexandre Soljenitsyne, Varlam Chalamov, pour ne citer que les géants, ont contribué à mettre en forme leur version de l'histoire et à la proposer à leurs concitoyens qui les ont parfois lus après la communauté internationale. Aujourd'hui, Svetlana Alexievitch fait entendre sa voix d'écrivain contre l'installation musclée d'une politique de la mémoire par le régime de Vladimir Poutine, qui entend contrôler les discours sur l'histoire russe passée et présente.

Ainsi, l'impératif de la mémoire se fait sentir partout sur le continent européen à la fin du XXe siècle, pour le meilleur et pour le pire. Retrouvailles avec une partie mutilée de son identité ou avec une histoire nationale effacée par l'universalisme communiste, cette quête mémorielle s'avère sans doute nécessaire pour une meilleure compréhension de son être intime, qu'il s'agisse d'un individu ou d'un groupe, voire d'une nation. Les États relaient plus ou moins ces émois mémoriels ; en tout cas, ils n'en sont plus les vecteurs exclusifs. À l'Est, certaines élites politiques ex-communistes ont cyniquement instrumentalisé les mémoires nationales pour alimenter un nationalisme exclusif et belliciste, qui fleurait bon la fin du XIXe siècle. À l'Ouest également, les rejeux intempestifs d'une mémoire très plastique ne sont pas à l'abri d'instrumentalisations diverses. C'est pourquoi les historiens ont leur mot à dire dans ces débats. Ils ont d'ailleurs été constamment mobilisés dans les années 2000 afin d'encadrer, de discuter et parfois de critiquer des procédures de lois mémorielles qui se sont généralisées dans toute l'Europe, à l'instar de ce qui s'est passé en France, mais également en Allemagne et en Pologne, afin de criminaliser la négation des crimes du communisme.

Devant l'inquiétant spectacle du « trop de mémoire », le philosophe Paul Ricœur (mort en 2005) s'était élevé contre cette ère de la commémoration systématique et contre le « devoir de mémoire » dans son livre *La Mémoire, l'histoire, l'oubli* (2000), non sans faire scandale. Il y défendait une « politique de la juste mémoire », un équilibre fragile entre saisie historienne, distance critique, pluralité des mémoires et nécessité de l'oubli salvateur pour éviter le ressassement mortifère ou paralysant face au futur.

Chapitre 10

1968, UNE RÉVOLTE PARTAGÉE ?

Contester en Europe de l'Ouest et de l'Est

1968 en Europe : il ne s'agit évidemment pas ici de dresser une cartographie exhaustive des « mouvements » de l'année 1968, mais de s'interroger sur la contemporanéité des formes de révolte de part et d'autre du rideau de fer. D'aucuns ont souligné la véritable transgression que fut en 1968 cette traversée d'une frontière à la fois idéologique et matérielle au cœur de l'Europe clivée de la guerre froide. Comme en 1848, l'esprit de rébellion se répandit comme une maladie contagieuse. D'où la remarque d'Hannah Arendt dans une lettre adressée à Karl Jaspers : « Les enfants du siècle prochain apprendront l'année 1968 comme nous avons appris l'année 1848. » Ces deux dates auxquelles certains historiens ajouteront celles de 1989 forment une trilogie, parfois associée, de révolutions démocratiques transnationales à l'échelle européenne (et même mondiale pour 1968) [1].

Même si, vue de Paris, une même logique d'émancipation semble à l'œuvre – les étudiants défilent en criant « Rome, Berlin, Tokyo, Varsovie » –, qu'en est-il vraiment ? Quel sens choisit-on de donner à cette simultanéité ? En ce qui concerne l'Europe, on assiste souvent à la réification de deux images de 1968 qui opposeraient d'un côté, à l'Ouest, l'insouciance, l'irresponsabilité, un lyrisme révolutionnaire fantasmé et, à la fin, de grandes vacances bienvenues, anticipant une reconversion idéologique et une réussite certaine de la génération soixante-huitarde ; à l'Est, la gravité, le tragique et la véritable histoire, l'échec de la réforme dubcekienne (en Tchécoslovaquie) se soldant par vingt ans de normalisation et une génération intellectuelle sacrifiée [2].

Au-delà du constat des divergences des mouvements, de leurs évidents malentendus, est-il possible d'adopter une vision plus dynamique et déplacer ainsi certaines représentations parfois forcées par la logique comparative ? Il y avait, d'Est en Ouest, des circulations à l'œuvre, dans les années 1960 : la « nouvelle vague tchèque » était montrée sur les écrans du Quartier latin ; la « Lettre ouverte au Parti ouvrier unifié polonais » de Jacek Kuron et Karol Modzelewski fut lue attentivement par les gauchistes de l'Ouest, animés, comme leurs confrères de l'Est, par la même humeur anti-institutionnelle ; la « Varsovienne » fut entonnée dans les cortèges du mois de mai à Paris. De même à l'université Charles de Prague, on fonda un « Akcni Komiter » sur le modèle des comités d'action parisiens de Mai 68.

Sans doute y eut-il bien des incompréhensions, des contretemps et des contresens, à la mesure des contacts et même des amitiés tissées entre leaders contestataires, des lieux et des occasions de rencontre, des emprunts, et le sentiment, inégalement partagé, d'influence mutuelle, de fraternité et de combat pour la liberté, quelles que soient les situations contrastées de départ. Fraternité fallacieuse ? Certes, le cours de marxisme-léninisme que fit Rudi Dutschke venu discuter en avril 1968 avec les étudiants praguois de l'université Charles fit l'effet d'une douche froide. De même, certains intellectuels gauchistes français avaient conscience que leurs mots les trahissaient, passé le rideau de fer. Ainsi, Dyonis Mascolo, philosophe, intellectuel français proche de Marguerite Duras, ex-communiste et sympathisant de la gauche étudiante, avoue avoir dû « refouler quelques-uns des conseils en radicalisme[3] » qu'il s'était proposé de donner aux camarades communistes tchèques. Il est important de comparer les espaces de contestation, mais aussi d'en examiner les liens, les transferts de représentations communes et de valeurs, les logiques d'entraînement, d'imitation ; voir enfin ce qui résiste au transnationalisme et dessiner des formes nationales de révolte, sans oublier les enjeux proprement locaux et la façon dont ils s'articulent à des thèmes mobilisateurs plus vastes pour faire éclater la révolte[4].

Le fonds commun des révoltes

Une langue politique et une bibliothèque partagées

Si l'on ne se résigne pas à envisager cette simultanéité des révoltes de la jeunesse comme fortuite, il faut bien considérer le fonds commun des discours, les attentes propres à une génération qui dessinent des Internationales politiques, idéologiques, culturelles, sociales. Les étudiants des années 1960, pour les plus politisés d'entre eux, parlent un langage commun. Ils se sont forgé un lexique reconnaissable fait de marxisme révisé à l'aune de différents auteurs (de Freud à Lacan en passant par Adorno ici, Althusser là) et mâtiné de pensée antiautoritaire, qui est lui-même le résultat d'une circulation de la pensée critique, entre importations intellectuelles, traductions et voyages d'idées. Le pont intellectuel Berlin-Berkeley est par exemple particulièrement efficace en raison de l'histoire de l'école de Francfort [5], exilée aux États-Unis et de retour en Allemagne pour une partie d'entre elle après la Seconde Guerre mondiale. Des figures comme Theodor Adorno, mais surtout Herbert Marcuse (resté aux États-Unis), à travers son ouvrage phare, *L'Homme unidimensionnel*, et sa thématique du grand refus de la civilisation technicienne, exercent un rôle tutélaire en Europe de l'Ouest. La dissémination intellectuelle agit ici pour solidariser les générations qui redécouvrent les théories de l'aliénation dans la lecture d'auteurs devenus cultes. Ainsi, dans une bibliothèque militante française des années 1960, on peut trouver la collection complète de la revue *Socialisme ou Barbarie* animée depuis 1946 par Cornelius Castoriadis et Claude Lefort. Révolutionnaire mais antistalinienne, elle tente de mener la critique rigoureuse des apories du communisme et de déboulonner les discours rituels des organisations révolutionnaires pour examiner les réalités du capitalisme moderne et les faibles oppositions qu'il suscite même parmi les prolétaires. On peut également imaginer des brochures de l'Internationale situationniste (IS) dont les slogans ont largement rythmé la poétique de mai 1968 à Paris. Fondée en 1957 par des proches du surréalisme, l'IS livre une critique radicale de ce qu'elle définit comme l'aliénation culturelle de la société des loisirs (*La Société du spectacle* (1967) de Guy Debord). Selon les situationnistes, qu'elle opère dans une société capitaliste ou socialiste, la fonction idéologique de la marchandise culturelle reste la même : la récupération par le pouvoir en place. Il existe en Europe de l'Ouest et aux États-Unis une bibliothèque commune aux militants de 1968 mais aussi au tout-venant des étudiants nourris d'une culture qui résonne de thématiques identiques sur fond de réinterprétation du marxisme, où « l'aliénation » remplace « l'exploitation ».

Les « nouvelles gauches »

De même, politiquement, la fin des années 1950 voit émerger en Europe et aux États-Unis une « nouvelle gauche » qui, née en Grande-Bretagne sous la houlette d'universitaires socialistes, va très vite essaimer en pratiquant un double écart : les *new leftists* révisent le marxisme de leurs aînés et sa focalisation sur la classe ouvrière ; ils s'émancipent des structures traditionnelles de la gauche institutionnelle, socialiste ou communiste, pour créer des petits partis qui s'affirment tantôt autour d'organisations syndicales – le Students for Democratic Society aux États-Unis ou le Sozialistischer Deutscher Studentbund allemand – tantôt autour de revues – *Socialisme ou Barbarie*, *Arguments* en France –, ou autour de petites formations extraparlementaires comme l'APO en Allemagne. En Grande-Bretagne, la New Left prend en charge la protestation antinucléaire précoce dans ce pays ; au Japon, la Zengakuren, fédération d'étudiants japonais née en 1948 dans l'orbite du Parti communiste, conquiert son indépendance en 1960 dans les combats contre le renouvellement du traité d'alliance avec les États-Unis. En France, on notera le rôle de passeurs des intellectuels désencartés du Parti communiste après 1956 et le contexte particulier de la guerre d'Algérie qui précipite une mobilisation étudiante de l'UNEF, découvrant alors dans l'action une large autonomie par rapport à un Parti communiste jugé timoré sur la question algérienne.

Évolutions macrosociologiques communes

Ces évolutions politiques communes renvoient ou accompagnent des conditions sociologiques déjà bien inventoriées : une nouvelle société postindustrielle produisant des conflits spécifiques, une culture de masse juvénile, la modernisation accélérée des économies, une période de paix depuis 1945, la menace atomique, une institution académique bouleversée et déstabilisée par l'afflux de nouvelles cohortes d'étudiants, résultat un peu partout d'une scolarisation plus longue. Évidemment à ces données générales s'ajoutent des variables qui bigarrent le paysage : la présence ou pas d'un héritage colonial, le poids de l'histoire et de la mémoire de la Seconde Guerre mondiale, la nature de l'État au pouvoir. Néanmoins, on a là typiquement un effet de génération, exposée au même événement ou « non-événement » en l'absence de guerre, et qui nourrit paradoxalement un désir d'en découdre, un imaginaire guerrier qui n'est pas étranger au succès de la cause tiers-mondiste parmi les jeunes Européens et Américains. Cet imaginaire guerrier joue un rôle décisif à Paris[6]. Pensons que c'est à la suite de l'incursion de la police dans la cour de la Sorbonne le 3 mai 1968 que les étudiants décident de réagir. Cette intrusion policière est ressentie comme une violation, un symbole, puisque aucune force de police n'avait pénétré dans l'enceinte de la Sorbonne depuis les nazis pendant la Seconde Guerre mondiale. La métaphore de la guerre est d'ailleurs très présente pendant tout le mois de mai, dans l'association entre la police et celle d'une armée étrangère, voire des nazis à travers le fameux slogan « CRS/SS ».

Dans ce fonds idéologique et social commun, les contestataires trouvent des ressources subversives communes ; à l'Ouest, la critique du capitalisme et de la culture de masse aliénante ; à l'Est, la dénonciation de la bureaucratie socialiste et le manque de liberté, qui permettent d'imaginer une Internationale de la contestation. Celle-ci est saisie le 13 juin 1968 dans une étonnante photo de famille qui réunit, lors d'une émission à la BBC présentée par Robert Mac Kenzie et intitulée *Students in Revolt*, des leaders de toute l'Europe : Daniel Cohn-Bendit et Alain Geismar pour la France, Tariq Ali pour la Grande-Bretagne, Karl-Dietrick Wolff pour la RFA et Jan Kaven pour la Tchécoslovaquie, parmi d'autres, insistant pour ne pas se présenter comme de petits chefs mais des « haut-parleurs » de la parole collective [7].

Réelle ou imaginaire, cette internationale existe en tout cas comme ressource politique pour affirmer que l'on n'est pas seul mais au contraire que chaque action locale ou nationale avance en solidarité avec ce qui se passe ailleurs, parfois très loin, dans le monde.

Un phénomène transnational

Phénomène transnational, le mouvement des années 1968 se caractérise par une forte circulation non seulement des thématiques mais des formes politiques, des répertoires d'action – comme les nomme la théorie de mobilisation des ressources [8] – qui vont fortement identifier la contestation des années 1960 par rapport à ses aînées.

Import/export de nouvelles formes politiques

En effet, cette génération politique (s'il faut garder le singulier) se montre fort inventive dans la conception de nouveaux modes d'action, en recyclant parfois des techniques politiques élaborées dans d'autres contextes. Ainsi, les étudiants américains pratiquent les grandes marches, les *sit-in*, les boycotts, moyens non violents expérimentés par le mouvement des droits civiques depuis le milieu des années 1950. Ils y ajoutent leurs propres actions : les *teach-in*, séances de discussion égalitaire à l'intérieur de l'université, mais aussi, lorsque le refus de la guerre du Vietnam se fait plus véhément, les séances d'autodafés des livrets militaires. Les « marches de Pâques » antinucléaires britanniques de la fin des années 1950 s'exportent dans toute l'Europe du Nord-Ouest. Du côté français, on redécouvre les charmes de l'action directe, issue du patrimoine politique du syndicalisme révolutionnaire et anarchisant de la première CGT. Rebaptisée en mai 1968 « action exemplaire », cette tactique vise à créer une brèche dans le tissu social et l'édifice institutionnel. Même éphémère, elle montre que le pouvoir n'est pas inébranlable, tout en démasquant son caractère répressif. Détournements, *happenings*, perturbations de rituels – comme, en 1966, lorsque les « Provos » hollandais lancent des bombes fumigènes sur le cortège du mariage royal [9] –, prises de parole intempestives, humour tous azimuts : là est peut-être le véritable signe distinctif de ces mouvements qui empruntèrent tous, plus ou moins, à l'avant-garde esthétique situationniste ou surréaliste. Sans doute l'humour ravageur d'un Cohn-Bendit ne repose pas sur les mêmes attendus et n'atteint pas les mêmes effets que l'ironie mise en scène par Milan Kundera dans *La Plaisanterie*, publié en 1968. Quelques exemples de slogans inscrits sur les murs de l'Odéon ou de Paris permettent de prendre la mesure de la distance avec les traditionnels « Le fascisme ne passera pas » des défilés du Parti communiste : « Cours camarade, le vieux monde est derrière toi ! » ; « Déculottez vos phrases pour être à la hauteur des sans-culottes » ; « Propriétaires d'opinions s'abstenir ! » ; « Le régime gaulliste est un régime amaigrissant » ; « Non aux bidonvilles, non aux villes bidon » ; « Alors Fouchet, ça gaze ? » ; « Vivre sans temps mort » ; « Jouir sans entraves » ; « L'imagination prend le pouvoir » ; « Et si on brûlait la Sorbonne ? » ; « Godard, le plus con des Suisses pro-chinois » ; « Quand le dernier sociologue aura été pendu avec les tripes du dernier bureaucrate, aurons-nous encore des problèmes ? » ; « La société est une fleur carnivore » ; « Je jouis dans les pavés » ; « Consommez plus, vous vivrez moins » ; « L'art est mort, ne consommez pas son cadavre » ; « On achète ton bonheur, vole-le ».

Spontané, festif, intuitif, le nouveau répertoire d'actions du mouvement est cependant fait d'ancien et de nouveau. En France, par exemple, les occupations d'usine rappellent le Front populaire mais les séquestrations de patrons sont bien de 1968. La grève générale est un vieux mythe de l'anarcho-syndicalisme du début du siècle qui fait son retour à Paris en 1968. La barricade, symbole du Paris révolutionnaire du XIXe siècle, est cependant investie d'un sens nouveau. L'atmosphère de fête et de joie renoue avec l'ancienne tradition ouvrière, tandis que le mouvement emprunte aussi ses méthodes aux luttes de guérilla menées dans le tiers-monde.

Car l'autre versant distinctif de ces années politiques, c'est la violence légitimée par l'objectif révolutionnaire, celle qui se déploiera plus tard dans des formes plus ou moins abouties de terrorisme, mais qui juste avant 1968 a peut-être le visage et le corps de ces jeunes Japonais casqués, gantés, munis de longues perches de bambous et armés de cocktails Molotov, samouraï de l'action politique, dont l'image transmise sur les télévisions du monde entier impressionne la rétine des contestataires occidentaux [10]. Car il faut évidemment rappeler l'omniprésence, désormais, de cet environnement médiatique qui entre dans un registre nouveau, en enregistrant et transmettant quasi en temps réel les événements du monde entier. La jeunesse, en tout cas occidentale, est munie de l'appareillage technico-médiatique de base que sont les transistors, la télévision, les tourne-disques et l'on voit bien, notamment en mai 1968 à Paris, l'importance cruciale et nouvelle de la radio dans le métabolisme des manifestations [11]. C'est le cas le 10 mai 1968, alors que la tension monte d'un cran et que certaines grilles des arbres commencent à être arrachées boulevard Saint-Michel. Grâce aux camions techniques de RTL où ont pris place les leaders de la manifestation, Alain Geismar pour le SNESup et Jacques Sauvageot pour l'UNEF, un dialogue s'amorce entre le vice-doyen de la Sorbonne et Alain Geismar. Parmi les manifestants et sur les balcons, des transistors diffusent à pleine puissance la conversation entre les deux hommes qui passe en direct sur les ondes nationales [12]. La radio considérée comme un média moribond connaît une forme de résurrection historique en mai 1968. Dans un climat de stéréophonie totale, les manifestants deviennent les sujets de l'événement et forgent de véritables « auditeurs-acteurs ».

Les grands récits de 68

La circulation de la contestation et le rassemblement d'une nouvelle gauche reposent sur le vecteur essentiel que fut la lutte contre la guerre du Vietnam, véritable apprentissage politique pour une fraction de la jeunesse. Comment un événement et une lutte si fondamentalement liés au contexte américain purent-ils être saisis par des groupes sociaux et nationaux si divers, si éloignés de ces préoccupations, pour fonder un tel engagement politique ? Au-delà de la banalité du constat, il faut s'interroger sur cette étrange appropriation. La transformation du récit de la lutte au Vietnam en enjeu politique local repose sans doute sur l'étonnante plasticité de cette référence qui, en plus de joindre l'anti-impérialisme à l'anticapitalisme, semble s'accommoder facilement de déclinaisons locales et sociales. La résistance à la guerre se combine souvent avec des revendications universitaires aux États-Unis, au Japon ou en Italie : à Columbia, le refus de voir s'installer sur le campus des politiques de recrutement pour le Vietnam met le feu aux poudres le 23 avril 1968. Le combat pacifiste est par ailleurs entrelacé, aux États-Unis, au mouvement antiségrégationniste, sans se confondre avec lui. Les leaders noirs soutiennent la lutte contre la guerre ce qui permet des alliances, néanmoins fragiles. En Allemagne et au Japon, le refus de la guerre et le soutien aux Vietnamiens permettent d'exprimer un antiaméricanisme d'autant plus virulent que les bases américaines situées dans ces deux pays, vaincus de la Seconde Guerre mondiale, témoignent à ciel ouvert de l'impérialisme américain. Celui-ci est rendu intolérable au Japon où il utilise les installations locales pour ses actions au Vietnam, comme il l'avait fait pour la Corée quinze ans plus tôt. En France, le combat contre la guerre ravive la mémoire nationale douloureuse de son propre impérialisme en Indochine, doublée de celle, plus intime encore, du récent conflit algérien. Le Vietnam, dans un mélange d'élan tiers-mondiste et de culpabilité, est alors le terrain de lutte entre le Parti communiste et les organisations gauchistes diverses qui, à travers l'institution du Comité Vietnam national et des comités Vietnam de base, vont se concurrencer et pratiquer une tactique de surenchère. L'opposition à la guerre du Vietnam promeut également de nouvelles formes de mobilisation. À l'initiative de Madeleine Rebérioux, membre du Parti communiste, mais n'y étant guère appréciée, est organisée l'opération « Six heures pour le Vietnam », prévue le 26 mai 1966, à la Mutualité, de 18 heures à minuit. La manifestation cherche à renouveler les modes d'action traditionnels en proposant des colloques, des projections de films, une exposition de tableaux. « Comme dans les *teach-in* américains, ces six heures ont une signification symbolique : elles veulent exprimer notre sens aigu de la durée du conflit et de la continuité de l'action que nous voulons mener » peut-on lire sur l'affiche de l'événement [13]. Films, peintures, mais aussi chansons – la renommée de Joan Baez a exporté le mouvement en Europe – interprétées par Colette Magny, la chanteuse blues engagée qui acquiert une notoriété dans la variété française grâce à son répertoire rebelle et son allure d'insoumise. En voici un extrait :

Vietnam 67
Je ne m'interroge plus
Sur le sexe des anges
Vietnam 67

> Van Phan Dong m'a dit :
> « Viens donne-moi la main
> Tu verras, ici, c'est la guerre des vélos »
> Alors camarade, ton vélo est renforcé
> alors camarade, avec 300 kilos de vivres et de munitions,
> tu vas pouvoir nous ravitailler.
> Mais, camarade, tous les ponts sont coupés
> oui, mais camarade, la nuit dernière,
> on les a tous remplacés
> nous ne nous laisserons pas intimider…

Même à l'Est où on estimait que le thème vietnamien était inexistant – en raison de l'américanophilie de principe dans l'opposition au système communiste –, des historiens ayant eu accès aux archives désormais ouvertes trouvent des traces d'une solidarité avec les luttes anti-impérialistes du Vietnam. Dans ce cas précis, en Pologne par exemple, les jeunes étudiants substituent un internationalisme romantique, existentiel, partisan, à la routine officielle de l'Internationale communiste figée dans son rituel vieillissant et autoritaire. Ce récit commun met en scène de grands rassemblements comme, par exemple, en février 1968, celui qui se produit à Berlin sous l'égide du SDS de Rudi Dutschke. Il va servir de plateforme de rencontres, de discussions et de nouvelles pratiques manifestantes, qui se réexportent ensuite dans les divers terrains de lutte : certains des « Nanterrois », fondateurs du mouvement du 22 mars, sont présents en février 1968 à Berlin.

Ce récit commun, mis en scène par les jeunes contestataires, est donc à la lutte contre la guerre du Vietnam ce que Woodstock est à la contre-culture, deuxième grand vecteur de circulation des pratiques contestataires. Ce que, venue des États-Unis, on a nommé « contre-culture » n'est pas l'apanage de l'Europe de l'Ouest. Au Mexique, Paco Ignacio Taibo II raconte comment lui et les siens avaient baigné dans un bouillon politico-culturel dans le Mexique des années 1960 où « la magie de la révolution cubaine et la résistance vietnamienne » étaient liées à une musique (Joan Baez, Bob Dylan), à des films, des livres, des quêtes amoureuses et un désir d'absolu où tout se tenait [14]. De même à l'Est aussi, l'activité des ciné-clubs, le décalé d'une tenue vestimentaire, l'audition à la radio de musiques rock occidentales soutenaient, plus qu'on ne l'a dit, une volonté de faire évoluer le régime. La « nouvelle vague tchèque » montrée dans les cinémas d'art et d'essai du Quartier latin témoigne de ce moment de circulations fortes de références artistiques communes.

D'autres récits servent également de révélateur-cristallisateur à une politisation de la jeunesse, en particulier la fameuse Grande Révolution culturelle chinoise. La Révolution culturelle, initiée par Mao en Chine en 1966, et les gardes rouges fascinent les imaginaires et incarnent la justesse de la rébellion : « On a raison de se révolter. » Face aux hiérarchies établies, aux adultes et aux inégalités de ce monde, les litanies du président Mao forment la bande-son d'une jeunesse qui donne un sens à sa vie en voulant changer le monde. Le vitalisme spontanéiste règne : « Les masses populaires sont douées d'une puissance créatrice illimitée. Elles sont capables de s'organiser et de diriger leurs efforts vers tous les domaines et toutes les branches dans lesquelles elles peuvent déployer leur énergie ; elles peuvent s'attaquer à la tâche de la production, en largeur comme en profondeur, et créer un nombre croissant d'œuvres pour leur bien-être. » Voici un passage très célèbre des *Œuvres choisies* de Mao Zedong :

> La révolution n'est pas un dîner de gala ; elle ne se fait pas comme une œuvre littéraire, un dessin ou une broderie ; elle ne peut s'accomplir avec autant d'élégance, de tranquillité et de délicatesse, ou avec autant de douceur, d'amabilité, de courtoisie, de retenue et de générosité d'âme. La révolution, c'est un soulèvement, un acte de violence, par lequel une classe en renverse une autre.

L'attrait quasi mythologique de la Grande Révolution culturelle prolétarienne (GRCP) est mis en scène à sa manière par Jean-Luc Godard dans son film *La Chinoise* (1967), qui retrace l'odyssée, le temps d'un été dans un appartement parisien laissé vide par ses propriétaires, d'un groupe de jeunes maoïstes s'exerçant à la vie révolutionnaire. Film ambivalent qui, dans sa beauté formelle, est moins une anticipation de 1968 qu'un avant-goût de son échec...

Passeurs, colporteurs, traducteurs

Au-delà du constat de ces circulations et de ces transferts, on peut se demander comment de telles rencontres sont possibles, quelles sont les caractéristiques des passeurs, quels sont les ressorts de leur projection par-delà leur groupe militant d'appartenance. L'itinéraire de Rudi Dutschke, une trajectoire entre l'Est et l'Ouest – à l'instar d'environ 5 % des étudiants de Berlin-Ouest qui, au début des années 1960, viennent de l'Est –, est animé d'un anticommunisme aussi ferme que son anticapitalisme. Celui de Daniel Cohn-Bendit ne l'est pas moins : entre France et Allemagne, élevé dans un bilinguisme et à cheval entre deux cultures, il exprime à sa manière cet *ethos* transfrontalier lorsque après le 22 mai 1968, interdit de retour sur le territoire français, il organise une conférence de presse en France à la barbe de la police et de l'administration française, signifiant une fois pour toutes qu'aucune frontière ne l'arrêtera ni n'arrêtera la révolution ! Comme lui, une petite mais efficace colonie d'étudiants allemands à Paris effectue des voyages militants et contribue à la circulation des références contestataires.

De part et d'autre du rideau de fer, le passage est plus difficile mais il existe : les liens familiaux ou des amitiés complices permettent d'aller à Paris. Ainsi voyageront la plupart des leaders du mouvement de 68 : Adam Michnik, Karol Modzelewski pour la Pologne, Petr Uhl, Vaclav Havel pour la Tchécoslovaquie qui,

1968, UNE RÉVOLTE PARTAGÉE ? 341

Manifestation étudiante à Berlin-Ouest en mars 1968, en soutien à la révolte des étudiants polonais à Varsovie.

lors de leurs séjours à l'étranger, fréquentent les centres politico-littéraires de l'émigration comme, à Paris, le groupe autour de la revue *Kultura* de Jerzy Giedroyc.

La dynamique transnationale militante se perçoit dans le transfert de culture contestataire à travers le passage clandestin de la Pologne vers la France de la « Lettre ouverte au Parti ouvrier polonais » de Jacek Kuron et Karol Modzelewski, écrite en 1965, traduite et éditée dans des brochures trotskystes en 1966, et qui devient en 1968 un texte de référence de la culture contestataire [15]. Que découvre-t-on ? Tout d'abord, que les militants ont des lectures communes, des références communes et des itinéraires en partie convergents à Paris et à Varsovie : la judéité de nombre

Karol Modzelewski (à gauche) et Adam Michnik (à droite),
leaders du mouvement de 68 en Pologne.

d'entre eux, qui s'ancre le plus souvent dans une Europe orientale où le judaïsme a pu se convertir en messianisme révolutionnaire, des cultures familiales marquées parfois tragiquement par la Seconde Guerre mondiale et qui se réinvestissent chez les fils dans les luttes des années 1960 ; une même structure générationnelle entre des « aînés », marqués par la guerre d'Algérie, côté français, par le mouvement réformiste d'octobre 1956, côté polonais, et des « benjamins » qu'ils contribuent à politiser. Cette homologie sociobiographique partielle facilite les contacts et la circulation qui s'effectue sous la houlette trotskyste.

Styles nationaux

Pour autant, les logiques de diffusion de la révolte étudiante à l'échelle internationale sont reçues spécifiquement par chaque pays. C'est ainsi qu'on observe des styles nationaux de la contestation : en France et plus encore en Italie, la présence d'un Parti communiste fort permet une mobilisation ouvrière relativement absente ailleurs. En Italie, la secousse étudiante qui dure jusqu'en 1969 est suivie par une période longue – le « mai rampant » – de conflictualité ouvrière tout à fait exceptionnelle dans l'histoire sociale contemporaine.

En France, elle accompagne le mois de mai en lui donnant sa singularité mythique – la grève générale des travailleurs et étudiants –, même si celle-ci fut relativement éphémère. La spécificité du 1968 français tient au monde ouvrier, massivement en grève à partir du 20 mai. Les images d'occupation d'usines rappellent le Front populaire, mais l'apprentissage d'un nouveau lexique de la protestation inaugure un cycle d'insubordination ouvrière dans les années 1970 [16]. Celle-ci ne peut être confondue avec l'activité syndicale, les femmes et les ouvriers étrangers étant peu intégrés dans la vie syndicale des entreprises. Ils sont en revanche de nouveaux acteurs de la scène gréviste en 1968, et le mouvement, quelle qu'en soit l'issue, crée une forme d'irréversible dans leurs biographies. Soudain, les usines bourdonnant habituellement du bruit des machines, sont silencieuses. Ce silence institue la « brèche [17] » dont ont parlé certains sociologues dès 1968 et qui explique le caractère douloureux de la reprise en juin, symbolisé par l'ouvrière des usines Wonder de Saint-Ouen qui ne voulait pas « retourner dans cette taule » [18].

La Grande-Bretagne montre une situation en creux. Là en effet, point de mai 1968, au sens classique du terme, alors que tous les ingrédients semblent être présents : mobilisation antinucléaire précoce et constitutive d'une nouvelle gauche intellectuelle stimulante, afflux d'étudiants et bouleversement de l'institution universitaire, mémoire de l'impérialisme britannique et présence dans les universités d'étudiants politisés issus de l'ancien Empire, revendications universitaires sur le *Student Power* dans les années 1960. Moins nombreux qu'ailleurs par rapport à leur classe d'âge, les étudiants britanniques sont séparés entre institutions prestigieuses et instituts plus récents de formations plus courtes, les *Polytecnics*. Mais le train de mesures libérales très progressistes pour l'époque – la dépénalisation de l'homosexualité (1967), la légalisation de la contraception et de l'avortement (1967), l'abaissement de l'âge légal de la majorité de 21 à 18 ans (1968), l'abolition de la peine de mort (1969) – passées dans les années 1960 par le gouvernement travailliste, ainsi que la naissance d'une puissante contre-culture particulièrement apte à politiser les expressions, peuvent expliquer l'absence de cristallisation protestataire en Grande-Bretagne [19].

Si, en début de chapitre, nous avons souligné les conditions de possibilité d'une concordance des temps dans la révolte européenne d'Est en Ouest en 1968, il est nécessaire de conclure en insistant sur les contrastes entre les deux printemps de Prague et de Paris. La première différence est d'ordre idéologique. La société de consommation contestée par les étudiants occidentaux, les libertés dites formelles et les « élections pièges à con » n'avaient rien pour déplaire aux Européens de l'Est qui vivaient dans un climat de rationnement matériel et de dictature politique liberticide. Le marché et le capitalisme sont rejetés en bloc à l'Ouest alors que l'économiste Ota Šik prône, à l'instar de toute la contestation tchèque, une « troisième voie » entre étatisme soviétique et capitalisme occidental.

Milan Kundera, témoin privilégié, résume une série d'oppositions paradoxales entre un mythe révolutionnaire d'autant plus actif à l'Ouest qu'il n'a pas de réalité et une aspiration à la liberté à l'Est qui ne se grise pas de lendemains qui chantent :

> Le mai parisien fut une explosion de lyrisme révolutionnaire. Le Printemps de Prague, c'était l'explosion du scepticisme post-révolutionnaire. C'est pour cela que l'étudiant parisien regardait vers Prague avec méfiance (ou plutôt avec indifférence) et que le Praguois n'avait qu'un sourire pour les illusions parisiennes qu'il considérait (à tort ou à raison) comme discréditées, comiques ou dangereuses. Le mai parisien était radical. Ce qui, pendant de longues années, avait préparé l'explosion du Printemps de Prague, c'était une révolte populaire des

modérés [...], le radicalisme en tant que tel suscitait l'allergie, car il était lié, dans le subconscient de la plupart des Tchèques, à leurs pires souvenirs[20].

Politiquement également, les stratégies et les objectifs sont opposés. Alors que la nouvelle gauche occidentale veut revigorer le marxisme en le débarrassant de ses scories staliniennes, les Tchèques s'efforcent de diluer le marxisme dans le « socialisme à visage humain ». De même, d'un point de vue culturel, la situation est presque inverse : côté « gauchiste occidental », on cherche, comme il est dit dans la Déclaration de Villeurbanne, à faire de la culture une « entreprise politique » et on dénie toute autonomie à l'action culturelle ; côté contestataire à l'Est, on cherche au contraire à enclencher un processus d'émancipation de la production artistique et intellectuelle hors du contrôle et du carcan de la politique. Comme le dit Jacques Rupnik, « la crise politique ne commence pas (en Tchécoslovaquie) avec l'élection de Dubcek à la tête du Parti le 5 janvier 1968, mais avec les discours de rupture prononcés au Congrès des écrivains en juin 1967 par Ludvik Vaculik, Milan Kundera ou Antonin Liehm ». Le journal emblématique de la contestation tchèque était une revue littéraire, *Literarni Noviny*, journal de l'Union des écrivains qui se vendait à 250 000 exemplaires. Les années 1960 ont permis une brèche particulièrement chatoyante dans le paysage grisâtre de la société tchèque grâce à l'élan de son cinéma et de ses arts. C'est bien ce premier déplacement culturel qui a tracé les conditions de possibilité d'une ouverture politique.

Si 1968 n'a pas tué le communisme à l'Ouest, on peut dire que l'échec du printemps de Prague a provoqué la « mort clinique du marxisme » (Kolakowski) à l'Est et l'inanité du réformisme à l'intérieur du régime communiste. Plus aucun Dubcek n'est crédible jusqu'à l'arrivée, vingt ans plus tard, de la *perestroïka* de Gorbatchev. L'après-1968, en Tchécoslovaquie, se solde par un climat très dur de « normalisation », d'exil intérieur ou extérieur [21]. C'est dans ce contexte que naît une nouvelle figure intellectuelle, celle de la dissidence centre-orientale qui place au cœur de sa démarche les droits de l'homme, la société civile et la culture européenne. En France, une revue comme la *Lettre internationale* animée par Antonin Liehm fut, pendant une dizaine d'années, le relais et la plateforme (avec ses différentes versions dans plusieurs pays d'Europe) des valeurs mais aussi de la culture de la dissidence, littéraire, contestataire, profondément européenne [22].

« ASPHYXIANTE CULTURE »

Paradoxalement, à l'Ouest à la même époque, dans le sillage de 68, l'art et la culture sont profondément remis en cause, comme le sont toutes les paroles d'autorité. Les années 1968 renouvellent et redéfinissent l'espace de la création, dans le théâtre, le cinéma, la littérature, les arts. En effet, l'idéologie culturelle de 1968 évacue la notion de don, de talent, de vocation qui sont au fondement des activités artistiques, pour lui substituer l'idée d'une « créativité » universelle. Partout, à l'Ouest, c'est un moment d'intense réflexivité pour les métiers culturels : que signifie écrire dans une société capitaliste inégalitaire ? Y faire du théâtre ou du cinéma ? Pour qui ? Dans quel but ? Enfin, pour certains artistes, cette critique aboutit à de véritables tentatives, de nouvelles pratiques de leur art (théâtre de rue, ciné-tracts, écriture collective), de nouveaux dispositifs remettant en question la notion d'auteur, d'individu, de signature [23].

Le gauchisme culturel

Dans l'Odéon envahi de toutes parts depuis le 15 mai 1968, à Paris, le comité d'action révolutionnaire définit les buts de l'occupation :

> – le sabotage de tout ce qui est « culturel » : théâtre, art, littérature, etc. (de droite ou de « gauche », gouvernemental ou d'« avant-garde » et le maintien de la haute priorité de la lutte politique sur toutes les autres) ;
> – le sabotage systématique de l'industrie culturelle et en particulier de l'industrie du spectacle, pour laisser la place à une création collective véritable ;
> – la concentration de toutes les énergies sur les objectifs politiques tels que l'élargissement du mouvement révolutionnaire, la lutte dans la rue contre le pouvoir, le renforcement de l'union pour les travailleurs révolutionnaires, les étudiants révolutionnaires, les artistes révolutionnaires ;

— l'extension de l'action directe, par exemple par l'occupation du plus grand nombre possible de lieux de travail, de diffusion ou de décision [24].

Ce tract, distribué dans l'Odéon occupé depuis deux jours, résume quelques lignes de force de ce que l'on pourrait appeler le « gauchisme culturel » : le vandalisme culturel y est assumé, radicalisant une critique ébauchée depuis plusieurs années (notamment par les situationnistes) sur la culture-alibi, au nom de la lutte politique. La création collective surgit comme l'alpha et l'oméga de la résolution des impasses en matière culturelle. La machinerie culturelle est dénoncée comme l'aliénation maximale.

Ces discours, cristallisés plus qu'inventés en 1968, se retrouvent dans le pamphlet du peintre d'art brut Jean Dubuffet *Asphyxiante culture*, publié en 1968. Dubuffet cible ses attaques contre la politique de démocratisation culturelle lancée par André Malraux depuis 1959, date de création du premier ministère des Affaires culturelles. Dès le titre, le livre exprime l'air du temps spontanéiste hostile à toute forme institutionnalisée de la culture, et voit, non dans la médiation, mais dans la création et même la créativité de tous, la vraie réponse aux exigences démocratiques : après avoir pourfendu le totalitarisme doux du conditionnement des esprits dans les Maisons de la culture, fabrique à esprits béats et donc asservis, Dubuffet fustige avec entrain la sacralisation de l'art et le culte de Malraux, ses « braillements patriotiques », ses « grands-prêtres », sa bureaucratie parasitaire.

De nouveaux dispositifs artistiques

Les nouvelles formes dramatiques de 1968 trouvent leur accomplissement dans le théâtre de rue, mais aussi dans les expériences existentielles menées au sein de véritables communautés théâtrales telles que le théâtre du Soleil d'Ariane Mnouchkine ou des collectifs plus éphémères qui entendent changer les formes artistiques mais aussi les modes de production de celles-ci.

Plus nettement encore, le cinéma invente dans le tumulte de l'action et dans la nécessité de filmer un réel rebelle, un format qui lui convient : c'est le « ciné-tract ». Tournés en mai-juin 1968, montés directement à la prise de vue, ces ciné-tracts d'environ trois minutes sont des œuvres collectives et anonymes. D'après Jean-Luc Godard (dans la *Tribune socialiste* du 23 janvier 1969), « les ciné-tracts, c'est une idée de Chris Marker [...]. C'était un moyen simple et pas cher de faire du cinéma politique, pour une section d'entreprise ou un comité d'action, puisque la bobine coûte 50 francs tout compris. Et surtout, l'intérêt est moins la diffusion que la fabrication. Ça a un intérêt local de travailler ensemble et de discuter. Ça fait progresser [...]. Ça permet de repenser à un niveau très simple et très concret le cinéma ». Préludes à la conversion mao et vidéo de Godard qui, on le sait, a réalisé lui-même onze ciné-tracts totalement ou partiellement. Dans le sillage de mai 1968, un certain nombre de films militants essaieront de renouveler à la fois les structures de production cinématographiques – grâce à l'introduction de la vidéo – mais aussi ses modes de narration autant que ses sujets et ses thèmes.

Dans le champ littéraire comme dans les autres arts, s'effectue une remise en cause critique de l'écrivain – c'est-à-dire une réflexion sur sa place et sa fonction dans la société – qui est investie de significations plurielles. Le mouvement de mai 1968 encourage l'effacement de l'auteur ; l'écriture qui sourd des murs de la ville n'a pas de noms propres ni de notes de bas de page. Cette écriture collective et anonyme, celle des tracts, des slogans, des textes discutés dans les comités d'action apparaît à certains comme le devenir révolutionnaire d'une écriture qui ferait corps avec l'histoire[25].

Quant à l'art et l'architecture, ils sont également très présents dans ces débats, au cœur de la ville qui se couvre d'affiches. Les artistes pour qui les valeurs révolutionnaires doivent avant tout s'éprouver dans leur art créent des centaines d'affiches pendant le mois de mai 1968. Cette production artistique importante qui, aujourd'hui encore, reste un symbole du mouvement parisien, réussit à nouer aspiration politique et geste artistique en inventant de nouveaux motifs et de nouveaux modes collectifs de fabrication. L'atelier rebaptisé « populaire » des Beaux-Arts est le lieu nodal de l'utopie d'une création collective.

Pourquoi un chapitre sur 1968 dans un livre d'histoire culturelle de l'Europe contemporaine ? Parce que l'événement a, de toute évidence, marqué les consciences, imprimé des images, transformé un rapport au temps. L'histoire culturelle en a saisi la nouveauté dans les formes et les styles militants qui renouvellent profondément la culture politique des générations suivantes. Il est, d'autre part, certain que mai 1968 fut un des rares épisodes non-guerriers authentiquement vécu comme européen au XXe siècle, en raison de la circulation des modèles contestataires, et de la dynamique transnationale du mouvement. Ce qui n'exclut pas les réappropriations locales et nationales donnant une coloration spécifique à chaque pays.

Enfin, parce que les années 1968, comme on l'a vu, reconfigurèrent et redéfinirent l'espace de la création, dans le théâtre, le cinéma, la littérature, les arts, ceci nous emmène vers le prochain chapitre consacré aux cultures numériques. Celles-ci, par certains aspects, actualisent peut-être des potentialités à l'œuvre en 68 en matière de démocratie de la parole et de l'écrit. La Toile, comme les murs de Paris, est censée accueillir les inspirations de tout un chacun, comme si, dans un monde idéal, les promesses de la contre-culture s'étaient réalisées dans la cyberculture...

Chapitre 11

Cultures numériques

Fin XXᵉ-XXIᵉ siècle

Nous devons aujourd'hui penser le numérique non plus seulement comme une technique (l'informatique) mais comme une culture, voire une civilisation – une civilisation nouvelle bouleversant l'ordre ancien et installant ses propres mythes fondateurs –, caractérisée par le rôle des pionniers libertaires d'Internet[1], la volonté de tout rendre accessible, de transformer tout l'héritage de l'humanité, la construction de « Babel numériques », l'instauration de ses propres valeurs – libre circulation des informations, égalité principielle dans la prise de parole, refus de la parole d'autorité, transparence. Ainsi conçue, cette culture numérique modifie profondément notre regard sur les objets, sur les relations, sur l'ordre des savoirs. Et par sa manie d'universalité que lui permet l'évolution technique, la culture numérique comporte une indéniable dimension religieuse voire messianique.

Dans le même temps, le discours de la peur est très présent sur ce sujet (problèmes de vol d'identité, pédophilie…) ; essayons donc d'échapper aux deux types de rhétoriques souvent mobilisées pour traiter d'Internet : une rhétorique technophile, prophétique, émanant des pionniers de la Toile ou des « lettrés numériques » et, à l'inverse, des rhétoriques technophobes, particulièrement vivaces chez les lettrés et savants qui ressentent sincèrement une sorte d'effroi technologique.

Comme la découverte d'une nouvelle Amérique, la civilisation numérique déstabilise l'ordre des savoirs fondé sur la culture de l'imprimé, et cela, non seulement dans ses valeurs, mais dans ses institutions (bibliothèques, éditeurs, centres d'archives, etc.), dans ses objets, dans ses hiérarchies, dans ses pratiques (l'écriture et la lecture) et dans ses fondements juridiques (l'usage du copyright).

Plus directement encore, la culture des écrans omniprésents a bouleversé nos notions de temps et d'espace, nos pratiques culturelles traditionnelles, sans toutefois les faire disparaître. Une sociologie des usages d'Internet, même sommaire, nous montre que nous ne sommes pas tous égaux devant ces nouveaux outils : certains sont analphabètes, d'autres tout juste alphabétisés, d'autres, plus rares, possèdent une véritable « compétence numérique », c'est-à-dire maîtrisent les codes de cette nouvelle culture dont ils sont à même de jouer.

Par cette nouvelle culture numérique, un nouveau mode de communication et d'échanges d'informations déplace, redéfinit et remodèle le savoir dans des formes et des formats nouveaux. Depuis une décennie, le réseau est devenu un lieu essentiel de sociabilité qui renouvelle nos pratiques quotidiennes (comme faire les courses, chercher un numéro de téléphone, rencontrer un(e) ami(e) etc.), mais qui refaçonne également l'espace public et les formes de constitution du collectif. Entre le type de mobilisation qu'on a vu à l'œuvre en 1968 en Europe et les actions émanant des forums sociaux et débouchant sur des mouvements contemporains (ainsi les révoltes arabes, ou le mouvement des Indignés sur le modèle des militants altermondialistes), il est évident que nous ne sommes plus dans le même monde.

Une culture d'écrans

Transformations de l'espace, du temps et de la hiérarchie des sens

Depuis quelques années, la généralisation de l'Internet à haut débit et l'équipement des ménages européens en ordinateurs, consoles de jeux et téléphones portables multimédias ont transformé l'économie générale des accès à la culture en bouleversant très profondément nos rapports au temps et à l'espace. Aux appareils d'autrefois, fixes et dédiés à une fonction précise (écouter des disques, regarder la télévision, communiquer avec un tiers…) se sont substitués des appareils multifonctions et nomades qui permettent insensiblement de faire vaciller les frontières entre les univers de divertissement et de culture savante, qui mêlent aussi plus aisément communication interpersonnelle et communication plus strictement professionnelle.

Cet assaut des écrans est visible dans l'intérieur contemporain d'un jeune citadin européen plutôt diplômé. L'écran a largement dépassé l'espace de nos bureaux, il est désormais comme une prothèse, dans une sacoche, ou un sac à main. Il ne nous quitte guère : dans la cuisine si nous préparons un repas, dans la salle de bains pour écouter une émission en *podcast* ou dans le métro. Les écrans sont partout et surtout toujours disponibles pour des usages variés. De cette omniprésence résulte une tendance évidente à accélérer nos échanges, nos communications. Cette accélération fait que, tout en « gagnant » du temps (par exemple, en commandant nos courses par Internet), nous avons l'impression d'en manquer constamment et de plus en plus ; elle nous donne souvent l'impression de subir une sorte de tyrannie de l'instantané, de l'immédiat. Nous nous sommes accoutumés à devoir répondre très vite à une sollicitation et nous attendons nous-mêmes une réponse dans un temps fort court qui, dépassé, nous semble signifier une rupture d'amitié ou une méfiance inexplicable. Cette temporalité de la vie moderne est un des grands bouleversements de la culture européenne en ce début du XXIe siècle, même si elle s'inscrit, on l'a vu, dans une histoire des accélérations des rythmes sociaux depuis la modernité classique des villes du second XIXe siècle [2].

Mais l'univers numérique modifie tout autant notre rapport à l'espace qu'il réinvente partiellement, en nous donnant à voir des représentations prégnantes de la surface de la Terre (via les logiciels de cartographie ou de visualisation aérienne) et en garantissant un sentiment de certitude dans le repérage de nos errances (grâce à la géolocalisation). Désormais, c'est plutôt sur la Toile que nous pouvons flâner, davantage que dans nos villes où nous savons toujours exactement où nous sommes et vers où nous nous dirigeons [3]. La forme de poétique urbaine solidaire d'une modernité citadine inventée par Baudelaire et André Breton est en voie de disparaître, projetée en avatar sur le réseau. De même, la connexion internet détermine bien des destinations de vacances (en interdisant pour certains les espaces déconnectés, ou les désignant au contraire pour ceux qui sont en rupture de ban numérique). Ainsi, dans notre vie quotidienne, nous nous insérons de plus en plus dans un univers hybride, en partie réel, en partie virtuel, caractérisé par la possibilité continuelle d'un passage des seuils entre les différents types d'espaces, intimes, professionnels, ludiques, religieux, savants, etc. De même, la façon qu'a notre corps d'habiter cet espace est, elle aussi, en transformation depuis que les ordinateurs sont mobiles et aisés à transporter d'un coin à l'autre. La culture numérique, au début, était liée à l'univers professionnel du bureau ; elle se pratiquait en position assise. Désormais, elle s'accompagne de positions du corps beaucoup plus variées : debout ou allongé, autant qu'assis.

On n'a pas assez souligné combien l'environnement modifie les hiérarchies des sens qu'Alain Corbin a décrites dans certains de ses livres : il y montre la suprématie de la vue, les passages de seuils de l'odorat et l'évolution progressive vers une moindre tolérance aux « mauvaises odeurs » par exemple [4]. Ainsi, chaque culture inscrit profondément une palette sensorielle qu'il est loisible de saisir dans les imaginaires sociaux, valorisant tel sens, dévalorisant tel autre. Le numérique, avec ses écrans tactiles, réhabilite fortement le sens du toucher investi d'une nouvelle compétence digitale. Il y a encore quelques années, il fallait savoir manier la « souris ». Aujourd'hui, il faut pouvoir modifier une image avec son doigt, tourner une page. Le clavier virtuel introduit un nouveau rapport entre le corps (le doigt) et la machine. De même, les supports qui ont porté le tactile ont permis la recherche par reconnaissance vocale. La voix, longtemps absente, figure maintenant dans notre quotidien numérique : on peut rechercher, dicter puis transcrire grâce à la voix. Étrangement, le numérique nous ramène donc à une forme d'oralité, présente dans la culture de l'imprimé, mais qui était dévaluée.

Les pratiques culturelles à l'ère numérique

La plupart des pratiques culturelles convergent désormais vers les écrans : visionnage d'images, écoute de musique, lectures de texte, pratiques amateurs. Les écrans sont présents dans les bureaux, dans les foyers mais aussi dans les bibliothèques, les lieux d'exposition et même dans beaucoup de spectacles vivants.

Une géographie différentielle de l'équipement numérique relativise ces constats. En 2008, l'accès à une connexion haut débit était permis à 36 % des habitants de l'Union européenne (contre 28 % en 2007). L'Allemagne compte en 2009 40 millions d'internautes, le Royaume-Uni 36,8 millions et la France 36,3 millions devant l'Italie, qui n'en compte que 21 millions. Mais proportionnellement, ce sont les pays scandinaves qui sont les plus internautes et les plus équipés semble-t-il : en Islande, 88 % des habitants de plus de quatorze ans surfent sur Internet ; en Estonie 60 %. Globalement, il y avait encore en 2009 un fort contraste Nord/Sud avec des pays septentrionaux massivement internautes et des pays méridionaux qui le sont moins. En revanche, la géographie de la téléphonie mobile n'est pas du tout la même : l'Italie, par exemple, se trouve en deuxième position européenne en chiffres absolus (en 2008), avec 79 millions d'abonnements au téléphone portable. Aux Pays-Bas, en Allemagne et même en Espagne, le nombre d'abonnements dépasse le chiffre de la population. Le taux de pénétration de la téléphonie mobile en Europe est fréquemment de plus de 100 %[5]. Les inégalités ne sont pas seulement géographiques mais sociales et surtout générationnelles.

Un peu partout en Europe, même si c'est encore très inégalement, les jeunes et les milieux favorisés sont les principaux utilisateurs d'Internet et des nouveaux écrans, tandis que le « petit écran » est toujours regardé de façon privilégiée, et de plus en plus, par les personnes âgées et les milieux populaires. On peut donc faire la sociologie des écrans. De fait, les jeunes ont largement délaissé la télévision de papa ainsi que la radio, dans une mesure encore plus évidente, au profit d'une sélection d'images et de sons qu'ils vont directement piocher dans l'immense banque de données de la Toile et qu'ils recombinent à leur gré en téléchargeant, y compris illégalement.

La baisse de l'écoute radiophonique illustre de nouvelles manières d'écouter la musique – qui constituait le motif d'utilisation majeur de la radio dans l'entre-deux-guerres : déjà, dans les années 1980, la chaîne hi-fi avait prolongé l'action du tourne-disque, les CD avaient relayé les disques vinyles et accompagné un véritable boom musical, particulièrement frappant chez les jeunes après 1968. Cette inflation se poursuit radicalement avec le passage à l'ère numérique. La multiplication des supports d'écoute, du téléphone portable à l'ordinateur en passant par le MP3 ont favorisé une intégration toujours plus poussée de la musique dans notre environnement quotidien, dans les maisons mais aussi pendant les temps de transport, dans les magasins, les cafés, les restaurants, parfois dans la rue à l'occasion d'une foire ou d'un marché...

Un bain musical permanent est devenu le cadre uniforme des vies citadines occidentales, ce qui constitue là aussi une révolution douce de nos repères sensoriels.

La lecture de la presse quotidienne a continué à diminuer, mais cette évolution précédait l'avènement du numérique, concurrencée par l'éclosion des journaux gratuits mais également par les nombreux supports d'information sur le réseau. Certains organes de presse ont tenté d'établir une édition numérique, parfois gratuite, souvent payante. D'une façon générale, on peut observer une érosion des pratiques de lecture traditionnelle (moins de grands lecteurs, moins de livres vendus, etc.) mais en même temps, une augmentation des actes de lecture sur écran qui rend le bilan ambivalent. En fait, comme on le verra dans la deuxième partie, c'est la lecture, dans ses modalités, sa signification, qui se voit complètement remodelée par le numérique, ce qui empêche toute conclusion chiffrée de ce point de vue. Oui, on lit moins de livres, mais si on lit un chapitre du dernier ouvrage de Michel Foucault trouvé sur le Net, qu'en est-il, est-ce pris en compte ? De même, le développement du numérique a profondément renouvelé le paysage en favorisant l'émergence de nouvelles formes d'expression et de partage de contenus autoproduits : des textes, des photographies, des petits films rendus possibles par la généralisation de l'appareil photo et de la caméra numériques. Là encore, c'est la séparation entre la légitimation artistique traditionnelle et les pratiques d'amateurs qui se voit brouillée par le passage au numérique, favorisant la « créativité » de ceux qui s'en emparent et révélant au passage une insatiable soif d'expression de soi.

Dans ce phénomène global, il existe toutefois des différences nationales, qui tiennent à la variété des équipements et au niveau de développement de chaque pays européen, mais aussi à des distinctions sociales très prégnantes. Le jeune homme occidental et diplômé, premier utilisateur des débuts d'Internet, est en passe de faire place à une nouvelle génération d'entrants plus divers, résultat d'un processus de démocratisation d'Internet. Enfin, il existe des critères générationnels. Olivier Donnat, qui a enquêté sur les pratiques culturelles des Français à l'ère numérique, décrit quatre générations de Français que l'on peut aisément retrouver dans toute l'Europe de l'Ouest :

1) La génération née avant la Seconde Guerre mondiale, élevée dans la suprématie de l'imprimé qui a modelé ses goûts et ses hiérarchies. Elle a découvert la télévision sur le tard et est restée assez largement à l'écart du boom musical qu'elle ressent souvent comme une agression, et encore plus à bonne distance de la révolution numérique à laquelle elle participe peu ;

2) Les *baby-boomers* qui ont profité de la démocratisation scolaire ; leurs contacts culturels ont été structurés par les industries culturelles, dont la musique constitue un pôle déjà fort, nées dans les années 1960, dans l'invention d'une culture juvénile contestataire ;

3) Les quadragénaires et quinquagénaires qui ont massivement bénéficié de l'ouverture des universités dans les années 1980 : ils ont vécu la transformation radicale du paysage audiovisuel bouleversé par l'arrivée des chaînes privées, le multi-équipement (hi-fi, lecteur VHS, puis DVD). Ayant déjà vécu plusieurs mutations technologiques, ils ont pu se saisir des potentialités ouvertes par la révolution numérique ;

4) Les moins de trente ans qui ont grandi au milieu des écrans, dans un contexte marqué par la dématérialisation des contenus et la généralisation de l'Internet à haut débit. Ils naviguent aisément sur la Toile dont ils se sont approprié le langage et les codes[6]. C'est pourquoi ils apparaissent aux générations précédentes comme des espèces de mutants, le changement technologique ayant entraîné une reconfiguration des manières de vivre et de penser – ce qui ne fut pas le cas lors du passage de la cassette au CD ou de la VHS au DVD.

CE QUE LE NUMÉRIQUE FAIT À L'IMPRIMÉ

La bibliothèque universelle, des Lumières à Google

En 2009, une sorte de frisson a parcouru l'échine de tous ceux qui aiment les livres et fréquentent de près ou de loin les bibliothèques. En effet, Google, le célèbre moteur de recherche, avait déjà numérisé et mis en ligne des millions d'ouvrages puisés dans les bibliothèques des universités américaines et européennes et s'apprêtait à proposer d'autres accords à d'autres bibliothèques lorsqu'un collectif d'auteurs et d'éditeurs américains a attaqué Google en justice en arguant de la violation du droit de copyright. D'un côté, le rêve fou, l'utopie d'une bibliothèque universelle – du modèle d'Alexandrie aux fictions de Borges – accessible d'un simple clic ; de l'autre, les intérêts de toute la chaîne du livre, déjà considérablement affaiblie, des valeurs et des pratiques solidaires d'un ordre des discours qui s'est construit au XVIIIe siècle. L'utopie d'une Babel universitaire rappelle le projet démocratique à l'œuvre dans l'Europe des Lumières, visant à concevoir un espace public critique ; mais ce sont également les Lumières qui voient l'avènement de l'auteur et de ses droits, du livre et de ses normes [7].

Les historiens du livre ont beaucoup à nous apprendre sur le bien-fondé (ou non) de cette entreprise gigantesque de numérisation des collections imprimées des bibliothèques du monde entier. Personne ne nie la nécessité de le faire, certes, mais Roger Chartier souligne la non moins grande nécessité de sauvegarder les imprimés, quand bien même on estimerait qu'ils sont conservés à jamais sur le support numérique [8]. On sait la fragilité de ces supports : qui nous dit que nous pourrons encore lire dans cinquante ans un texte numérisé aujourd'hui ? Il est donc du devoir des bibliothèques de conserver l'intégralité des textes dans les supports originaux qui les ont vus naître. Pourquoi ? Parce qu'un même texte n'est jamais le même lorsqu'on change son support d'inscription : les manières de le lire et le sens induit diffèrent[9]. La matérialité du livre est partie prenante des usages d'une société et ne saurait être abstraite de son contenu, comme le pensent les informaticiens de Google qui ne voient dans les livres qu'une gigantesque banque de données, qu'un gisement à ciel ouvert d'informations. Certes, ce n'est pas la première fois qu'on transfère le patrimoine écrit d'une matérialité à une autre. Pensons au passage progressif des rouleaux de parchemin au codex, aux premiers siècles de notre ère – codex qui permettait d'écrire en même temps qu'on lisait ; ou bien, plus évident encore, le passage du manuscrit à l'imprimé à la fin du XVe et au XVIe siècle, mais qui se prolonge jusqu'au XVIIIe, date à laquelle on utilise encore les services d'un copiste lorsqu'on ne veut publier que quelques exemplaires. À chaque fois, c'est un changement de civilisation que le geste du transfert n'épuise pas. Autrement dit, un livre numérisé n'est pas l'équivalent d'un livre imprimé qu'on lit sur un ordinateur. C'est devenu un tout autre objet. Les « numérisateurs » ne semblent prendre en compte ni la matérialité du livre, ni la textualité propre du numérique. C'est d'ailleurs sans doute cette naïveté qui explique en partie la résistance du livre et le relatif échec, jusqu'à présent, des *e-books*.

Robert Darnton, historien et directeur des bibliothèques de l'université Harvard, revient quant à lui sur l'histoire de la notion de copyright inventée en Grande-Bretagne en 1710, dans le cadre de la loi dite « *Statute of Anne* »[10]. Cette loi, visant à limiter la toute-puissance des éditeurs et à attribuer aux auteurs le fruit de leur travail, leur accordait la pleine propriété de leur œuvre pour une période de quatorze ans renouvelable une fois seulement. Après un demi-siècle de procès et de luttes, cette législation est entérinée en 1774. En 1790, le premier Copyright Act s'inspire du modèle britannique et instaure dans les nouveaux États-Unis d'Amérique un droit d'auteur de quatorze ans renouvelable une fois, ce qui concilie les intérêts légitimes de l'auteur et l'intérêt public qui, après vingt-huit ans au maximum, récupère les droits une fois que les livres tombent dans le domaine public. Aujourd'hui, aux États-Unis comme en France, le copyright s'étend aussi longtemps que l'auteur est en vie et même soixante-dix ans après sa mort. Les intérêts des auteurs et des ayants droit prédominent donc largement sur l'intérêt général.

Chartier et Darnton s'interrogent tous deux sur l'étonnant pari qu'il y a à confier une tâche gigantesque et d'un intérêt majeur pour les sociétés à venir à une firme capitaliste dont les objectifs n'ont rien à voir avec le bien public. Pourquoi faudrait-il faire confiance à une entreprise là où, dans les siècles passés, les États ont considérablement investi pour accumuler un savoir et construire des bibliothèques ? Pourquoi faudrait-il se résigner à laisser Google et autres acteurs du Net puiser pour un prix, somme toute modique au regard des sommes investies, dans le capital littéraire et savant accumulé à grands frais ? Cela ferait d'Internet un outil qui privatiserait le savoir au lieu d'instaurer la « république numérique du savoir » que préconise Darnton. Selon lui, l'opération Google et le débat qu'elle continue d'entretenir se soldent par un double refus : ni défense des intérêts patrimoniaux des auteurs (largement excessifs) ni marchandisation du savoir en se liant à un monopole dangereux pour l'avenir.

La fracture numérique

La chaîne du livre est en crise depuis longtemps, bien avant l'avènement de la révolution numérique. Pourtant, le livre résiste plutôt bien, dans sa simplicité portative unique et parce qu'il est devenu un objet fétiche, solidaire de l'âge des Lumières et d'un ordre stable et valorisé de la culture savante. Au XVIIIe siècle, l'ordre des discours est structuré par la singularité de l'écriture (qui légitime la propriété inaliénable de l'auteur sur ce qu'il écrit), l'originalité, la propriété de l'œuvre. Si on élargit la focale, l'ère de l'imprimé est fondée sur l'auteur et ses droits, sur la fixité du document (le livre publié est reçu tel quel par le lecteur qui se l'approprie sans le modifier) et sur son intégrité (on ne peut « charcuter » un texte).

La « fracture numérique[11] », pour reprendre l'expression de l'historien des religions canadien Milad Doueihi, oppose les médiateurs traditionnels de la

Les bibliothèques, espaces traditionnels des livres matériels,
s'équipent désormais d'accès aux livres dématérialisés.

culture imprimée – auteurs, éditeurs, bibliothécaires, lecteurs, universitaires, etc. – et les lecteurs en ligne, porteurs d'autres valeurs, d'autres désirs, d'autres pratiques rendues possibles par l'existence de nouveaux micro-formats. La « conversion numérique », si on y réfléchit, transforme la matière même du livre. Celui-ci n'a pas grand-chose à voir avec le monde de la textualité numérique, qui est un monde de fragments décontextualisés, juxtaposés, recomposés en fonction de la fantaisie du nouveau lecteur, s'autorisant une abstraction totale vis-à-vis du texte initial et de son organisation. Ce qui repose à nouveaux frais le problème, toujours délicat, du plagiat littéraire qui a fourni, ces dernières années, de nombreuses occasions de débat et de tentatives de définitions. C'est pourquoi Milad Doueihi, un des penseurs les plus stimulants de cette « conversion numérique », qualifie la culture numérique d'« anthologique »[12]. C'est un monde de recueils et d'anthologies (de textes, d'images, de citations, de liens) que l'on trouve sur la Toile. Ce motif anthologique, contraire à l'unité et l'inviolabilité de l'œuvre sacralisée, nous ramène à des périodes que les Lumières nous ont fait oublier : la Renaissance, où des assemblages de morceaux choisis étaient déjà en cours et constituaient le tout-venant de la première production imprimée. Les pratiques lettrées ne sont pas destinées à être fatalement celles qui ont été inventées au XVIIIe. Celles-ci n'en sont qu'une séquence historique que rien, selon Doueihi, n'empêche de clore.

De même, le « livre » numérique ne doit pas être, comme son congénère imprimé, un lieu de fixité. Au contraire, il s'instaure comme lieu d'échange et de communication, susceptible de manipulations diverses, inadmissibles dans le monde de l'imprimé. D'où un rôle renouvelé de l'éditeur numérique qui ne devrait pas imposer sa présentation, en tout cas pas complètement, alors que c'est la marque, la patte et l'honneur de l'éditeur imprimé que cette esthétique du livre qui est la sienne. Pour le numérique, il faudrait, là aussi, trouver de nouveaux équilibres entre l'indispensable mise en forme de l'éditeur et la nécessaire liberté du lecteur, prompt à en réorganiser le contenu, à en envoyer des extraits.

On voit bien dans ces différents exemples à quel point le concept de lecture est affecté dans la nouvelle économie morale du savoir numérique. Si les pratiques de lecture, comme nous l'apprend Roger Chartier, ont été diverses au cours de l'histoire, l'ère contemporaine, au moins depuis le romantisme, a vu advenir une prédominance de la lecture solitaire et silencieuse. La lecture numérique s'organise plutôt sur le mode collectif de l'agora où chaque lecteur met en commun, en partage, les *podcasts*, les fragments, communique des hyperliens, des vidéos. C'est une forme de lecture partagée, sujette à la reprise, ludique, et qui s'étend en arborescence de lien en lien. Chaque texte est donc prétexte à naviguer vers d'autres horizons et apprécié de façon très diverse par les différents lecteurs en fonction des sociabilités où il se trouve. Le texte est rendu élastique par les usages très souples qu'on en fait. Bien entendu, dans ce type de lecture, c'est aussi l'opposition absolue de positions entre l'auteur et le lecteur, leur non-interchangeabilité, qui se trouve érodée.

Finalement, la nouvelle écriture numérique est libérée du régime du copyright qu'elle récuse. C'est une écriture palimpseste et ouverte à l'infini. François Bon est, en France, un des rares écrivains à expérimenter ce nouveau type de posture, qui implique l'abandon de l'imaginaire du « sacre de l'écrivain [13] » et de la souveraine autorité sur ce qu'il écrit ; il implique aussi l'effacement de la différence entre écrire et lire et favorise une forme d'écriture collective ; enfin, il donne à lire des textes dans leur mouvement, dans leur ouverture et abolit la valorisation de l'écrit définitif (qui fondait la propriété intellectuelle par le manuscrit original) au profit des brouillons qui ne sont plus les étapes vers le grand œuvre mais le résultat de manipulations collectives à l'instant t [14].

LES TRANSFORMATIONS DE L'ESPACE PUBLIC

Si Internet est le support d'un nouveau type de sociabilité fondée sur la popularité, la réputation, la dé-hiérarchisation, il est également un moteur puissant du renouvellement des figures de la démocratie dans la transformation des conditions de prise de parole et de la conception de l'espace public, mais aussi dans la constitution de collectifs mobilisés. Le tout redessine complètement l'espace du politique dans nos sociétés ; certains y voient l'avènement d'une démocratie numérique, lorsque d'autres prédisent l'installation d'une transparence totalitaire.

Prendre la parole dans un nouvel espace public

Comme l'explique Dominique Cardon [15], Internet transforme d'abord les conditions traditionnelles de la prise de parole dans l'espace public qui voit ses contours redéfinis.

Si l'on est favorable à ce nouvel outil, on peut dire qu'Internet contribue à instiller une dynamique démocratique, car le réseau présuppose l'égalité de chacun dans l'écriture en ligne, en dehors de toute considération de statut et d'autorité. Tout le monde est également compétent pour donner son avis, ce qui contraste avec l'espace public traditionnel fermement gardé par ses intermédiaires désignés – journalistes, hommes politiques, experts divers et même universitaires, toutes personnes ayant vocation à s'exprimer en fonction d'une compétence garantie par des diplômes et des réputations.

En revanche, sur le Net, ces hiérarchisations implicites portées par les uns et les autres tombent. L'entreprise de Wikipédia illustre cette idéalité démocratique. On compare volontiers cette encyclopédie moderne à l'entreprise de Diderot et d'Alembert. Mais rien n'est plus faux. Au XVIIIe, le parti des Encyclopédistes prend une posture offensive et chacun signe son article, tandis que Wikipédia repose sur une rédaction collective, avec des contributeurs anonymes et un principe de neutralité bienveillante [16]. Les procédures de corrections et de coordinations forment un nouveau modèle de gouvernance, qui constitue une réussite (en tout cas politique sinon savante) d'Internet. L'écriture est permise à tous et pas aux seuls experts patentés, mais elle est constamment contrôlée. La discussion doit nécessairement aboutir à un consensus ou au moins à une convergence. L'originalité de Wikipédia tient dans cet impératif de coécriture collective du savoir qui diffère à la fois du modèle de la revue, avec un comité de rédaction fermé et de celui d'une simple juxtaposition de thèses. L'objectivité de Wikipédia repose en quelque sorte sur une intersubjectivité conciliante. Elle renouvelle aussi notre rapport à la vérité, reconnaissant la mise en discussion d'hypothèses scientifiques, la discussion politique des savoirs historiques, par exemple à propos des nombreuses et délicates questions mémorielles. Qui écrit dans Wikipédia ? Des militants arrêtés par les barrières académiques, de jeunes universitaires que la spécialisation de leurs travaux et la rareté de leurs lecteurs font douter de leur vocation, etc. Pour la branche francophone de Wikipédia, il n'y a par exemple pas moins de 400 000 contributeurs, ainsi que quelques participants épisodiques et beaucoup de zélés qui surveillent et contrôlent le nettoyage du corpus.

En novembre 2003 démarre par exemple la rédaction de l'article « Interruption volontaire de grossesse », qui a été analysée par le sociologue Nicolas Auray[17]. En avril 2007, l'article a suscité 350 contributions (soit 0,29 par jour). Il a fait l'objet d'une guerre d'édition importante d'une durée d'un mois, vers décembre 2006, opposant deux utilisateurs, et en impliquant d'autres de manière plus ponctuelle. Le prétexte en fut l'insertion d'un graphique de pyramide des âges évoquant des liens entre le nombre d'avortements et l'évolution de la natalité dans les années 1970, associée à l'ajout d'une référence à un livre favorable au catholicisme : l'auteur est accusé de prosélytisme religieux. S'ensuit un cycle de révocations des divers apports, durant lequel le même contenu est tour à tour enlevé et remis. Un administrateur intervient alors, affichant par un bandeau la règle du maximum de trois révocations successives et rappelant les risques de blocage temporaire des adresses IP des auteurs qui l'enfreignent de manière chronique. Cet appel au calme n'étant pas respecté, l'administrateur hausse le ton : « J'y comprends plus rien à vos histoires, et ça m'intéresse moyen. Vous nous pourrissez l'historique de l'article, les autres ont peur d'intervenir… Faut-il en passer aux très fermes conseils explicites : à la troisième intervention sur l'article, quelle qu'en soit la portée, par 24 heures, hop, blocage 24 heures ? » Le calme est alors rétabli. Tout au long de l'article, les différends entre les auteurs ne portent pas tant sur l'incompatibilité entre des options morales ou des valeurs que sur l'ordre et la place à accorder à chaque thèse sur le sujet. On se demande comment décrire les évolutions de la société ayant amené à la dépénalisation de l'avortement : « affaiblissement de la valeur de la vie » ou « progrès des droits des femmes » ? On s'inquiète également de la façon dont une visualisation graphique peut influencer la lecture dans un sens idéologique.

Le changement du rapport à la vérité est une deuxième caractéristique de l'extension de la prise de parole sur Internet : sa subjectivité assumée étonne au regard des impératifs implicites d'objectivité, de neutralité, de « sérieux » qui conditionnent l'entrée dans l'espace public traditionnel. La Toile a baissé les contraintes de contrôle et de rhétorique argumentative tempérée par la raison pour accueillir l'expression de subjectivités, énoncées à la première personne, des paroles incertaines, des propos hasardeux ou loufoques. De ce point de vue, Internet reprend le programme de 1968, mis en scène à l'Odéon durant un mois, de libération de la parole. Sur le Net s'inventent de nouvelles manières d'expression de soi articulées à des propos critiques, des évaluations ou des jugements. Cette effervescence subjective peut *a contrario* apparaître comme une régression, où l'anonymat garantit une désinhibition inquiétante qui se paie en narcissisme excessif, en exhibitionnisme et dans une expressivité finalement assez conformiste. Autrement dit, l'espace public s'élargit en multipliant le nombre de ses participants potentiels mais, en s'élargissant, il se transforme et change de définition, de contenu et d'horizon [18].

Que désigne donc l'expression « espace public numérique » ? Il n'y a pas d'un côté l'espace public et de l'autre l'espace privé. L'espace public selon Internet enchevêtre les réseaux d'interconnaissance, les conversations, les groupes de proches, pour une communication interpersonnelle qui relève aussi de la parole publique. Sur leur page Facebook, leur blog ou leur compte Twitter, les utilisateurs parlent à la fois d'événements personnels, proches ou familiers, et commentent l'actualité, font circuler des informations, alimentent la discussion publique. C'est donc à un nouveau partage auquel on assiste ici, fondé sur une porosité entre l'espace de la conversation et l'espace politique. Bien évidemment, on peut s'inquiéter d'une possible fin de la vie privée avec l'accès facilité à des données personnelles capitalisées par les plateformes relationnelles du style Facebook. En réalité, la sauvegarde systématique des traces sur Internet faisant craindre un contrôle de type totalitaire empiétant sur la vie privée, la Toile est plutôt l'objet d'une surveillance décentralisée et curieuse par les surveillés eux-mêmes.

Cette question s'est posée en novembre 2010 lorsque le site Wikileaks, dirigé par le charismatique Julian Assange, a dévoilé 250 000 câbles de la diplomatie américaine, filtrés cependant par cinq quotidiens de la presse mondiale (*The Guardian*, *Der Spiegel*, *El Pais*, *New York Times* et *Le Monde*). La rhétorique de légitimation de ce site est toujours la même : il s'agit d'assurer par une Web-information nouvelle la transparence des fonctionnements réels de la société et notamment de la société internationale, au nom de la liberté et de la responsabilité citoyenne. Il s'agit aussi d'en finir avec la culture du secret. Wikileaks avait déjà « lâché » des notes de GI mais, cette fois, la révélation du contenu de télégrammes provenant de l'élite diplomatique américaine a provoqué un effet gigantesque, comme si tout à coup les coulisses de la diplomatie américaine étaient rendues visibles. On s'est alors beaucoup demandé : ce site favorise-t-il la démocratie ? Ou établit-il une nouvelle tyrannie de la transparence ? Dans tous les cas, on peut dire qu'il crée un nouvel écosystème des médias, où des informateurs échaudés par le manque de curiosité de la presse traditionnelle donnent des informations au site. Le Net bouleverse en effet le journalisme d'investigation ; là encore, la parole d'autorité journalistique est remise en cause par un accès à des informations brutes, même si tout le monde a admis que ces télégrammes secrets ne nous apprenaient rien de fondamental. S'ils nous informaient de quelque chose – et ce n'est pas rien –, c'était plutôt de la culture, des façons de faire et d'agir, de l'horizon mental des diplomates américains.

Nouveaux collectifs et sociabilité numérique

Les sociologues s'intéressant à Internet ont mis en exergue la nouveauté des collectifs induits par le Web par rapport aux collectifs du monde réel. Internet ne produit pas qu'un agrégat d'expressivités individuelles et narcissiques, mais également des solidarités qui peuvent, si l'occasion s'en fait sentir, se transformer en collectifs de lutte.

Mais ces collectifs ne se fondent pas sur des convictions, des valeurs, le partage d'une histoire commune, comme les collectifs partisans ou syndicaux traditionnels tendaient à le faire. Ils s'ancrent dans des interactions liées à une conjoncture locale et opportuniste où un tel va s'ouvrir aux autres de tel ou tel goût (par exemple l'homosexualité), et ces échanges, par un long travail de consolidation, vont se muer en une communauté apparaissant aux acteurs chemin faisant et non préalablement. Dès lors, la plupart des engagements sur le Net sont le fait d'une mobilisation limitée et temporalisée, mais ils autorisent aussi de nouvelles manières de mise en commun de leurs ressources. Les collectifs d'Internet se définissent moins « par des valeurs partagées que par des procédures communes [19] » : des modes d'institutionnalisation, des systèmes de régulation (comme Wikipédia). Les collectifs sont « faibles » au sens où ils sont flous, leur coût d'entrée est bas, et ils ne demandent pas une disponibilité grande ni un investissement de type militant traditionnel.

Un des engagements classiques des internautes est de lier les propos, de faire circuler l'information, de conférer la notoriété que donne la visibilité sur le Net – l'équivalent de la légitimité dans l'espace public traditionnel. Comme le résume Dominique Cardon, « établir un lien, c'est émettre un vote [20] ».

Une tension existe désormais fortement entre l'Internet non marchand et l'Internet marchand, entre les pionniers du premier âge, les partageux du wiki ou les libertaires de la prise de parole déhiérarchisée et les utilisateurs d'aujourd'hui, beaucoup plus nombreux et dont l'usage tient essentiellement à Facebook ou Twitter. On ne peut terminer sans évoquer au moins un certain nombre de fortes mobilisations, en partie surdéterminées par la révolution numérique. Pensons au mouvement des Indignés qui ont calqué leur usage d'Internet sur les modes d'appropriation de l'outil numérique par une décennie de pratiques des forums sociaux altermondialistes ; mais pensons aussi aux révolutions arabes du printemps 2011 : personne ne peut nier le rôle fondamental du numérique dans la transformation des espaces publics et des lieux de prise de parole de ces pays sous régime autoritaire depuis des décennies. On a remarqué, parfois pour le regretter, que ces mouvements de révolte n'avaient porté aucun « leader ». Cette politique de l'anonymat, de la foule est aussi une caractéristique de la politique à l'ère numérique.

L'environnement numérique nous permet de réfléchir à l'historicité du modèle qui sous-tend notre culture de l'imprimé, mais plus généralement à notre culture politique fondée sur les notions d'auteur, d'identité, de propriété. Nous n'avons pas abordé les problèmes juridiques que pose désormais partout Internet puisque la textualité numérique telle que nous l'avons définie, faite d'emprunts, de citations, de fragments, est souvent en violation avec les législations nationales du droit d'auteur. De même, nous n'avons pas parlé du problème du modèle économique de la culture numérique, partagée entre l'utopie d'un accès gratuit et la marchandisation forcenée des contenus. L'idée était simplement de montrer à quel point le Web avait évolué, d'un espace de navigation et de lecture à un espace de production et d'écriture. De ce point de vue, Wikipédia est la première concrétisation de ce que Milad Doueihi appelle la « cité numérique », puisqu'elle a inventé une nouvelle forme d'écriture collective des savoirs en dehors de tout argument d'autorité, non sans souffrir parfois d'un manque de rigueur et de véracité. L'ère numérique nous emmène donc vers de nouvelles formations sociales, une nouvelle façon de faire communauté et de concevoir le politique, de nouvelles productions de savoirs, une nouvelle pratique d'écriture. Bref, vers un nouveau paradigme au sens fort du terme.

Chapitre 12

VERS UNE « CIVILISATION DES LOISIRS » ?

La conquête d'un « temps pour soi »

C'est parce qu'une pression inédite s'est progressivement imposée sur le quotidien des Européens que la nécessité s'est fait sentir d'inventer de nouvelles logiques dans les usages du temps [1]. Ainsi sont nés et se sont développés les loisirs, jusqu'à devenir un motif central de notre ère contemporaine.

En 1962, le sociologue Joffre Dumazedier publie un livre rompant avec la sous-estimation théorique du loisir chez les intellectuels et dans les sciences sociales. *Vers la civilisation des loisirs ?* prend acte de certaines évolutions structurelles [2] : les philosophies libérale et marxiste du XIXe siècle ont vu dans le travail l'essence de l'être humain ; pourtant, si le machinisme a réduit le temps des tâches professionnelles, il les a également privées de tout intérêt cognitif. C'est pourquoi le loisir s'est affirmé progressivement comme une valeur, comme un contrepoint, un contretemps et même comme une utopie ; une utopie prise en charge dans un premier temps par le tourisme social qui a voulu opposer le délassement à la fatigue du corps, le divertissement à l'ennui des gestes d'un travail répétitif, et le développement de la personnalité à la nécrose spirituelle de la tâche taylorisée. Mais ce mythe travailliste appliqué dans l'Europe du premier XXe siècle s'est vu dévoyer de sa tâche par les régimes totalitaires qui, selon les interprétations, en auraient dénaturé le cours ou au contraire révélé l'essence prométhéenne et productiviste. Après 1945, c'est la fin de l'idéal régénérateur du loisir auquel se substitue le *Sea, Sex and Sun* du tourisme consumériste, ludique, hédoniste – renouant, mais sur un mode pervers, avec les logiques de dépense gratuite des pratiques traditionnelles de réjouissances populaires [3].

Dans ce grand arc chronologique, nous pouvons observer plusieurs logiques à l'œuvre : d'abord, la fièvre de mobilité qui s'empare des temps modernes (de la fin du XVIIIe siècle jusqu'à nos jours) et identifie progressivement le congé au départ, au voyage et finalement au tourisme. D'autre part, deux dynamiques contradictoires s'emparent de ce nouvel espace-temps des congés : le transfert progressif de la rationalité industrielle et marchande du travail vers la sphère du non-travail, elle aussi désormais chronométrée, utilisée, bonifiée, d'où une uniformisation des temps ; mais le principe social de différenciation des élites par rapport à une massification des loisirs tend à inventer de nouvelles formes distinctives capables de recréer de la diversité.

Le « temps libre »

Les élites des sociétés antiques ont connu et valorisé le « loisir cultivé », l'*otium*, qui, au début du XIXe siècle, constitue encore la référence pour des aristocraties européennes pétries de culture antique et pas encore converties à la religion du travail ni à l'idéologie du mérite que la pensée des Lumières, l'accession des bourgeoisies au pouvoir puis les révolutions industrielles ont peu à peu imposées. Il arrive alors fréquemment que des magistrats, des médecins, des agriculteurs quittent leur métier pour vivre de leurs biens et accomplir une œuvre intellectuelle, charitable, civique ou politique qui s'ancre dans la disponibilité que permet cette « oisiveté » choisie.

C'est dire que les notions de travail, d'activité, de loisir, d'oisiveté demandent à être toujours précisément situées dans un cadre social, économique et intellectuel ; que leurs significations sont instables et que s'opposent grossièrement deux formes de travail – un travail subordonné à un but précis sur le modèle de l'ouvrier puis du salarié ; un travail qui est avant tout accomplissement de soi. Dans un cas, le dégagement d'un temps de loisir s'avère vital ; dans l'autre, le travail est le loisir lui-même.

Une configuration moderne des temps

Dans le régime ancien des temps, de la proto-industrialisation jusqu'à la fin du XVIIIe siècle selon les espaces considérés et la chronologie des révolutions industrielles, les temps de l'artisan, du paysan ou ceux de l'ouvrier sont, comme les décrit avec tendresse Alain Corbin, « poreux, pénétrés d'imprévu, ouverts à la spontanéité, soumis à l'interruption fortuite ou récréative [4] ». Temps de relative lenteur, d'indétermination des heures pour un calendrier calé sur le savoir météorologique, le calendrier lunaire ou la saisonnalité de la nature. Temps cyclique, perforé de nombreuses fêtes religieuses : en Grande-Bretagne, il y a 47 jours fériés par an au milieu du XVIIIe siècle ; ils ne sont plus que 4 en 1834 : Pâques, la Toussaint, Noël et le 1er mai. Cette diminution drastique annonce un monde gouverné par une logique de l'efficacité et de la productivité garantie par un rapport au temps très différent : calculé, prévu, ordonné, mesuré par le rythme des horloges et l'impératif nouveau de ponctualité pour arriver à l'heure à l'usine ou ne pas manquer son train.

D'autre part, dans la mesure où les espaces de vie et de production sont souvent confondus, il n'y a pas de séparation radicale entre travail et non-travail dans l'ancien régime des temps : avant le grand enfermement usinier, beaucoup d'activités se font encore à domicile ; la ferme du paysan mêle la vie familiale et sociale à l'économie pastorale. De grandes plages d'oisiveté saisonnière y alternent avec le rythme intense des moissons l'été ou des labours l'automne. Mais rien n'empêche l'ouvrier-fabricant ou le paysan d'interrompre sa tâche pour humer l'air qu'il fait ou aller boire une chopine en compagnie. La transformation rapide et traumatisante de la « charpente temporelle des sociétés occidentales [5] » est essentielle pour comprendre le désir d'un « temps pour soi », extirpé à la sphère du travail et du patron : au dimanche sanctuarisé par des impératifs religieux, viennent s'ajouter le samedi après-midi en Grande-Bretagne où s'impose à la fin du XIXe siècle la « semaine anglaise » (un jour et demi libérés), puis des congés estivaux qui, dans le Royaume-Uni, pionnier en la matière, s'organisent autour du *Bank Holiday* (un lundi chômé en août) pour disposer d'une semaine de congé estival (*Wakes Week*) donnée par les industriels éclairés, et parfois même une semaine de congés payés, devenus quasiment une règle en 1945 [6]. Les revendications sur les congés d'abord, les congés payés ensuite, constituent une priorité. Avec la réglementation des heures de travail et le montant des rétributions, elles dictent l'agenda politique des mouvements syndicaux et sociaux du siècle des loisirs, depuis le milieu du XIXe siècle jusqu'aux années 1950 du siècle suivant. À cette date, en France, le Front populaire a accordé deux semaines de congés payés ; le gouvernement socialiste Guy Mollet en octroie une troisième en 1956.

Dans les sociétés industrialisées de la modernité occidentale, plus le temps de travail est contraint par des rythmes contraignants, plus l'accélération et la rationalisation s'accroissent, plus s'avère vitale l'émancipation d'une plage de temps où l'individu cherche…

quoi donc ? À se régénérer, se distraire, s'évader, se ressourcer, se cultiver ? Ce seront les termes d'un débat séculaire sur le sens à donner, au fur et à mesure qu'il est accordé, au temps ainsi dégagé. Car à peine libéré, ce « temps pour soi » est investi de fonctions psychosociales ; il se voit destiné à des usages que ses principaux destinataires (les ouvriers, employés, salariés du XXe siècle) ne sont pas seuls à définir. Que faire des heures et des jours qui s'offrent progressivement aux travailleurs ? La tentation est grande de remplir ce temps « vide » selon une logique d'activités frénétiques identique à celle qui régit le temps du travail. Telle est l'évolution paradoxale de nos sociétés devenues civilisations de loisirs, pour qui l'oisiveté de l'*otium* est devenue la paresse, mère de tous les vices.

Voyages à l'anglaise : le nouvel opium du peuple ?

Le Royaume-Uni est le laboratoire européen, non seulement des usages du temps libéré pour les loisirs « populaires », mais aussi de la diversité des discours de justification qui les gouvernent. Tôt bouleversé par le processus de révolution industrielle, il dut affronter le premier les questions d'organisation du travail et des loisirs.

Contrairement au modèle géorgien d'une *gentry* anglaise passant son temps libre dans sa propriété, à la campagne, le loisir moderne s'identifie très vite à l'idée de départ, de voyage plus ou moins long. Or, là aussi, la Grande-Bretagne connaît précocement la révolution des chemins de fer. Le désenclavement extraordinairement brutal qu'elle engendre active une nouvelle mobilité accessible à tous – un nouvel opium du peuple...

La première ligne du monde est ouverte sur le trajet Manchester-Liverpool, le port devenant rapidement l'étape obligée vers l'île de Man où un *steamer* à vapeur mène des foules d'ouvriers des Midlands toujours plus compactes au cours du XIXe siècle. De même, les villes du littoral de l'Angleterre du Sud, comme Brighton, ne sont plus qu'à quelques heures de train de Londres, et voient leur clientèle se transformer radicalement : des stations balnéaires aristocratiques qu'elles étaient, elles s'équipent de modestes pensions de famille, et aménagent leur littoral d'équipements propres à attirer les nouveaux vacanciers : en particulier, les fameuses jetées (« Brighton Pier ») qui offrent de nombreux divertissements populaires comme à Blackpool où la grande roue, les montagnes russes, l'Alhambra et la féerie des illuminations électriques rencontrent le même succès qu'à la fin du siècle de l'autre côté de l'Atlantique à Coney Island.

Mais le nom qui résume l'équation moderne entre loisirs et voyage est celui de Thomas Cook (1820-1890). La première grande entreprise de voyages et de vacances du monde est liée à l'œuvre de tempérance de son fondateur, un baptiste militant du Derbyshire, qui imagine la tenue de galas, de pique-niques et de manifestations contre l'alcoolisme dont les participants seront acheminés à destination grâce à la vitesse des chemins de fer et à l'organisation sans faille de Mr. Cook. Les différentes expositions universelles, celle de Londres en 1851, de Paris en 1855, 1867 et 1878, feront ensuite office d'objectifs pour des excursions de quelques jours à tarif imbattable. Lorsqu'il s'agit de traverser le Chanel, la *middle class* britannique sait trouver en l'agence Cook un intermédiaire prévenant et méticuleux de ses désirs et de ses craintes. C'est le voyage à moindres frais et à moindre exotisme. Grâce à Cook, l'Anglais mangeur de roast-beef et de pudding est certain d'être partout chez lui. Non seulement la France, mais le monde entier vont bientôt s'ouvrir aux envies de voyage de la bourgeoisie britannique, d'autant plus séduite que les paquebots qui accueillent les croisières Cook miment un mode de vie aristocratique auquel elle aspire. Dans le premier XXe siècle, cette mobilité nouvelle des sociétés européennes gagne les océans mais aussi les terres européennes grâce aux wagons-lits que la Compagnie des wagons-lits, fondée en 1870 par le Belge Georges Nagelmackers, a mis au goût du jour, dans le même registre luxueux que celui des paquebots.

L'économie morale du loisir

Beaucoup, au Royaume-Uni, en France, en Allemagne ou aux États-Unis pensent que les « loisirs » ne peuvent être immédiatement accessibles aux classes populaires et qu'il convient d'inculquer à ses dernières

L'imposante agence Thomas Cook inaugurée en 1873 au cœur de Londres, au Ludgate Circus.

les valeurs « victoriennes » de bonne moralité et bonne conduite, sans oublier le goût de l'effort.

Le refrain plus ancien d'inquiétude sur le caractère parfois « bachique » des divertissements populaires dans les sociétés rurales se perpétue dans la nouvelle société industrielle. Il est entonné par des prêcheurs protestants, des magistrats ou des philanthropes hostiles à la « paresse » des pauvres et soucieux d'encadrer leurs désordres : explosions d'ivrognerie, violences, licence sexuelle suivie de naissances illégitimes mais aussi combats de coq, d'ours ou de chiens… Toute la panoplie de la culpabilité des plaisirs est déployée par une rhétorique combinant, comme l'a montré Max Weber, les intérêts du capitalisme industriel bien compris et le puritanisme évangélique, alliés dans le contrôle étroit et la moralisation de l'énergie ouvrière. Contre l'intempérance sexuelle, le gaspillage, l'alcoolisme et la prodigalité sont prônées les valeurs de tempérance, d'économie, de ponctualité, de sobriété et d'usage rationnel de son temps. Le loisir populaire devient une pierre de touche de cette nouvelle économie morale visant à organiser socialement le nouveau temps libre mais aussi à le considérer comme instance de régénération et de recréation de sa force productive.

Plus tardivement, comme est plus tardive l'arrivée de la révolution industrielle elle-même, une évolution semblable gagne la France. Avec l'avènement de la Troisième République, la question des loisirs est associée à celle de l'instruction du peuple. Dans les années 1900, par le biais des cours du soir puis des formations alternatives offertes dans les universités populaires, les intellectuels, sortis vainqueurs de l'affaire Dreyfus, entendent émanciper les travailleurs et participer ainsi à la refondation de la République du Bloc des gauches. Pour autant qu'il se situe à gauche, le moralisme n'est pas absent. Un vigoureux credo antialcoolique est distillé dans toutes les Écoles normales de la République, comme en témoigne la figure du père de Marcel Pagnol, émouvant hussard de la République, allergique à tout rosé – fût-il des collines de sa Provence [7]. La gloire du père est bien fondée sur une solide tempérance, pas moins radicale que celle des victoriens.

L'organisation des loisirs populaires prend de part et d'autre de la Manche des visages un peu différents mais sur une base commune, faite de cyclotourisme, de camping (mot anglais) et de randonnée. Le premier Cyclo Touring Club voit le jour en Grande-Bretagne en 1879 et, dès les années 1890, les randonnées à bicyclette sont très populaires, offrant une évasion d'un ou plusieurs jours à petit budget. Les campeurs, marcheurs et randonneurs, parfois entraînés par les *boyscouts* du général Baden Powell, vont emboîter le pas aux amoureux du vélo. En 1901 naît le Camping Club de Grande-Bretagne. Dans l'entre-deux-guerres, les auberges de jeunesse, actives dès le début du siècle, accueillent de plus en plus de nuitées. C'est en 1937 que Billy Butlin crée le premier camp de vacances à Skegness. Souvent situés près des littoraux, ces camps, nouvelle forme très appréciée de loisirs démocratiques, permettent de recevoir beaucoup de monde. Après la

Seconde Guerre mondiale, ils deviendront la définition même du loisir de masse.

En France, les activités comme l'objectif sont à peu près identiques ; de part et d'autre de la Manche, on trouve le même souci bio-politique d'un usage rationnel des loisirs ; et pourtant les acteurs, le plus souvent privés en Angleterre comme dans le cas anglais de Billy Butlin, sont en France des associations, des syndicats, voire l'État lui-même lorsque sous le Front populaire, Léo Lagrange devient sous-secrétaire d'État à l'organisation des loisirs. En avril 1937, la CGT crée un Bureau fédéral du tourisme afin de favoriser « l'utilisation saine et profitable des loisirs des travailleurs [8] », proposant des séjours en auberges de jeunesse à la mer, à la montagne ou en forêt.

La législation du 20 juin 1936, qui établit les premiers congés payés en France, procède en fait à un rattrapage express par rapport à de nombreux travailleurs européens qui, par l'entremise d'accords syndicaux entre patrons et salariés, disposaient déjà de ce type de congés. Rappelons que les congés payés n'étaient pas au centre des revendications des travailleurs français en mai-juin 1936, et qu'une fois accordés, ils ne provoquèrent pas tout de suite ce raz de marée humain que la symbolique du siècle a retenu. En fait, les billets SNCF Léo Lagrange – négociés avec la SNCF à un prix réduit par le ministre – n'engagèrent pas de départs massifs à l'été 1936. La perplexité de nombreux travailleurs, qui n'avaient jamais pensé pouvoir disposer de congés, appelle la réflexion des syndicats, et en particulier celle de la CGT. Pour le syndicat révolutionnaire des ouvriers, il n'y a de vacances que lorsqu'on quitte son lieu de travail : « Rien n'a d'influence plus bénéfique, rien n'est aussi attrayant ni stimulant pour l'homme que le voyage [9]. » La CGT et l'agence Cook partagent donc ce credo de la modernité selon lequel les loisirs sont inséparables des voyages. Cette équation n'était pourtant pas immédiatement intelligible à ses principaux destinataires : il aura fallu l'inculquer.

La géopolitique française du loisir est, à l'image d'autres secteurs, structurée par l'opposition entre le pôle laïque et le pôle catholique. Ce dernier fonde un Comité national des loisirs qui encadre des excursions et des pèlerinages. Pour ceux qui croient au ciel comme pour ceux qui n'y croient pas, le loisir est en tout cas considéré comme devant assurer une vie meilleure en étant avant tout une éducation à la collectivité – dans les auberges de jeunesse où on assure en commun les tâches domestiques, et en chantant ! – mais aussi à une vie intérieure et familiale. Entre les communistes et les « chrétiens de gauche », les occasions de coopérer se multiplient dans nombre d'associations et d'entreprises d'éducation active que sont idéalement les loisirs des travailleurs.

Dans l'entre-deux-guerres, la France et le Royaume-Uni ne sont pas les seuls pays investis dans cette politique du loisir social. Avant eux, sur le plan étatique, les régimes autoritaires ont bien compris l'intérêt que recelaient les plages de temps libre pour discipliner le corps et l'esprit de « l'homme nouveau » au programme des nouveaux pouvoirs. Dès 1925 est créé l'Opera Nazionale Dopolavoro (« L'organisation nationale de l'après-travail ») qui va prendre en charge les loisirs des travailleurs dans l'Italie fasciste, ainsi que l'annonce Mussolini : « Promouvoir la création, la coordination et le continuel développement de toutes les institutions aptes à élever physiquement, intellectuellement et moralement toutes les classes laborieuses, intellectuelles ou manuelles, en mettant à profit leurs heures de liberté [10]. » Sur le même scénario, l'Allemagne crée dès novembre 1933 une véritable institution du régime nazi : la *Kraft durch Freude* (le « travail par la joie ») qui affirme son objectif de « mobilisation culturelle du peuple qui travaille [11] ». L'ample choix de services et d'équipements offerts par les États totalitaires impressionne ceux qui, en France ou en Grande-Bretagne, sont chargés d'organiser les loisirs populaires. Comme si la finalité idéologique des loisirs pensés par les régimes fasciste et nazi n'était pas incompatible avec l'économie morale des loisirs « éducatifs » prônés dans les démocraties – en tout cas, comme si elle n'avait pas été immédiatement évidente. D'une certaine manière, la version fasciste des loisirs est la forme la plus aboutie du temps discipliné qu'a pris le temps libéré des travailleurs en Europe dans les années 1930.

Le temps des vacances (1920-1960)

Bien que suivant une chronologie sociale et politique différente selon les pays, un « pli » annuel s'est progressivement inscrit dans le calendrier des sociétés européennes contemporaines. Les rythmes naturels sont largement oubliés, d'antiques coutumes de rupture festive du travail abolies, mais le nouveau rituel s'impose au cœur de l'été. Dans les années 1860, les « vacances » scolaires commençaient en France le 15 août ; avant 1914, elles sont peu à peu avancées jusqu'à début juillet. Le temps des vacances est investi d'attentes et de désirs, puisqu'il est entendu qu'il faut « réussir » ses vacances. « Là est la vraie vie » : une sorte d'utopie s'est construite autour de la vacance, ressentie comme un temps à part, celui qui relance tous les autres. Ce complexe idéologique est né dans l'entre-deux-guerres. Il s'épanouit après 1945 pour fonder la centralité des « loisirs » dans les sociétés de la seconde révolution industrielle.

La température du bonheur

Non sans quelque malice, l'historien Christophe Granger nous livre une citation des *Vacances du petit Nicolas* de Gosciny en exergue de son intéressante étude sur la genèse de la culture météorologique qui accompagne la pérennisation des vacances d'été : « Malheureusement, il arrive parfois en Bretagne que le soleil aille faire un petit tour sur la Côte d'Azur.

C'est pour cela que le patron de l'hôtel Beau Rivage surveille avec inquiétude le baromètre [12]. » La valorisation du soleil et de la chaleur – déjà datée pour nous, contemporains du réchauffement climatique – est nouvelle dans les années 1920. Elle succède à des recommandations médicales beaucoup plus variées combinant l'hygiène des lieux, l'ensoleillement certes, mais aussi les vents, l'atmosphère – l'essentiel tenant d'ailleurs dans le changement de climat dont on attend beaucoup. C'est la « cure d'air » qui sortira le jeune citadin des miasmes de la ville. La littérature a donné un personnage emblématique à cette croyance : la grand-mère de Marcel, dans *La Recherche du temps perdu*, est une fervente pratiquante de cet hygiénisme d'aération qui justifie le départ de son petit-fils pour Balbec, sur la côte normande. La chaleur n'est alors guère prisée et le soleil est contré par des vêtements d'été fort encombrants et ne laissant surtout pas voir la peau. À la Belle Époque, en France, on prône davantage les climats tonifiants de la montagne, stimulants de la Manche ou agréablement frais du Pays basque qui cumule les deux topographies.

La « température du bonheur », selon l'expression de Maurice Maeterlinck, qui associe désormais étroitement les vacances réussies à la chaleur et au bleu uniforme du ciel, a des effets non seulement sur les corps et leurs entours – adieu chapeaux, voilettes, gants et uniformes de baignades ! – mais aussi sur la cartographie estivale. Dans tous les pays d'Europe, peu ou prou, les antiques villégiatures en hauteur (collines, montagnes, plateaux), qui assuraient la fraîcheur, sont délaissées pour une géographie plus littorale et plus méridionale. C'est la poussée vers les suds, qui durera jusque dans les années 1970-1980. En France, la saison estivale de la Côte d'Azur, qui représentait jusqu'alors une destination plutôt hivernale, prend son essor fatal.

D'une façon générale, température et météorologie composent les ingrédients obsessionnels des congés réussis ; elles deviennent l'objet d'une anxiété qui s'exprime tout le temps des vacances. On attend les « prévisions météo », qu'on ne sait plus lire dans le ciel, dans les journaux puis à la télévision, livrées par Monsieur Météo devant une grande carte nationale pleine de couleurs et de mouvements inquiétants. L'intolérance à la pluie et au ciel gris devient telle que toute erreur de prévision pendant les vacances est une faute grave : ployant sous la pression, psychologique cette fois, les personnels de la météorologie nationale française font une grève des prévisions à l'été 1974…

Les corps d'été

Les vacances d'été accouchent d'une nouvelle culture météorologique, mais également d'une nouvelle culture somatique. Selon Christophe Granger, « un corps de saison s'invente, autrement dit et avec lui, une saison du corps [13] ». Ce corps à l'honneur dans les nouvelles manières d'être et de se présenter devient un nouvel *ethos* vacancier qui, dans l'entre-deux-guerres, est encore l'apanage d'une minorité bourgeoise et moderne : tenue décontractée, hâle de la peau, volonté d'effacer les manières citadines et les bonnes manières, atmosphère d'érotisation implicite... Ce nouveau corps d'été fait irruption dans une temporalité villageoise estivale qu'il agresse, comme en attestent de nombreux mini-conflits repérés par l'historien et dans lesquels s'affrontent les « vacanciers » affichant de nouvelles valeurs de naturel et de bien-être contre les « locaux » qui y voient des exhibitions choquantes et un climat de débauche... Ne sous-estimons pas ces querelles de clochemerle : elles sont le signe de ces discordances de la modernité où les uns ne sont pas les contemporains des autres.

Bien avant qu'ils ne s'imposent comme les figures obligées de l'été vacancier, l'horizontalité publique des corps, le bronzage, l'attente des voluptés scandalisent autant qu'ils fascinent. Cette métamorphose des corps désormais exhibés, jouissant du sable chaud et de la mixité des groupes, est au cœur d'évolutions profondes. Colette en a fourni une interprétation originale ; l'écrivaine, née en 1873, vient du monde d'avant tout en ayant vécu une vie libre et un peu scandaleuse. Dans *Le Blé en herbe*, elle donne aux festivités de l'été une traduction d'initiation sexuelle troublante tandis que, de l'autre côté de l'arc de vie, la maturité atteinte, *La Naissance du jour* (qui se déroule à Saint-Tropez) saisit l'été méditerranéen dans sa luxuriante générosité. La saison des amours est terminée pour la narratrice et c'est encore l'été qui accueille le soulagement de ce constat.

Hier comme aujourd'hui déferlent au printemps dans les journaux féminins conseils alimentaires, cosmétiques, nouveaux régimes et produits pour que l'Ève estivale apparaisse dans toute la gloire d'un corps allongé, aminci, tonique, embelli et sensuel, dans des dispositions d'esprit propres à accueillir l'inédit, l'aventure (y compris sexuelle). Écouter son corps, le faire vivre et vibrer : c'est d'autant plus nécessaire que les maillots de bain connaissent un rétrécissement historique de leurs surfaces s'échancrant sur les cuisses, dans le dos et la gorge. Les corps autrefois voilés sont désormais regardés. Et ce regard peut également être une souffrance. C'est, en tout cas, un diktat brutal qui se porte sur les corps non conformes à la norme. Le souci des apparences croît avec les bains de soleil. Plus on voit les corps, plus l'inégalité physique pèse. Les corps blancs, raides ou endimanchés, flasques, maladroits, tordus, râblés portent avec eux le stigmate de nouvelles démarcations sociales.

Ainsi l'Europe des vacances connaît-elle à partir des années 1920 une réorganisation de toute la société autour du corps, de son soin, de son souci, quelle que soit la prégnance des valeurs chrétiennes, catholique ou protestante. L'évolution en germe s'épanouit dans la deuxième moitié du siècle pour ressurgir dans les sociétés balnéaires multiculturelles d'aujourd'hui où, comme autrefois mais à front renversé, s'affrontent sur les plages les corps exhibés des « locaux » et les corps voilés des femmes musulmanes – qui font scandale. Mais avant de symboliser la béatitude de vacances méritées ou le combat pour l'affranchissement de la femme occidentale, la quasi-nudité exhibée fut, elle aussi, une agression dans les sociétés plus traditionnelles des bourgades bousculées par l'arrivée des nouveaux barbares.

Le plein air : renouer avec la nature

Les vacances ne sont pas seulement le temps de la plage et du soleil. Leur temps s'établit progressivement comme un contretemps des sociétés industrielles, d'où l'urgence nouvelle de renouer avec la nature et avec une certaine lenteur, celle de la marche en montagne, mais aussi de la pêche à la ligne ou du jardinage.

Le recours à la montagne s'invente dans la deuxième moitié du XIXe siècle comme un usage dérivé du modèle thérapeutique des loisirs régénérateurs. Là encore, les Britanniques sont les pionniers : le Lake District et les Highlands écossais ne suffisent bientôt plus. Ils s'amourachent des Alpes tel Leslie Stephen, père de Virginia Woolf et grand admirateur de la montagne alpine, qu'il auréole d'une véritable mystique du sublime. Pour lui comme pour d'autres, l'alpinisme est une quasi-religion de substitution. Le Club alpin britannique (fondée en 1857) est la première paroisse de ce nouveau culte européen. L'escalade du mont Blanc, du mont Cervin et autres sommets combine une morale musclée et une quête de la forme physique avec le désir de l'exploit et du surpassement de soi. Mais la montagne est avant tout un espace alternatif à l'encombrement des villes, comme le sont aussi les forêts et les vertes campagnes.

Face à l'urbanisation croissante dans l'Europe de l'après-1918, de nombreux discours prônent le bien-fondé d'un retour à la nature que les ruraux commencent à abandonner en masse. À travers les organisations scoutes, les associations d'auberges de jeunesse, les colonies de vacances, les enfants et les jeunes sont l'objet particulier du souci d'un retour médité à la nature. Ces modernes robinsonnades ont alimenté les imaginaires et les pratiques de beaucoup d'adolescences européennes de l'entre-deux-guerres : vivre par ses propres moyens tout un été, dans un camp d'où les adultes ont disparu ; une grande fraternité de corvées de bois et de veillées... Si l'Allemagne est la mère-patrie des auberges de jeunesse – en lien direct avec la culture naturiste plus ancienne de l'Europe centrale –, la Grande-Bretagne et la France ont connu elles aussi un fort mouvement : on compte 300 auberges de jeunesse en France en 1938. La nature est investie de l'idée de liberté retrouvée comme si, un peu partout, s'établissait une équation entre le grand air et l'homme libre, déjà très présente dans la culture germanique mais retrouvée par le mouvement ouvrier européen qui recycle en même temps de plus anciennes théories hygiénistes : « *Freie Natur, freie Menschen* ! » Ces découvertes sont aussi, pour les ouvriers, l'occasion de voir d'autres régions que celles auxquelles le travail et la vie les ont attachés, et l'apprentissage progressif d'un espace national et d'un sentiment patriotique inégalement intégré.

La « civilisation des loisirs » ?

La révolution estivale

Durant les Trente Glorieuses, en Europe de l'Ouest, s'institutionnalise une grande « évasion » de l'été, une « grande transhumance saisonnière » – autant de métaphores pour exprimer le déplacement désormais massif d'une majorité de travailleurs pendant leur congé et une géographie qui voit globalement l'Europe du Nord (Allemagne, Pays-Bas, Belgique, pays scandinaves) se déverser sur l'Europe méridionale, à la recherche de la mer et surtout du soleil : les Allemands en Italie et sur la côte dalmate (même avant les années 1990), les Néerlandais et les Belges en France [14].

En France, c'est avec la troisième semaine de congés payés en 1956 que les comportements se modifient : jusque-là, les travailleurs ne partaient pas nécessairement en vacances. La hausse du pouvoir d'achat et la possession d'une automobile désormais accessible à l'aristocratie ouvrière (Fiat, 2CV, Volkswagen) rendent possible la migration vers de nouveaux horizons. À l'aube des années 1960, beaucoup des nouveaux citadins européens qui retournaient dans leurs villages en guise de vacances hésitent à le faire, peu désireux d'aider aux moissons et de renouer avec les contraintes d'un travail quotidien à la ferme de leurs ancêtres. Sans doute aussi estiment-ils s'être « extraits » victorieusement de cette vie de labeur. Ils ont désormais coupé les ponts et préfèrent aller voir ailleurs – avant qu'une génération plus tard, dans les années 1970, le retour à la terre de certains jeunes vienne faire tourner la roue de l'histoire dans l'autre sens.

La résidence secondaire, longtemps l'apanage d'une vie familiale à plusieurs générations, n'est plus la valeur sûre du loisir bourgeois qu'elle fut autrefois. Beaucoup de transactions transforment le marché immobilier de la villégiature – jusqu'aux bouleversements d'aujourd'hui où la location de court séjour, la mobilité et la diversité des séjours permis par la gestion numérique des offres semblent avoir supplanté, dans le désir des Européens, la possession d'une antique demeure dont il faut réparer les fuites et payer la taxe foncière. Airbnb a tué la maison de famille.

Bien évidemment, pour revenir aux années 1960, certains sont encore réfractaires au modèle des grandes vacances, pour des raisons culturelles plus qu'économiques. Partout, les artisans et petits commerçants sont entrés plus tardivement dans la civilisation des loisirs, sans parler des agriculteurs qui n'ont pu envisager de quitter leur ferme et les soins quotidiens qu'y requièrent les animaux que lorsque, une décennie plus tard, de nouvelles structures collectives ont permis l'association de plusieurs familles pouvant alterner les congés [15]. Ceux qui préfèrent bricoler, jardiner ou aller pêcher à la ligne dans le coin, expriment aussi, de façon implicite, une résistance sourde à l'injonction de « profiter » de son congé, tout en imposant son propre tempo à une activité complémentaire utile à la maison mais ludique et satisfaisante dans son processus.

Bricoler : c'est là, selon l'anthropologue Claude Lévi-Strauss, un des exemples de l'expression par l'homme civilisé de la « pensée sauvage [16] » (qui n'est donc pas la pensée *des* sauvages), une façon de renouer avec l'*Homo faber* qu'il fut, tout en exerçant ses méninges et retrouvant l'esprit de l'enfance et de ses expérimentations. Pêcher à la ligne, c'est également refuser la discipline du temps, même et surtout celle du loisir, en laissant ce dernier s'écouler dans une attention vigilante et gratuite à l'onde et à ses soubresauts, tandis que le silence de la rivière enveloppe le pêcheur d'une souveraine chape de solitude, une fin de non-recevoir radicale.

Dans les milieux populaires et chez les jeunes, en Grande-Bretagne et en France après 1945, le camping séduit de plus en plus, assorti de la forme plus petite-bourgeoise de la caravane familiale. On se rend moins chez les parents et amis de province, davantage dans des campings désormais équipés pour de longs séjours reconduits d'année en année, qui sédentarisent un logement à l'origine nomade. Les caravanes s'ornent d'auvents, de pots de géraniums ou de vigne vierge ainsi que de l'accès à la télévision ; les tentes, elles aussi, s'agrandissent, et s'alourdissent en logement alternatif de toile.

Dans ces campings populaires règne une forme de désinvolture narquoise vis-à-vis du temps chronométré de loisirs ailleurs « organisés » et parfois même culturels. Les « gens de peu », comme les appelle tendrement Pierre Sansot, s'offrent une temporalité relâchée avec le rituel biquotidien de l'apéritif, les jeux de boule, les chaises longues, les inévitables cartes postales et les récits de vacances au retour [17].

La formule Club

Si l'organisation des loisirs fut d'abord le fait du tourisme social, celui-ci fait peu à peu place à un tourisme commercial où les offres du voyage, de l'hébergement, de l'animation sont des prestations tarifées par un agent de voyage en quête de profit. Ainsi naissent de grands voyagistes dans toute l'Europe de l'Ouest d'après 1945 : Horizon Holidays (Grande-Bretagne), Toureuropa (RFA), Sterling Airways (Danemark), Hotelplan (Suisse), Simon Spies (Suède), Sunair (Belgique). De grands consortiums de chaînes hôtelières se créent – Intercontinental, Holiday-Inn… [18]

Les marchands sont rentrés dans le temple du loisir. Ils vont s'y installer et s'y montrer fort inventifs en important une formule du tourisme associatif, le club de vacances, pour se l'approprier en l'adaptant au capitalisme touristique des Trente Glorieuses. Il s'agit du club de vacances, c'est-à-dire un village de vacances proposant un produit fini composé de toutes les prestations attendues (l'hôtellerie, la restauration, l'animation et la plage) en un forfait unique – le tout composant « les vacances »... Le nom qui symbolise dans le monde entier cette nouvelle formule est celui du « Club Med » fondé par Gilbert Trigano en 1950. Essaimant ses « villages » sur le pourtour méditerranéen, le Club Med en compte 26 en 1965 (dont 2 seulement en France), 31 en 1967. On en trouve également sous des tropiques bien différents mais équivalents dans l'image édénique qu'ils portent en eux : les Antilles et la Polynésie. Les nouveaux départements puis territoires d'outre-mer français seront une des cibles privilégiées de l'offensive de Trigano – la plus grande réussite commerciale, sinon la seule dans ce genre de vacances. Solidaire du développement de l'avion et de ses lignes « charter » à bas prix (remplaçant les wagons-lits d'autrefois), le tourisme de club neutralise l'espace traversé et fait arriver l'aspirant, comme sur un tapis magique, aux portes du club où il est invariablement accueilli à la polynésienne, comme un roi et couronné de colliers de fleurs sous les vivats des « gentils organisateurs ». Cette mise en scène est le premier pas vers le fantasme d'une aventure qui rompt autant avec le tourisme culturel ou régénérateur qu'avec celui du repos. Ici, point d'altitude, ni de marches forcées, point de vaisselle en commun ni de chants à la veillée ; au programme, avant tout, l'abondance de la nourriture – le fameux buffet en libre-service –, le relâchement des mœurs exprimé par vêtement minimal (maillot de bain ou simili), un tutoiement social généralisé, la permissivité sexuelle et l'hédonisme sans risque, protégé par un enclos séparant nettement la théodicée du club de l'espace environnant et de ses autochtones vaguement aperçus sur le trajet, mais qui ne le seront pas davantage pendant le séjour. Le lieu des vacances est un périmètre totalement abstrait de la société vernaculaire, il est aussi conçu en opposition franche avec la société occidentale de départ puisqu'on laisse ses devises et ses objets personnels à la réception. Le Club Med est le songe d'un monde sans transaction, sans argent, sans vêtement. On se défait à bon compte des oripeaux de la société moderne : « L'opulence de la civilisation et la simplicité du sauvage [19]. » Le paradis, donc, offert démocratiquement aux classes moyennes de l'Europe de l'Ouest, celle des Trente Glorieuses. À l'Est, évidemment, l'Éden communiste a de tout autres ressorts ; bien qu'il offre lui aussi ses stations balnéaires et sa vision coercitive des loisirs bien gérés, il les pratique *at home*, de la Baltique à la mer Noire.

L'imaginaire touristique

Le village du Club Med est une île. Le paquebot qui constitue le moyen de transport et le lieu de vie du touriste contemporain en est une autre. La croisière, notamment en Méditerranée, est devenue le symbole du tourisme globalisé avec son écosystème consumériste sur place, entre buffets, thalasso, boîtes de nuit et jeux d'argent, ses escapades culturelles dans les villes côtières qui accueilleront un regard distrait et grégaire sur quelques ruines antiques. Cette « bulle touristique » flottante est également une image de la décadence occidentale depuis que la grande carcasse du *Costa Concordia*, filmée avec sévérité par Jean-Luc Godard dans son film *Adieu au socialisme*, s'est échouée sur son flanc le 13 janvier 2014 à la pointe de Gabbianata, sur la côte orientale de l'île de Giglio, sur la côte amalfitaine. Pourtant, le système touristique ne cesse de se renouveler à travers la fabrique d'illusions, la « broussaille d'irréalité » qu'il promeut : non plus l'accès à un lieu mais à l'idée d'un lieu, non plus la découverte d'une ville mais celle de l'idée que la ville veut susciter. C'est bien cet imaginaire touristique, fait de clichés, de stéréotypes, cherchant à vendre de l'identité fantasmée qui est au cœur de l'œuvre d'un socio-anthropologue original, Rachid Amirou, célébré par un de ses lecteurs, l'écrivain Michel Houellebecq, hanté lui aussi par le devenir-touriste du monde entier [20].

Car, à ce stade, l'Europe n'est plus seulement le lieu de départ de transhumances toujours plus nombreuses suscitées par l'ultime massification des transports – le *low cost* aérien ; elle est aussi devenue lieu de destination touristique de flux considérables venant essentiellement d'Asie, les multiples classes moyennes chinoises accédant à un pouvoir d'achat qui les rend sensibles aux sirènes de cet imaginaire touristique occidental. Depuis la tombée du rideau de fer, l'Europe entière est l'objet du désir consentant de cette manne économique.

Au centre de la *Mitteleuropa*, Budapest, incarnée par l'antique pont reliant Buda et Pest, fait la promotion des arts et de son passé historique sur fond de folklore hongrois encore discrètement exotique. Paris et Prague sont obligées d'assumer leurs poids monumentaux et leurs icônes universelles (la tour Eiffel par exemple). Pour autant, elles satisfont aux attentes consuméristes en ajoutant à la carte postale les séductions d'une vie nocturne agitée, des *wild parties* de « Paris by night ». Selon Rachid Amirou, d'autres villes encore ne sollicitent même plus leur patrimoine mais se contentent d'en vendre « l'état d'esprit », comme Dublin ou Bruxelles qui substituent le cosmopolitisme européen à la spécialité locale qu'est l'Art nouveau, ou Londres qui affiche fièrement le visage multiculturel (45 gastronomies) d'une ville-monde. On saisit bien que le tourisme mise aujourd'hui moins sur un produit, un service, que sur la promesse d'une expérience à base d'images et d'imaginaire formatés – et que le touriste pourra d'ailleurs éventuellement partager et co-fabriquer à son tour en s'exprimant sur les réseaux sociaux.

Depuis presque un siècle, le tourisme est protéiforme. Son ultime métamorphose a produit un très contemporain « tourisme de l'authentique », soucieux de l'environnement mais surtout de la qualité de la rencontre avec l'autre, qu'il soit un « sauvage », un « pauvre », un sous-développé, ou une créature exotique à un titre ou à un autre. Lorsqu'un touriste du Nord visite un pays moins développé du Sud, la quête d'authenticité de l'Occidental dégrisé du progrès peut

Le pont des Chaînes enjambant le Danube, emblème
de Budapest.

vite tourner au village Potemkine. Selon Rachid Amirou, le voyage « responsable » est l'ultime tromperie : il organiserait « une construction exotique de la pauvreté comme gage d'authenticité » ; le touriste ne verrait qu'un décor, contribuant à maintenir les populations locales telles qu'elles sont, et même contribuant à les faire perdurer telles qu'elles étaient autrefois sans voir que les autochtones ont déjà effectué une hybridation culturelle entre leur idiome local et celui de l'Occident global. Le tourisme responsable assigne donc à résidence identitaire des populations qui n'ont cure d'y rester.

Ceci s'applique désormais à l'Europe elle-même, lieu de destination touristique. La France du

XXIe siècle s'en est fait une spécialité, vendant avec profit son « art de vivre » et ses produits de luxe tandis que la désindustrialisation est presque achevée, terminant son cycle dans une requalification touristique de ses principaux artefacts : les mines, les terrils, les hauts-fourneaux de l'industrie sidérurgique deviennent des éco-musées ou sont reconvertis en friches industrielles, bientôt réhabilitées en centres de création qui alimenteront à leur tour l'offre culturelle de la ville ou de la région qui les abrite. Ce sont donc les Européens eux-mêmes, après avoir traversé, occupé, visité le monde entier, qui deviennent les « sauvages », les autochtones, la population locale et folklorique que d'autres viennent voir. Cette différence de position clôt un siècle et demi de rencontres problématiques entre le voyageur et l'Autre exotique – le montagnard, le villageois, le primitif – dans une accélération véritablement entropique des mobilités humaines.

Les vacances estivales sont devenues en Europe et, plus largement, en Occident, une césure majeure dans les temps de l'année même si, aujourd'hui, les nouvelles formes de travail, l'imbrication inédite entre activité et non-activité pourraient mettre fin à l'épisode séculaire qui fait l'objet de ce chapitre : la dyade moderne du travail salarié contre les loisirs. Cette répartition des temps n'a pas toujours existé. Il est probable qu'elle s'effacera.

Dans les mondes sociaux où sont mobilisées les valeurs de compétence artistique, d'invention ou d'innovation, de créativité ou d'esprit d'entreprise, la question se pose : est-ce encore du travail ou son envers ? La flexibilité acceptée, l'autonomie élevée, l'engagement et l'accomplissement investis dans l'acte de travail l'apparentent plutôt aux tâches nobles de l'ancien *otium* : le *Werk* plutôt que l'*Arbeit*, le *work* plutôt que le *labour*, etc. Si l'on suit le sociologue Pierre-Michel Menger, la diffusion du « travail artiste » dans un modèle de production néocapitaliste mettra fin au salariat classique et à l'opposition structurelle entre travail et loisir [21].

Chapitre 13

Vie privée, vie intime

Genèse de l'individu moderne

Abordons pour terminer les rivages délicats où l'histoire culturelle côtoie l'histoire de la pensée philosophique, l'histoire des formes spatiales mais aussi des régimes d'historicité, c'est-à-dire de la perception qu'une société donnée nourrit de son passé, de son présent et de son avenir, et des relations engagées entre ces trois temps. Tout cela pour tenter de saisir les formes historiques de déploiement du sujet, qui se construit dialectiquement entre espace privé et espace public, entre expérience individuelle et encastrement social. C'est bien cette historicité de la construction du moi qui est au centre de ce dernier chapitre, avec l'idée que la conception du sujet est inscrite dans le temps, toujours refaçonnée par les conditions socio-historiques, mais aussi politiques, économiques et culturelles qui l'encadrent.

Nous allons tout d'abord nous intéresser à la naissance de l'intimité au XIXe siècle, que l'on peut saisir dans des pratiques d'écriture, de lecture, dans l'aménagement de la maison d'une certaine culture bourgeoise moyenne. Cette étape fait partie d'un long processus de privatisation d'espaces anciennement publics, qui nous font passer de la chambre du roi, du modèle public versaillais, à la chambre domestique, de la « ruelle » des précieuses à la chambre de jeune fille, écrin scellé de la vie intérieure. Guetter ainsi l'émergence de l'intime nous fera dialoguer avec l'histoire de la famille, de la sexualité et du genre, puisque c'est l'élément féminin qui est identifié à l'espace privé domestique. Bien évidemment, l'historicité du privé est également fonction des classes sociales dans lesquelles il est situé, même si l'idéal familial et privé du XIXe siècle se retrouve aussi dans les foyers populaires. Cette histoire de la vie privée suscite aujourd'hui de nouveaux intérêts dans le modèle de la culture numérique qui la redéfinit en partie, pour la menacer ou la restreindre selon certains, comme en témoignent les nombreuses occurrences, y compris juridiques, de défense de la vie privée dans l'intertextualité du Web.

Dans les années 1970, bien des philosophes ont annoncé la mort du sujet, qu'il s'agisse de Foucault (*Les Mots et les choses*, 1966) ou de Lévi-Strauss (dans le « Finale » de *L'Homme nu*, 1971). Puis dans les années 1980, le sujet s'est vu réhabilité sous la forme parfois dévalorisée d'un individu narcissique et postmoderne, tandis que les sciences sociales intégraient la notion d'acteur dans leurs scénarios d'explication. Ce sujet, apparu dans la philosophie du

XVIIe siècle (le *cogito* de Descartes), a été pensé comme le point d'appui des théories de l'émancipation des Lumières. Il incarne parfois une forme possible de spécificité occidentale dans l'ardeur et la passion avec lesquelles le « moi » est devenu un point de préoccupation intellectuelle essentiel, porteur d'une dimension réflexive et introspective assumée. À l'aube du XXe siècle, l'introduction et la démocratisation de large envergure de la psychanalyse en Europe (et en Amérique du Nord) ont contribué à transformer ce sujet, à le requalifier tout en renouvelant par certains côtés les promesses d'émancipation du XVIIIe siècle.

Enfin, nous nous interrogerons sur la construction de la subjectivité dans le régime d'accélération temporelle de la modernité. Nous essaierons d'apporter une réponse à des questions primordiales qui nous concernent tous : dans quelle mesure la radicalisation des tendances accélératrices permise par la révolution numérique, la révolution économique et celle des communications à la fin du XXe siècle influe-t-elle sur le processus d'individualisation, qui a défini la modernité, et dans quel sens ? Quel genre de sujet est devenu l'individu occidental de 2017 et quel type de rapport au temps nourrit-il ? A-t-il le temps de cultiver sa vie intérieure ? Qu'est-ce que l'espace privé aujourd'hui ? Conçoit-on toujours sa vie comme un *Bildungsroman*, un roman d'éducation ? Vaste programme…

L'INTIMITÉ COMME ESPACE DE CONSTITUTION DE SOI

Naissance de l'intime

C'est tardivement qu'une nouvelle idéologie, émanant largement de la bourgeoisie, sacralise l'espace domestique, lieu de l'intimité familiale, comme constitutif de son identité profonde. Auparavant et jusqu'au XVIIIe siècle, prédomine l'accomplissement de soi dans la vie publique. Il n'y a pas ou peu d'espace intime chez les pauvres, et les aristocrates comme le roi vivent, selon l'ancien modèle curial, devant leurs courtisans. Dans les villages, les charivaris (chahuts rituels à l'époque moderne) frappent de vieux barbons qui se remarient avec des femmes jeunes sans se soucier de déséquilibrer le marché matrimonial limité [1] ; les jeunes hommes se sentent alors tout à fait habilités à faire la police des mœurs et intervenir au cœur de « l'intimité » d'un couple qui, en l'occurrence, relève de la chose publique. Ainsi, la frontière entre le privé et au cœur du privé, l'intime, et le public est infiniment mouvante et négociable selon le temps et la société qui la définit.

L'Europe du XIXe siècle se caractérise par un intense désir d'espace à soi, une quête de retrait du monde et de la société à laquelle les familles bourgeoises vont répondre par la création d'un « foyer », d'un « *home* », d'un « *Heim* », d'une « *casa* », tous ces lexiques à connotation sentimentale traduisant la charge émotive dont est affecté désormais l'espace de la maison. Cette construction est visible dans mille aspects matériels mais aussi par le caractère insupportable que revêt dès lors toute violation d'intimité (lecture de lettre, ou du journal intime de la fille ou du fils par le père ou la mère). Quels que soient les échappatoires extérieures, et ses plaisirs, le foyer familial est vu comme central dans l'accomplissement de soi.

Cette conception repose sur une stricte séparation des sphères d'attribution entre les hommes et les femmes, principales gardiennes du temple. Selon un argumentaire à la fois scientifique et religieux, elles ne disposent pas des capacités nécessaires pour affronter l'extérieur. Ainsi, elles règnent à l'intérieur. Car malgré leur statut de mineures qui les assimilent à des enfants, des fous ou des idiots, il semble bien que les femmes participent à la prise de décision familiale et contreviennent ainsi au paysage très strict dessiné par la loi. Comme le dit Balzac dans *La Physiologie du mariage*, résumant magnifiquement l'ambivalence de cette situation, « la femme mariée est un esclave qu'il faut savoir mettre sur un trône ».

Émerge à la fin du XIXe siècle l'idée d'un droit de la vie privée qui permettrait de faire protéger par la loi le « droit d'être laissé en paix » (1890), mais dont l'extension fait débat dans le cadre de certaines grandes affaires scandaleuses comme le procès d'Oscar Wilde, condamné aux travaux forcés en 1895 pour atteinte aux bonnes mœurs. Dans cette conjoncture s'opposent ceux pour qui l'hétérodoxie sexuelle relève de la vie privée et ne requiert aucun aval public et ceux qui, au contraire, restreignent la compréhension de la vie privée dans ce cas précis.

Pratiques et protocoles de l'intime : lecture et écriture

Comme le dit Peter Gay dans son livre sur Schnitzler et la culture bourgeoise, la correspondance devient au XIXe siècle un élément précieux de « l'économie émotionnelle bourgeoise ». L'amélioration de la poste, la baisse du prix des timbres, la sécurité et un peu partout l'extension garantie du secret postal (y compris dans les États autoritaires) favorisent le commerce épistolaire et contribuent à faire des lettres des dépositaires de l'intimité, c'est-à-dire des secrets ; secrets entre amants, secrets de famille ; conseils sur les mesures de contraception, rendez-vous illicites : tout cela peut être contenu dans une lettre, dont l'écriture constitue désormais une pratique générale et un motif pictural.

Revenons sur le secret postal, déclaré inviolable par l'Assemblée nationale française en 1790, et plus tard intégré dans le Code pénal français. De même, le *Briefgeheimnis* est considéré comme inviolable dans l'espace germanophone. Quant à la Grande-Bretagne, elle le considère comme un des piliers du libéralisme et à ce titre le défend avec vigueur, quand il est attaqué y compris par ses propres institutions (comme la

VIE PRIVÉE, VIE INTIME

Vittorio Matteo Corcos, *Rêves*, 1896.

police). Lorsqu'en 1844, Mazzini, combattant de l'unité italienne, en exil à Londres, découvrit que son courrier était ouvert et transmis aux Autrichiens, il protesta. Carlyle, un des intellectuels britanniques (écossais) très influents de l'ère victorienne, écrivit une lettre indignée au *Times* : « C'est pour nous une affaire vitale que dans un bureau de poste anglais, les lettres scellées soient respectées, comme nous l'imaginions tous, à l'instar des choses sacrées. » Un crime de lèse-britannicité...

Mais la correspondance ne résume pas toutes les pratiques d'écriture intime, tant s'en faut. Le journal intime mobilise en effet l'énergie scripturaire de nombre de jeunes garçons et filles des adolescences bourgeoises européennes, sans compter les femmes adultes qui continuent souvent de se livrer à cette activité quotidienne. Si les parents et les professeurs encouragent le plus souvent la tenue d'un journal, c'est qu'ils estiment l'exercice profitable : il permet une quête de soi-même, une exploration autocritique et une forme d'ascèse introspective avec laquelle la culture protestante du nord de l'Europe ne peut qu'entrer en résonance. Au XIXe siècle, les directeurs de conscience encouragent également leurs pénitentes à cet examen de soi. Mais on ne consigne pas que ses états d'âme ni ses troubles de conscience dans son journal intime : celui d'Alma Schindler (future épouse de Mahler) nous plonge dans les extases et les tourments (notamment érotiques) d'une jeune Viennoise ardente et ambitieuse [2].

Le « journalisme intime » est un genre pratiqué assidûment par les femmes, comme on l'a dit. Certaines, Cosima Wagner, Virgina Woolf, plus tard, Anaïs Nin, sont des diaristes assidues. Certaines vivent quasiment pour consigner leurs expériences dans leur journal, avec qui elles entretiennent une relation d'amitié, d'affection, de fidélité et de loyauté indéfectible. Le plus long journal intime du XIXe siècle est pourtant le fait d'un homme, Henri Frédéric Amiel, qui durant seize ans remplit obsessionnellement 16 840 pages serrées. Pourquoi tenir un journal ? Les réponses sont multiples et variées : pour passer à la postérité et échapper à la destruction de tout, pour le plaisir de se relire, pour faire office d'aide-mémoire, pour explorer sa vie intérieure et la composer, la construire, la structurer, pour dresser un premier brouillon d'une écriture romanesque, pour réfréner la dépression, etc. En tout cas, il s'écrit généralement le soir et dans une solitude nécessaire, souvent celle de la chambre. On le range dans un tiroir et on le cache, on ferme à double tour. Ni le journal intime ni l'intimité ne sont inventés au XIXe siècle, mais ce qui constitue la spécificité de cette époque est la généralisation considérable du genre qui devient presque un universel d'éducation de soi, en tout cas dans la bourgeoisie, petite, moyenne et grande, mais pas seulement, puisqu'on a retrouvé nombre de journaux intimes émanant de jeunes filles du peuple.

Une autre pratique abritant et construisant à la fois l'espace de l'intimité est la lecture. Roger Chartier oppose deux régimes de lecture à l'âge moderne : le régime intensif du livre rare, où la lecture, collective, à la veillée, à voix haute, est celle de quelques ouvrages dont on dispose, notamment la Bible ; et, fait nouveau, le régime extensif du livre abondant [3]. La lecture devient alors un acte solitaire, s'effectue mentalement et constitue un engouffrement de soi dans l'univers fictif du livre. La lectrice de l'âge romantique incarne ce type de lecture boulimique correspondant à l'avènement du roman et qui n'est pas sans inquiéter les autorités morales du siècle. Les débats concernant les effets de la « mauvaise littérature » sont récurrents dans les journaux de l'époque. Les crimes littéraires y figurent en bonne place, incarnant l'effet dévastateur que les « mauvaises lectures » peuvent avoir sur les nerfs affaiblis de certaines femmes. Ces inquiétudes morales s'accompagnent dans le même temps d'une projection fantasmée : « La figure de la lectrice, affalée sur un sofa, un divan, ou lovée dans son lit, la bouche rieuse et la mine gourmande, est un lieu commun de la peinture érotique. Les femmes qui lisent sont dangereuses » (Michelle Perrot). Le mystère et le prestige de la lecture dans la chambre tient également à ce qu'elle se produit la nuit, rendue possible par quelques évolutions techniques : la flamme vacillante de la bougie (Delacroix, *La Lecture au lit*) est remplacée par la lueur de la lampe à huile ou à pétrole des lampes Pigeon ou Carcel, avant que celles-ci soient remplacées par de plus banales ampoules électriques. La lampe de chevet, comme les livres du même nom, ont beaucoup fait pour les nuits des lecteurs et lectrices férus de littérature. Disposant d'une chambre individuelle, et d'une lampe, combien d'adolescent(e)s ont vécu plus intensément la nuit que le jour ? Jean-Paul Sartre revient sur cette opposition diurne/nocturne, constitutive de sa vocation d'écrivain : « Lire la nuit en cachette, des auteurs défendus et contestataires, c'était accumuler les viols d'interdits [...]. Les pensums, c'était tout : c'était le jour, c'était le soleil, la veille, les besoins naturels qu'on n'en finissait pas de satisfaire, c'était l'enseignement classique [...] la compétition, le morne ennui bourgeois. La littérature, c'était la nuit, c'était la solitude et l'hypnose, c'était l'imaginaire [4]. »

Comme le dit Proust, un autre insomniaque de notre littérature, « il n'y a peut-être pas de jours de notre enfance que nous ayons si pleinement vécus que ceux que nous avons cru laisser sans les vivre, ceux que nous avons passés avec un livre préféré [5] ». Ce mode de lecture vitale et qui abrite les temps les plus personnels et les plus essentiels de la vie intime se produit le plus souvent, nous l'avons vu, dans une chambre. La chambre est devenue un objet d'histoire, grâce à Michelle Perrot, au carrefour de l'histoire de la vie privée, de la subjectivité, de la famille et des rythmes de la vie. Examinons donc pour terminer cet intérieur du XIXe siècle.

L'espace de l'intimité : la chambre

« Dès que j'eus un espace à moi, j'eus une vie intérieure » (Anatole France). Cette quête d'un espace à soi (où l'on peut être deux comme dans la chambre conjugale) accompagne la privatisation de l'espace domestique, et notamment de la chambre, au cours des siècles.

La chambre au XIXe siècle, nous explique Michelle Perrot, est le lieu du rêve, du sommeil, de l'examen intérieur ; c'est le lieu de l'amour, de la sexualité, le lieu où les femmes accouchent, le lieu où l'on meurt, le lieu où l'on prie. Cette dimension sacrale de la chambre est rendue visible par le prie-Dieu et le plus souvent un crucifix accroché au-dessus du lit. Mais la chambre abrite d'autres objets : de nombreux bibelots, des images de soi et du groupe familial, des photographies qui peu à peu encombrent le dessus de la cheminée. Un oiseau en cage égaie fréquemment la chambre de son chant. Quelques meubles achetés pour la vie, une armoire, des tables de chevet et au centre, imposant, le lit ; des cuvettes, des brocs d'eau avant l'adduction d'eau courante, un feu de cheminée ; des papiers peints recouvrent souvent les murs : la mode en vient d'Angleterre. La chambre conjugale est l'autel du couple et a droit à la clôture dans l'appartement familial ; c'est le pilier de la maison européenne dans un modèle occidental qui, très tôt, a misé sur le couple hétérosexuel. Cette chambre conjugale est le symbole du pari fait sur l'éternité du couple, fondée sur un mélange d'alliance et de désir. Balzac dit que « le lit est tout le mariage [6] ». Ce lit conjugal constitue le premier achat du jeune couple et s'il est présent dans tous les ménages bourgeois, les ouvriers peinent à l'acquérir.

Ce mouvement de privatisation que signifie la chambre, on le perçoit jusque dans le mouvement de privatisation de la mort. Pensons à la mort publique de Guillaume le Maréchal, telle qu'elle est racontée par Georges Duby dans son ouvrage éponyme. Au XIXe siècle, on meurt à l'hôpital lorsqu'on est pauvre, et sinon, on meurt dans son lit, dans l'intimité de sa famille, après avoir convoqué le médecin et le prêtre qui se livrent parfois à une dernière joute auprès d'un agonisant récalcitrant. La chambre est donc aussi une chambre de gisant, mais qui est désormais soustrait à la vue collective.

À côté du couple, les enfants, longtemps rassemblés dans une même pièce, qui groupait souvent une famille intergénérationnelle, sont dès lors séparés non seulement des parents, mais aussi entre sexes. Les normes de construction des nouveaux logements bourgeois intègrent ces nouveaux impératifs, cette nouvelle exigence d'intimité (en conflit partiel avec les devoirs mondains de réception). Le droit de « fermer sa porte » à l'intérieur même du foyer est un combat à mener, solidaire en tout cas de ce processus d'individualisation et de construction de la sphère intime qu'on a vu à l'œuvre. Les sociétés européennes peuvent se permettre ce souci d'autoanalyse dans la mesure où les classes les plus aisées ont dégagé un temps et un espace disponibles pour cet usage. C'est dans ces conditions que l'on peut comprendre l'avènement de la psychologie puis de la psychanalyse, comme un grand *revival* introspectif – si l'on considère que l'Europe moderne l'a déjà expérimenté massivement avec le mouvement de Réforme au XVIe siècle, et notamment avec le calvinisme, qui encourageait l'examen de soi.

Le temps de Freud. La psychanalyse au XXᵉ siècle

Le nouveau « moi » de la psychanalyse

Il ne s'agit pas ici de mener le récit classique de l'œuvre de Freud et de la saga compliquée et transnationale de ses disciples. Il s'agit plutôt d'envisager le rôle de la psychanalyse dans l'histoire du sujet : comment est-il refaçonné par l'opération psychanalytique et par sa diffusion exceptionnelle dans la modernité culturelle ?

Cette histoire de la psychanalyse n'est que rarement faite en France. Seule l'œuvre solitaire d'Élisabeth Roudinesco s'y attaque [7]. C'est pourquoi nous nous appuierons également sur *Le Siècle de Freud,* un ouvrage américain écrit par Eli Zaretsky en 2004 [8]. Ancrant résolument la psychanalyse dans le monde social et culturel qui a abrité son éclosion et son développement, Zaretsky montre comment la psychanalyse est solidaire d'évolutions structurelles – la seconde révolution industrielle, l'émancipation des femmes, la démocratie – qui constituent en partie ce que l'on peut appeler la modernité. Mais il ajoute que la psychanalyse a connu de multiples déclinaisons au cours du siècle. Elle n'est pas qu'une histoire d'émancipation du sujet, elle connaît aussi des épisodes de régression où elle joue le rôle de garant de l'ordre social et symbolique. C'est donc une histoire ambivalente, à l'écoute d'un sujet plus complexe, clivé, souvent en souffrance, mais aussi porteuse d'un souci d'adaptation sociale et de conformisme, lorsqu'elle se plie à la demande de stabilisation de l'organisation sociale, comme cela se produit dans la société américaine fordiste des années 1930 et plus encore de l'après-Seconde Guerre mondiale.

Par ailleurs, notons que c'est une histoire à la fois européenne (avec des déclinaisons nationales, comme en France, l'épanouissement du courant lacanien) et américaine, une histoire authentiquement transnationale et transatlantique au sens où le milieu psychanalytique est d'abord un club très fermé de la *Mitteleuropa* avant de s'élargir à d'autres médecins d'Europe occidentale, d'Amérique du Nord – à la suite de la tournée de Freud aux États-Unis en 1909, puis de l'exil antinazi des années 1930 – et aux femmes ! Le *Männersbund* des débuts, où les femmes sont des patientes et non des interlocutrices, devient peu à peu une société professionnalisée où les femmes vont apporter leurs contributions spécifiques : Marie Bonaparte, Mélanie Klein et Anna Freud, pour les principales pionnières.

Ce que construit la psychanalyse, ce qu'elle envisage profondément, c'est un sujet détenteur d'une subjectivité propre, d'une vie personnelle, différentes de sa place dans la famille, dans la société ou dans le travail. Dans le victorianisme triomphant – bien au-delà de la Grande-Bretagne où il s'origine –, le « vrai moi » se constituait dans le cadre familial et privé. Ce modèle victorien en crise (du fait des femmes essentiellement

Sigmund Freud et sa fille Anna en 1913.

qui le remettent en cause) fait le lit de la psychanalyse en Europe. L'identité personnelle devient dès lors un projet, l'autonomie individuelle, un objectif à long terme, conformément à la philosophie profonde de la modernité occidentale. Modernité qui accompagne la naissance de la psychanalyse sur fond de culture urbaine nouvelle, de « nervosisme », de brouillage des frontières de genre avec la naissance du mot « homosexuel », mais aussi avec ces nouvelles pathologies de la modernité : les névroses, l'hystérie. Le dispositif mis en place par Charcot à la Salpêtrière pour photographier les contorsions des hystériques, qu'il met en scène dans ses leçons publiques, est contemporain et analogue à celui d'un studio de cinéma. Psychanalyse et cinéma naissent en même temps.

Freud, un juif de l'Empire austro-hongrois, premier de sa famille à pouvoir poursuivre des études médicales, grandit à Vienne, une ville multinationale, cosmopolite et peuplée de nombreuses familles juives récemment immigrées [9]. Il fait un séjour important à Paris en 1885 où il assiste aux leçons de Charcot et, de retour à Vienne, il continue à pratiquer l'hypnose. En 1900 paraît le premier grand ouvrage de Freud, *L'Interprétation des rêves*, dans lequel il analyse le fonctionnement du rêve qui procède par réorganisation, recomposition d'éléments échappés de la vie diurne pour refléter une vérité inaccessible par d'autres médiations. Freud propose ensuite la notion d'inconscient et dessine sa topologie. Cette nouvelle herméneutique du sujet envisage un être humain mu par la force explosive de sa sexualité, par des pulsions (l'*éros*, l'autoconservation et plus tard la pulsion de mort). À travers la construction de mondes intérieurs complexes, elle décrit un sujet autonome, actif, riche mais pas nécessairement rationnel, dont la vie psychique adulte est fortement déterminée par le vécu de la petite enfance. L'inconscient freudien, la vie intrapsychique, nous dit également que le sujet n'est pas réductible à son milieu social.

Si les grandes armatures conceptuelles de la psychanalyse freudienne sont forgées dès avant 1914, la Grande Guerre exercera cependant un rôle de réorientation importante de l'œuvre de Freud et de sa portée philosophique, avec notamment la prise en considération d'éléments pathogènes dont sont porteurs les civilisations mais aussi les individus. C'est à ce moment-là qu'il théorise la notion de « pulsion de mort [10] ». La psychanalyse demeure néanmoins en marge de la psychiatrie européenne jusqu'en 1945, date à laquelle elle est adoptée et adaptée par les Américains. Plus rapidement qu'en Europe donc, et notamment en France, où l'emprise de la psychologie clinique et universitaire (avec ses grandes figures comme Pierre Janet) fait obstacle à l'introduction de la psychanalyse. Celle-ci se fait largement en dehors des cercles médicaux, par le biais de la culture moderne de masse ou de l'avant-garde artistique.

Psychanalyse et modernité culturelle

En effet, de nombreux artistes s'approprient la psychanalyse, en même temps qu'elle s'intègre dans le tissu de la culture de masse, notamment cinématographique. Beaucoup de films hollywoodiens des années 1920 baignent dans une culture freudienne, au sens où elle remet en cause les normes sociales de couple et de sexualité et met en scène des psychiatres. En Europe, la psychanalyse inspire des films expressionnistes ou surréalistes, comme *L'Ange bleu* de Fritz Lang avec « sa version cinglante de l'autorité patriarcale [11] ». Une certaine homologie entre cinéma et psychanalyse est théorisée par certains (Lou Andreas Salomé) : les vingt-quatre images par seconde épouseraient le rythme des images de notre esprit. Mais Freud lui-même ne nourrit aucune affection personnelle pour le cinéma (ni plus tard pour la poésie ou la peinture surréaliste). *Docteur Mabuse* de Fritz Lang met en scène un psychiatre/magnétiseur/apprenti sorcier qui se sert de ses pouvoirs pour manipuler ses patients et imposer ses volontés sur la marche du monde.

La psychanalyse, par son offre théorique, mais aussi par ses médiations artistiques, devient un élément constitutif de la modernité et de l'individu moderne, contingent, mobile, déchiré, ayant une conscience très forte de son individualité.

La littérature dite « moderne » enregistre cette nouvelle conception de l'individu et l'intègre dans de nouveaux modes narratifs, de nouveaux types de personnages, une nouvelle fluidité du temps – même si ses auteurs n'ont pas lu Freud ou, en tout cas, ne s'en réclament pas. Chez Italo Svevo dans *La Conscience de Zeno* ou bien dans *La Montagne magique* de Thomas Mann, mais aussi chez Pirandello et sa pièce *Six personnages en quête d'auteur*, on sent l'influence de la psychanalyse sur la conception de l'individu, traversé de contradictions, à l'identité ambiguë, ondoyante ou fractale, dans lequel réel et imaginaire se mêlent. Le monument littéraire du modernisme, *À la recherche du temps perdu* de Proust, établit sur 3 000 pages l'équation entre le moi et la mémoire, mais surtout conçoit un « moi » feuilleté fait des différentes strates du passé dont seul le rassemblement, par l'opération de remémoration, construit l'individu total en tant que tel. Proust appose fréquemment un article défini devant le nom du personnage : « l'Albertine de Balbec », « l'Albertine d'alors », etc., illustrant à quel point la compacité du moi est une illusion. De même, Virginia Woolf dans *Mrs Dalloway* parvient à mettre en mots les flux de conscience, les discours intérieurs d'une femme bourgeoise faisant ses courses à Londres en prévision de la réception qu'elle donnera le soir.

La psychanalyse, avant le modernisme littéraire, et avant les sciences sociales, a détruit le monument de la biographie individuelle, comme le rappelle ci-dessous Pierre Bourdieu, soulignant cette avance épistémologique de la littérature sur les sciences sociales :

Il est significatif que l'abandon de la structure du roman comme récit littéraire ait coïncidé avec la mise en question de la vie comme existence dotée de sens au double sens de signification et de direction. Cette double rupture, symbolisée par le roman de Faulkner, *Le Bruit et la fureur*, s'exprime en toute clarté dans la définition de la vie comme anti-histoire que propose Shakespeare à la fin de *Macbeth* : « C'est une histoire que conte un idiot, une histoire pleine de bruit et de fureur, mais vide de signification. » Produire une histoire de vie, traiter la vie comme une histoire, c'est-à-dire comme le récit cohérent d'une séquence signifiante et orientée d'événements, c'est peut-être sacrifier à une illusion rhétorique, à une représentation commune de l'existence, que toute une tradition littéraire n'a cessé et ne cesse de renforcer. C'est pourquoi il est logique de demander assistance à ceux qui ont eu à rompre avec cette tradition sur le terrain même de son accomplissement exemplaire. Comme l'indique Alain Robbe-Grillet, « l'avènement du roman moderne est précisément lié à cette découverte : le réel est discontinu, formé d'éléments juxtaposés sans raison dont chacun est unique, d'autant plus difficiles à saisir qu'ils surgissent de façon sans cesse imprévue, hors de propos, aléatoire »[12].

La peinture surréaliste conçoit le tableau comme un champ illustré de l'inconscient et du désir en marche. Dans la littérature (écriture automatique) ou la peinture, le surréalisme, à la suite de la psychanalyse, tente d'explorer les replis de l'inconscient avec ses propres moyens, d'exploiter ses principes d'association et d'organisation. L'écriture automatique, l'esthétique de l'objet trouvé, le document sont là pour décrire la logique de l'inconscient, nouvelle terre promise de l'individu moderne. Notons d'ailleurs que beaucoup de surréalistes (Breton et Aragon par exemple) étaient d'anciens médecins. Influencés par la culture analytique, les surréalistes vont exalter une sous-culture des marges, les fous, les femmes parricides, le genre photographique, les franges de la culture urbaine, même si comme la psychanalyse – et plus qu'elle –, le surréalisme reste un *Männerbund*, un club d'hommes.

LE SUJET MODERNE ET L'ACCÉLÉRATION DES TEMPS

Nous aimerions maintenant examiner comment durant ce long siècle moderne que nous avons parcouru ensemble (du milieu XIXe siècle à nos jours), le rythme de l'époque a interféré avec la constitution du sujet. C'est d'autant plus pertinent que la modernité peut se définir comme une accélération des temps technologiques et sociaux, qui, dans une première période, dans le XIXe siècle des expositions universelles, a permis une conception de l'avenir prévisible et le sentiment du progrès ; mais qui, lors de la grande poussée d'accélération dans les deux dernières décennies que nous venons de vivre, présente un déchaînement des temps qui rend l'avenir incertain et imprévisible. D'où une indiscutable anxiété sociale et personnelle, le sentiment d'une agitation perpétuelle doublé d'une croissante inertie : une sorte de pétrification qui serait le pendant de l'accélération comme un écran qui se pixellise.

La modernité comme accélération des temps

Depuis le XIXe siècle, de nombreux témoignages se font l'écho de ce sentiment d'accélération inouïe et brutale qui définit proprement les temps modernes, comme, du reste, Chaplin le met en scène dans le film éponyme. La temporalité de nos sociétés modernes, distincte d'autres sociétés, promeut une conscience du temps linéaire où la flèche a remplacé le cercle (des sociétés traditionnelles à temporalité cyclique), une ligne irréversible allant du passé et allant vers l'avenir et affectée d'un fort coefficient d'optimisme en général, mais qui peut aussi engendrer une forte inquiétude. De ce point de vue, chacun à leur manière, le capitalisme et le marxisme puis le communisme participent de cette temporalité moderne en embrassant le culte du progrès [13]. Marx décrit ainsi cette nouvelle fièvre du temps, dans *Le Manifeste du Parti communiste* :

> La bourgeoisie ne peut exister sans bouleverser constamment les instruments de production, donc les rapports de production, donc l'ensemble des conditions sociales. Au contraire, la première condition d'existence de toutes les classes industrielles antérieures était de conserver inchangé l'ancien mode de production. Ce qui distingue l'époque bourgeoise de toutes les précédentes,

c'est le bouleversement incessant de la production, l'ébranlement continuel de toutes les institutions sociales, bref la permanence de l'instabilité et du mouvement. Tous les rapports sociaux immobilisés dans la rouille, avec leur cortège d'idées et d'opinions admises et vénérées, se dissolvent ; ceux qui les remplacent vieillissent avant même de se scléroser. Tout ce qui était solide, bien établi, se volatilise, tout ce qui était sacré se trouve profané…

Ou bien Nietzsche, dans un registre plus crépusculaire :

> L'accélération monstrueuse de la vie habitue l'esprit et le regard à un jugement partiel et faux […]. Faute de quiétude, notre civilisation aboutit à une nouvelle barbarie. À aucune époque, les hommes d'action, c'est-à-dire les agités, n'ont été plus estimés. L'une des corrections nécessaires qu'il faut entreprendre d'apporter au caractère de l'humanité sera donc d'en fortifier dans une large mesure l'élément contemplatif [14] (*Humain, trop humain*).

De nombreux témoignages constatent et déplorent parfois cette accélération. Chaque fois qu'une nouvelle technologie émerge (le chemin de fer, la voiture, le téléphone, Internet), un combat culturel se livre entre les partisans et les critiques du nouveau régime de la vitesse – où les seconds sont majoritaires mais irrémédiablement vaincus. Constatée, déplorée, la culture moderne de la vitesse est également figurée dans des activités artistiques – le *Manifeste du futurisme*, le tableau *Nu descendant un escalier* (1912), où Marcel

Duchamp tente de traduire l'espace-temps einsteinien, etc. Mais à chaque fois, l'accélération accompagne un double processus de rationalisation (division du travail) et d'individualisation qui définissent tous ensemble la modernité. Pour Baudelaire, cette expérience de la modernité se traduit par une poétique de l'éphémère, du transitoire, du fugitif qui n'est pas sans attrait mais produit aussi son pendant mélancolique, l'ennui, la noirceur. Car cet emballement des temps métamorphose la structure de la personnalité des individus, notamment ceux qui sont au cœur de la nouvelle culture moderne, les habitants des grandes villes européennes observés par le sociologue allemand Georg Simmel. Ce dernier a finement saisi les ambivalences de l'individu moderne plongé dans les stimuli multiples de la métropole, l'intensité de sa vie nerveuse, les images changeantes qui se présentent à son esprit : « La ville conditionne donc sur le plan psychologique. Il suffit de traverser la rue ou de voir le rythme et la diversité de l'activité économique, professionnelle, sociale. La vie psychique profonde, la conscience aiguë qui nous rend aptes à différencier sont fondamentalement différentes dans une grande ville d'une part, et dans une petite ville ou à la campagne d'autre part. Là, la vie du corps et de l'esprit se déroule selon un rythme plus lent, plus familier, plus régulier [15]. » Ambivalence, car le sentiment que tout change trop vite est flanqué de l'impression que rien ne change ; l'immobilité, ou du moins l'inertie voire l'englument n'est jamais loin de l'accélération intempestive. D'où également les formes propres de la neurasthénie moderne du dandy fin de siècle, de l'hystérique ou du flâneur, du personnage moulé dans l'ennui, thème majeur du XIXe siècle. Oblomov, le personnage du roman éponyme de Gontcharov (1859), oppose à la vanité de cette mobilité continue ce qui apparaît alors comme la seule issue, qui réside dans la station immobile dans son divan, mais conduisant à la dépression, l'apathie, l'aboulie. C'est le pendant de *L'Homme pressé* de Paul Morand (1941).

Quelle identité dans la modernité tardive ?

Les années 1990-2000 ont vu la seconde grande poussée d'accélération, après celle de la fin du siècle précédent : révolution politique (la fin des systèmes communistes à l'Est) ; révolution numérique (développement d'Internet et télévision par satellite) ; révolution de la mobilité (du TGV au portable, devenu un ordinateur en prothèse de chaque individu) ; révolution économique (turbo-capitalisme postfordiste permettant des transactions immédiates, une accumulation flexible du capital et une production « *just in time* »). Les échanges, les déplacements de marchandises, d'hommes, d'idées, de maladies ne sont pas nouveaux mais ce qui l'est, c'est la vitesse et l'absence de résistance avec lesquelles ils se produisent. Les quelques îlots de décélération sociale (comme par exemple l'école, ou l'État-providence) sont sapés de toutes parts et les institutions liées à la première modernité (institutions politiques, économiques, sociales) sont mises en danger par le processus global qu'on appelle « mondialisation » et qui recoupe ces formes d'accélération. Cette modernité tardive est-elle encore la modernité ? Le sociologue Zygmunt Bauman l'appelle d'un terme imagé, la « modernité liquide [16] », car l'idée d'une suppression de l'espace et de ses contraintes y est presque réalisée, tandis que le temps semble constamment fluide. Ce nouveau régime spatio-temporel est le nôtre : l'espace est vaincu, il n'est plus une valeur (plus personne n'est impressionné par le fait d'atteindre le pôle Nord ou de traverser l'Atlantique ni même de faire le tour du monde).

Il est évident que ce nouveau régime transforme considérablement les modèles d'identité, le rapport de soi à autrui et de soi à soi. Pensons aux transformations des formes de la rencontre dues à l'usage du téléphone portable [17] : la flexibilité jusqu'au dernier moment du rendez-vous, la substitution toujours possible d'un rendez-vous par un autre par la gestion des options en direct – par exemple, quelqu'un vous appelle ou vous écrit un SMS, que vous désirez voir plus intensément et bien que cela ne soit guère élégant, vous trouvez un prétexte pour vous défaire de votre premier rendez-vous pour le second. C'est une scène courante de notre modernité liquide. Le temps de la vie quotidienne est bouleversé ainsi que le temps de la vie à l'échelle biographique. Les sociétés modernes ont impulsé un déplacement de la responsabilité de leur existence vers les individus, alors que dans les sociétés plus traditionnelles, ils étaient davantage définis et limités par l'extérieur, par leur statut social, par la tradition, etc. La vie apparaît alors à chacun comme un projet à mener, son identité comme une chose à construire en fonction d'un passé et d'un avenir relativement prévisible. Ce schéma s'est illustré sous la forme narrative de la biographie traditionnelle, ou dans la forme fictionnelle par le roman d'éducation, le *Bildungsroman*.

Dans la modernité avancée qui est la nôtre, ce temps biographique est dérégulé. Plus personne ne peut envisager sa vie professionnelle, sentimentale, comme un projet unique à planifier. Désormais, que l'on s'en réjouisse ou qu'on le regrette, les professions comme les mariages s'enchaînent. L'avenir apparaît beaucoup plus incertain, beaucoup plus opaque ; la vie est plus séquencée, la projection se fait à plus court terme. Quelques exemples : l'augmentation des contrats de travail à durée déterminée (contre le modèle du contrat à durée indéterminée du salariat classique), le caractère temporaire des liens professionnels, amicaux, sentimentaux, la plus faible distinction entre temps de travail et temps de repos (les mails vous poursuivent chez vous et vous êtes accessibles partout), la flexibilité du temps de travail (week-ends/semaines) ; le caractère de plus en plus éphémère et transitoire des modes, des méthodes de travail, des idées et des images (voyez combien de temps un film reste en moyenne à l'affiche).

Dans ces conditions de transformation frénétique, on observe des pathologies du temps (la mélancolie au XIXe siècle, la dépression au XXe). Ceux qui en sont atteints ont le sentiment d'une sorte de coagulation du temps qui fait que ça ne « circule » plus entre le passé et le présent. *L'Homme sans qualité* de Robert Musil incarne cet homme ouvert à l'indéterminé, se vidant progressivement de toute identité qui le structurait du dehors.

Hartmut Rosa, le sociologue du temps, formule ce paradoxe : selon lui, cette accélération, fondement de la modernité, s'est retournée contre le projet de la modernité – qui est également celui de la psychanalyse –, à savoir l'autonomie du sujet, au sens de son émancipation de tous ordres (familial, social, politique, etc.). Cette incapacité à réagir aux accélérations de toutes sortes produirait finalement un sentiment d'aliénation très profond. On ne sait plus qui on est, ni d'où on vient car on ne sait pas où on va. Concluons sur la boutade très « liquide » du dramaturge allemand des années 1920, Ödön von Horvath : « Quand je suis vraiment moi-même, je suis très différent, mais cela n'arrive qu'exceptionnellement. »

Notes

1. Comment naissent les nations

1. Anne-Marie Thiesse, *La Création des identités nationales, Europe XVIIIe-XXe siècle*, Paris, Seuil, 1999, p. 11.

2. Eric Hobsbawm et Terence Ranger (éd.), *L'Invention de la tradition*, Paris, Amsterdam, traduit de l'anglais par C. Vivier, 2006, rééd. 2012 ; Eric Hobsbawm, *Nations et nationalisme depuis 1780. Programme, mythe, réalité*, Paris, Gallimard, 2001.

3. Contes des enfants et du foyer, 1812 pour la première publication de 86 contes [*Kinder und Hausmärchen*]. On compte 17 éditions entre 1812 et 1864 en Allemagne et de nombreuses traductions assurant un retentissement international à cette œuvre collective.

4. Cf. Gilles Pécout, *Naissance de l'Italie contemporaine (1770-1922)*, Paris, Nathan, 1997, p. 101, rééd. Paris, Armand Colin, 2004.

5. Mireille Hadas-Lebel, *L'Hébreu, 3000 ans d'histoire*, Paris, Albin Michel, 1992.

6. Jules Michelet, *Introduction à l'histoire universelle*, in *Philosophie de l'histoire*, Paris, Flammarion, 2016, p. 396.

7. Comme le montre exemplairement pour les États-Unis Lawrence E. Levine, *Highbrow/ Lowbrow. The Emergence of Cultural Hierarchy in America*, Cambridge, Harvard University Press, 1990 ; traduit de l'anglais par M. Woollven et O. Vanhée, *Culture d'en haut, culture d'en bas. L'émergence des hiérarchies culturelles*

aux États-Unis, Paris La Découverte, préface de R. Chartier, 2010 ; voir aussi Jean-Claude Yon, *Une histoire du théâtre à Paris. De la Révolution à la Grande Guerre*, Paris, Aubier, 2012.

8. Alex Ross, *À l'écoute du XXe siècle. La modernité en musique*, traduit de l'américain par L. Slaars, Arles, Actes Sud, 2010, p. 228 et suivantes.

9. Dominique Poulot, *Musée, nation, patrimoine (1789-1815)*, Paris, Gallimard, 1997.

10. Yann Potin, « 1830 : la révolution des Archives », in *L'Histoire*, n° 363, avril 2011, p. 56-61.

11. Patrick Cabanel, *Le Tour de la nation par des enfants. Romans scolaires et espaces nationaux, XIX-XXe siècles*, Paris, Belin, 2007.

12. Voir l'édition française de *Cuore* bien documentée par l'édition française Gilles Pécout : *Edmondo de Amicis, Le Livre Cœur*, suivi de Umberto Eco, *Éloge de Franti*, Paris, Éditions Rue d'Ulm, traduit de l'italien par P. Caracciolo, M. Macé, L. Marignac et G. Pécout, notes et postface de G. Pécout, 2001.

13. Cf. G. Pécout, « *Le Livre Cœur* : éducation, culture et nation dans l'Italie libérale » in G. Pécout, *op.cit.*, p. 431 et suivantes.

14. Jean-François Mignot, *Histoire du Tour de France*, Paris, La Découverte, 2014 ; Christopher S. Thompson, *The Tour de France : A Cultural History*, Berkeley, University of California Press, 2008.

15. Mona Ozouf, *Composition française. Retour sur une enfance bretonne*, Paris, Gallimard, 2009 ; Jean-François Chanet, *L'École républicaine et les petites patries*, Paris, Aubier, 1996.

16. Franco Moretti, *Atlas du roman européen. 1800-1900*, Paris, Seuil, traduit de l'italien par J. Nicolas, 2000.

17. *Ibid.*, Chapitre 3 : « Le marché du roman vers 1850 », p. 159 et suivantes. L'enquête est notamment fondée sur l'analyse des catalogues des cabinets de lecture.

18. *Ibid.*, p. 174.

2. Flâner en ville

1. Dominique Kalifa, Philippe Régnier, Marie-Ève Thérenty, Alain Vaillant (dir.), *La Civilisation du journal. Histoire culturelle et littéraire de la presse française au XIXe siècle*, Paris, Nouveau Monde Éditions, 2012. Voir aussi le très utilement synthétique Dominique Kalifa, *La Culture de masse en France*, t. I, 1860-1930, Paris, La Découverte, 2001.

2. Pour tout le paragraphe qui suit, voir Donald Sassoon, *The Culture of the Europeans*, Londres, Harper Collins, 2006, chapitre 18 : « Newspapers, Magazines and Pictures » et chapitre 36 : « The Popular Press ».

3. Il s'agit d'une affaire criminelle qui défraya la chronique du Second Empire au cours de laquelle Jean-Baptiste Troppmann tua huit membres d'une même famille. Il fut guillotiné en 1870.

4. *La Cause du peuple*, journal éphémère créé en 1848.

5. Marie-Ève Thérenty, *La Littérature au quotidien. Poétiques journalistiques au XIXe siècle*, Paris, Seuil, 2007.

6. Cf. Judith Lyon-Caen, *La Lecture et la Vie. Les usages du roman au temps de Balzac et d'Eugène Sue*, Paris, Tallandier, 2006.

7. Cf. les ouvrages d'Anne-Emmanuelle Demartini : *L'Affaire Lacenaire*, Paris, Aubier, 2001 ; *Violette Nozière, la fleur du mal. Une histoire des années 30*, Seyssel, Champ Vallon, 2017.

8. Dominique Kalifa, *L'Encre et le Sang. Récits de crimes et société à la Belle Époque*, Paris, Fayard, 1995. Voir aussi les travaux d'Anne-Claude Ambroise-Rendu, en particulier *Petits Récits des désordres ordinaires. Les faits divers dans la presse française des débuts de la Troisième République à la Grande Guerre*, Paris, S. Arslan, 2004.

9. Le Père Brown est le prêtre catholique et détective des enquêtes londoniennes écrites par G. K. Chesterton au début du XXe siècle. Elles connurent un grand succès qui se poursuit jusqu'à aujourd'hui. Rouletabille est le personnage de reporter-détective inventé par Gaston Leroux.

10. Grégoire Kauffmann, *Édouard Drumont*, Paris, Perrin, 2009.

11. George Steiner, *Une certaine idée de l'Europe*, Arles, Actes Sud, 2005.
12. Walter Benjamin, *Paris, capitale du XIXe siècle. Le livre des passages*, Paris, Cerf, 1989, p. 361.
13. Cf. Vanessa Schwartz, *Spectacular Realities. Early Mass Culture in Paris*, Berkeley, University of California Press, 1998 ; Vanessa Schwartz, Jeannene Przyblyski (éd.), *The Nineteenth Century Visual Culture*, New York, Routledge, 2005.
14. Honoré de Balzac, *Traité de la vie élégante*, Paris, Arléa, 1998.
15. Jean-Yves Mollier, *Le Camelot et la Rue. Politique et démocratie au tournant des XIXe et XXe siècles*, Paris, Fayard, 2004.
16. Stéphanie Sauget, *À la recherche des pas perdus. Une histoire des gares au XIXe siècle*, Paris, Tallandier, 2009.
17. Pascal Ory, *Les Expositions universelles de Paris*, Paris, Ramsay, 1982.
18. Cf. Christophe Charle, *Discordance des temps. Une brève histoire de la modernité*, Paris, Armand Colin, 2011, p. 57 et suivantes : « Penser l'avenir, les utopies ».
19. Cité par Pascal Ory, *op. cit.*
20. Jean-Louis Cohen, in Florence Pinot de Villechenon (dir.), *Fêtes géantes. Les expositions universelles, pour quoi faire ?*, Paris, Autrement, 2000, p. 13.
21. Vanessa Schwartz, *Modern France. A Very Short Introduction*, Oxford, Oxford University Press, 2011.
22. Le luddisme est le conflit industriel qui, dans l'Angleterre des années 1811-1812, opposa les artisans du textile (tondeurs et tricoteurs) aux patrons qui voulaient leur imposer des métiers à tisser mécaniques. La protestation des premiers prit alors la forme du bris des machines. Cf. Edward P. Thompson, *La Formation de la classe ouvrière anglaise*, Paris, Seuil, traduit de l'anglais par G. Dauvé, M. Golaszewski, M.-N. Thibault, présenté par M. Abensour, préface de F. Jarrige, 2012.
23. Gabriel Galvez-Behar, *La République des inventeurs. Propriété et organisation de l'innovation en France (1791-1822)*, Rennes, Presses universitaires de Rennes, 2008.

24. Simone Delattre, *Les Douze Heures noires. La nuit à Paris au XIXe siècle*, Paris, Albin Michel, 2000 ; Antoine de Baecque, *Les Nuits parisiennes, XVIII-XXIe siècle*, Paris, Seuil, 2015.

3. Société du spectacle et avant-gardes

1. Selon une problématique testée collectivement dans Christophe Charle (dir.), *Le Temps des capitales culturelles. XVIII-XXe siècles*, Seyssel, Champ Vallon, conclusion de D. Roche, 2009.

2. Jean Clair (dir.), *Vienne, 1880-1930. L'apocalypse joyeuse*, Paris, éditions du Centre Pompidou, 1986.

3. Stefan Zweig, *Le Monde d'hier. Souvenirs d'un Européen*, Paris, Gallimard, traduit de l'allemand par D. Tassel, 2013, p. 44.

4. Guy Debord, *La Société du spectacle*, Paris, Buchet/Chastel, 1967.

5. Cette sous-partie est fondée sur Christophe Charle, *Théâtres en capitales. Naissance de la société du spectacle à Paris, Berlin, Londres et Vienne*, Paris, Albin Michel, 2008, chapitre 1er, « Le siècle des théâtres », p. 23-53.

6. Concetta Condemi, *Les Cafés-concerts. Histoire d'un divertissement*, Paris, Quai Voltaire, 1992.

7. Cf. Christophe Charle, *op. cit.*, chapitres 2, 3, 4, p. 54-p. 201.

8. Il porte ce nom jusqu'à la Seconde Guerre mondiale, où il est débaptisé sous la pression des autorités allemandes que heurte sa consonance juive. Après la guerre, il retrouvera un temps le nom de Sarah-Bernhardt, puis celui de théâtre des Nations, avant de devenir l'actuel théâtre de la Ville.

9. Jules Chéry, *Mademoiselle Rachel en Amérique, 1855-1856*, Paris, Le Mercure de France, édité et préfacé par A. Martin-Fugier, 2008 ; voir aussi Anne Martin-Fugier, *Comédienne. De Mlle Mars à Sarah Bernhardt*, Paris, Seuil, 2001.

10. Christophe Charle, *op. cit.*, p. 162.

11. Cf. Christophe Charle, *ibid.*, chapitre 7 : « Paris, capitale théâtrale de l'Europe ? », p. 309-354.

12. Cf. Christophe Charle, *ibid.*, chapitre 8 : « La société en représentations ».

13. Stefan Zweig, *op. cit.*, p. 42.

14. Personnages, respectivement, de *Tricoche et Cacolet* (1872), *La Vie parisienne* (1866) et *Le Prince* (1876).

15. Cf. Daniel Roche, « Les mises en scène de la domination culturelle, XVIIIe-XXe », in Christophe Charle (dir.), *Le Temps des capitales culturelles. XVIII-XXe siècles*, Seyssel, Champ Vallon, conclusion de D. Roche, 2009, p. 345 et suivantes.

16. Maria Pia Donato, Giovanna Capitelli, Matteo Lafranconi, « Rome capitale des arts au XIXe siècle. Pour une nouvelle périodisation de l'histoire européenne des capitales culturelles », in C. Charle (dir.), *op. cit.*, p. 66 et suivantes.

17. Serge Guilbaut, *Comment New York vola à Paris l'idée d'art moderne ? Expressionnisme abstrait, liberté et guerre froide*, Paris, Hachette Littérature, 2006.

18. Béatrice Joyeux-Prunel, *Les Avant-gardes artistiques (1848-1918). Une histoire transnationale*, Paris, Gallimard, 2015.

19. Philip Nord, *Les Impressionnistes et la Politique. Art et démocratie au XIXe siècle*, Paris, Tallandier, traduit de l'anglais par J. Bersani, 2009.

20. Carl Schorske, *Vienne fin de siècle. Politique et culture*, Paris, Seuil, traduit de l'anglais par Y. Thoraval, 1983.

21. Stefan Zweig, *Le Monde d'hier. Souvenirs d'un Européen*, *op. cit.*, p. 45.

22. Michaël Pollak, *Vienne 1900. Une identité blessée*, Paris, Gallimard, 1984.

4. AU FRONT COMME À L'ARRIÈRE

1. Antoine Prost, Jay Winter, *Penser la Grande Guerre. Un essai d'historiographie*, Paris, Seuil, 2004, p. 217.

2. Stéphane Audoin-Rouzeau, *La Guerre des enfants. Essai d'histoire culturelle*, Paris, Armand Colin, 1993.

3. Les instituteurs français remplacent les instituteurs allemands et inscrivent sur le tableau noir les premiers mots en français depuis 1871.
4. Stéphane Audoin-Rouzeau, *La Guerre des enfants*, *op. cit.*, p. 29 et p. 34.
5. Nicolas Mariot, *Tous unis dans la tranchée ? 1914-1918. Les intellectuels rencontrent le peuple*, Paris, Seuil, 2013.
6. Stefan Zweig, *Le Monde d'hier. Souvenirs d'un Européen*, *op. cit.*, p. 306.
7. *Ibid.*, p. 311.
8. *Ibid.*
9. Stéphane Audoin-Rouzeau, Annette Becker, *14-18, retrouver la Grande Guerre*, Paris, Gallimard, 2000, chapitre 1er : « La violence », p. 27 et suivantes.
10. Georges L. Mosse, *De la Grande Guerre au totalitarisme. La brutalisation des sociétés modernes*, Paris, Hachette Littérature, 1999.
11. Cf. Stéphane Audoin-Rouzeau, *La Guerre au XXe siècle*, vol. 1, *L'Expérience combattante*, Paris, La Documentation française, 2004.
12. Erich-Maria Remarque, *À l'Ouest rien de nouveau*, Paris, Stock, préface de P. Modiano, traduit de l'allemand par A. Hella, O. Bournac, 2009.
13. Cf. Raphaëlle Branche, Fabrice Virgili (dir.), *Viols en temps de guerre*, Paris, Payot & Rivages, 2011.
14. Comme l'illustre un témoignage exceptionnel et resté anonyme pendant longtemps : *Une femme à Berlin*, Anonyme, Journal (20 avril-22 juin 1945), Paris, Gallimard, traduit de l'allemand par F. Wuilmart, présentation de H. M. Enzensberger, 2006.
15. Cf. Annette Becker, *La Guerre et la Foi. De la mort à la mémoire*, Paris, Armand Colin, 1994. Voir également un témoignage très frappant de cette façon sacrificielle de vivre la guerre : Nicolas Mariot, *Histoire d'un sacrifice. Robert, Alice et la guerre*, Paris, Seuil, 2017.

16. Notion introduite dans Stéphane Audoin-Rouzeau, Annette Becker, *14-18, retrouver la Grande Guerre, op. cit.*, chapitre 3 : « Le deuil », p. 269 et suivantes.

17. Antoine Prost, « Le monument aux morts », in Pierre Nora (dir.), *Lieux de mémoire*, t. I, *La République*, Paris, Gallimard, 1984.

18. Pour tout le paragraphe qui suit, voir l'ouvrage de Laurent Veray, *La Grande Guerre au cinéma. De la gloire à la mémoire*, Paris, Ramsay, 2008.

5. Européens, européennes

1. Joan W. Scott, « Gender : A Useful Category of Historical Analysis », in *American Historical Review*, 91, décembre 1986.

2. Ou, selon une autre formulation, Michelle Perrot, *Les Femmes ou les silences de l'Histoire*, Paris, Flammarion, 1997.

3. Georges Duby, Michelle Perrot (dir.), *Histoire des femmes en Occident*, vol. 4, *Le XIXe siècle*, sous la direction de G. Fraysse, et vol. 5, *Le XXe siècle*, sous la direction de F. Thébaud, Paris, Plon, 1991, 1992.

4. Victoria E. Thompson, « L'histoire du genre : trente ans de recherches des historiennes américaines de la France », in *Cahiers d'histoire. Revue d'histoire critique*, 96-97, 2005, p. 41-62.

5. Voir Michèle Riot-Sarcey (dir.), *De la différence des sexes. Le genre en histoire*, Paris, Larousse, 2010.

6. Alain Corbin, Jean-Jacques Courtine, Georges Vigarello, *Histoire de la virilité*, t. II, *Le Triomphe de la virilité au XIXe siècle*, t. III, *La Virilité en crise ?, XXe-XXIe siècles*, Paris, Seuil, 2011.

7. Cf. l'ouvrage de Joan W. Scott, *La Citoyenne paradoxale : les féministes françaises et les droits de l'homme*, Paris, Albin Michel, traduit de l'anglais par M. Bourdé et C. Pratt, 1998.

8. Lynn Hunt, *Le Roman familial de la Révolution française*, Paris, Albin Michel, traduit de l'américain par J.-F. Sené, 1995.

9. Catherine Daussy, Anne Verjus, « De l'action féminine en période de révolte(s) et de révolution(s) », texte disponible sur

internet : http://daussy.verjus.free.fr/html/action-femmes.html, cité par J. Guilhaumou, M. Lapied, in « Genre et révolution. Un mode de subversion du récit historique », Colloque Mnémosyne, Lyon, IUFM, 2005. Cette question des femmes en révolution a rassemblé, au cours des dernières décennies, une large bibliographie franco-américaine. Citons un ouvrage pionnier réédité, Dominique Godineau, *Citoyennes tricoteuses*, Paris, Perrin, 2004.

10. Cf. Alice Primi, « La question des femmes au XIXe siècle », in Michelle Riot-Sarcey (dir.), *De la différence des sexes, op. cit.*, p. 161-184.

11. Joan W. Scott, *La Citoyenne paradoxale, op. cit.*, p. 13.

12. *Ibid.*, p. 79-80-81, chapitre 2 : « À quoi peut servir l'imagination : Olympe de Gouges et la Révolution française ».

13. Cf. François Guillet, « Le duel et la défense de l'honneur viril », in Alain Corbin, Jean-Jacques Courtine, Georges Vigarello, *Histoire de la virilité*, t. II, *Le Triomphe de la virilité. Le XIXe siècle, op. cit.*, p. 83-124.

14. Françoise Thébaud, « Chapitre 1er : La Grande Guerre. Le triomphe de la division sexuelle » in Georges Duby, Michelle Perrot (dir.), *Histoire des femmes en Occident*, vol. 5, *Le XXe siècle, op. cit.*, p. 31-74.

15. Francine Muel-Dreyfus, *Vichy et l'éternel féminin. Contribution à une sociologie politique de l'ordre des corps*, Paris, Seuil, 1996.

16. Luc Capdevila, François Rouquet, Fabrice Virgili, Danièle Voldman, *Hommes et femmes dans la France en guerre (1914-1945)*, Paris, Payot & Rivages, 2003, p. 157 et suivantes.

17. Colette, « Modes, 24 février 1915 », in *Heures longues, 1914-1917*, Paris, Fayard, 1917, p. 69-75 cité dans Luc Capdevila, François Rouquet, Fabrice Virgili, Danièle Voldman, *Hommes et femmes dans la France en guerre (1914-1945), op. cit.*, p. 155.

18. *La Poilue, par une première de la rue de la Paix*, Paris, Albin Michel, 1916.

19. Cet ordre sexué est au centre de l'hilarante comédie de Howard Hawks, *I Was a Male War Bride* (1949) (*Allez coucher ailleurs*) qui, cependant, en subvertit les termes : le lieutenant américain est une femme et l'« épouse de guerre » est un homme – et par ailleurs, français (joué par Cary Grant)…

20. Luc Capdevila, François Rouquet, Fabrice Virgili, Danièle Voldman, *Hommes et femmes dans la France en guerre (1914-1945), op. cit.*, p. 165 et suivantes.

21. *Ibid.*, p. 168 ; voir également Stéphane Audoin-Rouzeau, *L'Enfant de l'ennemi, 1914-1918*, Paris, Aubier, 1995.

22. Florence Tamagne, « Histoire des homosexualités en Europe : un état des lieux », in *Revue d'histoire moderne et contemporaine*, 2006/4, n° 53-54, 2006, p. 7-31.

23. Cf. Victor Margueritte, *La Garçonne*, Paris, Flammarion, 1922 ; Christine Bard, *Les Garçonnes. Modes et fantasmes des Années folles*, Paris, Flammarion, 1998.

24. Cf. pour une étude pionnière et originale de cette subculture : George Chauncey, *Gay New York (1890-1940)*, Paris, Fayard, traduit de l'américain par D. Eribon, 2003 ; voir aussi Florence Tamagne, *Histoire de l'homosexualité en Europe (Berlin, Londres, Paris, 1919-1939)*, Paris, Seuil, 2000.

25. Cf Laure. Murat, *La Loi du genre. Une histoire culturelle du troisième sexe*, Paris, Fayard, 2006.

26. Julian Jackson, *Arcadie. La vie homosexuelle en France, de l'après-guerre à la dépénalisation*, Paris, Autrement, 2009 ; voir également : Scott Gunther, *The Elastic Closet. A History of Homosexuality in France, 1942-present*, New York/Houndmills, Palgrave/Macmillan, 2009.

6. LE TEMPS DES COLONIES

1. Edward Saïd, *L'Orientalisme. L'Orient créé par l'Occident*, Paris, Seuil, traduit de l'américain par C. Malamoud, 1980.

2. François Pouillon (dir.), *Dictionnaire des orientalistes de langue française*, Paris, Karthala/IISM, 2008. François Pouillon,

Jean-Claude Vatin (dir.), *Après l'orientalisme. L'Orient construit par l'Orient*, Paris/Casablanca, Karthala/Fondation Abdul-Aziz, 2012.

3. Pour les paragraphes suivants concernant la France, voir : Pascale Blanchard, Sandrine Lemaire (dir.), *Culture coloniale. La France conquise par son Empire (1871-1931)*, Paris, Autrement, 2003 ; concernant l'Empire britannique : John M. Mackenzie (éd.), *Imperialism and Popular Culture*, Manchester, Manchester University Press, 1986.

4. Cf. Alain Ruscio, « Littérature, chansons et colonies », p. 67 et suivantes ; Sylvie Chalaye, « Spectacles, théâtres et colonies », p. 81 et suivantes ; Olivier Barlet, Pascal Blanchard, « Rêver : l'impossible tentation du cinéma colonial », in Pascal Blanchard, Sandrine Lemaire, *Culture coloniale, op. cit.*

5. Sylvain Venayre, *La Gloire de l'aventure. Genèse d'une mystique moderne (1850-1940)*, Paris, Aubier, 2002.

6. Cf. Edward Berenson, *Heroes of Empire. Five Charismatic Men and the Conquest of Africa*, Berkeley, University of California Press, 2010.

7. Cf. Françoise Verges, « Coloniser, éduquer, guider », in Pascale Blanchard et Sandrine Lemaire (dir.), *Culture coloniale, op. cit.*, p. 191-199.

8. Dino Costantini, *Mission civilisatrice. Le rôle de l'histoire coloniale dans la construction de l'identité politique française*, Paris, La Découverte, 2008. Voir aussi Alice L. Conklin, A *Mission to Civilize. The Republican Idea of Empire in France and West Africa, 1895-1939*, Stanford, Stanford University Press, 1997.

9. Sauf chez Jules Ferry qui, après enquête minutieuse en Algérie, produit un rapport au Sénat qui, selon Mona Ozouf, « ménage quelques surprises » : *Le Gouvernement de l'Algérie* (117 pages). Il relève les exactions et les mensonges de la France en Algérie. Cf. Mona Ozouf, *Jules Ferry. La liberté et la tradition*, Paris, Gallimard, 2014, p. 82.

10. Silyane Larcher, *L'Autre Citoyen. L'idéal républicain et les Antilles après l'esclavage*, Paris, Armand Colin, préface d'É. Balibar, 2014.

11. Cf. Catherine Hodeir, Pierre Michel, *L'Exposition coloniale*, Paris, Complexe, 1991 ; Herman Lebovics, *True France. The Wars over Cultural Identity (1900-1945)*, Ithaca/Londres, Cornell University Press, 1992.

12. Maréchal Lyautey, in *Le Livre d'or de l'Exposition coloniale internationale de Paris de 1931*, Paris, Honoré Champion, préface du maréchal Lyautey, introduction de P. Reynaud, 1931.

13. Romain Bertrand, « Les orientalistes, conseillers du prince colonial ? Expertise savante et "politique musulmane" aux Indes néerlandaises (1880-1920) », in *Raisons politiques*, n° 22, Usages politiques de l'anthropologie, 2006.

14. Cité par Pierre Singaravelou, « Géographie et colonisation : approches historiographiques », in Pierre Singaravelou (dir.), *L'Empire des géographes. Géographie, exploration et colonisation, XIX-XXe siècles*, Paris, Belin, 2008, p. 47-48.

15. *Ibid.*, p. 45.

16. Georges Hardy, *Les Éléments de l'histoire coloniale*, Paris, La Renaissance du livre, 1921, p. 50.

17. Du nom du géographe flamand Gerardus Mercator.

18. Eric T. Jennings, *Vichy sous les tropiques. La révolution nationale à Madagascar, en Guadeloupe, en Indochine (1940-1944)*, Paris, Grasset, traduit de l'anglais par l'auteur, 2004.

19. Octave Mannoni, lu avec plus de mansuétude plus tard, est cité par Aimé Césaire, *Discours sur le colonialisme*, 2e édition augmentée, Paris, Présence africaine, 1955, p. 46-47.

20. *Ibid.*, p. 57.

21. *Ibid.*, p. 12-13.

22. Cf. Benoît de L'Estoile, *Le Goût des autres. De l'exposition coloniale aux arts premiers*, Paris, Flammarion, 2007.

23. Arjun Appadurai, *Après le colonialisme. Les conséquences culturelles de la globalisation*, Paris, Payot & Rivages, traduit de l'anglais par F. Bouillot, 2001.

24. Romain Bertrand, *L'Histoire à parts égales. Récits d'une rencontre Orient-Occident*, Paris, Seuil, 2011.

7. LES INTELLECTUELS EN EUROPE

1. Christophe Charle, *Les Intellectuels au XIXe siècle. Essai d'histoire comparée*, Paris, Seuil, 2001.
2. Perspective adoptée dans Pascal Ory, Jean-François Sirinelli, *Les Intellectuels en France de l'Affaire Dreyfus à nos jours*, Paris, Armand Colin, 1986, rééd. Tempus Perrin, 2004.
3. Cf. Christophe Charle, *Naissance des « intellectuels » (1880-1900)*, Paris, Minuit, 1990.
4. Pierre Bourdieu, *Les Règles de l'art. Genèse et structure du champ littéraire*, Paris, Seuil, 1992.
5. Michel Winock, « Les Affaires Dreyfus », in *Vingtième siècle. Revue d'histoire*, vol. 5, n° 1, 1985, p. 19-37.
6. Cf. sur cette longue généalogie : Paul Bénichou, *Le Sacre de l'écrivain (1750-1830). Essai sur l'avènement d'un pouvoir spirituel laïque dans la France moderne*, Paris, Gallimard, 1973 ; Jean-Claude Bonnet, *Naissance du Panthéon. Essai sur le culte des grands hommes*, Paris, Fayard, 1998.
7. Olivier Nora, « La visite au grand écrivain », in *Lieux de mémoire*, t. II, *La Nation*, Paris, Gallimard, 1997, p. 2135-2136.
8. Cf. Daniel Lindenberg, « L'intellectuel français est-il une spécialité française ? », in Jean-Marie Goulemot, Pascal Ory, Daniel Lindengerg, Christophe Prochasson, *Dernières questions aux intellectuels*, Paris, Olivier Orban, 1990.
9. Pour toute cette sous-partie, je me fonde presque entièrement sur Christophe Charle, *Les Intellectuels au XIXe siècle. Essai d'histoire comparée*, *op. cit.*, p. 168.
10. *Ibid.*, « Tableau des professions intellectuelles indépendantes », p. 170.
11. *Ibid.*, « L'intelligentsia russe entre radicalisation et intégration », p. 289-300.
12. Stefan Collini, *Absent Minds. Intellectuals in Britain*, Oxford, Oxford University Press, 2006. Chiristophe Charle, « Champ intellectuel et champ de pouvoir en Angleterre », in *Les Intellectuels au XIXe siècle*, *op. cit.*, p. 312-327.

13. Christophe Charle, *Les Intellectuels au XIXe siècle, op. cit.*

14. Wolf Lepenies, « Treizième Leçon. La trahison des clercs en Allemagne. Une si douce collaboration (1. Le fascisme) », in *Qu'est-ce qu'un intellectuel européen ? Les intellectuels et la politique de l'esprit dans l'histoire européenne*, Chaire européenne du Collège de France, Paris, Seuil, 2007.

15. Christophe Charle, *Les Intellectuels au XIXe siècle, op. cit.*, p. 332. Les intellectuels espagnols ont pris la défense de cinq anarchistes torturés ou injustement condamnés par les forces armées et détenus dans le fort de Montjuich, à Barcelone.

16. Sur ce point précis, et pour le paragraphe suivant, voir Gisèle Sapiro, « L'internationalisation des champs intellectuels dans l'entre-deux-guerres : facteurs professionnels et politiques », in Gisèle Sapiro (dir.), *L'Espace intellectuel en Europe. De la formation des États-nations à la mondialisation, XIXe-XXe siècles*, Paris, La Découverte, 2009, p. 113 et suivantes.

17. François Chaubet, *Paul Desjardin et les Décades de Pontigny*, Lille, Presses universitaires du Septentrion, 2000.

18. Cf. Jean-François Sirinelli, *Intellectuels et passions françaises. Manifestes et pétitions au XXe siècle*, Paris, Fayard, 1990.

19. Jean-Michel Palmier, *Weimar en exil. Le destin de l'émigration intellectuelle allemande antinazie en Europe et aux États-Unis*, Paris, Payot & Rivages, 1988.

20. Jean-Paul Sartre, « La nationalisation de la littérature », *Qu'est-ce que la littérature ?*, Paris, Gallimard, 1948.

21. C'est la thèse développée dans Anna Boschetti, *Sartre et les « Temps modernes », une entreprise culturelle*, Paris, Minuit, 1985.

22. Pierre Bourdieu, *Esquisse pour une auto-analyse*, Paris, éditions Raisons d'agir, 2004, p. 17 et suivantes.

23. Pascale Casanova, *La République mondiale des lettres*, Paris, Seuil, 1999.

24. Gisèle Sapiro, *La Guerre des écrivains (1940-1953)*, Paris, Fayard, 1999, chapitre 8 : « Le tribunal des lettres ».

25. Edgar Morin, *Autocritique*, Paris, Seuil, 1959.

26. Cf. Marc Lazar, *Maisons rouges. Les partis communistes français et italien de la Libération à nos jours*, Paris, Aubier, 1992.
27. Cf. Pierre Gremion, *Intelligence de l'anticommunisme. Le Congrès pour la liberté de la culture à Paris (1950-1975)*, Paris, Fayard, 1995 ; Frances Stonor Saunders, *Qui mène la danse ? La CIA et la guerre froide culturelle*, Paris, Denoël, traduit de l'anglais par D. Chevalier, 2003.
28. Ioana Popa, *Traduire sous contrainte. Littérature et communisme (1947-1989)*, Paris, CNRS éditions, 2010.

8. Les ondes et les écrans

1. Alain Corbin, *Les Cloches de la terre. Paysage sonore et culture sensible dans les campagnes au XIXe siècle*, Paris, Aubier, 1994.
2. Pour le paragraphe suivant, voir Donald Sassoon, *The Culture of the Europeans, from 1800 to the present*, *op. cit.*, p. 1125 et suivantes.
3. Cf. le film de Tom Hooper, *The King's Speech* (2010). « In this grave hour, the most fateful in our history, I send to every household of my people, both at home and overseas, this message, spoken with the same depth of feeling for each one of you as if I were able to cross your threshold and speak to you. »
4. Cf. Hélène Eck (dir.), *La Guerre des ondes. Histoire des radios de langue française durant la Deuxième Guerre mondiale*, Paris, Communauté des radios publiques de langue française/Armand Colin (Payot & Rivages à Lausanne, Complexe à Bruxelles et Hurtubise à Montréal), 1985.
5. Pour le paragraphe suivant, voir Donald Sassoon, « Television : The Universal Medium », in *The Culture of the Europeans, from 1800 to the present*, *op. cit.*, p. 1147 et suivantes.
6. Dominique Wolton, *La Folle du logis. La télévision dans les sociétés démocratiques*, Paris, Gallimard, 1983.
7. Cf. Marc-Olivier Padis, « Le débat sur la culture et ses lignes Maginot » ; Jean-Claude Passeron, « Quel regard sur le populaire ?

(entretien) », in « Quelle culture défendre ? », *Esprit*, n° 283, mars-avril 2002, p. 34-36.

8. Éric Maigret, « Pierre Bourdieu, la culture populaire et le long remords de la sociologie de la distinction culturelle », in « Quelle culture défendre ? », *ibid.*, p. 170-178.

9. Ce terme désigne un groupe d'intellectuels réunis autour de l'*Institut für SozialForschung* à Francfort dans les années 1920, puis exilés aux États-Unis après 1933 : Max Horkheimer, Theodor Adorno, Franz Neumann notamment dans son cercle restreint ; Walter Benjamin, Siegried Kracauer, dans un cercle plus large ; et dans la génération suivante, Jürgen Habermas. Fondateurs de la « théorie critique », ils font usage du marxisme, de la psychanalyse et des nouvelles sciences sociales pour analyser de façon critique le capitalisme et la culture de masse.

10. Cf. Herbert Marcuse, *L'Homme unidimensionnel. Essai sur l'idéologie de la société avancée*, Paris, Éditions de Minuit, traduit de l'allemand par M. Wittig, 1968.

11. Armand Mattelart, Erik Neveu, *Introduction aux Cultural Studies*, Paris, La Découverte, 2003.

12. « Quel regard sur le populaire ? Entretien avec Jean-Claude Passeron », in « Quelle culture défendre ? », *op. cit.*, p. 145-161.

13. Michel de Certeau, *La Culture au pluriel*, Paris, Seuil, 1974.

14. Jean-Pierre Rioux, « Résistances », in Jean-Pierre Rioux, Jean-François Sirinelli (dir.), *La Culture de masse en France, de la Belle Époque à aujourd'hui*, Paris, Fayard, 2002, p. 273.

15. Cf. Philippe Roger, *L'Ennemi américain. Généalogie de l'antiaméricanisme français*, Paris, Seuil, 2002.

16. Christophe Gauthier, *La Passion du cinéma. Cinéphiles, ciné-clubs et salles spécialisées à Paris de 1920 à 1929*, Paris, Association française de recherche sur l'histoire du cinéma/École des Chartes, 1999. Christian-Marc Bosseno, « Le répertoire du grand écran. Le cinéma "par ailleurs" », in Jean-Pierre Rioux, Jean-François Sirinelli (dir.), *La Culture de masse en France, de la Belle Époque à aujourd'hui*, *op. cit.*, p. 157-219.

17. Siegfried Kracauer, *De Cagliari à Hitler. Une histoire psychologique du cinéma allemand*, Lausanne, L'Âge d'Homme, 1973 ; voir aussi Siegfried Kracauer, *Théorie du film. La rédemption de la réalité matérielle*, Paris, Flammarion, traduit de l'américain par D. Blanchard, C. Orsoni, préface de J.-L. Leutrat, 2010.

18. Siegfried Kracauer, « Culte de la distraction. Les salles de spectacle cinématographique berlinoises », in *Le Voyage et la Danse. Figures de la ville et vues de films*, Paris/Québec, éditions de la MSH et Presses universitaires de Laval, 2008, p. 63.

19. *Ibid.*, p. 64.

20. *Ibid.*, p. 67.

21. *Ibid.*, « The Gold Rush », p. 41.

22. Antoine de Baecque, *La Cinéphilie. Invention d'un regard, histoire d'une culture (1944-1968)*, Paris, Fayard, 2003.

23. « Persévérance », p. 136.

24. Bernard Lahire, *La Culture des individus. Dissonances culturelles et distinction de soi*, Paris, La Découverte, 2004.

9. Politiques de la culture

1. Cf. Jean-Pierre Rioux, « Un domaine et un regard », in Jean-Pierre Rioux, Jean-François Sirinelli (dir.), *Pour une histoire culturelle*, Paris, Seuil, 1997, p. 12.

2. Walter Benjamin, « L'Œuvre d'art à l'époque de sa reproductibilité technique » (1939, dernière version), in *Œuvres*, Paris, Gallimard, traduit de l'allemand par M. de Gandillac, R. Rochlitz et P. Rusch, 2000, p. 314 : « La conséquence logique du fascisme est une esthétisation de la vie politique […]. Tous les efforts pour esthétiser la politique culminent en un seul point. Ce point est la guerre. »

3. Pierre-Michel Menger, « Modèles et évolution », in Philippe Poirrier, *Pour une histoire des politiques culturelles dans le monde (1945-2011)*, Paris, La Documentation française, 2011, p. 465-477.

4. Extrait du discours d'André Malraux prononcé lors de l'inauguration de la Maison de la culture de Bourges, 18 avril 1964.

5. Cf. pour la compréhension du projet culturel de Malraux, l'excellent livre de Philippe Urfalino, *L'Invention de la politique culturelle*, Paris, La Documentation française, 1990, chapitre « La philosophie de l'État esthétique », p. 39 et suivantes.

6. Extrait du discours d'André Malraux, *op. cit.*

7. David Losseley, « Le Royaume-Uni », in Philippe Poirrier, *Pour une histoire des politiques culturelles dans le monde (1945-2011), op. cit.*, p. 390 et suivantes.

8. Marc Fumaroli, *L'État culturel. Essai sur une religion moderne*, Paris, édition de Fallois, 1991, p. 11-12.

9. Déclaration de Villeurbanne, 25 mai 1968, citée en annexes dans Robert Abirached (dir.), *La Décentralisation théâtrale*, t. III, *1968, le tournant*, Arles, Actes Sud, 1994, p. 195-200.

10. Paul Aron, Frédérique Matonti, Gisèle Sapiro (éd.), « Le réalisme socialiste en France », in *Sociétés et représentations*, n° 15, 2002.

11. Louis Aragon, extrait du discours de clôture au congrès international des écrivains de Paris (25 juin 1935), in *L'Œuvre poétique*, t. VI, *1934-1935*, Paris, Le Livre Club Diderot, 1975, p. 322, cité par Frédérique Matonti, « Le réalisme socialiste en France », in Philippe Poirrier (dir.), *Art et pouvoir de 1848 à nos jours*, Paris, CNDP, 2006, p. 45.

12. Maurice Thorez cité par Frédérique Matonti, *art. cit.*, p. 46.

13. Tony Judt, *Après-guerre. Une histoire de l'Europe depuis 1945*, Paris, Pluriel, 2010, chapitre « Guerres culturelles », p. 265 et suivantes.

14. Svetla Moussakova, « Les politiques culturelles en Bulgarie, 1878-2009 », in Philippe Poirrier, *Pour une histoire des politiques culturelles dans le monde (1945-2011), op. cit.*, p. 96 et suivantes.

15. Milan Kundera, *La Plaisanterie*, Paris, Gallimard, 2013, p. 214-216.

16. Pierre Nora (dir.), *Les Lieux de mémoire*, 7 vol., Paris, Gallimard, 1984-1992.

17. Terme qui signifie « voie particulière » et qui désigne ce qui serait de l'ordre d'un destin allemand, une histoire unique de modernisation sur fond de société autoritaire menant au nazisme et séparant l'Allemagne de l'histoire des autres nations européennes.

18. Étienne François, Hagen Schulze (dir.), *Mémoires allemandes*, Paris, Gallimard, traduit de l'allemand par J. Étoré et B. Lortholary, 2007.

19. Cf. en Italie la grande entreprise collective menée par Mario Isnenghi sur les *luoghi della memoria* italiens : *L'Italie par elle-même : lieux de mémoire italiens de 1848 à nos jours*, Paris, Éditions Rue d'Ulm, 2006.

20. Pierre Nora, « L'ère de la commémoration », in *Lieux de mémoire*, *op. cit.*, t. III, *Les France*, p. 1007.

21. Jean-Pierre Rioux, « La mémoire collective », in Jean-Pierre Rioux, Jean-François Sirinelli (dir.), *Pour une histoire culturelle*, *op. cit.*

22. Cf. Jean-Michel Leniaud, *L'Utopie française. Essai sur le patrimoine*, Paris, Mengès, 1992.

23. Un seul pavillon Baltard survit, toutefois démonté et remonté à Nogent sur Marne comme témoin du monde disparu du *Ventre de Paris*.

24. Pierre Nora, « L'ère de la commémoration », *art. cit.*, p. 992 et suivantes.

25. Jean-Pierre Rioux, « La mémoire collective », *art. cit.*

26. *Ibid.*, p. 984 et suivantes.

27. Jacques Rupnik, « Le retour de l'histoire en Europe centrale », in *Vingtième siècle. Revue d'histoire*, n° 36, 1992, p. 53-59 ; Timothy Garton Ash, *La Chaudière. Europe centrale (1980-1990)*, Paris, Gallimard, traduit de l'anglais par J. P. Carasso, A. Charpentier, P.-E. Dauzat, D. Peters et R. Saint-James, 1990.

10. 1968, UNE RÉVOLTE PARTAGÉE ?

1. Cf. Timothy Garton Ash, *La Chaudière. Europe centrale (1980-1990), op. cit.*

2. Voir l'article récent de Jacques Rupnik « Les deux Printemps de 1968 », in *Études*, 2008/5, t. 408, mai 2008, p. 585-592.

3. Dyonis Mascolo, « Les "deux mille mots" », in *Lignes*, n° 33, 1998, p. 150, cité par Michelle Zancarini-Fournel, *Le Moment 68. Une histoire contestée*, Paris, Seuil, 2008, p. 214 : « Il m'a suffi de passer quelques jours en Tchécoslovaquie, au printemps dernier, pour comprendre qu'il me fallait refouler quelques-uns des conseils en radicalisme que j'avais tout d'abord le besoin moi aussi de donner aux amis communistes tchèques. »

4. Une grande partie de ce chapitre est issue de l'article suivant : « Mai 68 dans le monde : internationales, transnationalisme et jeux d'échelle », in Patrick Dramé et Jean Lamarre (dir.), 1968. *Des sociétés en crise : une perspective globale / Societies in crisis : A Global Perspective*, Québec, Presses de l'université Laval, 2009, p. 7-17.

5. Cf. note 1, chapitre 7.

6. Voir l'ouvrage d'Isabelle Sommier, *La Violence révolutionnaire*, Paris, PFNSP, 2008.

7. Martin Klimke, Joachim Scharloth (dir.), *1968 in Europe. A History of Protest and Activism (1956-1977)*, Basingstoke, Palgrave/Macmillan, 2008.

8. Cf. Charles Tilly, « Les origines du répertoire de l'action collective contemporaine en France et en Angleterre », in *Vingtième siècle. Revue d'histoire*, n° 4, octobre 1984, p. 89-108.

9. Voir Niek Pas, « Les Pays-Bas et les provos dans les "années 1966" » dans Philippe Artières, Michelle Zancarini-Fournel (dir.), *68, une histoire collective (1962-1981)*, Paris, La Découverte, 2008, p. 106-109.

10. Alain Brossat, « La Zengakuren japonaise, modèle pour les étudiants occidentaux ? », in Philippe Artières, Michelle Zancarini-Fournel (dir.), *68, une histoire collective, op. cit.*, p. 102-105.

11. Emmanuel Laurentin, « Le transistor : à l'écoute de la rue », in Philippe Artières, Michelle Zancarini-Fournel (dir.), *68, une histoire collective, op. cit.*, p. 285-290.

12. Cf. Emmanuelle Loyer, *Mai 1968 dans le texte*, Paris, Complexe, 2008, p. 70-72.

13. *Le Monde*, 25 mai 1966.

14. Paco Ignacio Taibo II, *68*, Paris, éditions L'Échappée, 2008, p. 22 et suivantes.

15. Martha Kirszenbaum, *1968 de Varsovie à Paris. Transferts, réceptions et occurrences du mouvement étudiant polonais dans la contestation universitaire parisienne*, Mémoire de Master 2, IEP de Paris, direction Emmanuelle Loyer, 2008.

16. Xavier Vigna, *L'Insubordination ouvrière dans les années 1968. Essai d'histoire politique des usines*, Rennes, Presses universitaires de Rennes, 2007.

17. Jean-Marc Coudray, Claude Lefort, Edgar Morin, *Mai 1968 : la brèche. Premières réflexions sur les événements*, Paris, Fayard, 1968.

18. *La Reprise du travail aux usines Wonder* : film tourné par les étudiants de l'IDHEC devant l'usine Wonder de Saint-Ouen alors que les salariés, après avoir voté la reprise du travail, rentrent dans l'usine le 10 juin 1968.

19. Marie Scot, « Y eut-il un mai 1968 en Angleterre ? », in « Mai 1968 dans le monde. Le jeu d'échelles », *Histoire@politique*, n° 6, septembre-décembre 2008.

20. Préface au roman de Josef Skvorecky, *Miracle en Bohême*, Paris, Gallimard, 1978, p. 4, cité par Jacques Rupnik, « Les deux Printemps de 1968 », in *Études, art. cit.*, p. 585-592.

21. François Fejtö, Jacques Rupnik (dir.), *Le Printemps tchécoslovaque de 1968*, préface de Vaclav Havel, Bruxelles, Complexe, 2008.

22. Roman Léandre Schmidt, *Lettre internationale. Geschichte einer europäischen Zeitschrift*, Paderborn, Wilhelm Fink, 2017.

23. Cf. Emmanuelle Loyer, *Mai 1968 dans le texte, op. cit.*, chapitre 5 : « La grande palabre culturelle ».

24. Tract du CAR (Comité d'action révolutionnaire) de l'Odéon, 17 mai 1968, cité par Emmanuelle Loyer, *ibid.*, p. 220-221.

25. Boris Gobille, *Le Mai 1968 des écrivains. Crise politique et avant-gardes littéraires*, Paris, CNRS éditions, 2018.

11. CULTURES NUMÉRIQUES

1. Fred Turner, *Aux sources de l'utopie numérique. De la contre-culture à la cyberculture. Stewart Brand, un homme d'influence*, Paris, C&F éditions, traduit de l'anglais par L. Vannini, 2012.

2. Hartmut Rosa, *Accélération. Une critique sociale des temps*, Paris, La Découverte, 2010, traduit de l'allemand par D. Renault. Cf. chapitre 2 et chapitre 13.

3. Raffaele Simone, *Pris dans la Toile. L'esprit aux temps du web*, Paris, Gallimard, traduit de l'italien par G. Larcher, 2012.

4. Alain Corbin, *Le Miasme et la Jonquille. L'odorat et l'imaginaire social, XVIII-XIXe siècles*, Paris, Flammarion, 2008 (rééd.).

5. Chiffres tirés du *Journal du Net*, en ligne.

6. Cf. Olivier Donnat, « Les pratiques culturelles des Français à l'ère numérique. Éléments de synthèse 1997-2008 », in *Études*, 2009/5, octobre 2009 ; Olivier Donnat, *Les Pratiques culturelles des Français à l'ère numérique*, Paris, La Documentation française, 2009.

7. Robert Darnton, « La bibliothèque universelle, de Voltaire à Google », in *Le Monde diplomatique*, mars 2009, publié auparavant dans la *New York Review of Books*, 12 février 2009 sous le titre « Google and the Future of Books ».

8. Roger Chartier, « L'avenir numérique du livre », *Le Monde*, 26 octobre 2010 ; Roger Chartier, « Qu'est-ce qu'un livre ? La question de Kant revient à l'ère numérique… », Colloque sur « Les cultures numériques », Québec, septembre 2011.

9. Roger Chartier, *L'Ordre des livres. Lecteurs, auteurs, bibliothèques en Europe entre XIVe et XVIIIe siècles*, Aix-en-Provence, Alinéa, 1992.

10. Robert Darnton, « La bibliothèque universelle, de Voltaire à Google », *art. cit.*

11. Cf. Milad Doueihi, *La Grande Conversion numérique*, Paris, Seuil, 2008.

12. Milad Doueihi, *Pour un humanisme numérique*, Paris, Seuil, 2011, chapitre « Une culture anthologique ».

13. Paul Bénichou, *Le Sacre de l'écrivain, 1750-1830. Essai sur l'avènement d'un pouvoir spirituel laïque dans la France moderne*, Paris, Gallimard, 1973.

14. On pourra se reporter aux sites de François Bon : tiers-livre.net depuis 1997 et, depuis 2008, sur le site éditorial publie.net.

15. Dominique Cardon, *La Démocratie internet. Promesses et limites*, Paris, Seuil, 2010.

16. Cf. Nicolas Auray, « La négociation des points de vue. Une cartographie sociale des conflits et des querelles dans le Wikipédia francophone », in *Réseaux*, 2009/2, n° 154, 2009, p. 272 et suivantes.

17. Nicolas Auray, « Wikipédia, les savoirs en mosaïque », in *Les Grands Dossiers des sciences humaines*, 2009/12, n° 17, 2009.

18. Dominique Cardon, *La Démocratie internet, op. cit.*.

19. Dominique Cardon, « Vertus démocratiques de l'Internet », in *La Vie des idées*, 10 novembre 2009.

20. *Ibid.*

12. Vers une « civilisation des loisirs » ?

1. Alain Corbin, « L'avènement des loisirs », in Alain Corbin (dir.), *L'Avènement des loisirs (1850-1960)*, Paris, Flammarion, 2009, p. 9.

2. Joffre Dumazedier, *Vers une civilisation des loisirs ?*, Paris, Seuil, 1962.

3. Jean-Claude Richez, Léon Strauss, « Un temps nouveau pour les ouvriers : les congés payés (1930-1960) », in Alain Corbin (dir.), *L'Avènement des loisirs, op. cit.*, p. 525 et suivantes.

4. Alain Corbin, *L'Avènement des loisirs*, *op. cit.*, p. 10.
5. *Ibid.* Cf. Edward P. Thompson, *La Formation de la classe ouvrière anglaise*, *op. cit.* : il y décrit le bouleversement des rythmes quotidiens causé par le processus de la révolution industrielle.
6. Roy Porter, « Les Anglais et le loisir », in Alain Corbin (dir.), *L'Avènement des loisirs*, *op. cit.*, p. 31.
7. Marcel Pagnol, *La Gloire de mon père*, Paris, éditions de Fallois, 2004.
8. André Rauch, *Vacances en France. De 1830 à nos jours*, Paris, Hachette Littérature, édition augmentée, 2001, p. 106.
9. *Ibid.*
10. *Ibid.*, p. 108.
11. *Ibid.*
12. Cf. pour cette citation et le paragraphe qui suit, Christophe Granger, « Impressions atmosphériques. Histoire du beau temps en vacances », in *Ethnologie française*, 2004/1, vol. 34, 2004.
13. Cf. Christophe Granger, *Les Corps d'été. Naissance d'une variation saisonnière*, Paris, Autrement, 2009.
14. André Rauch, *Vacances en France, de 1830 à nos jours*, *op. cit.*, p. 129 et suivantes.
15. Jean-Claude Richez, Léon Strauss, *art. cit.*, p. 525 et suivantes.
16. Claude Lévi-Strauss, *La Pensée sauvage*, Paris, Plon, 1962.
17. Pierre Sansot, *Les Gens de peu*, Paris, Puf, 1991, chapitre 13 : « L'univers du camping ».
18. André Rauch, *op. cit.*, p. 167.
19. *Ibid.*, p. 172.
20. Cf. pour le paragraphe suivant, voir l'analyse de Rachid Amirou, *L'Imaginaire touristique*, préface de M. Houellebecq, Paris, CNRS éditions, 2012.
21. Cf. Pierre-Michel Menger, *Portrait de l'artiste en travailleur. Métamorphoses du capitalisme*, Paris, Seuil, 2002 ; et aussi du même auteur, *Profession-artiste. Extension du domaine de la création*, Paris, Textuel, 2005.

13. Vie privée, vie intime

1. Natalie Davis Zemon, *Society and Culture in Early Modern France. Eight essays*, Stanford, Stanford University Press, 1975.
2. Alma Mahler, *Journal intime*, Paris, Payot & Rivages, traduit de l'allemand par A. Tautou, 2010.
3. Roger Chartier, *Lectures et lecteurs dans la France d'Ancien Régime*, Paris, Seuil, 1987.
4. Jean-Paul Sartre, *L'Idiot de la famille. Gustave Flaubert, de 1821 à 1857*, Paris, Gallimard, 1971, t. II, p. 1363, cité par Michelle Perrot, *op. cit.*, p. 110.
5. Marcel Proust, « Journées de lecture », in *Pastiches et mélanges*, cité par Michelle Perrot, *op. cit.*, p. 111.
6. Honoré de Balzac, *Physiologie du mariage. Méditation XIV : « Des appartements »*, Paris, Gallimard, 2009 (rééd.), p. 190.
7. Élisabeth Roudinesco, *Histoire de la psychanalyse en France*, t. I et t. II, Paris, Seuil, 1982, 1986.
8. Eli Zaretsky, *Le Siècle de Freud. Une histoire sociale et culturelle de la psychanalyse*, Paris, Albin Michel, traduit de l'anglais par P.-E. Dauzat, 2008.
9. Cf. Élisabeth Roudinesco, *Sigmund Freud. En son temps et dans le nôtre*, Paris, Seuil, 2014.
10. Notion introduite dans *Au-delà du principe de plaisir*, publié en 1920 (en allemand : *Jenseits des Lustprinzips*).
11. Eli Zaretsky, *op. cit.*, p. 187.
12. Pierre Bourdieu, « L'illusion biographique », in *Actes de la recherche en sciences sociales*, 1986, vol. 66, n° 1, p. 69-70.
13. Christophe Charle, *Discordance des temps. Une brève histoire de la modernité*, Paris, Armand Colin, 2011, p. 388 et suivantes.
14. Nietzsche cité par Hartmut Rosa, in *Accélération. Une critique sociale des temps*, Paris, La Découverte, traduit de l'allemand par D. Renault, 2010, p. 55.
15. Georg Simmel, *Les Grandes Villes et la Vie de l'esprit*, Paris, Payot & Rivages, traduit de l'allemand par J.-L. Vieillard-Baron et F. Joly, 2013.

16. Zygmunt Bauman, *Le Présent liquide*, Paris, Seuil, 2007.
17. Zygmunt Bauman, *L'Amour liquide. De la fragilité des liens entre les hommes*, Paris, éditions du Rouergue, traduit de l'anglais par C. Rosson, 2004.

Bibliographie

Chapitre 1

Cabanel Patrick, *Le Tour de la nation par des enfants. Romans scolaires et espaces nationaux, XIX-XXe siècles*, Paris, Belin, 2007.

De Amicis Edmondo, *Le Livre Cœur*, suivi de Umberto Eco, *Éloge de Franti*, éd. Gilles Pécout, traduit de l'italien par P. Caracciolo, M. Macé, L. Marignac et G. Pécout, Paris, Éditions Rue d'Ulm, 2001.

Hobsbawm Éric, Ranger Terence (dir.), *L'Invention de la tradition*, traduit de l'anglais par C. Vivier, Paris, Éditions Amsterdam, 2012.

Michel Bernard, *Nations et nationalismes en Europe centrale, XIX-XXe siècles*, Paris, Aubier, 1995.

Moretti Franco, *Atlas du roman européen. 1800-1900*, traduit de l'italien par J. Nicolas, Paris, Seuil, 2000.

Ozouf Mona, *Composition française*, Paris, Gallimard, 2009.

Pécout Gilles, *Naissance de l'Italie contemporaine (1770-1922)*, Paris, Nathan, 1997.

Ross Alex, *À l'écoute du XXe siècle. La modernité en musique*, traduit de l'américain par L. Slaars, Arles, Actes Sud, 2010.

Thiesse Anne-Marie, *La Création des identités nationales. Europe XVIII-XXe siècle*, Paris, Seuil, 1999.

Thiesse Anne-Marie, *Ils apprenaient la France. L'exaltation des régions dans le discours patriotique*, Paris, Éditions de la Maison des Sciences de l'homme, 1997.

Chapitre 2

AMBROISE-RENDU Anne-Claude, *Petits Récits des désordres ordinaires. Les faits divers dans la presse française des débuts de la Troisième République à la Grande Guerre*, Paris, S. Arslan, 2004.

BAECQUE (de) Antoine, *Les Nuits parisiennes, XVIII-XXI* siècle*, Paris, Seuil, 2015.

BENJAMIN Walter, *Paris, capitale du XIX* siècle. Le livre des passages*, traduit de l'allemand par J. Lacoste, Paris, Éditions du Cerf, 1989.

CHARLE Christophe, *Discordance des temps. Une brève histoire de la modernité*, Paris, Armand Colin, 2011.

DELATTRE Simone, *Les Douze Heures noires. La nuit à Paris au XIX* siècle*, Paris, Albin Michel, 2000.

DEMARTINI Anne-Emmanuelle, *L'Affaire Lacenaire*, Paris, Aubier, 2001.

GALVEZ-BEHAR Gabriel, *La République des inventeurs. Propriété et organisation de l'innovation en France (1791-1822)*, Rennes, Presses universitaires de Rennes, 2008.

KALIFA Dominique, *L'Encre et le Sang. Récits de crimes et société à la Belle Époque*, Paris, Fayard, 1995.

KALIFA Dominique, RÉGNIER Philippe, THÉRENTY Marie-Ève, VAILLANT Alain (dir.), *La Civilisation du journal. Histoire culturelle et littéraire de la presse française au XIX* siècle*, Paris, Nouveau Monde Éditions, 2012.

KAUFFMANN Grégoire, *Édouard Drumont*, Paris, Perrin, 2009.

KRACAUER Siegfried, *Jacques Offenbach ou le secret du Second Empire*, traduit de l'allemand par L. Astruc, Paris, Gallimard, 1994.

LYON-CAEN Judith, *La Lecture et la Vie. Les usages du roman au temps de Balzac*, Paris, Tallandier, 2006.

MOLLIER Jean-Yves, *Le Camelot et la Rue. Politique et démocratie au tournant des XIX* et XX* siècles*, Paris, Fayard, 2004.

ORY Pascal, *Les Expositions universelles de Paris*, Paris, Ramsay, 1982.

PINOT DE VILLECHENON Florence (dir.), *Fêtes géantes. Les expositions universelles, pour quoi faire ?*, Paris, Autrement, 2000.

SASSOON Donald, *The Culture of the Europeans*, Londres, Harper Collins, 2006.

SAUGET Stéphanie, *À la recherche des pas perdus. Une histoire des gares au XIXe siècle*, Paris, Tallandier, 2009.

SCHWARTZ Vanessa, *Spectacular Realities. Early Mass Culture in Paris*, Berkeley, University of California Press, 1998.

SCHWARTZ Vanessa, *Modern France. A Very Short Introduction*, Oxford, Oxford University Press, 2011.

SCHWARTZ Vanessa, PRZYBLYSKI Jeannene (dir.), *The Nineteenth Century Visual Culture*, New York, Routledge, 2005.

STEINER George, *Une certaine idée de l'Europe*, Arles, Actes Sud, 2005.

THÉRENTY Marie-Ève, *La Littérature au quotidien. Poétiques journalistiques au XIXe siècle*, Paris, Seuil, 2007.

Chapitre 3

CHARLE Christophe, *Théâtres en capitales. Naissance de la société du spectacle à Paris, Berlin, Londres et Vienne*, Paris, Albin Michel, 2008.

CHARLE Christophe (dir.), *Le Temps des capitales culturelles. XVIII-XXe siècles*, Seyssel, Champ Vallon, conclusion de D. Roche, 2009.

CLAIR Jean (dir.), *Vienne, 1880-1930. L'apocalypse joyeuse*, éditions du Centre Pompidou, 1986.

CONDEMI Concetta, *Les Cafés-concerts. Histoire d'un divertissement*, Paris, Quai Voltaire, 1992.

DEBORD Guy, *La Société du spectacle*, Paris, Buchet-Chastel, 1967.

GOETSCHEL Pascale et YON Jean-Claude (dir.), *Les Directeurs de théâtre. XIXe-XXe. Histoire d'une profession*, Paris, Publications de la Sorbonne, 2008.

GUILBAUT Serge, *Comment New York vola à Paris l'idée d'art moderne ? Expressionnisme abstrait, liberté et Guerre froide* [1989], Paris, Hachette Littérature, « Pluriel », 2006.

JOYEUX-PRUNEL Béatrice, *Les Avant-gardes artistiques, 1848-1918. Une histoire transnationale*, Paris, Gallimard, « Folio. Inédit », 2015.

LYON-CAEN Judith, *La Lecture et la vie. Les usages du roman au temps de Balzac*, Tallandier, 2006.

MARTIN-FUGIER Anne, *Comédienne, De Mlle Mars à Sarah Bernhardt*, Seuil, 2001.

NORD Philip, *Impressionists and Politics. Art and Democracy in the XIXth Century*, 2000, traduction française, *Les Impressionnistes et la politique. Art et démocratie au XIXe siècle*, Tallandier, 2009.

POLLAK Michaël, *Vienne 1900. Une identité blessée*, Paris, « Archive », Gallimard, 1984.

SCHORSKE Carl, *Vienne fin de siècle. Politique et culture*, [1961], Paris, trad française, Seuil, 1983.

ZWEIG Stefan, *Die WeltvonGestern* (1942), publication posthume 1944, traduction française, *Le Monde d'hier. Souvenirs d'un Européen*, rééd, Gallimard, Folio, 2013.

Chapitre 4

AUDOIN-ROUZEAU Stéphane, *La Guerre des enfants. Essai d'histoire culturelle*, Paris, Armand Colin, 1993.

AUDOIN-ROUZEAU Stéphane, *La Guerre au XXe siècle*, t. I, *L'Expérience combattante*, Paris, La Documentation française, 2004.

AUDOIN-ROUZEAU Stéphane, PROCHASSON Christophe, *Sortir de la Grande Guerre. Le monde de l'après 1918*, Paris, Tallandier, 2008.

AUDOIN-ROUZEAU Stéphane, BECKER Annette, *14-18, retrouver la Grande Guerre*, Paris, Gallimard, 2000.

BEAUPRÉ Nicolas, *Écrire en guerre. Écrire la guerre : France, Allemagne, 1914-1920*, Paris, CNRS, 2006.
BECKER Annette, *La Guerre et la Foi. De la mort à la mémoire*, Paris, Armand Colin, 1994.
BECKER Jean-Jacques, BECKER Annette, WINTER Jay, KRUMEICH Gerd, AUDOIN-ROUEAU Stéphane, *Guerre et cultures, 1914-1918*, Paris, Armand Colin, 1994.
BRANCHE Raphaëlle, VIRGILI Fabrice (dir.), *Viols en temps de guerre*, Paris, Payot & Rivages, 2011.
ELIAS Norbert, *Les Allemands*, Paris, Seuil, 2017.
ELIAS Norbert, *Über den Prozess der Zivilisation*, traduit de l'allemand par P. Kamnitzer, *Sur le processus de civilisation*, t. I ; *La Civilisation des mœurs*, Paris, Pocket, 1974 ; t. II, *La Dynamique de l'Occident*, Paris, Pocket, 1975.
MARIOT Nicolas, *Tous unis dans la tranchée ? 1914-1918. Les intellectuels rencontrent le peuple*, Paris, Seuil, 2013.
MARIOT Nicolas, *Histoire d'un sacrifice. Robert, Alice et la guerre*, Paris, Seuil, 2017.
MOSSE George L., *De la Grande Guerre au totalitarisme. La brutalisation des sociétés modernes*, Paris, Hachette Littérature, 1999.
PROST Antoine, « Le monument aux morts », in P. Nora (dir), *Lieux de mémoire*, t. I, *La République*, Paris, Gallimard, 1984.
PROST Antoine et WINTER Jay, *Penser la Grande Guerre. Un essai d'historiographie*, Paris, Seuil, 2004.
VERAY Laurent, *La Grande Guerre au cinéma. De la gloire à la mémoire*, Paris, Ramsay, 2008.

CHAPITRE 5

AUDOIN-ROUZEAU Stéphane, *L'Enfant de l'ennemi, 1914-1918*, Paris, Aubier, 1995.
BARD Christine, *Les Garçonnes : modes et fantasmes des Années folles*, Paris, Flammarion, 1998.

CAPDEVILA Luc, ROUQUET François, VIRGILI Fabrice, VOLDMAN Danièle, *Hommes et femmes dans la France en guerre (1914-1945)*, Paris, Payot & Rivages, 2003.

CORBIN Alain, COURTINE Jean-Jacques, VIGARELLO Georges, *Histoire de la virilité*, t. II, *Le Triomphe de la virilité au XIXe siècle*, t. III, *La Virilité en crise ?, XXe-XXIe siècles*, Paris, Seuil, 2011.

DUBY Georges, PERROT Michelle (dir.), *Histoire des femmes en Occident*, vol. 4, *Le XIXe siècle*, sous la direction de Geneviève Fraysse, et vol. 5, *Le XXe siècle*, sous la direction de Françoise Thébaud, Paris, Plon, 1991, 1992.

GUILHAUMOU Jacques, LAPIED Martine, « Genre et révolution. Un mode de subversion du récit historique », Colloque Mnémosyne, Lyon, IUFM, 2005.

GUNTHER Scott, *The Elastic Closet. A History of Homosexuality in France, 1942-present*, New York/Houndmills, Palgrave/Macmillan, 2009.

GODINEAU Dominique, *Citoyennes tricoteuses*, Paris, Perrin, 2004.

JACKSON Julian, *Arcadie. La vie homosexuelle en France, de l'après-guerre à la dépénalisation*, Paris, Autrement, 2009.

HUNT Lynn, *The Family Romance of the French Revolution*, traduit de l'américain par J.-F. Sené, *Le Roman familial de la Révolution française*, Paris, Albin Michel, 1995.

MUEL-DREYFUS Francine, *Vichy et l'éternel féminin. Contribution à une sociologie politique de l'ordre des corps*, Paris, Seuil, 1996.

MURAT Laure, *La Loi du genre. Une histoire culturelle du troisième sexe*, Paris, Fayard, 2006.

RIOT-SARCEY Michèle (dir)., *De la différence des sexes. Le genre en histoire*, Paris, Larousse, 2010.

SCOTT Joan W., « Gender : A Useful Category of Historical Analysis », *American Historical Review*, 91, décembre 1986.

SCOTT Joan W., *Only Paradoxes to Offer. French Feminists and the Right of Man*, traduit de l'anglais par M. Bourdé et C. Pratt,

La Citoyenne paradoxale : les féministes françaises et les droits de l'homme, Paris, Albin Michel, 1998.

TAMAGNE Florence, « Histoire des homosexualités en Europe : un état des lieux », *Revue d'histoire moderne et contemporaine*, 2006/4, n° 53-54, p. 7-31.

TAMAGNE Florence, *Histoire de l'homosexualité en Europe (Berlin, Londres, Paris, 1919-1939)*, Paris, Seuil, 2000.

THOMPSON Victoria E., « L'histoire du genre : trente ans de recherches des historiennes américaines de la France », *Cahiers d'histoire. Revue d'histoire critique*, 96-97, 2005, p. 41-62.

Chapitre 6

APPADURAI Arjun, *Modernity at large*, traduit de l'américain par F. Bouillot, *Après le colonialisme. Les conséquences culturelles de la globalisation*, Paris, Payot & Rivages, 2001.

BERENSON Edward, *Heroes of Empire. Five Charismatic Men and the Conquest of Africa*, Berkeley, University of California Press, 2010.

BERTRAND Romain, *L'Histoire à parts égales. Récits d'une rencontre Orient-Occident*, Paris, Seuil, 2011.

BERTRAND Romain, « Les orientalistes, conseillers du prince colonial ? Expertise savante et "politique musulmane" aux Indes néerlandaises (1880-1920) », in *Raisons politiques*, n° 22, *Usages politiques de l'anthropologie*, 2006.

BLANCHARD Pascale, LEMAIRE Sandrine (dir.), *Culture coloniale. La France conquise par son Empire (1871-1931)*, Paris, Autrement, 2003.

BLANCHARD Pascale et LEMAIRE Sandrine (dir.), *Culture impériale, 1931-1961. Les colonies au cœur de la République*, Paris, Autrement, 2004.

CHAKRABARTY Dipesh, *Provincializing Europe*, traduit de l'anglais par O. Ruchet, N. Vieillecazes, *Provincialiser l'Europe*.

La pensée postcoloniale et la différence historique, Paris, Éditions Amsterdam, 2010.

COSTANDINI Dino, *Mission civilisatrice. Le rôle de l'histoire coloniale dans la construction de l'identité politique française*, Paris, La Découverte, 2008.

DE L'ESTOILE Benoît, *Le Goût des autres. De l'exposition coloniale aux arts premiers*, Paris, Flammarion, 2007.

HODEIR Catherine, MICHEL Pierre, *L'Exposition coloniale*, Paris, Complexe, 1991.

LARCHER Silyane, *L'Autre Citoyen. L'idéal républicain et les Antilles après l'esclavage*, préface d'Étienne Balibar, Paris, Armand Colin, 2014.

JENNINGS Eric T., *Vichy sous les tropiques. La révolution nationale à Madagascar, en Guadeloupe, en Indochine (1940-1944)*, traduit de l'anglais (Canada) par l'auteur, Paris, Grasset, 2004.

LEBOVICS Herman, *Bringing the Empire back Home. France in the Global Age*, Durham, Duke University Press, 2004.

LEBOVICS Herman, *True France. The Wars over Cultural Identity (1900-1945)*, Ithaca/Londres, Cornell University Press, 1992.

MACKENZIE John M. (éd.), *Imperialism and Popular Culture*, Manchester, Manchester University Press, 1986.

OZOUF Mona, *Jules Ferry. La liberté et la tradition*, Paris, Gallimard, 2014.

POUILLON François (dir.), *Dictionnaire des orientalistes de langue française*, Paris, Karthala/IISM, 2008.

POUILLON François et VATIN Jean-Claude (dir.), *Après l'orientalisme. L'Orient construit par l'Orient*, Paris/Casablanca, Karthala/Fondation Abdul-Aziz, 2012.

SAÏD Edward, *Orientalism*, traduit de l'américain par C. Malamoud, *L'Orientalisme. L'Orient créé par l'Occident*, Paris, Seuil, 1980.

SINGARAVELOU Pierre, *L'Empire des géographes. Géographie, exploration et colonisation, XIX-XXe siècles*, Paris, Belin, 2008.

VENAYRE Sylvain, *La Gloire de l'aventure. Genèse d'une mystique moderne (1850-1940)*, Paris, Aubier, 2002.

Le Livre d'or de l'Exposition coloniale internationale de Paris de 1931. Préface du maréchal Lyautey, introduction de Paul Reynaud, Paris, Honoré Champion, 1931.

Chapitre 7

ATTAL Frédéric, *Histoire des intellectuels italiens au XXe siècle*, Paris, Les Belles Lettres, 2013.
BÉNICHOU Paul, *Le Sacre de l'écrivain (1750-1830). Essai sur l'avènement d'un pouvoir spirituel laïque dans la France moderne*, Paris, Gallimard, 1973.
BONNET Jean-Claude, *Naissance du Panthéon. Essai sur le culte des grands hommes*, Paris, Fayard, 1998.
BOSCHETTI Anna, *Sartre et les « Temps modernes », une entreprise culturelle*, Paris, Minuit, 1985.
BOURDIEU Pierre, *Esquisse pour une auto-analyse*, Paris, éditions Raisons d'agir, 2004, rééd. Seuil, 2004.
BOURDIEU Pierre, *Les Règles de l'art. Genèse et structure du champ littéraire*, Paris, Seuil, 1992.
CASANOVA Pascale, *La République mondiale des lettres*, Paris, Seuil, 1999.
CHARLE Christophe, *Naissance des « intellectuels » (1880-1900)*, Paris, Minuit, 1990.
CHARLE Christophe, *Les Intellectuels au XIXe siècle. Essai d'histoire comparée*, Paris, Seuil, 2001.
CHARLE Christope, JEANPIERRE Laurent (dir.), *La Vie intellectuelle en France*, 2 tomes, Paris, Seuil, 2016.
CHAUBET François, *Paul Desjardins et les Décades de Pontigny*, Lille, Presses universitaires du Septentrion, 2000.
CHAUBET François, MARTIN Laurent, *Histoire des relations culturelles dans le monde contemporain*, Paris, Armand Colin, 2011.
COLLINI Stefan, *Absent Minds. Intellectuals in Britain*, Oxford, Oxford University Press, 2006.

GREMION Pierre, *Intelligence de l'anticommunisme. Le Congrès pour la liberté de la Culture à Paris (1950-1975)*, Paris, Fayard, 1995.

HABERMAS Jürgen, *L'Espace public : archéologie de la publicité comme dimension constitutive de la société bourgeoise*, Paris, Payot & Rivages, 1993.

JUDT Tony, *Après-guerre. Une histoire de l'Europe depuis 1945*, Paris, Fayard, 2010, chapitre 7 : « Guerres culturelles ».

LEYMARIE Michel, SIRINELLI Jean-François (dir), *L'Histoire des intellectuels aujourd'hui*, Paris, Puf, 2003.

LEPENIES Wolf, *Qu'est-ce qu'un intellectuel européen ? Les intellectuels et la politique de l'esprit dans l'histoire européenne*, Chaire européenne du Collège de France, Paris, Seuil, 2007.

MORIN Edgar, *Autocritique*, Paris, Seuil, 1959.

NORA Olivier, « La visite au grand écrivain », in *Lieux de mémoire*, t. II, *La Nation*, Paris, Gallimard, 1986.

ORY Pascal, SIRINELLI Jean-François, *Les Intellectuels en France de l'affaire Dreyfus à nos jours*, Paris, Armand Colin, 1986 rééd. Tempus Perrin, 2004.

PALMIER Jean-Michel, *Weimar en exil. Le destin de l'émigration intellectuelle allemande antinazie en Europe et aux États-Unis*, Paris, Payot & Rivages, 1988.

POPA Ioana, *Traduire sous contrainte. Littérature et communisme (1947-1989)*, Paris, CNRS éditions, 2010.

SAPIRO Gisèle, *La Guerre des écrivains (1940-1953)*, Paris, Fayard, 1999.

SAPIRO Gisèle (dir.), *L'Espace intellectuel en Europe. De la formation des États-nations à la mondialisation, XIXe-XXIe siècle*, Paris, La Découverte, 2009.

SIRINELLI Jean-François, *Intellectuels et passions françaises. Manifestes et pétitions au XXe siècle*, Paris, Fayard, 1990.

STONOR SAUNDERS Frances, *Qui mène la danse ? La CIA et la guerre froide culturelle*, traduit de l'anglais par D. Chevalier, Paris, Denoël, 2003.

TREBITSCH Michel, GRANJON Marie-Christine (dir.), *Pour une histoire comparée des intellectuels*, Bruxelles, Complexe, 1998.

CHAPITRE 8

BAECQUE (de) Antoine, *La Cinéphilie. Invention d'un regard, histoire d'une culture (1944-1968)*, Paris, Fayard, 2003.
BARTHES Roland, *Mythologies*, Paris, Seuil, 1957.
CERTEAU (de) Michel, *La Culture au pluriel*, Paris, Seuil, 1974.
CORBIN Alain, *Les Cloches de la terre. Paysage sonore et culture sensible dans les campagnes au XIXe siècle*, Paris, Aubier, 1994.
CORBIN Alain (dir.), *L'Avènement des loisirs (1850-1960)*, Paris, Aubier, 1995.
DONNAT Olivier, *Les Français face à la culture. De l'exclusion à l'éclectisme*, Paris, La Documentation française, 1994.
ECK Hélène (dir.), *La Guerre des ondes. Histoire des radios de langue française durant la Deuxième Guerre mondiale*, Paris, Communauté des radios publiques de langue française/Armand Colin (Payot & Rivages à Lausanne, Complexe à Bruxelles et Hurtubise à Montréal), 1985.
GAUTHIER Christophe, *La Passion du cinéma. Cinéphiles, ciné-clubs et salles spécialisées à Paris de 1920 à 1929*, Paris, Association française de recherche sur l'histoire du cinéma/École de Chartes, 1999.
HOGGART Richard, *La Culture du pauvre*, traduit de l'anglais par F. Garcias, J.-C. Garcias, J. -C. Passeron, Paris, Minuit, 1971.
KALIFA Dominique, *La Culture de masse*, t. I, 1860-1930, Paris, La Découverte, 2001.
KRACAUER Siegfried, *De Cagliari à Hitler. Une histoire psychologique du cinéma allemand*, Lausanne, L'Âge d'Homme, 1973.
KRACAUER Siegried, *Théorie du film. La rédemption de la réalité matérielle*, traduit de l'américain par D. Blanchard, C. Orsoni, préface de Jean-Louis Leutrat, Paris, Flammarion, 2010.

KRACAUER Siegfried, « Culte de la distraction. Les salles de spectacle cinématographique berlinoises », in *Le Voyage et la Danse. Figures de la ville et vues de films*, Paris/Québec, éditions de la MSH et Presses universitaires de Laval, 2008, p. 63.

LAHIRE Bernard, *La Culture des individus. Dissonances culturelles et distinction de soi*, Paris, La Découverte, 2004.

LEVINE Laurence W., *Highbrow/Lowbrow : The Emergence of Cultural Hierarchy in America*, Cambridge/Mass, Harvard University Press, 1988.

MATTELART Armand, NEVEU Erik, *Introduction aux Cultural Studies*, Paris, La Découverte, 2003.

RIOUX Jean-Pierre, SIRINELLI Jean-François (dir.), *La Culture de masse en France, de la Belle Époque à aujourd'hui*, Paris, Fayard, 2002.

ROGER Philippe, *L'Ennemi américain. Généalogie de l'antiaméricanisme français*, Paris, Seuil, 2002.

SASSOON Donald, *The Culture of the Europeans, from 1800 to the present*, Londres, Harper Collins, 2006.

WOLTON Dominique, *La Folle du logis. La télévision dans les sociétés démocratiques*, Paris, Gallimard, 1983.

« Quelle culture défendre ? », *Esprit*, n° 283, mars-avril 2002.

CHAPITRE 9

ARON Paul, MATONTI Frédérique, SAPIRO Gisèle (dir.), « Le réalisme socialiste en France », in *Sociétés et représentations*, n° 15, 2002.

ASH Timothy Garton, *La Chaudière. Europe centrale (1980-1990)*, traduit de l'anglais par J. P. Carasso, A. Charpentier, P.-E. Dauzat, D. Peters et R. Saint-James, Paris, Gallimard, 1990.

BENJAMIN Walter, « L'œuvre d'art à l'époque de sa reproductibilité technique » (1939, dernière version), in *Œuvres*, traduit de l'allemand par M. de Gandillac, R. Rochlitz et P. Rusch, Paris, Gallimard, 2000, t. III, p. 269-316.

BIBLIOGRAPHIE

BOLTANSKI Luc, CHIAPELLO Ève, *Le Nouvel Esprit du capitalisme*, Paris, Gallimard, 1999.

BROSSAT Alain, *À l'Est, la mémoire retrouvée ?*, Paris, La Découverte, 2000.

BOURDIEU Pierre, DARBEL Alain (en collaboration avec Dominique Schnapper), *L'Amour de l'art. Les musées d'art européen et leur public*, Paris, Minuit, 1966.

FUMAROLI Marc, *L'État culturel. Essai sur une religion moderne*, Paris, édition de Fallois, 1991.

JUDT Tony, *Après-guerre. Une histoire de l'Europe depuis 1945*, Paris, Pluriel, 2010.

HARTOG François, *Régimes d'historicité. Présentisme et expériences du temps*, Paris, Seuil, 2003.

KOSELLECK Reinhart, *Le Futur passé. Contribution à la sémantique des temps historiques*, Paris, éditions de l'EHESS, 1990.

LENIAUD Jean-Michel, *L'Utopie française. Essai sur le patrimoine*, Paris, Mengès, 1992.

RIOUX Jean-Pierre, SIRINELLI Jean-François (dir.), *Pour une histoire culturelle*, Paris, Seuil, 1997.

NORA Pierre (dir.), *Les Lieux de mémoire*, 7. vol, *La République, La Nation, Les France*, Paris, Gallimard, 1984-1992.

POIRRIER Philippe, *Pour une histoire des politiques culturelles dans le monde, 1945-2011*, Paris, La Documentation française, 2011.

POIRRIER Philippe (dir.), *Art et pouvoir de 1848 à nos jours*, Paris, CNDP, 2006.

RICŒUR Paul, *La Mémoire, l'histoire, l'oubli*, Paris, Seuil, 2000.

ROUSSO Henry, *Le Syndrome de Vichy, de 1944 à nos jours*, Paris, Seuil, 1987, rééd. 2016.

URFALINO Philippe, *L'Invention de la politique culturelle*, La Documentation française, Paris, 1990.

Chapitre 10

Artières Philippe, Zancarini-Fournel Michèle, *68. Une histoire collective (1962-1981)*, Paris, La Découverte, 2008.

Ash Timothy Garton, *La Chaudière. Europe centrale (1980-1990)*, traduit de l'anglais par J. -P. Carasso, A. Charpentier, P. -E. Dauzat, D. Peters, R. Saint-James, Paris, Gallimard, 1990.

Damamme Dominique, Gobille Boris, Matonti Frédérique, Pudal Bernard (dir.), *Mai-Juin 68*, Paris, Éditions de l'atelier, 2008.

Dreyfus-Armand Geneviève, Franck Robert, Lévy Marie-Françoise, Zancarini-Fournel Michelle (dir.), *Les Années 1968. Le temps de la contestation*, Bruxelles, Complexe, 2000.

Fejtö François, Rupnik Jacques, (dir.) *Le Printemps tchécoslovaque de 1968*, préface de Vaclav Havel, Bruxelles, Complexe, 2008.

Gobille Boris, *Le Mai 1968 des écrivains. Crise politique et avant-gardes littéraires*, Paris, CNRS éditions, 2018.

Klimke Martin, Scharloth Joachim (dir.), *1968 in Europe. A History of Protest and Activism (1956-1977)*, Basingstoke, Palgrave/Macmillan, 2008.

Loyer Emmanuelle, *Mai 1968 dans le texte*, Bruxelles, Complexe, 2008, p. 70-72.

Rupnik Jacques, « Les deux Printemps de 1968 », in *Études*, 2008/5, t. 408, mai 2008, p. 585-592.

Sommier Isabelle, *La Violence révolutionnaire*, Paris, Presses de la Fondation nationale des sciences politiques, « Contester », 2008.

Vigna Xavier, *L'Insubordination ouvrière dans les années 1968. Essai d'histoire politique des usines*, Rennes, Presses universitaires de Rennes, 2007.

Zancarini-Fournel Michelle, *Le Moment 68. Une histoire contestée*, Paris, Seuil, 2008.

« Mai 1968 dans le monde. Le jeu d'échelles », *Histoire@politique*, n° 6, septembre-décembre 2008.

Chapitre 11

Auray Nicolas, « La négociation des points de vue. Une cartographie sociale des conflits et des querelles dans le Wikipédia francophone », in *Réseaux*, 2009/2, n° 154, 2009, p. 272 et suivantes.

Auray Nicolas, « Wikipédia, les savoirs en mosaïque », in *Les Grands Dossiers des sciences humaines*, 2009/12, n° 17, 2009.

Bénichou Paul, *Le Sacre de l'écrivain, 1750-1830. Essai sur l'avènement d'un pouvoir spirituel laïque dans la France moderne*, Paris, Gallimard, 1973.

Bon François, *Après le livre*, Paris, Seuil, 2011. Site animé par François Bon, publie.net

Cardon Dominique, « Vertus démocratiques de l'Internet », in *La Vie des idées*, 10 novembre 2009.

Cardon Dominique, *La Démocratie Internet. Promesses et limites*, Paris, Seuil, 2010.

Casilli Antonio, *Les Liaisons numériques*, Paris, Seuil, 2010.

Corbin Alain, *Le Miasme et la Jonquille. L'odorat et l'imaginaire social, XVIII-XIXe siècles*, (1982), Paris, réed, Flammarion, 2008.

Donnat Olivier, *Les Pratiques culturelles des Français à l'ère numérique*, Paris, La Documentation française, 2009.

Doueihi Milad, *La Grande Conversion numérique*, Paris, Seuil, 2008.

Doueihi Milad, *Pour un humanisme numérique*, Paris, Seuil, 2011.

Flichy Patrice, *L'Imaginaire d'Internet*, Paris, La Découverte, 2001.

Negroponte Nicola *L'Homme numérique*, traduit de l'anglais par M. Garène, Paris, Robert Laffont, 1995.

Rosa Hartmut, *Die Veränderung der Zeitstrukturen in der Moderne*, traduit de l'allemand par D. Renault, *Accélération. Une critique sociale des temps*, Paris, La Découverte, traduit de l'allemand par D. Renault, 2010.

SIMONE Raffaele, *Pris dans la Toile. L'esprit aux temps du web*, traduit de l'italien par G. Larcher, Paris, Gallimard, 2012.
TURNER Fred, *Aux sources de l'utopie numérique. De la contreculture à la cyberculture. Stewart Brand, un homme d'influence*, traduit de l'anglais par L. Vannini, Paris, C&F éditions, 2012 ; *From Counter culture to Cyberculture : Steward brand, the whole Earth Network and the Rise of Digital Utopianism*, Chicago, The University of Chicago Press, 2006.

CHAPITRE 12

AMIROU Rachid, *L'Imaginaire touristique*, préface de M. Houellebecq, Paris, CNRS éditions, 2012.
BERTHO-LAVENIR Catherine, *La Roue et le Stylo. Comment nous sommes devenus des touristes*, Paris, Odile Jacob, 1995.
CORBIN Alain (dir.), *L'Avènement des loisirs, 1850-1960*, Paris, Flammarion, 2009.
DUMAZEDIER Joffre, *Vers une civilisation des loisirs ?*, Paris, Seuil, 1962.
GRANGER Christophe, « Impressions atmosphériques. Histoire du beau temps en vacances », in *Ethnologie française*, 2004/1, vol. 34, 2004.
GRANGER Christophe, *Les Corps d'été. Naissance d'une variation saisonnière*, Paris, Autrement, 2009.
LÉVI-STRAUSS Claude, *La Pensée sauvage*, Paris, Plon, 1962.
MENGER Pierre-Michel, *Portrait de l'artiste en travailleur. Métamorphoses du capitalisme*, Paris, Seuil, 2002.
RAUCH André, *Vacances en France. De 1830 à nos jours*, Paris, Hachette Littérature, édition augmentée, 2001.
SANSOT Pierre, *Les Gens de peu*, Paris, Puf, 1991.

Chapitre 13

Aries Philippe, Duby Georges (dir.), *Histoire de la vie privée*, t. IV, sous la direction de Michelle Perrot, *De la Révolution à la Grande Guerre*, t. V, sous la direction d'Antoine Prost et Gérard Vincent, *De la Première Guerre mondiale à nos jours*, Seuil, 1987.

Bauman Zygmunt, *L'Amour liquide. De la fragilité des liens entre les hommes*, Paris, éditions du Rouergue, traduit de l'anglais par C. Rosson, 2004.

Bauman Zygmunt, *Le Présent liquide*, Paris, Seuil, 2007.

Charle Christophe, *Discordance des temps. Une brève histoire de la modernité*, Paris, Armand Colin, 2011.

Chartier Roger, *Lectures et lecteurs dans la France d'Ancien Régime*, Paris, Seuil, 1987.

Davis Zemon Natalie, *Society and Culture in Early Modern France. Eight essays*, Stanford, Stanford University Press, 1975.

Gay Peter, *Une culture bourgeoise. Londres, Paris, Berlin 1815-1914… Biographie d'une classe sociale*, Paris, Autrement, 2005.

Lepennies Wolf, « Les lieux de l'ennui », in *Qu'est-ce qu'un intellectuel européen ? Les intellectuels et la politique de l'esprit dans l'histoire européenne*, Chaire européenne du Collège de France, 1991-1992, Paris, Seuil, 2007.

Mahler Alma, *Journal intime*, Paris, Payot & Rivages, traduit de l'allemand par A. Tautou, 2010.

Perrot Michelle, *Histoire de chambres*, Paris, Seuil, 2009.

Perrot Michelle, « Vie privée », in *Dictionnaire des sciences humaines*, Paris, Puf, 2004.

Rosa Hartmut, *Accélération. Une critique sociale des temps*, Paris, La Découverte, traduit de l'allemand par D. Renault, 2010.

Roudinesco Élisabeth, *Histoire de la psychanalyse en France*, t. I et t. II, Paris, Seuil, 1982, 1986.

Roudinesco Élisabeth, *Sigmund Freud. En son temps et dans le nôtre*, Paris, Seuil, 2014.

SEIGEL Jerold, *The Idea of the Self. Thought and Experience in Western Europe since the Seventeenth Century*, Cambridge, Cambridge University Press, 2005.

SIMMEL Georg, *Les Grandes Villes et la vie de l'esprit*, traduit de l'allemand par J.-L. Vieillard-Baron et F. Joly, Paris, Payot & Rivages, 2013.

WOOLF Virginia, *Une chambre à soi*, Paris, 10/18, traduit de l'anglais par C. Malraux, 2001.

ZARETSKY Eli, *Le Siècle de Freud. Une histoire sociale et culturelle de la psychanalyse*, Paris, Albin Michel, 2008.

INDEX

Adorno, Theodor, 229, 265-266, 326
Alain (Émile-Auguste Chartier, dit), 225
Alexandre II, 213
Alexandrie (bibliothèque), 364
Alexievitch, Svetlana, 321
Ali, Tariq, 330
Allen, Woody, 248
Almeida Garrett, Joao Baptista, 34
Althusser, Louis, 326
Amiel, Henri Frédéric, 421
Amirou, Rachid, 408-410
Appadurai, Arjun, 195, 202
Aragon, Louis, 71, 226, 302, 434
Arcadie (association), 170-171
Archives nationales, 36
Arendt, Hannah, 238, 241, 323
Aron, Raymond, 233, 238
Arons (affaire), 217
Arts Council, 291, 294, 298

Asquith, Herbert Henri, 163
Assange, Julian, 376
Auclert, Hubertine, 153-154
Auden, Wystan Hugh, 251
Augier, Émile, 99-100
Auray, Nicolas, 373
Aurore, L' (journal), 65, 207
Austen, Jane, 48

Babel, Isaac, 66, 226
Baden-Powell, Robert, 45, 180
Baez, Joan, 336, 338
Baker, Joséphine, 178
Baltard (pavillons), 315
Balzac, Honoré de, 48-49, 51, 60, 70, 170, 417, 424
Barbizon (école de), 109
Barbusse, Henri, 225, 227
Barthes, Roland, 272
Baudelaire, Charles, 60, 67-68, 107, 357, 437
Bauhaus, 230
Bauman, Zygmunt, 439
BBC, 179, 248, 252-253, 255-256, 291, 330

Beauvoir, Simone de, 67
Bécassine, 125
Beckett, Samuel, 234
Belle Époque, la, 53, 56, 64, 69, 168, 170, 396
Benda, Julien, 222, 224
Benjamin, Walter, 16-17, 54, 68, 222, 265-266, 286
Ben Yehuda, Eliezer, 30
Bergson, Henri, 128
Berlusconi, Silvio, 261
Bernhardt, Sarah, 96
Bhabha, Homi, 195
Blum, Léon, 99, 225, 227-228
Böll, Heinrich, 240
Boltanski, Luc, 300
Bonaparte, Marie, 427
Bonaparte, Napoléon, 44, 152
Bonnot (Bande à), 63
Borges, Jorge Luis, 364
Boulevards parisiens, 16, 68-71, 84, 92, 245
Brasillach, Robert, 228, 235
Brecht, Bertolt, 226, 240, 296
Breton, André, 71, 196, 357, 434
British Empire and Commonwealth Museum, 200
Broadway, 229
Bruno, G. (Augustine Fouillée), 38

Camus, Albert, 271
Canova, Antonio, 106
Cardenas, Lazaro, 230

Carlu, Jean, 81
Carlyle, Thomas, 419
Cartouche, Louis-Dominique, 63
Casque d'or (Amélie Élie, dite), 63
Castoriadis, Cornelius, 327
Cavaillès, Jean, 227
Cavour, Camillo, 40-41
Ceaucescu, Nicolae, 306
Certeau, Michel de, 269
Césaire, Aimé, 195-198
CGT, 331, 392-393
Chaillot, 81
Chakraparty, Dipresh, 195
Chalamov, Varlam, 321
Champ-de-Mars, 81
Champo, Le (cinéma), 316
Champs-Élysées, 81, 254
Chaplin, Charlie, 278, 435
Char, René, 227
Charcot, Jean-Baptiste, 429
Chemin des Dames, 199
Chevalier, Michel, 77
Chirac, Jacques, 200
Citadelle (jardin de la), 81
Cité de l'immigration, 201
City, the, 91
Claretie, Jules, 99
Clemenceau, Georges, 65, 184, 206
Club Med, 406-407
Cohn-Bendit, Daniel, 330, 332, 340

INDEX

Colette, Sidonie-Gabrielle, 162, 398
Collège de France, 77, 128
Comédie-Française, 92, 256
Commonwealth, 199-200
Cook, Thomas, 387-388, 393
Coppée, François, 99
Copyright Act, 366
Cornelius, Peter, 106
Courbet, Gustave, 108
Croix-Rouge, 133
Crystal Palace, 76

Dandieu, Arnaud, 270
D'Annunzio, Gabriele, 141
Dante Alighieri, 127
Daudet, Alphonse, 123
De Amicis, Edmondo, 38
Debord, Guy, 89, 327
Décades de Pontigny, 219, 222
Déclaration de Villeurbanne, 296, 346
Déclaration des droits de la femme et de la citoyenne, 153
Delacroix, Eugène, 422
Demangeon, Albert, 192
Deroin, Jeanne, 153
Descartes, René, 415
Deux Magots, Les (café), 67
Dewey, John, 237
Dickens, Charles, 52
Diderot, Denis, 83, 372
Dietrich, Marlene, 230
Dos Passos, John, 224, 234

Doumergue, Gaston, 185
Dresch, Jean, 193
Dreyfus (affaire), 29, 64-65, 79, 206, 208, 217, 219, 391
Drieu la Rochelle, Pierre, 228, 235
Drumont Édouard, 65
Dubuffet, Jean, 349
Duby, Georges, 148, 425
Duchamp, Marcel, 437
Duhamel, Georges, 269-270
Dumas, Alexandre (fils), 99-100, 103
Dumas, Alexandre (père), 48, 60
Dumazedier, Joffre, 290, 381
Duras, Marguerite, 325
Durkheim, Émile, 128
Dutschke, Rudi, 325, 337, 340
Dylan, Bob, 338

Eastwood, Clint, 173
École de Francfort, 229, 265-266, 326
Edison, Thomas, 83, 272
Édit de Nantes, 229
Eiffel, tour, 81, 315, 318, 409
Einstein, Albert, 230
Elias, Norbert, 118, 130
Eliot, Thomas Stearn, 251
Élisabeth II, 259
Ensor, James, 108
Enzensberger, Hans-Magnus, 240, 296

Exposition coloniale de 1931, 185-186
Exposition universelle, 73, 75-76, 79-80, 85, 107-108

Facebook, 375-376, 378
Fanon, Franz, 196
Fantômas, 63, 275
Father Brown, 64
Faulkner, William, 234, 433
Fédérés (mur des), 316
Fermi, Enrico, 230
Ferry, Jules, 181, 183-184, 209
Fichte, Johann Gottlieb, 27
Finkielkraut, Alain, 269
Flaubert, Gustave, 25, 50, 60, 73, 214
Forster, Edgar M., 226
Foucault, Michel, 176, 361, 414
France, Anatole, 423
François Joseph Ier d'Autriche, 114
Freud, Anna, 427
Freud, Sigmund, 52, 67, 110, 326, 426-427, 429-432
Front populaire, 79, 82, 144, 200, 225, 250, 252, 333, 343, 385, 392
Fumaroli, Marc, 295

Gabin, Jean, 179
Gambetta, Léon, 183
Gance, Abel, 144, 275
Garibaldi, Giuseppe, 21, 40-41
Gauguin, Paul, 109
Gaulle, Charles de, 231, 254
Gaumont, Léon, 274-275
Gautier, Théophile, 60
Gay, Peter, 418
Geismar, Alain, 330, 334
George VI, 253
Gide, André, 222, 226
Gijón (café), 67
Girardin, Émile, 55
Godard, Jean-Luc, 267-268, 281, 332, 339, 350, 408
Goldschmidt, Bertrand, 230
Gontcharov, Ivan, 438
Google, 363-367
Gorbatchev, Mikhaïl, 347
Gottwald, Klement, 306
Gouges, Olympe de, 151, 153
Grand Rex, Le (cinéma), 276
Grass, Günter, 240
Greenwich (méridien de), 9, 194, 233
Grévin (musée), 69
Griffith, David Wark, 143, 275
Grimm (frères), 27
Grossman, Vassili, 321
Groupe 47, 240
Guardian, The (journal), 376

Halévy, Ludovic, 99-100, 102-103
Hanka, Vaclav, 31

INDEX

Hardy, Georges, 192, 193
Haussmann, Georges Eugène, 69, 93
Havas (agence), 60
Havel, Vaclav, 319, 340
Hegel, Georg Wilhelm Friedrich, 55
Herder, Johann Gottried von, 31
Herzl, Theodor, 80
Hitler, Adolf, 140, 226-229
Hobsbawm, Eric, 17, 24
Hofmansthal, Hugo von, 114
Hoggart, Richard, 268-269
Hollywood, 100, 143, 179, 229-230, 290
Homodok, 168
Horkheimer, Max, 229, 266
Horvath, Ödön von, 441
Houellebecq, Michel, 408
Hugo, Victor, 15, 34, 209, 274
Humanité, L' (journal), 227

Indignés (mouvement des), 355, 378
Internationale situationniste, 267, 327

Janet, Pierre, 430
Jaspers, Karl, 237, 241, 323
Jaurès, Jean, 67, 183
Jdanov, Andreï, 301
Jeux olympiques, 45
Jivkov, Todor, 304
Joyce, James, 17, 233
Jünger, Ernst, 141
Jung-Wien, 113, 115-116

Kafka, Franz, 229
Kandinsky, Vassily, 108
Kaven, Jan, 330
Kertbeny, Kàroly Mària, 169
Keynes, John, 215, 291, 298
Kipling, Rudyard, 180
Klein, Mélanie, 427
Klemperer, Viktor, 142
Klimt, Gustav, 110, 114
Koestler, Arthur, 238
Kokoschka, Oskar, 110
Kracauer, Siegfried, 246, 275-278
Kraus, Karl, 67
Kubrick, Stanley, 144
Kundera, Milan, 239, 306, 311, 332, 345-346
Kuron, Jacek, 324, 341

Lacan, Jacques, 271, 326
Lagerlöf, Selma, 38
Lagrange, Léo, 392
Lamartine, Alphonse de, 60
Langevin, Paul, 225, 227
Landru, Henri-Désiré, 63
Lang, Fritz, 230, 279, 431
Lang, Jack, 298-299
La Villemarqué, Théodore Hersart, 32
Lavisse, Ernest, 128
Lavrov, Pierre, 214

Lebon, Gustave, 246
Lefort, Claude, 327
Leiris, Michel, 198
Le Play, Frédéric, 77
Lévi, Sylvain, 176
Lévi-Strauss, Claude, 198, 271, 404, 414
Libre Parole, La (journal), 65
Libuse, 31
Liebermann, Max, 109
Liehm, Antonin, 346-347
Linder, Max, 274
Lönrott, Elias, 31
Loos, Adolf, 110
Loti, Pierre, 176
Lüger, Karl, 115
Lumière (frères), 272, 273
Lupin, Arsène, 63
Lyautey, Hubert, 185-188

Mac Kenzie, Robert, 330
Macpherson, James, 26
Madame Tussaud (musée de), 69
Maeterlinck, Maurice, 396
Magnus-Hirschfeld-Gesellschaft, 168
Mahler, Gustav, 110, 420
Mai 1968, 208, 254, 296-297, 324, 327, 329, 331, 334, 340, 344, 348, 350-352
Malraux, André, 222, 224, 226-227, 286, 288-291, 299, 315, 349
Manet, Édouard, 107

Manifeste des 121, 227
Manifeste du futurisme, 436
Mann, Heinrich, 222, 226
Mann, Thomas, 17-18, 226, 432
Mannoni, Octave, 197
Manzoni, Alessandro, 25, 28, 48-49
Mao Zedong, 339
Marcuse, Herbert, 326
Margueritte, Julie, 69
Marie-Antoinette, 151
Márquez, Gabriel García, 51
Marshall (plan), 303
Marx, Karl, marxisme, 110, 264, 271-272, 276, 301, 311, 325-328, 346-347, 381, 435
Mascolo, Dyonis, 325
Massignon, Louis, 176
Massis, Henri, 227
Maupassant, Guy de, 60, 62, 214
Mauriac, François, 222
Mazzini, Giuseppe, 40-41, 419
Médicis (villa), 106
Melba, Nellie, 256-257
Méliès, Georges, 273
Memmi, Albert, 196
Mercator (projection de), 194
Mercure de France, Le (revue), 225-226
Mérimée, Prosper, 36, 315
Michelet, Jules, 32, 36

Mickiewicz, Adam, 320
Millaud, Moïse Polydore, 55-56
Millet, Jean-François, 108-109
Milosevic, Slobodan, 305
Mirbeau, Octave, 102
Mitterrand, François, 298
Modzelewski, Karol, 324, 340-342
Mollet, Guy, 385
Monde, Le (journal), 376
Monjuich (procès de), 217
Montale, Eugenio, 235
Morand, Paul, 438
Morin, Edgar, 236, 272
Mosse, George L., 130, 135, 141
Mozart, Wolfgang Amadeus, 89, 127
Munch, Edvard, 109
Musée de l'Homme, 200
Musil, Robert, 18, 67, 226, 441

Nabokov, Vladimir, 234
Nagelmackers, Georges, 388
Nerval, Gérard de, 60
New York Times (journal), 376
Nicolas II, 35
Nietzsche, Friedrich, 436
Nin, Anaïs, 420
Nizan, Paul, 224, 226
Nouvelle Revue française, 232, 235
Nouvelle Vague, 310

Offenbach, Jacques, 100
Opéra-Comique, 92
Opéra Garnier, 92
Ortega y Gasset, José, 218
Orwell, George, 142, 224, 241
Overbeck, Johann Friedrich, 106
Oxbridge, 215, 255

Pagnol, Marcel, 391
Pais, El (journal), 376
Palacky, Frantisek, 31
Palais idéal du facteur Cheval, 315
Panowsky, Erwin, 229
Pasternak (affaire), 239
Pathé, Charles, 274-275
Paulhan, Jean, 235
Paxton, Robert, 76, 318
Pelletier, Madeleine, 153-154
Pen Club, 221
Perret, Auguste, 315
Petit Journal, Le (journal), 55-56
Petit Palais, 81
Picasso, Pablo, 302
Pie XII, 259
Pirandello, Luigi, 432
Pouchkine, Alexandre, 25-26, 48
Presse, La (journal), 55
Prévost, Jean, 227
Printemps de Prague, 345
Prost, Antoine, 138
Proust, Marcel, 17, 423, 432

Quai Branly, 199-201
Quartier latin, 281, 324, 338

Rachel (Élisabeth Rachel Félix), 97-98
Remarque, Erich Maria, 131
Renan, Ernest, 36, 232
Renoir, Jean, 144
Reuters, 60
Revue nègre, La, 178
Richard Cœur de Lion, 47
Ricœur, Paul, 322
Rideau de fer, 20, 234, 238, 323, 325, 408
Rimbaud, Arthur, 209
Ringstrasse, 112-115
Risorgimento, 24, 35, 38, 41, 260
Rivet, Paul, 200, 225, 227
Rohmer, Éric, 281, 294-295
Rolland, Romain, 128, 225
Roosevelt, Franklin, 252-253
Rostand, Edmond, 99, 101
Roth, Joseph, 111
Rougemont, Denis de, 238
Rouletabille, 64

Saïd, Edward, 175, 189, 195
Saint-Germain-des-Prés, 209
Sainte-Beuve, Charles-Augustin, 264
Salomé, Lou Andreas, 431
Salomon, Ernst von, 141
Salon des refusés, 107
Sand, George, 51, 60-61

Sansot, Pierre, 405
Sartre, Jean-Paul, 67, 222, 228, 231-236, 241, 271, 422
Schiele, Egon, 110
Schiller, Friedrich von, 34
Schindler, Alma, 420
Schoelcher, Victor, 183
Schönberg, Arnold, 110
Scott, Walter, 25, 47-48
Sécession viennoise, 67
Sédar Senghor, Léopold, 196
Shakespeare, 34, 127, 433
Shoah, 316, 320
Sibelius, Jean, 35
Siegel, Don, 173
Šik, Ota, 345
Simmel, Georges, 53, 437
Singer, Isaac Bashevis, 30
Socialisme ou Barbarie (revue), 327-328
Société fabienne, 216
Sokols, 44
Soljenitsyne, Alexandre, 239, 321
Sorbonne (université), 128, 329, 332, 334
Spiegel, Der (journal), 376
Staël (Mme de), 20, 105
Stahlhelm, 142
Staline, Joseph, 251, 303, 305, 307, 309
Steiner, George, 66
Stendhal (Henri Beyle, dit), 60, 67

Stephen, Leslie, 400
Strachey, Lytton, 215, 223
Sturm und Drang, 28
Sue, Eugène, 48
Svevo, Italo, 432

Taibo II, Paco Ignacio, 338
Taine, Hyppolite, 232
Temps modernes, Les, 232, 236
Thatcher, Margaret, 298
Thorez, Maurice, 250, 303
Times, The (journal), 420
Tolstoï, Léon, 48, 51
Tour de France, 45-46
Tourgueniev, Ivan, 51, 214
Transsibérien, 84
Trenet, Charles, 251
Trente Glorieuses, 402, 405, 407
Trigano, Gilbert, 406
Triolet, Elsa, 302
Trocadéro (palais du), 81
Trumbo, Dalton, 145
Tuileries (jardin des), 79
Turnvereine, 44
Twitter, 375, 378

Ungaretti, Giuseppe, 235

Van Gogh, Vincent, 316
Verdi, Giuseppe, 35
Verdun, 140
Versailles (château de), 118

Vichy (régime de), 160-161, 166, 170, 196
Victor-Emmanuel II, 41
Vittorini, Elio, 235-236
Voltaire (François-Marie Arouet, dit), 207

Walesa, Lech, 319
Walser, Martin, 240, 242
Wagner, Cosima, 420
Wagner, Richard, 14, 127
Webb, Sydney, 216
Weber, Max, 118, 390
Weil, Simone, 224
Weimar (république de), 141, 230, 246, 266, 275
Westminster, 91, 259
Wikileaks, 376
Wikipédia, 372-373, 378-379
Wilde, Oscar, 165, 417
Williams, Tennessee, 237
Wittgenstein, Ludwig, 110
Wolff (agence de presse), 60
Wolff, Karl-Dietrick, 330
Wolff, Kurt, 229
Woolf, Leonard, 170,
Woolf, Virginia, 18, 170, 216, 256, 400, 420, 432

Zola, Émile, 62, 65, 100, 103, 207, 227, 316
Zweig, Stefan, 88, 101, 114, 127

Crédits

Malgré nos recherches, nous ne sommes pas parvenus à entrer en contact avec les ayants droit de certaines des images reproduites dans ce livre. Toute personne souhaitant se faire connaître peut s'adresser à l'éditeur.

p. 33 : © Fine Art Images / Leemage.
p. 39 : © BnF.
p. 46 : © Alamy / Photo12.
p. 68 : © akg-images / Imagno / Austrian Archives.
p. 76 : © akg-images.
p. 58 : © National Library of the Czech Republic / 54 A 150. Photo © Digital library of the National Library of the Czech republic.
p. 93 : Christophe Charle, *Théâtres en capitales. Naissance de la société du spectacle à Paris, Berlin, Londres et Vienne*, © Albin Michel, 2008.
p. 94 : Christophe Charle, *Théâtres en capitales. Naissance de la société du spectacle à Paris, Berlin, Londres et Vienne*, © Albin Michel, 2008.
p. 113 : © akg-images.
p. 135 : © akg-images.
p. 139 : © Cuboimages / Leemage.
p. 157 : © Kirsti Liimatainen / National Library of Finland.
p. 164 : © Keystone / Zuma / Leemage.

p. 174 : *Histoire de la virilité*, t. 3. *La virilité en crise ? Le XXe-XXIe siècle*, Alain Corbin, Jean-Jacques Courtine, Georges Vigarello, « L'Univers Historique », © Éditions du Seuil, 2011, « Points Histoire », 2015.

p. 189 : © Lux-In-Fine / Leemage.

p. 192 : © British Library / akg-images.

p. 223 : © Archives Pontigny-Cerisy.

p. 242 : © Ullstein bild / akg-images.

p. 252 : © Fox Photos / Getty Images.

p. 253 : © NBC / NBCU Photo Bank via Getty Images.

p. 277 : © akg-images.

p. 292 : © Prisma / Leemage.

p. 312 : © Zdenek Palcr / OOA-S 2017 / Narodni filmovy archiv / Aurimages.

p. 341 : © Ullstein bild / akg-images.

p. 342 (à gauche) : © Janusz Uklejewski / CAF / PAP.

p. 342 (à droite) : © Tomasz Michalak / PAP.

p. 368 : © Rob Huibers / HH-REA.

p. 389 : © Alamy / Photo12.

p. 410 : © anyaivanova / iStock.

p. 419 : © DeAgostini / Leemage.

p. 428 : © Fototeca /Leemage.

Remerciements

J'exprime toute ma reconnaissance aux chargés de conférence qui m'ont aidée à confectionner ce cours, Julie Champrenault, Anaïs Fléchet, Aksel Kozan, Géraud Letang, Julie Maeck, Paul Marquis, Rémy Pawin, Julien Sorez et en particulier Marie Scot.

Christophe Charle m'a relue en pleine canicule. Qu'il en soit vivement remercié !

TABLE

Préface 9

1. COMMENT NAISSENT LES NATIONS 23

La fabrique des nations 25
Comment se donner des ancêtres, 25 ; *Construire une langue*, 27 ; *Écrire le roman national*, 31 ; *Sur la scène : théâtre, opéra et musique*, 34.

La fabrique des peuples.................................. 36
Sur les bancs de l'école : Nils, Franti et les autres, 37 ; *Sports, tourisme et « pittoresque national »*, 43.

La littérature, entre nation et internationalisation 47
Y a-t-il une forme littéraire de l'État-nation ? 47 ; *Le roman, un genre européen*, 49.

2. FLÂNER EN VILLE.. 53

Un flot de papier 54
D'une presse de revues à une presse quotidienne, 55 ; *La presse, régulatrice des opinions et des imaginaires*, 60.

Le spectacle de la ville : le regard du flâneur.. 66
L'Europe des cafés, 66 ; *Le Boulevard et ses badauds*, 68 ; *Les gares*, 71.

Les expositions universelles, vitrines de la modernité européenne 73
Une cristallisation de l'esprit du temps, 75 ; *Une légitimation des pouvoirs en place*, 78 ; *Une lecture européenne et une vitrine nationale*, 79 ; *Quand le règne de l'éphémère provoque des transformations urbaines pérennes*, 80 ; *Une pédagogie du progrès*, 82 ; *Une fête pour les foules démocratiques*, 83.

3. Société du spectacle et avant-gardes 87

Une société du spectacle ? 88
Les capitales théâtrales : Berlin, Vienne, Paris, Londres, 90 ; *L'entreprise théâtrale*, 95 ; *Des sociétés en représentation*, 101.

Le pouvoir de rayonnement culturel 103
Les facteurs du rayonnement, 103 ; *Rome, capitale des arts au XIXe siècle ?* 105 ; *Art moderne et mobilité : Paris et les circulations avant-gardistes*, 107.

Vienne fin de siècle 110
L'énigme viennoise, 110 ; *La Ringstrasse ou le système culturel libéral à ciel ouvert*, 112 ; *Le culte de l'art du Jung-Wien*, 113.

4. Au front comme à l'arrière 117

Mobilisations totales 119
« Cultures de guerre », 119 ; *La guerre des enfants*, 122 ; *Les hérauts de la guerre : écrivains et intellectuels*, 126.

Violence, souffrance et brutalisation 129
L'expérience de la guerre, 130 ; *Déréaliser la guerre : sacralisation et banalisation*, 134.

Sortir de la guerre 136
Les formes du souvenir : monuments aux morts et Soldat inconnu, 136 ; *Brutalisation et totalitarismes*, 140 ; *Grande Guerre sur grand écran*, 142.

5. Européens, européennes 147

La citoyenne paradoxale : genre et politique dans la France républicaine 150
Les femmes révolutionnées, 150 ; *Le genre et la politique républicaine française*, 152.

Ordre sexué, ordre social, ordre politique d'un monde en guerre 158
Renforcement de l'ordre sexué, 159 ; *Le brouillage des sexes : une crainte permanente*, 161 ; *La mise à mal des hiérarchies sociales, nationales et culturelles*, 165.

Genre et sexualités 167
Écrire l'histoire des homosexualités, 167 ; *Histoire de la virilité*, 171.

6. Le temps des colonies 175

Culture coloniale et culture impériale 177
L'imprégnation coloniale, 177 ; *République et colonialisme : histoire d'un paradoxe*, 182 ; *L'Exposition coloniale de 1931*, 185.

Sciences et empires 189
L'orientalisme, science de gouvernement colonial, 189 ;
La géographie, une « science coloniale » ?, 191.

Comment devenir postcolonial ? 195
Le « Discours sur le colonialisme » d'Aimé Césaire,
195 ; *Pour une histoire partagée*, 199.

7. LES INTELLECTUELS EN EUROPE 203

La naissance des intellectuels 206
L'affaire Dreyfus, moment de cristallisation, 206 ; *Le paradigme français*, 208 ; *Champ intellectuel et champ politique en Russie, en Allemagne, en Grande-Bretagne et en Espagne*, 210.

D'une guerre à l'autre : internationalisation et politisation des champs intellectuels 219
Sociabilités et professionnalisation, 220 ; *Le temps des manifestes*, 222 ; *Exils antifascistes*, 229.

Après 1945 : l'espace intellectuel européen recomposé 231
Le mythe de l'« intellectuel total », 231 ; *Par-delà le rideau de fer*, 234 ; *Allemagne et Grande-Bretagne : deux pays en marge*, 240.

8. LES ONDES ET LES ÉCRANS 245

Technologies de la culture de masse 247
Radio Days : la popularisation du son, 248 ; *L'âge de la télévision*, 257.

Le savant et le populaire.................................. 264
L'école de Francfort : le totalitarisme doux des industries culturelles, 265 ; *Le pari optimiste des Cultural Studies*, 268 ; *L'antiaméricanisme français*, 269.

Le cinéma, art et industrie du XXe siècle........ 272
Une vocation industrielle, 272 ; *Les Palais de la distraction*, 275 ; *Des mythologies contemporaines*, 278 ; *Un art impur : de l'art forain au 7e art*, 280.

9. POLITIQUES DE LA CULTURE...................... 285

Démocratisations 287
Le salut par la culture (années 1950-1960), 287 ; *Décentralisation et nouvelles définitions de l'action culturelle (années 1970)*, 293 ; *Déhiérarchisation des arts, industries culturelles,* creative industries *(depuis les années 1980)*, 297.

Communismes.. 300
Nationalisation, centralisation et dogmatisme de la culture dans le système communiste, 301 ; *« Un contenu socialiste dans une forme nationale » (Staline)*, 305 ; *La nouvelle vague tchèque (années 1960)*, 309.

Une politique de la mémoire......................... 313
Mémoire, patrimoine, identité, 313 ; *Après le communisme : quelle identité choisir ?* 319.

10. 1968, UNE RÉVOLTE PARTAGÉE ?.............. 323

Le fonds commun des révoltes 326
Une langue politique et une bibliothèque partagées, 326 ; *Les « nouvelles gauches »*, 328 ; *Évolutions macrosociologiques communes*, 329.

Un phénomène transnational............................ 330
Import/export de nouvelles formes politiques, 331 ; *Les grands récits de 68*, 334 ; *Passeurs, colporteurs, traducteurs*, 340.

Styles nationaux.. 343

« Asphyxiante culture »..................................... 347
Le gauchisme culturel, 348 ; *De nouveaux dispositifs artistiques*, 350.

11. Cultures numériques............................ 353

Une culture d'écrans... 355
Transformations de l'espace, du temps et de la hiérarchie des sens, 355 ; *Les pratiques culturelles à l'ère numérique*, 358.

Ce que le numérique fait à l'imprimé 363
La bibliothèque universelle, des Lumières à Google, 363 ; *La fracture numérique*, 367.

Les transformations de l'espace public 371
Prendre la parole dans un nouvel espace public, 371 ; *Nouveaux collectifs et sociabilité numérique*, 377.

12. Vers une « civilisation
   des loisirs » ? 381

Le « temps libre »... 383
Une configuration moderne des temps, 383 ; *Voyages à l'anglaise : le nouvel opium du peuple ?* 386 ; *L'économie morale du loisir*, 388.

Le temps des vacances (1920-1960) 395
La température du bonheur, 395 ; *Les corps d'été*, 397 ; *Le plein air : renouer avec la nature*, 400.

La « civilisation des loisirs » ? 402
La révolution estivale, 402 ; *La formule Club*, 405 ; *L'imaginaire touristique*, 407.

13. VIE PRIVÉE, VIE INTIME 413

L'intimité comme espace de constitution de soi 416
Naissance de l'intime, 416 ; *Pratiques et protocoles de l'intime : lecture et écriture*, 418 ; *L'espace de l'intimité : la chambre*, 423.

Le temps de Freud. La psychanalyse au XXe siècle 426
Le nouveau « moi » de la psychanalyse, 426 ; *Psychanalyse et modernité culturelle*, 431.

Le sujet moderne et l'accélération des temps .. 434
La modernité comme accélération des temps, 435 ; *Quelle identité dans la modernité tardive ?* 438.

Notes 443
Bibliographie 469
Index 487
Crédits 497
Remerciements 499

Cet ouvrage a été mis en pages par

<pixellence>

N° d'édition : L.01EHQN000961.B002
Dépôt légal : septembre 2017
Imprimé en Espagne par Novoprint (Barcelone)